U0941281

山西大同大学专项经费资助

北朝研究

（第十二辑）

中 国 魏 晋 南 北 朝 史 学 会
山西大同大学云冈文化生态研究院　编
大 同 平 城 北 朝 研 究 会

科 学 出 版 社
北 京

内 容 简 介

本书为北朝（含十六国与南朝）历史研究论文集，共收录21篇文章。分别从不同视角对该时期的政治、经济、军事、文化等进行了新的探索，在一定程度上代表了近几年该领域的研究成果和学术水平。

本书可供历史学、考古学、民族学等相关研究者阅读、参考。

图书在版编目（CIP）数据

北朝研究．第十二辑 / 中国魏晋南北朝史学会，山西大同大学云冈文化生态研究院，大同平城北朝研究会编．—北京：科学出版社，2020.12

ISBN 978-7-03-067122-6

Ⅰ.①北…　Ⅱ.①中…②山…③大…　Ⅲ.①中国历史–北朝时代–文集　Ⅳ.①K239.207-53

中国版本图书馆CIP数据核字（2020）第243857号

责任编辑：郝莎莎 / 责任校对：邹慧卿
责任印制：张　伟 / 封面设计：陈　敬
封面题字：周谷城

科学出版社出版
北京东黄城根北街16号
邮政编码：100717
http: //www. sciencep. com

北京厚诚则铭印刷科技有限公司 印刷

科学出版社发行　各地新华书店经销

*

2020年12月第　一　版　开本：787×1092　1/16
2020年12月第一次印刷　印张：17 1/4
字数：407 000

定价：185.00元

（如有印装质量问题，我社负责调换）

目　　录

高句丽长寿王与北魏宗藩关系的建立及其影响

孙炜冉

（通化师范学院高句丽研究院　通化　134002）

长寿王（413～492年在位）是高句丽第二十位国王，也是高句丽历史上在位时间最久的君主①，其开创了与北方王朝和平共处的国家发展方针，对高句丽政治、经济等影响深远。

长寿王，名巨连，中原正史中称其为“高琏”②，系广开土王之元子，于十八年（409年）被立为太子③，东晋安帝义熙九年（413年），继位后的长寿王遣长史高翼奉表朝贡，向晋安帝进献赭白马，晋安帝册“以琏为使持节、都督营州诸军事、征东将军、高句骊王、乐浪公”④。长寿王继位之初的中国正处在大分裂的十六国时期，经过淝水之战后，南方尚相对稳定，而北方暂时统一黄河流域的前秦崩溃瓦解，再次分崩离析，战事一时间难以敉平，长寿王之父广开土王乘机占据辽东，为高句丽的西进迈出了历史性的一步，高句丽历史上亦曾数次攻取辽东，但均未守成，多次与慕容燕政权在此拉锯。所以，能否彻底据有辽东地区，是摆在初继王位的长寿王面前非常棘手的问题。此外，随着中原局势的变化，北魏崛起，统一了北方，阻止了高句丽的继续西进，长寿王顺应时势的与北魏保持着良好的朝贡关系。

长寿王自太延元年（435年）向北魏遣使朝贡，至太和十五年（491年）薨逝，与北魏正面接触长达半个世纪，在此期间发生了许多政治事件，可以说每一个事件若不能很好地处理，均有可能将高句丽引入与北魏发生战争的危机之中，但长寿王每次都

---

① 关于高句丽在位时间最久君主，按照《三国史记》所载，当是第六位王太祖大王，记其在位94年（146年退位）。但根据《后汉书·高句骊传》载，太祖大王死于建光元年（121年），因此，其在位94年之说实为伪误。相关研究参见刘子敏：《高句丽史研究》，延边大学出版社，1996年，第139页。

② 《宋书》卷九七《高句骊国传》，中华书局，1974年，第2392页。

③ 金富轼著，杨军校勘：《三国史记》卷一八《高句丽本纪·长寿王》，吉林大学出版社，2015年，第225页。

④ 《宋书》卷九七《高句骊国传》，第2392页；《三国史记》卷一八《高句丽本纪·长寿王》元年（413年）条，第225页。

能很好地予以解决，化解了高句丽的国家困局，展现出其卓越的政治手腕和能力①。

一、冯弘事件

从现有文献来看，长寿王与北魏的官方联系始于北燕灭亡前一年，即北魏太延元年（435年）②，此前，随着北魏对中国北方地区的逐步统一，北燕业已成为被北魏征讨的目标。在军事上北燕显然已经无法与北魏抗衡，为了及早讨灭北燕，北魏提出了许多非分的要求，如纳女、太子入朝为质等③。面对北魏的咄咄紧逼，北燕国王冯弘（又称冯文通）拒绝其要求，遭致北魏的讨伐，“收其禾稼，徙民而还”④。北燕为了自保，开始把目光投向南朝的刘宋，遣使称藩，乞师援救⑤。北燕是高句丽与北魏之间的缓冲势力，在魏强燕弱的明显形势下，北燕的灭亡仅是时间上的问题。所以，对于北魏，高句丽必须及早做出应对。在此背景下，长寿王才于太延元年（435年），入贡北魏，且请国讳，得到了北魏的敕封，拜高琏为“都督辽海诸军事、征东将军、领护东夷中郎将、辽东郡开国公、高句丽王”⑥。其中，“都督辽海诸军事”和“辽东郡

---

① 相关研究参见：朴贞淑的《长寿王时代高句丽对北魏和百济的外交》（박진숙：《長壽王代 高句麗의 對北魏外交와 百濟》，《韓國古代史研究》2004년 제36호）和李成制《高句丽长寿王与北魏的交涉及其政治意义——围绕对北燕、对北魏的关系展开》（李成制：《高句麗 長壽王의 對北魏交涉과 그 政治的 의미 : 北燕을 둘러싸고 이루어진 對北魏關係의 전개》，《歷史學報》2004년 제181호），均是以高句丽与北魏关系和交往为主线进行的研究，并且论及了第三方的百济、北燕等在高句丽与北魏关系中充当的角色和发挥的作用。尹炳谟的《长寿王时期高句丽的西进及其界线》（《東方學志》2009年第147輯），指出长寿王时期所谓的高句丽西进，就是指高句丽与北魏之间的纠葛和交流，尹文着重探讨长寿王继其父广开土王西进辽东后，对于高句丽西部辽东郡的巩固和稳定以及其西部与北魏边境线的确立。这种探讨高句丽与北魏关系的论文一直是学界的热点问题。除上述论文外，还有具汰列的《长寿王的对外政策：高句丽“自主外交”的两面性》（구대열：《장수왕의 외교정책：고구려“자주외교”의 두 얼굴》，《국제정치논총》2010년 제50（2）호）、朴世诒的《长寿王时期北燕国民的刷还考》（《白山學報》2010年第86輯）、三崎良章的《北魏的对外政策与高句丽》（《辽宁省博物馆馆刊》2012年）、崔振烈的《长寿王时期高句丽对中国的外交及其动因》（최일례：《장수왕대 고구려의 對中外交와그動因》，《韓國古代史研究》2013년 제71호）、华阳的《论长寿王的外交策略及影响》［《湘潮（下半月）》2014年第12期］以及李爽的《长寿王时期高句丽与北魏的关系》（《社会科学战线》2018年第6期），均着重探讨高句丽对北魏的相关政策。

② 《魏书》卷四上《世祖纪上》，中华书局，1974年，第85页。

③ 《资治通鉴》卷一二二《宋纪四》元嘉十一年（434年）二月辛巳条，中华书局，2007年，第1478页。

④ 《资治通鉴》卷一二二《宋纪四》元嘉十一年（434年）六月条，第1479页。

⑤ 《资治通鉴》卷一二二《宋纪四》元嘉十二年（435年）正月、四月条，第1479、1480页。

⑥ 《魏书》卷一百《高句丽传》，第2215页。

开国公”的册封，便是承认高句丽在海东地区的首藩地位，认可高句丽对辽东地区占领的既成事实。此举，算是给高句丽传递一个政治讯号，即在北燕灭亡后，北魏会承认高句丽在辽海地区的军事存在及对辽东地区的据有事实，算是给其服下定心丸。然而，面对势力正炽的北魏，显然高句丽并不能完全对其信任。应当是出于唇亡齿寒的考虑，高句丽仍暗中与北燕保持着密切的联系。燕主冯弘面对北魏已经做好最后的打算，其准备在不能守国的情况下“东依高（句）丽以图后举”，并且不顾太常杨嶓的劝谏，秘密派出尚书阳伊赴高句丽商议此事[①]。此举得到了高句丽的积极回应。

太延二年（436年），北魏大举征伐北燕。尽管太武帝拓跋焘在“春正月……壬辰，遣使者十余辈诣高丽、东夷诸国，诏喻之”[②]，禁止东方诸国卷入魏讨燕战事之中，但是因为高句丽与北燕早有密约，且长寿王出于对北燕人口和财富的垂涎，仍旧派出大将葛卢、孟光，前往和龙迎接燕王。高句丽军队在入城之后便暴露本色，“取燕武库精仗以给之，大掠城中”[③]。因为高句丽对此役早有准备，所以葛卢、孟光在北燕精兵的护卫下，成功将燕主冯弘及北燕大量人口与财富护送撤退至高句丽境内。

面对高句丽帮助北燕对抗北魏，且还收容燕主冯弘及其臣民，太武帝诏散骑常侍封拨出使高句丽，令长寿王执送燕主冯弘，然而，长寿王却并未理会。北魏太武帝震怒，欲讨伐高句丽，被乐平王拓跋丕劝止[④]。北魏未伐高句丽，乐平王的理由是“为和龙新定，宜优复之，使广修农殖，以饶军实，然后进图，可一举而灭”[⑤]，其实背后还有其他原因。首先，北燕虽亡，但精锐兵民俱迁辽东，穷追不止恐加剧北燕流民同仇敌忾、破釜沉舟的决心，使北魏深陷东部战事；其次，南部刘宋雄踞江南，时刻窥视北方发展变化，而西部更有赫连氏的胡夏虎视眈眈，威胁着北魏的后方，北部还有柔然，经常趁北魏分兵之际寇抄边郡。这些强敌环伺，不容北魏再继续树敌；最后，则是高句丽自身的原因，从广开土王开始，高句丽国家迅速崛起，到长寿王嗣位后，其国力仍在逐年强盛，且相较于北燕疆域的局促，高句丽此时的疆域已然十分广阔，与北魏周旋的余地较大。基于上述原因考虑，北魏不得不放弃对高句丽的讨伐，承认高句丽吞下魏燕战争最大利益的既成现实。长寿王虽然在此事件中成为最大的获利者，但其仍保持着清醒的政治头脑，为缓解与北魏的关系，翌年（437年）便与契丹一起遣使朝贡北魏，承认北魏的宗主国地位[⑥]。

收纳冯弘之后，长寿王成功地应对了北魏太武帝令其执送燕主的要求，获取了北燕

① 《资治通鉴》卷一二二《宋纪四》元嘉十二年（435年）八月条，第1481页。

② 《北史》卷二《世祖本纪》太延二年（436年）条，中华书局，1974年，第51页。

③ 《资治通鉴》卷一二三《宋纪五》元嘉十三年（436年）条，第1482、1483页。

④ 《魏书》卷四上《世祖纪上》，第87页；《魏书》卷一百《高句丽传》，第2215页。

⑤ 《魏书》卷一七《乐平王丕传》，第414页。

⑥ 《魏书》卷四上《世祖纪上》，第87页。

大批流民和大量财富。但是随着与北魏关系的缓和，燕主的处置成为长寿王亟待解决的问题。冯弘至辽东后完全不顾自己寄人篱下的处境，态度骄横，且联络南朝，显然有徐图复国的企图。长寿王当然不可能坐视自己的既得利益化作泡影，很快便做出行动，杀死了冯弘，并囚禁了刘宋使节王白驹，而南朝刘宋亦未敢违长寿王的意图，将执送回来的王白驹下狱了事[①]。就如有些学者所言："高句丽杀北燕主冯弘的主要原因并不是屈从于北魏的军事政治压力，而是在于冯弘持北燕民众和刘宋的军事政治支持，不肯向其就范，高句丽为了管理数万北燕民众和统治区的稳定只能将其除掉。"[②]可见，此时高句丽已经成为海东非常强大一股力量，是南北两朝都未敢轻易开罪和竞相笼络的对象。

二、罢朝北魏事件

就在长寿王成功解决冯弘事件之后，虽然其于北魏太延五年（439年）遣使入魏朝贡[③]，但此后却突然中断了朝贡，时间长达23年之久，直到和平三年（462年），才又恢复了对北魏的朝贡[④]。与后来百济盖卤王时因上书北魏痛陈高句丽诸恶，而北魏不肯从其乞师讨伐高句丽，遂绝朝贡[⑤]的情况不同，高句丽的绝贡并未见其与北魏有任何交恶的事件发生。所以，这长达23年的罢贡决定，长寿王必然有着深邃的考量和复杂的背景。

北魏太延五年（439年），太武帝消灭北凉，基本完成了对中国北方的统一。为此，长寿王在该年年末遣使朝贡，当为表示恭贺之意[⑥]。在此之前，高句丽与南朝关系更为密切，在晋宋更迭之初，宋"太祖欲北讨，诏琏送马，琏献马八百匹"[⑦]。长寿王看似左右逢源之举，却彰显了他倾向南朝，而冷落北朝的开始。纵观此时中国南北两方政权之实力，北魏常年征战，虽统一北方，但多为新争之地，局势不稳，其周围强敌林立，南有刘宋，北有柔然，东有高句丽，西有北凉沮渠氏残余力量，且域内多有反叛自立者；而反观刘宋，地处富庶的江南地区，自孙吴开发至今，虽亦有战争，但相比北方则安定许多，据吕思勉先生研究认为，以元嘉二十九年（452年）"元嘉北伐"的最终失败为节点，南北势力此前为北弱南强，此后才逐步转变为北强南弱[⑧]。显然，目睹了西晋、前秦这样北方短命王朝的高句丽，在历史经验上，自然而然地认为

① 《资治通鉴》卷一二三《宋纪五》元嘉十五年（438年）条，第1485页。
② 薛海波：《试论北燕与高句丽的政治关系》，《东北史地》2010年第6期。
③ 《魏书》卷四上《世祖纪上》，第90页。
④ 《魏书》卷五《高宗纪》，第120页。
⑤ 《三国史记》卷二五《百济本纪·盖卤王》十八年（472年）条，第301页。
⑥ 《魏书》卷四上《世祖纪上》，第90页。
⑦ 《宋书》卷九七《高句骊国传》，第2393页。
⑧ 吕思勉：《两晋南北朝史》，上海古籍出版社，1983年，第390页。

北魏是下一个西晋或者前秦，而相对于北方不断变换大王旗的纷乱，南方朝廷则相对稳定，加之此时南朝实力较强，且极力笼络高句丽，想必为其承诺了大量利益。在北魏太武帝给宋太祖刘裕的国书中便说：刘宋"往日北通芮芮（柔然），西结赫连、蒙逊、吐谷浑，东连冯弘、高（句）丽"[①]。可见，高句丽与刘宋的互通，北魏早已洞悉。足征高句丽在南北制衡中，此时系将希望投向南朝，由此后高句丽对南朝的不断朝贡和对北朝朝贡的断绝可以看到鲜明的对比。

长寿王这个时间段内之所以做出亲南冷北的对策，与冯弘事件中南北两朝对高句丽截然相反的态度不无关系。北魏曾几次动议征伐高句丽，如不是囿于国内形势和高句丽在此事中谦卑的表现，则难以免除被北魏的征伐。反观刘宋，虽暗通冯弘，但在高句丽杀死冯弘，扣押宋使王白驹事件中，刘宋表现出很大的宽容。两种政治信号，让长寿王在刘宋和北魏之间做出了依附南朝的决定。且此前高句丽的三次朝贡北魏，并未体现长寿王对北魏态度有多虔诚，最多可以视作是双方相互的一种试探，而并非真正建立起友好的交往[②]。

从地缘政治来看，北魏的统一显然成为阻碍高句丽发展的巨大威胁。在北魏营州和高句丽之间，虽然还有库莫奚和契丹游牧势力作为缓冲，但受冯弘事件影响，高句丽与北魏在营州地区的对峙是不争的事实。双方都堤防着对方在这个地方有所动作，威胁自身的安全。此时，高句丽内部亦需要整顿和安抚。在《三国史记·高句丽本纪》长寿王条中，自长寿王二十七年（439年）至四十二年（454年）长达15年时间内，仅有1条史事记载，而从四十二年（454年）到五十年（462年）的8年时间内，仅有3条记事。那么，在这23年间，长寿王究竟在做什么？并没有明确的记述。但可以揣度，在接手了大量北燕移民之后，高句丽必然要经过很长一段时间对这些人予以安置和消化，高句丽这段时间内除了两次与新罗冲突外，基本没有明显的对外拓展的举动，可见这期间，长寿王将更多精力用在了安稳内部政权上。期间，长寿王最活跃的对外活动就是频繁的赴南朝朝贡。

可以说，长寿王的罢贡北朝，更多的是出于对北魏的戒备，因为从北魏此前不断的统一战争中，高句丽很难相信自己并不在未来北魏的征讨目标之列。然而，随着时间的推移，尤其是南北两朝实力的逆转变化，高句丽看到北魏并未有对其用兵的计划，而随着北魏不断的崛起，南朝势力和影响力的减弱，长寿王才于在位第五十年（462年）再次开启了对北魏的官方朝贡关系，并且在对外朝贡的亲疏程度上开始倾向于北朝，这是与高句丽的国家利益不无关系的。

---

① 《宋书》卷九五《索虏传》，第2346页。

② 李成制：《高句麗 長壽王의 對北魏交涉과 그 政治的 의미 : 北燕을 둘러싸고 이루어진 對北魏關係의 전개》，《歷史學報》2004년 제181호。

三、北魏设置光州与高丽民奴各（奴客）投魏事件

伴随着北魏和刘宋之间国家实力的逐步逆转，北魏开始向南拓展，逐步蚕食南朝疆域。尤其是在南朝“元嘉北伐”搁浅之后，北魏在双方的争斗中渐进掌握主动。高句丽也正是看到这样的局势变化，所以长寿王才再次与北魏建立联系，恢复对北魏朝贡，当然，这也是建立在其确认北魏并未有征伐高句丽计划的前提下才得以实现的。此次重建联系后，高句丽朝贡北朝的频率开始逐步超过南朝，这首先便是因为南朝内部政局的波动。刘宋泰始元年（465年），南朝爆发“义嘉之乱”[①]，次年，天安元年（466年），参与刘子勋叛乱的徐州刺史薛安都投降北魏[②]。由此，北魏开始染指江淮地区，推进至淮水一线与刘宋展开对峙[③]。随着此后几年的征战，数位刘宋北方守将投降北魏，徐州、冀州、兖州等地尽数归魏，北魏于皇兴三年（469年）彻底攻陷青州，由此，江淮和山东地区尽属北魏。这种国家疆域的变迁对于青州隔海相望的高句丽影响深远。此时，长寿王已将都城迁至朝鲜半岛中部大同江流域的平壤，对于长寿王迁都的目的学界早有论述[④]，均有其道理和依据，这里不再累述，在笔者看来，其中还有一个目的是学界并未关注的，就是为了加强高句丽与南朝的交通联系。有学者做了考证，5世纪时高句丽完成了黄海海域东部和北部的控制[⑤]，而黄海海域西部，便是山东和江淮地区。山东半岛是海东诸国与南朝交往的交通枢纽，随着这些地区由刘宋控制变易为北魏控制，高句丽与南朝的联系随即便受到影响。其实还不仅限于高句丽，应该说整个海东诸国均受到了不同程度的影响，南朝对于朝鲜半岛和日本列岛的影响力迅速减弱[⑥]。

与南朝不能有效控制高句丽不同，北魏东邻高句丽，可以对高句丽进行有效的监视和威慑。所以在对于高句丽向对方朝贡的态度上，北魏与南朝秉持着截然相反的态度。相对于南朝心知肚明的了解高句丽“亦使魏虏”，但因为“强盛不受制”而采取

---

① 刘宋景和元年（465年）十一月，因前废帝刘子业荒淫无度，湘东王刘彧起兵自立，次年杀死刘子业，自立为帝，是为宋明帝。旋即，晋安王刘子勋在寻阳自立年号义嘉，起兵反之，徐州刺史薛安都与沈文秀、崔道固、常珍奇等纷纷举兵响应，由此引发刘宋内部争权的“义嘉之乱”。

② 《魏书》卷六一《薛安都传》，第1354页。

③ 许少林：《北魏经略江淮地区述论》，吉林大学硕士论文，2016年，第2页。

④ 孙金花：《长寿王迁都及其陵墓考论》，《通化师范学院学报》2000年第6期；沈英淑：《高句丽迁都平壤问题研究》，延边大学硕士论文，2001年；张孝贞：《3世纪高句丽王移居平壤与强化王权》，东国大学硕士论文，2001年；卜箕大：《高句麗遷都再考》，《檀君學研究》2010年第22輯，等。

⑤ 申瀅植：《韓國古代의 西海交涉史》，《국사관논총》2，1989年；冯立君：《试论南北朝时期高句丽黄海交通活动的影响》，《延边大学学报（社会科学版）》2015年第4期。

⑥ 川本芳昭：《魏晋南北朝時代の民族問題》，汲古書院，1998年，第537～562頁。

默认态度①，北魏则并不允许高句丽向南朝贡。在攻取山东地区的青州后，北魏于皇兴四年（470年）设置了光州②，而光州一个重要的职责就是监控高句丽往来南朝的船只，防止其向南朝朝贡。光州发挥了重要作用，曾两次截获高句丽与南朝朝贡往来的证据，证明高句丽和北魏之间在朝贡南朝问题上存在着巨大的政治冲突。

就在北魏设置光州的第二年（471年），发生了高句丽民奴久（《三国史记》中载为"民奴各"）等奔降于魏的事件。根据苗威的研究，其认为奴久当为奴各之误，而奴各当为高句丽人自我谦称的"奴客"，这是一群有政治身份的人，而不是一般平民百姓，其之所以投奔北魏，系因"慕义"而往，以寻求更好的政治发展③。笔者基本认同这种见解，在此基础上，笔者进一步认为，这群投魏者当是在光州境内做出的内附行为。在没有发生战乱的情况下，一国国民向另外国家移民，通常只能发生在边界附近，而北魏和高句丽交界处仅为营州东部，辽河西岸的一小块地区。且前文笔者已述，高句丽对于北魏，此时时刻怀有警惕之心，在边界处，不会不陈以重兵守卫。即便没有重兵，但严密的防范和巡视是必不可少的。所以这样一群有身份，且能得以魏室厚待的群体，便很难在正常的陆上边界越界投奔。而原刘宋青州所在地区，即北魏所设之光州，这里曾是高句丽朝贡南朝的重要中转站，此处必然设有高句丽专门的使驿，相信在这里长期麇集着一群沟通高句丽与南朝的士人群体。而随着刘宋青州的陷落，北魏对该地区的接管与控制，这些长期侨居于此的高句丽"奴客"（士人）便有了新的政治选择。于是，出于前面苗威先生考证的那些原因，这群奴客才投奔北魏，其投奔之地，应该就是在光州境内。

国民外投，是任何一位君主所不能容忍的政治事件，况且此次外投的还是高句丽士人阶层。但长寿王对魏策略表现的极为成熟，其既没有向魏讨要索还移民，亦没有负气停止朝贡，而是继续热忱地向魏派遣使节，甚至变过去的几年一贡或一年一贡，为一年两贡。此举，即消弭了北魏对高句丽的不信任，又彰显了高句丽对魏态度的赤诚。由此魏丽之间的政治关系进入到了蜜月期。

四、百济罢朝北魏事件

随着高句丽与北魏关系的稳固和紧密，其西北部边境压力解除，长寿王便可以放手向南发展，将国家发展方向继续投向新罗和百济。新罗在广开土王时期便成为高句丽的臣属国，而百济则一直是高句丽在朝鲜半岛上极力打压的对象。在北魏和高句丽关系不甚明朗的时候，长寿王怕西北境局势不稳，未敢大举南进，只是在着手解决让

① 《南齐书》卷五八《高丽国传》，中华书局，1972年，第1009页。

② 《魏书》卷一百六中《地形志二·光州》，第2530页。

③ 苗威：《高句丽移民研究》，吉林大学出版社，2011年，第57页。

新罗臣服的事宜，但未能大举对百济用兵。但是百济射杀其曾祖父故国原王之仇恨，一直是长寿王等高句丽王室心中难以磨灭的阴影。所以，眼见高句丽与魏结好，新罗再次倒向高句丽成为其臣属，百济绝然不会坐以待毙，亦想通过外交途径，为自身寻求更为有利的外部环境。

百济地处朝鲜半岛西南部，黄海东岸，与南朝隔海相望，在当时南北两个世界秩序中，百济有选择的认同了南朝的世界秩序[①]，所以南朝历来都是百济传统的朝贡国。北魏占据江淮和山东地区后，让百济直航北朝成为可能。尤其是北魏势力逐渐强过南朝后，百济亦试图通过朝贡北魏来拓展自身的外部应援，制衡高句丽的力量。因此，在延兴二年（472年），百济盖卤王遣使朝贡北魏，在其表文中开篇便写："臣建国东极，豺狼隔路，虽世承灵化，莫由奉籓，瞻望云阙，驰情罔极"[②]，将过往不能前来朝贡的原因归罪于高句丽阻隔道路。随后，不仅详细介绍了其与高句丽百年来的宿怨纠葛，将罪责归咎于故国原王"轻废邻好"，"陵践"百济领土，并且，状告高句丽的诸多不义之举，言其"逆诈非一，外慕隗嚣藩卑之辞，内怀凶祸豕突之行。或南通刘氏，或北约蠕蠕，共相脣齿，谋陵王略"[③]。显然，百济的上表就是一篇历数高句丽的诉状，却并不能真正体现百济向魏朝贡的赤诚之心。因此，北魏在回诏中，虽然也很客气地安抚了百济，但却劝慰双方息事宁人，不要纠结于昔日之衅。此后，派遣使者邵安与其使俱还，然而在途经高句丽国境时，长寿王拒绝让其过境，邵安等不得不返回北魏，为此，北魏下诏"切责"了长寿王。而延兴五年（475年），北魏再派使者邵安等从东莱浮海，赐百济盖卤王玺书，褒其诚节，邵安等至海滨，遭遇风浪，又未能到达百济[④]。高句丽的不配合，严重阻隔了百济与北魏之间的沟通。而百济则希望借此之由，奏请北魏出兵讨伐高句丽，然而此时的北魏并不愿"打破内外安定的局势"，所以断然拒绝了百济的请求，而此举遭到了盖卤王的不满，于是断绝了对北魏的朝贡[⑤]。

在此次百济贸然朝贡又断然绝贡的事件中，百济表现出一种极为明显的目的性，并未考虑北魏的自身现实情况和当时的东亚环境。在百济首次向北朝朝贡之后，就极为唐突的要求北魏征伐赤诚向其朝贡数年的高句丽，表现出盖卤王政治上的幼稚与不成熟，正如韩昇分析的那样，北魏与百济此时的立场相距甚远[⑥]，而百济则表现得过于急躁，意愿不成则马上反目，错失了自己刚刚形成的北部应援环境，而此刻则被长寿

① 川本芳昭：《魏晋南朝の世界秩序と北朝隋唐の世界秩序》，《史淵》2008年第145號。
② 《魏书》卷一百《百济国传》，第2217页。
③ 《魏书》卷一百《百济国传》，第2218页。
④ 《魏书》卷一百《百济国传》，第2219页。
⑤ 《三国史记》卷二五《百济本纪·盖卤王》十八年（472年）条，第304页。
⑥ 韩昇：《"魏伐百济"与南北朝时期东亚国际关系》，《历史研究》1995年第3期。

王把握时机，使得高句丽对百济用兵，断送了盖卤王的性命。而在该事件中，高句丽不惜冒着被北魏“切责”，亦表现出不妥协的态度，侧面向北魏亮出了其在百济问题上的底线，充分体现了长寿王卓越的政治能力。

尽管在这一事件中，百济的外交行动失败，高句丽成为赢家，北魏也似乎偏袒高句丽而冷落了百济，但实际上还是在高句丽与北魏之间造成了一定的嫌隙。尤其是在百济绝贡之后，长寿王马上对百济采取了军事行动，杀死了百济盖卤王，为曾祖父故国原王报了国仇，但是百济藩属的丢失，却并未使北魏从中获益，所以其内心必然是责怨高句丽的。可以说，北魏在百济和高句丽迫其政治站位中最终是站到了高句丽一方，但是代价却是丢失了本可以成为其东部藩属的百济，所以北魏急需此后的高句丽将这种政治损失做一种形势上的补偿，即以一种更为虔诚的态度对待与魏关系，于是便有了文明太后诏令长寿王献女事件。

五、长寿王纳女事件

虽然此时高句丽与北魏之间建立起了密切的联系，但是仍然有一些事件影响和掣肘着双方的友好关系。

延兴六年（476年），北魏文明太后以魏献文帝六宫未备为由，敕令长寿王献女入宫，与魏室结成政治婚姻。这显然是对高句丽的一种政治试探，亦是一种笼络。然而此时的长寿王却表现出自身的顾虑，其云：“朝廷昔与冯氏婚姻，未几而灭其国，殷鉴不远，宜以方便辞之。”这种将高句丽映射为北燕的疑虑使得长寿王诈称其女已嫁、宗女已亡的说辞予以回绝，此举引起了魏室的怀疑与不满。北魏派出使节赴高句丽对其“切责”，就在双方关系即将发生恶变之际，北魏献文帝驾崩，此事不了了之[①]，侧面挽救了两国之间的关系。[②]

然而，该事件再次在一定程度上给高句丽和北魏之间造成了裂隙。此前十余年间（除奴各投魏的471年外）高句丽连续不断的向魏朝贡，而该事件发生后，虽然次年（477年）高句丽依旧朝贡了北魏，但太和二年（478年）却间断了朝贡，太和三年（479年）再次朝贡，其后则间断了5年时间，直到太和八年（484年）才又恢复频繁的朝贡往来。这种间断和疏离不能不联想到是受到了纳女事件的影响。这次事件中长寿王对魏态度看似失常，这与此刻高句丽国力的迅猛发展和增强不无关系，高句丽表面上恪守臣礼，但却不是事事都以北魏马首是瞻，在关乎高句丽国体方面，长寿王坚守自己的底线和处事原则，倘若宗主国北魏稍越雷池，其则迅速做出反应，向北魏亮出

① 《魏书》卷一百《高句丽传》，第2215页。

② 该事件在《三国史记·高句丽本纪》中被记作发生于长寿王五十四年（466年），当误。因北魏显祖驾崩时间为延兴六年（476年）。

底牌。纳女事件后，长寿王便在未朝贡北魏期间，频繁不断地朝贡南朝宋齐，并由此引发了两国间的另一次政治风波“余奴事件”。

六、余奴事件

刘宋升明三年（479年）四月，宋顺帝刘准禅位于齐王萧道成，由此南朝由齐代宋，完成了又一次政权更迭。萧道成继位之后，改元建元，为笼络海外诸藩，尽进其爵，其中进高句丽长寿王为骠骑大将军[①]，作为谢恩，长寿王于建元二年（480年）四月，遣使余奴等赴南朝朝贡萧齐[②]。

在高句丽于和平三年（462年）恢复朝贡北朝之后，虽然仍暗中朝贡南朝，但一般来说，都是在暗中朝贡南朝的同时，仍于同年朝贡北朝。然而纳女事件之后，高句丽的两次赴南朝朝贡都是在该年只朝南朝而未朝北朝，想必这是长寿王向北魏示威的一种表现，尤其是受到南齐册封后，长寿王迅速做出回应，遣使谢恩朝贡，这不能不引起北魏的警觉和反应。北魏向来严禁高句丽向南朝朝贡的行为，而对于此次高句丽接受萧齐册封，北魏立刻向高句丽表明自己的态度，于是，其光州巡检便发挥了自己的作用。《魏书》载：“时光州于海中得琏所遣诣萧道成使余奴等送阙，高祖诏责琏曰：‘道成亲杀其君，窃号江左，朕方欲兴灭国于旧邦，继绝世于刘氏，而卿越境外交，远通篡贼，岂是藩臣守节之义！今不以一过掩卿旧款，即送还藩，其感恕思愆，祗承明宪，辑宁所部，动静以闻。’”[③]显然，魏主表达了对高句丽朝贡南朝的震怒。然而奇怪的是高句丽方却对此没有做出任何回应，次年（481年）还置若罔闻的依旧赴南朝朝贡萧齐。显然，高句丽在日益崛起的过程中希望从北魏和南朝那里得到更多的利益和政治认可，其行为可以视作他待价而沽的另一种政治试探。

虽然长寿王寻求的是西北方与北魏的和平相处，但是这种和平还需北魏拿出更多的“诚意”。旋即，在又经历了几年的蛰伏之后，北魏太和八年（484年），5年未曾朝贡的长寿王，再次开始朝贡北魏[④]。显然，这次朝贡前，高句丽必然在北魏方面获得了满意的政治利益。《南齐书》载：魏“虏置诸国使邸，齐使第一，高丽次之”。而据《三国史记》载，北魏的这次使节顺位的公布就是在该次高句丽朝贡之际[⑤]。这个认

---

① 《南齐书》卷二《高帝本纪》建元二年（480年）夏四月条，第36页；《南齐书》卷五八《高丽国传》，第1009页。

② 《三国史记》卷一八《高句丽本纪·长寿王》六十八年（480年）夏四月条，第228页。

③ 《魏书》卷一百《高句丽传》，第2218页。

④ 《魏书》卷七上《高祖纪上》，第154页。

⑤ 《南齐书》卷五八《高丽国传》，第1009页；《三国史记》卷一八《高句丽本纪·长寿王》六十八年（480年）夏四月条，第228页。

可对于当时的高句丽意义重大，同时也见证了长寿王几十年内政外交的巨大成功。尽管是通过一种政治胁迫的方式，获得了北魏的认可，但是应该说，这也是此时高句丽真实国家实力的体现。长寿王对于北魏的恩赐，也即刻做出了投桃报李的积极回应，此后，高句丽对于北魏的朝贡愈发频繁，双方关系一直维系到长寿王离世亦未发生改变，而在长寿王在位的最后十年，其也再未向南朝进行过朝贡。

七、结　　语

高句丽与北魏之间关系总体来说呈现出一种逐渐升温的过程，虽然中间经过数次事件冲击，最终并未影响高句丽与北魏宗属关系的确立与巩固。长寿王也是文献中可见，唯一一位死后得到中原王朝授予谥号的君主，太和十五年（491年）冬十二月，长寿王薨世，北魏孝文帝“制素委貌布深衣”①，专门为其举哀于东郊行宫，遣谒者仆射李安赴高句丽拜谒并追赠长寿王为车骑大将军、太傅、辽东郡开国公、高句丽王，谥曰“康”②。可见，北魏对于长寿王的重视，也见证了双方关系的密切。

依据《晋书》《宋书》《魏书》《南齐书》《南史》和《三国史记》的史料记载，长寿王对于北魏关系可以分成6个阶段（合计朝贡41次），分别是：①空白期（413～434年），共朝贡0次；②试探期（435～439年），共朝贡3次；③蛰伏期或罢贡期（440～461年），共朝贡0次；④初步蜜月期（462～476年），共朝贡19次；⑤抗争期（477～483年），共朝贡4次；⑥稳固蜜月期（484～491年），共朝贡15次。与南朝关系则相对比较稳定，一直是一种虽不密集（合计朝贡23次）但相对持续的朝贡，只是于其在位的前10年（413～422年，朝贡2次）、元嘉初年（424～435年，朝贡1次）及后10年（482～491年，朝贡0次）表现得比较冷淡。

通过前文论述，基本可以了解长寿王在每一阶段对于北魏关系或紧密、或疏离的背景和原因，而其对于南朝的态度亦受北魏影响很大。因为地缘的因素，长寿王不得不将北魏作为其对外关系最重要考虑的对象，北燕的灭亡，让长寿王清楚地洞悉了北魏势力的强大，对于这样一个毗邻高句丽且势力雄劲的政权，显然与其为敌是极不明智甚至愚蠢的行为，所以怎么处理好与魏关系是考验长寿王执政能力的巨大挑战。通过前面论述的6个代表性事件，展现了长寿王卓越的外交能力和政治手段，其不仅成功取得北魏的信任，而且在友好互利的基础上，不断提升自身的国家地位，并不一味地顺从北魏的压力，而是不适时宜的保全高句丽的国家利益，在诡谲的南北朝乱局中逐步拓展高句丽的实力，使其借助北魏的庇荫，实现了国家利益的最大化。

---

① 《三国史记》卷一八《高句丽本纪·长寿王》七十九年（491年）冬十二月条，第229页。

② 《魏书》卷一百《高句丽传》，第2216页。

长寿王在位期间，与北魏长期保持友好，实现了其北部领土的和平与稳固，南部则不断向朝鲜半岛拓展，政治上使新罗臣服，军事上打击百济，我们称其政策为“北和南战”的对外策略。当然，这里的“北和”是一个相对说法，高句丽与北魏的领土接壤处只在营州地区，即高句丽的西北部，在高句丽北部还有契丹、豆末娄、地豆于及勿吉等，但这些民族也均是北魏的藩属，故而能在北魏的调停和震慑下，与高句丽保持相对的和平克制。从文献可知，长寿王在位时的高句丽北方也并非是完全意义上的“和平”，如“太和（477～499年）初，（勿吉）又贡马五百匹……自云其国先破高句丽十落”①；“太和三年（479年），高句丽窃与蠕蠕谋，欲取地豆于以分之”②。这些事件都说明高句丽北部曾有过与勿吉和地豆于的军事行动，但是同高句丽在南部朝鲜半岛上的大规模军事行动相比，其北方当被视作较为平稳的和平区域。而这种“北和南战”的策略为高句丽北方争取了长达一个半世纪的和平稳定，使其可以全力的投入到与百济、新罗的朝鲜半岛争霸战争中去，因此，该策略成为一直影响高句丽后来继任者的施政方针。

长寿王开创了高句丽南北两面朝贡的对中原策略，为高句丽创造了非常良好的外部环境。北魏成为其可以信赖和倚靠的稳定宗主国，双方友好而亲密，保障了高句丽北部疆域的稳定和安全，使其能放手南进。南朝亦是其稳固的朝贡对象，鉴于高句丽在海东地区的实力，南朝总是在对海东两国的册封中，予以高句丽的册封等级和规格高于百济，其“都督百济诸军事”的身份，使高句丽在与百济关系中掌握主动。且长寿王对百济采取军事行动中，成功规避了中原王朝的参与与掣肘。

长寿王在与强大的北魏王朝的接触中，体现了其卓越的外交能力和手段。收纳冯弘事件中体现的果敢，罢朝北魏中体现的政治嗅觉的灵敏，奴客（奴各、奴久）投魏事件中体现的隐忍，百济罢朝北魏事件中彰显的国家底线，北魏诏女事件中体现的抗争，余奴事件中体现的智慧，这些事件均被长寿王成功的予以解决，成就了高句丽与北魏旷日持久的良好关系。

长寿王制定的国家发展策略对高句丽影响极为深远，其“北和南战”的思想迎合了5世纪东亚地区的政治形势，使高句丽恰到好处地把握住了发展的契机，既正确处理了与中原王朝的关系，又成功压制了百济和新罗的势力，使高句丽在海东地区一国独大，创造了5世纪高句丽国势的全盛局面。

---

① 《魏书》卷一百《勿吉国传》，第2220页。

② 《魏书》卷一百《契丹国传》，第2223页。

北魏平城地区行政官员研究

——以州长官为例

权玉峰

（河南科技大学人文学院　洛阳　471000）

天兴元年（398年），道武帝迁都平城，平城地区进入了新的发展时代，成为北方政治、经济、文化的中心。太和十七年（493年），孝文帝迁都洛阳，导致平城地区地位有所下降，但作为北方重镇、代北旧都，平城地区仍受到中央朝廷的重视。关于平城地区的研究一度成为学界关注的焦点，成果不断涌现。近年来，学界对平城地区的行政管理有所关注。平城地区最高行政长官为司隶校尉（司州刺史），张金龙师指出北魏司隶校尉的设置承袭慕容后燕之制，作为地方行政长官司隶校尉肯定也具有监察职能[①]。迁都后，平城地区最高行政长官为恒州刺史，马志强先生从恒州刺史的选任对恒州刺史进行了论述[②]。然而行政长官的研究，不仅仅涉及职掌、选任，本文在前人研究的基础上，对平城地区州长官的出身、迁转、将军号等有关问题予以讨论。

一、任职人员考

孝文帝迁都前，平城地区最高行政长官为司隶校尉，张金龙师曾梳理北魏前期司隶校尉的任职人员，道武帝时期可考的任职者有拓跋顺、庾路2人，太武帝时期宋宣1人，文成帝时期杜胤宝1人[③]。孝文帝时，元赞曾任司州刺史，“初置司州，以赞为刺史，赐爵上谷侯。……诏赞乘步挽入殿门，加太子少师，迁左仆射。孝文将谋迁洛，诸公多异同，唯赞赞成大策。”[④]可见元赞在孝文帝迁都前后曾任司州刺史，所任司州

---

① 张金龙：《十六国北魏前期司隶校尉考》，《北魏政治与制度论稿》，甘肃教育出版社，2003年，第423～426页。

② 马志强先生认为“恒州刺史选人比较严格，以元宗室和北方代人为主体，适当地掺用一些汉人近臣；对于曾经背弃过皇帝的群体，一般不再作为任职人选。恒州刺史的基本素养比较高，有能力担负起恒州平城管理人民、发展经济、守卫国家的重任”（《北魏恒州刺史研究》，《大同日报》2019年2月15日第6版）。

③ 详见张金龙：《十六国北魏前期司隶校尉考》，第423页。

④ 《北史》卷一五《常山王遵传附忠弟赞传》，中华书局，1974年，第573页。

刺史存在两种可能。第一，孝文帝迁都洛阳后，洛州改司州，以元赞为司州刺史。第二，孝文帝迁都之前，元赞任平城地区的司州刺史。第二种可能性更大，理由有二：第一，吴廷燮撰《元魏方镇年表》多处引用北史，说明他关注了《北史》，然而他并未将元赞列入迁都后的司州刺史，说明他认为元赞任职在孝文帝迁都前。第二，上文可知元赞由司州刺史迁尚书左仆射，据万斯同考证元和十六年时元赞官职为尚书左仆射[①]。这说明元赞任司州刺史时此“司州”指平城地区之司州。

孝文帝迁都后，改司州为恒州，平城地区最高行政长官为恒州刺史。清人吴廷燮对北魏恒州刺史的任职人员进行了初步整理，考证出24人，然尚存纰漏、谬误之处[②]。我们在此基础上，结合其他史籍及碑刻文献进行补正。《元魏方志年表》记载孝文帝时期恒州刺史有于杲，于杲当为于果[③]。孝文帝时期任职者还有元志、长孙酌2人。元志“车驾南征，帝微服观战所，有箭欲犯帝，志以身鄣之，帝便得免。矢中志目，以志行恒州事。宣武时，除荆州刺史”[④]，表明他在孝文帝南伐时，舍身救助，因而迁行恒州事。长孙酌，长孙俭“祖酌，恒州刺史”[⑤]，长孙酌为长孙嵩（358～437年）之曾孙、长孙俭（491～568年）之祖，任职时间大致在孝文帝晚期。

宣武帝时期还有元苌，《元苌墓志》记载，“景明元年，营构太极都将，持节、镇远将军、抚冥镇都大将，持节、辅国将军、都督南征梁城寿春之钟离。太中大夫、兼太常卿、散骑常侍、使持节，抚慰北籓三州七镇新附蠕蠕，衔命北巡大使。使持节、都督恒州诸军事、征虏将军、恒州刺史，北中郎将、带河内太守。永平中，河南尹”[⑥]，任职时间在宣武帝初年。

孝明帝时还有独孤盛、段儒、暴诞，此外吴廷燮所考元瑱并未任恒州刺史。独孤盛，“（独孤思男，510～571年）父盛，魏中书侍郎、散骑常侍、南北部尚书、恒州刺史”[⑦]。独孤思男生于510年，卒于571年，其父任职恒州大致在孝明帝时。段儒，

---

① 万斯同：《魏将相大臣年表》，《二十五史补编》第四册，开明书店，1936年，第4507页。

② 吴廷燮：《元魏方镇年表》，《二十五史补编》第四册，开明书店，1936年，第4571、4872页。马志强先生在《元魏方镇年表》的基础上进行考补，共检得恒州刺史31例，然其文并未指出具体哪些人，因而本文对恒州刺史的任职者进行考证，得出32例。

③ 参见《魏书》卷一四校勘记第一二条：“尚书于果曰，诸本‘果’作‘杲’，《通鉴》卷一三九，四三五二页作‘果’。按于果附本书卷三一、《北史》卷二三《于栗磾传》。《通鉴》是，今据改。”中华书局，1974年，第367、368页。

④ 《魏书》卷一四《河间公齐传附孙志传》，第363页。

⑤ 《北史》卷二二《长孙嵩传附五世孙俭传》，第807页。

⑥ 赵君平、赵文成编：《河洛墓刻拾零上》，《元苌墓志》，北京图书馆出版社，2007年，第23页。

⑦ 《齐故征西大将军中书监开府仪同三司岐怀二州刺征羌县开国伯尧难宗妻苌平郡君独孤氏墓志铭》，赵超：《汉魏南北朝墓志汇编》，天津古籍出版社，1992年，第454页。

“平东将军、持节、恒燕朔三州诸军事，恒州刺史”，又其子段永“年裁弱冠，即值乱离，驱驰关塞之间，早有纵横之志。军阵方圆，无劳聚米，山川形势，不待披图。魏正光五年入仕，解褐殿中将军”[①]，表明段儒任恒州刺史大致在孝明帝时。暴诞，“魏恒州刺史、左卫将军，乐安公”，其子暴显“少经军旅，善于骑射，曾从魏孝庄帝出猎，一日之中手获禽兽七十三。孝昌二年，除羽林监”[②]，从其子仕宦经历大体可推知暴诞任恒州刺史在孝明帝时。吴廷燮认为“本传历光禄少卿、黄门郎，出除平北将军、恒州刺史。为大宗正卿。封平乐县公。庄帝初封东海王”，查阅《魏书》原文，“颢弟项，字宝意。起家为通直郎，转中书郎，历武卫将军、光禄少卿、黄门郎。出除平北将军、相州刺史。为大宗正卿。封平乐县开国公，食邑八百户。庄帝初，拜侍中、车骑将军，封东海王，食邑千户”[③]，《元项墓志》亦记载其所任官职为平北将军、相州刺史[④]。

北魏末期具体时间不可考的还有赫连□□、路神龟、苏强三人。赫连子悦“父仪同三司豳恒二州刺史”[⑤]，《元和姓纂》记载，后魏恒州刺史苏强，后魏恒州刺史路神龟[⑥]。

表一　孝文帝迁都前平城地区州长官考

时期	十六国北魏前期司隶校尉考		修改补充	
道武帝	拓跋顺、庾路	2		
明元帝	无考		无考	
太武帝	宋宣	1		
文成帝	杜胤宝	1		
献文帝	无考		无考	
孝文帝	无考	0	元赞（司州刺史）	1
合计	4			1
总计	5			

① 庾信撰，倪璠注，许逸民点校：《庾子山集注》卷一四《周柱国大将军大都督同州刺史尔绵永神道碑》，中华书局，1980年，第853、854页。

② 《北齐书》卷四一《暴显传》，中华书局，1972年，第535页。

③ 《魏书》卷二一上《北海王详传附颢弟项传》，第565页。

④ 赵万里：《汉魏南北朝墓志集释》卷四《宗室下·元项墓志》，新文丰出版公司，1998年，第490页。

⑤ 《齐故侍中车骑大将军开府仪同三司左仆射吏部尚书太常卿食贝丘县干赫连公墓志》，赵超：《汉魏南北朝墓志汇编》，第461页。

⑥ 林宝撰，岑仲勉校记，郁贤皓、陶敏整理，孙望审定：《元和姓纂》卷三《苏氏》，中华书局，1994年，第296页；卷八《路氏》，第1215页。

表二　孝文帝迁都后平城地区州长官考

时期	《元魏方镇年表》		修改补充	
孝文帝	陆睿、穆泰、元澄、于杲、元纂	5	元志、于杲→于果、长孙酌	2（1）
宣武帝	元嵩、于敦、元琛、元匡、元继、尉羽、封静、高植	8	元苌	1
孝明帝	慕容远、杨钧、元渊、元顺、司马仲明、元瑱、元纂[①]	7	独孤盛、段儒、暴诞、元瑱所任为相州刺史	3（1）
孝庄帝	韩演、叱列延庆	2		
前废帝	于昕	1		
后废帝				
出帝	库狄干	1		
不可考			赫连□□、路神龟、苏强	3
合计	24-1		9（2）	
总计	32			

从表一、表二可知，自天兴年间在平城地区设司州至永熙三年（534年）北魏分裂为东、西魏130余年的时间里，可考的州级行政长官有37人，平均任期为3.78年。史籍记载有限，我们并未发现明元帝、献文帝时期司隶校尉的任职者，孝文帝迁都前可考的司隶校尉及司州刺史仅5人，这说明实际任职者明显超过37人，与之对应他们的平均任期会明显短于4年。孝文帝迁都前任期相对较长，如拓跋顺，“及太祖讨中山，留顺守京师。柏肆之败，军人有亡归者，言大军奔散，不知太祖所在。顺闻之，欲自立，纳莫题谏，乃止。时贺力眷等聚众作乱于阴馆，顺讨之不克，乃从留宫自白登南入繁畤故城，阻灅水为固，以宁人心。太祖善之，进封为王，位司隶校尉。太祖好黄老，数召诸王及朝臣亲为说之，在坐莫不祇肃，顺独坐寐欠伸，不顾而唾。太祖怒，废之”[②]，说明拓跋顺任职时间在柏肆之站后不久，大致在天兴元年（398年）。关于卸任时间，天兴六年“秋七月，镇西大将军、司隶校尉、毗陵王顺有罪，以王还第”[③]，任职五年之久。宋宣，“使刘义隆。加冠军将军，赐爵中都侯，领中书侍郎，行司隶校尉。真君七年卒，赠司隶，谥简侯”[④]，其出使刘义隆在延和二年，归来后任司隶校尉，以司隶校尉为最终官职，当时卒官或致仕，任职时间应当不短。元赞在初置司州时任刺史，后迁尚书左仆射。明建先生考证太和年间司州复置的时间为太和十二年[⑤]，

① 《元魏方镇年表》依据元纂曾任平城地区的行台，将其列入恒州刺史之列。

② 《魏书》一五《毗陵王顺》，第383页。

③ 《魏书》卷二《道武帝记》，第41页。

④ 《魏书》卷三三《宋隐传附治子宣传》，第774页。

⑤ 明建：《北魏太和十二年前后平城司州的废而复置——以〈元苌墓志〉为中心》，载武汉大学中国三至九世纪研究所编《魏晋南北朝隋唐史资料》第二十六辑，第56页。

又据上文可知迁尚书左仆射时间为太和十六年，可见元赞任职四年之久。自迁都后，恒州刺史的任期缩短，太和十八年至二十三年可考的恒州刺史超过5人，平均任期不足一年；宣武帝在位16年可考的任职者有9人，平均任期1.78年；孝明帝在位13年可考的任职者有9人，平均任期1.44年。

二、出　　身

魏晋南北朝时期，在官员任命过程中，官员自身的能力和条件起了很大作用，但官员的家世背景对此也有一定的影响，有时甚至会起到主导作用。我们来探讨恒州刺史（司隶校尉）的出身和祖父官职等情况。

恒州刺史（司隶校尉）皆可考，为鲜卑贵族、汉姓士族、其他少数民族上层人士，并无寒族①。这37人中，出自鲜卑高层贵族和汉高门士族者共23人，占62.16%（23/37）；出自一般贵族和普通汉士族共14人，占37.84%（14/37）。

出自元氏宗族者共13人，占出身可考总人数的35.14%（13/37）。相州刺史出自元氏宗室者共9人，所占比例为16.98%（9/53），明显低于恒州刺史（司隶校尉）的人数和比例，这充分说明北魏中央对平城地区行政长官特殊对待，以元氏宗族为首选。这13人分别是拓跋顺、元赞、元澄、元纂、元志、元嵩、元琛、元匡、元继、元苌、元渊、元顺、元纂等13人，我们将这些人与与皇帝宗亲关系整理如图一所示。

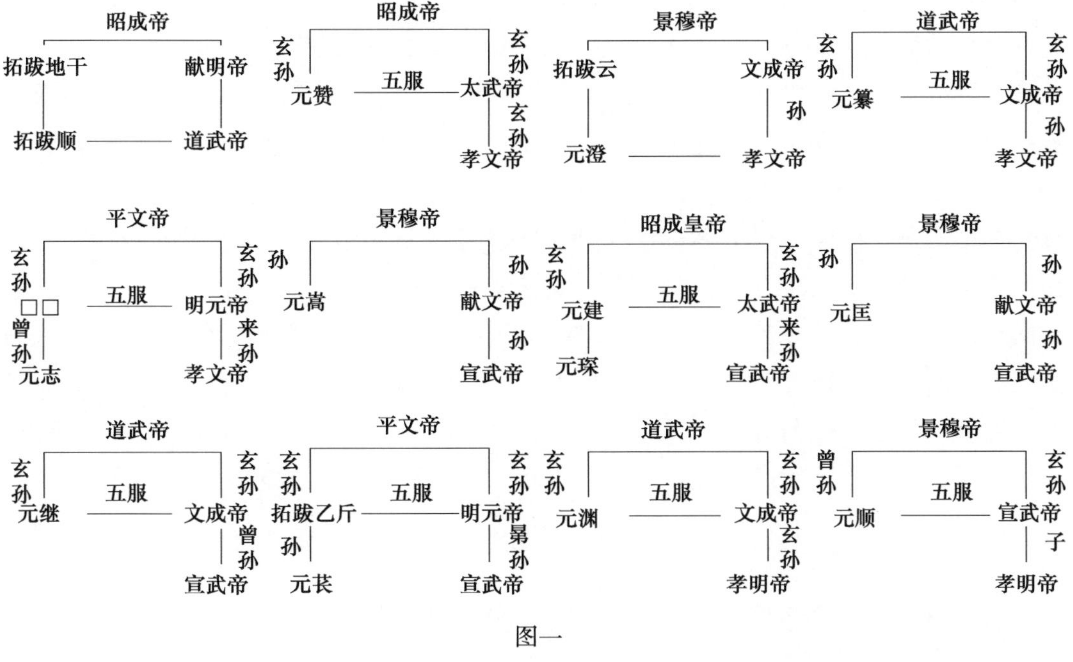

图一

① 关于北魏少数民族姓氏的界定参见姚微元：《北朝胡姓考》，中华书局，1962年。

从图一可知拓跋顺与道武帝同为昭成帝孙，未出五服。元赞与太武帝为五服亲，与道武帝玄孙孝文帝已出五服。元澄为孝文帝高祖景穆帝之孙，未出五服。元纂与文成帝为五服亲，与文成帝孙孝文帝已出五服。元志曾祖与孝文帝曾祖明元帝为五服亲，元志与孝文帝已出五服。元嵩为宣武帝高祖之孙，未出五服。元琛父元建与宣武帝天祖太武帝为五服亲，元琛与宣武帝已出五服。元匡与宣武帝为五服亲。元继与宣武帝曾祖文成帝为五服亲，与宣武帝已出五服。元苌祖拓跋乙斤与宣武帝六世祖明元帝为五服亲，与宣武帝已出五服。元渊与孝明帝高祖文成帝为五服亲，与孝明帝已出五服。元顺与孝明帝父宣武帝为五服亲，与孝明帝已出五服。孝明帝时元纂与孝明帝五服关系不可考。

可考的12人中，仅拓跋顺、元澄、元嵩、元匡4人任恒州刺史（司隶校尉）时与当时皇帝的关系未出五服，元赞、元纂、元志、元琛、元继、元苌、元渊、元顺等8人已出五服。正如马志强先生所说，元氏宗室担任恒州刺史就直观地表明了迁洛之后恒州地位的关键和重要[①]。正由于平城地区特殊的地位，中央政府对恒州刺史的选任极为严格，一方面以元氏宗室为首选，但又通常不选任五服挚亲，这当出于加强皇权的缘故。如拓跋顺，“及太祖讨中山，留顺守京师。柏肆之败，军人有亡归者，言大军奔散，不知太祖所在。顺闻之，欲自立”[②]，拓跋顺与道武帝同为昭成帝孙，在混乱时期产生了自立为帝的想法。再如，穆泰、陆睿在平城叛乱时，欲拥立元颐并非自立，在于元颐为景穆帝拓跋晃之孙，具有很强的号召力，宗室疏属显然不具备这种号召力。拓跋顺、元澄、元嵩、元匡虽然属于五服挚亲，却得以成为平城地区的行政长官，这与当时特殊的背景及他们与皇帝的关系有直接的联系。拓跋顺虽然曾图谋自立，但他并未实际行动，且在贺力眷反叛时积极抵抗，因而得到道武帝的信赖。元澄虽然属于五服挚亲，但他并非孝文帝直系叔父，且他本人赢得了孝文帝的信赖[③]。元澄出任恒州地区行政长官有很大的偶然性，陆睿、穆泰叛乱后，孝文帝以元澄行恒州事平定叛乱，并非正职。元嵩、元匡为宣武帝的祖父献文帝的从父弟，在五服内较为疏远。

出自其他宗族九姓和勋臣八姓者共计7人，占可考人数的18.92%（7/37）。相州刺史的数据为10人、18.87%（10/53），与平城地区行政长官的数据大体一致。这7人，分别是宗族九姓长孙氏长孙酌，勋臣八姓穆氏穆泰，陆氏陆睿，于氏于果、于敦、于昕，尉氏尉羽等，共计6人。

鲜卑族一般姓氏及其他民族姓氏共13人，占出身可考总人数的35.14%（13/37）。鲜卑族有庾氏庾路，封氏封静，独孤氏独孤盛，苏氏苏强，路氏路神龟，杜氏杜胤宝

---

① 马志强：《北魏恒州刺史研究》，《大同日报》2019年2月15日第6版。

② 《魏书》卷一五《毗陵王顺传》，第383页。

③ 元澄在迁都洛阳时支持孝文帝，孝文帝曾称“若非任城，朕事业不得就也”（《魏书》卷一九中《任城王云传附子澄传》，第464页）。

（可能出自独孤浑氏）[①]，慕容氏慕容远，库底氏库狄干，高车叱列延庆。东胡诸姓段氏段儒、赫连□□，辽西韩氏韩演。相州刺史数据为6人、11.32%（6/53），明显低于平城地区行政长官的数据。庾路兄和辰官至内侍长，兄庾岳官至司空。封静族祖父封静官至，使持节、散骑常侍、镇西将军、开府、领护西夷校尉、秦益二州刺史。陆政，祖曾任宋王刘裕司马，父冠军将军、荣州刺史。路神龟，父涛青州刺史。杜胤宝父遗官至内都大官，兄元宝官至司空。慕容远，前燕文明帝慕容晃后人，祖腾官至前燕左卫将军，父都岐州刺史。库狄干，“曾祖越豆眷，魏道武时以功割无善之西腊污山地方百里以处之，后率部落北边，因家朔方”[②]，可见曾祖父为部落首领。叱列延庆“世为酋帅。曾祖鑰石，世祖末从驾至瓜步，赐爵临江伯。父亿弥，袭祖爵，高祖时越骑校尉”[③]，其祖上曾世为酋帅，父官至越骑校尉。段儒，祖为黄龙镇将。韩演父瑰魏镇西将军、平凉郡守。赫连□□，曾祖为夏皇帝赫连勃勃，祖官至赫连夏王太尉录尚書，父“来宾魏室，频牧雄州”[④]曾任数州刺史。这些人祖上为高官或部落首领，这当是他们得以出任恒州刺史的重要原因之一。

汉人共4人，仅占10.81%（4/37）。相州刺史汉人26人，占49.06%（26/53），人数及比例远高于平城地区的行政长官。这四人分别是渤海高氏高植，弘农杨氏杨钧，河内司马氏司马仲明。河西宋氏宋宣，并无出自当时第一流士族范阳卢氏、清河崔氏、荥阳郑氏及太原王氏者，而相州刺史高门士族出身者高达21人。

可见从出身来看，主要包括元氏宗族、勋臣八姓及其他少数民族上层人士、汉士族。与相州刺史的出身进行对比，我们不难发现，相同的是两者出自勋臣八姓；不同的是平城地区行政长官出自元氏宗族人数较多，汉族人士较少，且多非高门士族。就出自元氏宗亲的任职者来看，一方面显示北魏重视平城地位；另外一方面这些人多为宗室疏属，这与北魏加强皇权有一定的联系。出自少数民族上层人士者占有一定比例，其祖、父多为高官或部落首领，家庭出身非同寻常。

三、迁转及将军号

考察平城地区行政长官的迁转对于了解这一职官有重要意义，从侧面反映了这一官职选任和地位的某些特征。中央官，迁入可考者10人。正二品，陆睿尚书令。正三品，元澄行吏部尚书，尉羽殿中尚书，元渊秘书监，司马仲明大司农卿。从三品，

---

① 参见姚微元：《北朝胡姓考》，第219页。

② 《北齐书》卷一五《厍狄干传》，第197页。

③ 《魏书》卷八〇《叱列延庆传》，第1771页。

④ 《齐故侍中车骑大将军开府仪同三司左僕射吏部尚书太常卿食贝丘县干赫连公墓志》，赵超：《汉魏南北朝墓志汇编》，第461页。

宋宣散骑常侍，封静太子左卫率。正四品上，庾路城门校尉，元顺黄门侍郎。正五品上，元志太尉从事中郎。中央迁入官最高为正二品，最低为正五品上，以正三品居多。迁出可考者8人。从二品，元赞尚书左仆射，元纂尚书右仆射。正三品，元澄行吏部尚书，元继度支尚书，元匡大宗正卿，杨钧廷尉卿，元渊卫尉卿。品级不可考，于昕领左右。迁出官最高为从二品，最低为正三品，正三品人数明显多于从二品。地方官，迁入官可考12人，分别是穆泰定州刺史，于果并州刺史，于敦行并州事，元嵩荆州刺史，元匡肆州刺史，元继青州刺史，高植朔州刺史，于昕殷州刺史，杨钧齐州刺史[①]。叱列延庆西部第一领民酋长。元苌，北巡大使。拓跋顺留守。迁出官可考地方官6人。陆睿、叱列延庆定州刺史，元顺齐州刺史，元志荆州刺史，元嵩徐州刺史，元苌河南尹。其他元纂西中郎将。恒州刺史（司隶校尉）与州刺史的迁转较为常见，多为较为大州长官，如并州、定州、荆州等，充分反映了恒州刺史具有较高的地位。

从将军号来看，恒州刺史（司隶校尉）兼任的将军号品级较高，前期品级高于后期。官员的官资格包括"正职、军号、加官、领职"[②]，恒州刺史（司隶校尉）将军号可考者24人，占可考总人数的64.86%（24/37）。将军号13种，平均每种1.85人。具体而言，从一品2人，占8.33%（2/24），分别是叱列延庆为骠骑大将军，库狄干为车骑大将军。正二品2人，占8.33%（2/24），分别是拓跋顺为征西大将军，陆睿为征北大将军。从二品2人，占8.33%（2/24），分别是穆泰为镇北将军，元纂为中军将军，于昕镇东将军。正三品11人，占45.83%（11/24），分别是元纂、杨钧、元渊、元顺、司马仲明、元嵩、元继、封静平北将军，段儒平东将军，暴诞左卫将军。从三品7人，占29.17%（7/37），分别是宋宣冠军将军（从三品），长孙酌龙骧将军（从三品），于敦、元匡、尉羽、元苌、韩演为征虏将军。上文可知，恒州刺史所加将军号共13种，平均每种1.85人。所带将军号与"北"字有关这居多，包含征北、镇北、平北，共计10人，这和平城与洛阳之间的地理方位有直接的联系，再具体而言以平北将军居多。从品级来看，将军号最高为从一品，最低为从三品，以正三品人数居多。从不同时期来看，孝文帝迁都前2人，一人为从二品，一人为从三品，整体品级较高。迁都后22人，正三品、从三品人数居多。这反映了迁都后平城地区行政长官地位仍然较高，但与前期相比有所下降。与相州刺史进行比较，相州刺史将军号可考者41人，所占比例为75.93%（41/54）[③]。将军号可考人数及所占比例皆高于恒州刺史。将军号22种，平均每种1.86人。从一品人6人、正二品4人、从二品12人、正三品14人、从三品1人、正五品1人、品级不可考3人，分别占14.63%、9.76%、29.27%、34.15%、2.44%、2.44%、

① 杨钧为齐州刺史，母忧去职，服阙后任恒州刺史。

② 张小稳：《魏晋南北朝地方官等级管理制度研究》，九州出版社，2010年，第154页。

③ 相州刺史数据参见拙文《北魏相州刺史考论》，《北朝研究》第八辑，科学出版社，2017年，第39～48页。

7.31%。可见恒州刺史所带将军号整体水平低于相州刺史。就不同时期而言，迁都前司隶校尉（司州刺史）将军号可考者两人，一为从二品，一为从三品，品级略高于相州刺史。迁都后，恒州刺史所带将军号品级多数低于相州刺史，这说明迁都前，平城地区行政长官地位高于相州刺史，迁都后低于相州刺史。

平城地区行政长官多为皇帝心腹。元氏为皇族，与皇帝密切关系毋庸多论，我们主要探讨其他人与帝王的关系。道武帝时期庾路，其祖父辈历任高官与帝王关系密切，其祖父、从祖父曾资助道武帝起家，其兄庾岳更是深得道武帝信赖①，官至司空。庾路本人曾跟随道武帝讨伐慕容宝，后任城门校尉。城门校尉在北魏前期为从三品，掌握一部分禁军，较为重要，这也显示出道武帝对庾路的信赖。宋宣，为河西士族，曾与范阳卢玄、勃海高允及从子愔俱被征，拜中书博士，后曾被太武帝派遣出使刘宋，作为使臣代表说明他得到了太武帝的信赖，出使归国后任司隶校尉。杜胤宝为外戚，是明元密皇后从侄，作为外戚受到重用。陆睿，其本人汉化程度较高并深得孝文帝信赖，任职恒州前历任官职侍中、尚书仆射、尚书令等要职，任恒州刺史时仍兼尚书令。穆泰，其家族与北魏帝室关系密切，其父尚长城公主，他本人尚孝文帝的祖姑母章武长公主，还一度切谏文明太后不要废除孝文帝，因而深得孝文帝的信赖，史称“高祖德之，锡以山河，宠待隆至”②。于烈弟于敦、于果前后出任恒州刺史，他们家族支持孝文帝迁都，“代乡旧族，同恶者多，唯烈一宗，无所染预。高祖嘉其（于烈）忠操”③，他们家族受到孝文帝、宣武帝的信赖，因为在孝文帝末年、宣武帝初年出任恒州刺史。魏羽，父魏元为孝文帝心腹大臣，官至尚书令，他本人才能出众亦受到重用，在孝文帝迁都前已官拜殿中尚书兼侍中，说明他本人亦为皇帝信赖之人。

从迁转来看，中央迁入官最高为正二品，最低为正五品上，以正三品居多，迁出官最高为从二品，最低为正三品，正三品人数明显多于从二品。地方迁转多为大州刺史，这充分反映了恒州刺史（司隶校尉）具有较高的政治地位。从将军号来看，任职者多带品级较高的将军号，但与相州刺史对比不难发展，任职者所带将军号官品逐渐降低，而相州刺史所带将军号官品逐渐上升，这充分说明一方面该职务地位很高，另外一方面则显示出该职务地位不断下降。从与皇帝关系来看，显然任职者多为皇帝心腹之人，显示出恒州刺史（司隶校尉）在北魏具有较高的政治地位。

---

① 史料记载庾路为庾岳兄子，曹刚华从仕宦经历考证，认为庾路当为庾岳弟，参见《北魏城门校尉考述》，《中州学刊》2016年第6期，第12页。

② 《魏书》卷二七《穆崇传附真子泰传》，第663页。

③ 《魏书》卷三一《于栗磾传附洛拔子烈传》，第738页。

北魏天兴、天赐与太和年间西郊祭天考论

徐美莉

（聊城大学历史文化与旅游学院、太平洋岛国研究中心　聊城　252059）

在中国古代的祭天礼中，北魏的西郊祭天颇为学者所关注。康乐先生以北魏从西郊到南郊的转变为视角，观察北魏政治的变迁。田余庆先生从部落大会的角度论及拓跋族早期的西郊祭天，并对有关史事进行了辨析。何德章先生注意到天赐二年恢复的西郊祭天与北魏初期政治变迁的关系。日本学者今井秀周对中国古代北方部族的祭天有系统研究，其中包括北魏西郊祭天。之后，自杨永俊先生的专题研究开始，徐迎花、秦红发、孙险峰等先生相继进行了专题探讨。所有学者所进行的多角度的研究，使西郊祭天这一拓跋族与北魏的重要制度在渊源、仪式、演变等方面日渐清晰。但是，关于天兴元年四月祭天与董谧所定郊天礼的关系，天赐二年恢复西郊祭天所蕴含的政治意义，以及太和十六年西郊活动等问题，一则以往研究有可商榷之处，二则可深入研究的空间尚存，故笔者不揣浅陋，以就正于方家。

一、天兴元年西郊祭天与董谧所定郊天礼

以往研究认为，太祖拓跋珪天兴元年（398年）四月的西郊祭天礼是用了周典的。何德章先生据《魏书》有关资料，认为“天兴元年四月，拓跋珪仿《周礼》举行祀天之仪”[①]，稍后，杨永俊先生认为北魏“太祖天兴元年确立西郊之祭”[②]，天兴元年西郊祭天乃董谧“亲手草拟”[③]。之后的十几年里，学者论及天兴元年西郊祭天时，多持相似观点。

笔者以为，天兴元年四月的西郊祭天，依然是拓跋族的传统祭天，用周典乃误解。考误解之源，正是《魏书》的这一段记录：“天兴元年，定都平城，即皇帝位，立坛兆告祭天地。……事毕，诏有司定行次，正服色。……于是始从土德，数用五，服尚黄，牺牲用白。祀天之礼用周典，以夏四月亲祀于西郊，徽帜有加焉。”[④]按照这

① 何德章：《北魏初年的汉化制度与天赐二年的倒退》，《中国史研究》2001年第2期，第33页。

② 杨永俊：《论拓跋鲜卑的西郊祭天》，《民族研究》2002年第2期，第51页。

③ 杨永俊：《论北魏的西郊祭天制度》，《兰州大学学报》（社会科学版）2002年第2期，第58页。

④ 魏收：《魏书》卷一百八之一《礼志一》，中华书局，1974年，第2734页。

段文字的叙述顺序，所谓“祀天之礼用周典，四月亲祀于西郊，徽帜有加”，似乎是有司定行次正服色的结果，但是，这段文字是将一系列事件错乱记录了，据《魏书》《北史》相关记载，天兴元年有关事件发生顺序如下：

天兴元年正月平邺，对后燕战争胜利结束，“二月，车驾自中山幸繁畤宫，……夏四月……帝祠天于西郊，麾帜有加焉”①。从时间上看，正是拓跋族传统的祭天时间，所谓“麾帜有加”，应是与对后燕战争胜利、国家事业发展有关。

接下来，“六月丙子，诏有司议定国号”。于是定国号魏。“秋七月，迁都平城，始营宫室，建宗庙，立社稷。”“八月，诏有司正封畿，制郊甸，端径术，标道里，平五权，较五量，定五度。”“冬十月，起天文殿”，即平城宫的天文殿。“十有一月辛亥，诏尚书吏部郎中邓渊典官制，立爵品，定律吕，协音乐；仪曹郎中董谧撰郊庙、社稷、朝觐、飨宴之仪；三公郎中王德定律令，申科禁；太史令晁崇造浑仪，考天象；吏部尚书崔玄伯总而裁之。”在以上制度建设的基础之上，在众臣的请求之下，拓跋珪正式即帝位，“十有二月己丑，帝临天文殿，太尉、司徒进玺绶，百官咸称万岁。大赦，改年。追尊成帝已下及后号谥。乐用《皇始》之舞。诏百司议定行次。尚书崔玄伯等奏从土德，服色尚黄，数用五；未祖辰腊，牺牲用白。五郊立气，宣赞时令，敬授民时，行夏之正”②。可见，在天兴元年四月祭天半年之后，至十一月才开始汉族的郊祀制度建设，由仪曹郎中董谧负责。

董谧“亲手草拟”的郊祀制度迅即付诸实施，其具体内容为：正月南郊祭上帝，北郊祭后土，冬至南郊圜丘祭上帝，夏至北郊方泽祭地，其依据显然为周典。汉族的南郊祭天制度，虽然在天地是否合祭、帝与后是否同时陪祭以及正月、二至是否分祭问题上有争议，但祭天地点于南郊毫无疑问。《礼记·郊特牲》：“郊之祭也，迎长日之至也，大报天而主日也。兆于南郊，就阳位也。”③据以上，天兴元年的四月祭天，与董谧所定郊天礼并无关系，当然也与周典无关。

关于天兴元年四月祭天地点可讨论。秦红发、孙险峰二位先生认为西郊祭天分盛乐、平城两个时代，天兴元年四月的西郊祭天属于盛乐时代④。若按礼制传统可以如是说，但天兴元年四月祭天地点并非在盛乐，而在繁畤宫或平城。自从开始对后燕的战争，拓跋珪离开盛乐。对后燕战争结束后，天兴元年正月，拓跋珪从邺回到中山，二月，自中山北上，首先到达繁畤宫，又据《资治通鉴》“徙山东六州吏民杂夷十余万口以实代。……（二月）魏王珪如繁畤宫，给新徙民田及牛。珪畋于白登山，见熊将

① 《魏书》卷二《太祖纪》，第32页。

② 《魏书》卷二《太祖纪》，第32～34页。

③ 陈澔：《礼记集说》卷五，上海古籍出版社，1987年，第145页。

④ 秦红发、孙险峰：《论北魏西郊祭天》，《中州学刊》2018年第2期，第112页。

数子，谓冠军将军于栗磾曰……”[①]白登山即在平城附近，可知拓跋珪到达繁畤宫之后，继续北上到过平城。在七月定都平城之前，其中四五个月的时间里，拓跋珪以繁畤宫为行政地，故此年四月祭天在繁畤宫的可能性较大，但也有可能在平城。

二、天赐二年平城西郊祭天的“倒退”抑或“进步”

随着对后燕战争的胜利进行，北魏快速进行汉族制度建设，其中包括祭天礼等诸方面。天兴元年十一月开始的礼乐制度建设之后，天兴二年正月甲子第一次南郊祭天，稍后北郊祭地；天兴三年正月辛酉郊天，隔一天的癸亥北郊祭地，而至圜丘方泽开始实施。其后，卤簿制度建立起来，天兴二年正月祭天的次日乙丑，“始制三驾之法”[②]，从天赐二年四月西郊祭天以方阵卤簿代替大驾鱼丽雁行来看，与新制礼、乐迅即应用同样，天兴二年所定汉制的卤簿是应用了。

自天兴二年（399年）开始实施汉族郊祀制度六年之后，天赐二年（405年）北魏恢复四月西郊祭天。此前的年初，北魏先行改变车服制度：“改大驾鱼丽雁行，更为方陈卤簿。列步骑，内外为四重，列櫼建旌，通门四达，五色车旗各处其方。诸王导从在钾骑内，公在幢内，侯在步槊内，子在刀盾内，五品朝臣使列乘舆前两厢，官卑者先引。王公侯子车旒麾盖、信幡及散官构服，一皆纯黑。”[③]从此年四月西郊祭天“车旗尽黑”来看，天赐二年初改大驾乃恢复四月西郊祭天的前奏，同时说明天兴元年崔浩等人所制“土德、服色尚黄”也废止。

对于天赐二年改变卤簿、服色以及恢复四月西郊祭天，何德章先生认为“反映了北魏政权政治上的倒退”[④]，若以汉化与否衡量进步或倒退，可以如是说。但是，从另外的视角看，天赐二年恢复西郊祭天也可以说反映了拓跋族的进步，至少表现在以下三方面。

第一，自天赐二年开始，四月西郊祭天成为北魏的国家祭天礼制。“自是之后，岁一祭”[⑤]，四月西郊祭天作为国家礼制确立下来。先前见于记载的拓跋族四月祭天有五次，一是始皇帝三十九年（258年）迁都盛乐，夏四月祭天。二是西晋愍帝建兴四年（即北魏穆皇帝九年，316年）于平城西郊立郊天碑，这意味着有祭天活动。三是拓跋珪登国元年（386年）正月戊申即代王位郊天、建元、大会于牛川。四是拓跋珪登国六年（391年）夏四月祠天。第五次即天兴元年四月西郊祭天。田余庆先生关注郊天与

---

① 《资治通鉴》卷一百，中华书局，1956年，第3463页。

② 《魏书》卷一百八之四《礼志四》，第2813页。

③ 《魏书》卷一百八之四《礼志四》，第2813、2814页。

④ 何德章：《北魏初年的汉化制度与天赐二年的倒退》，《中国史研究》2001年第2期，第34页。

⑤ 《魏书》卷一百八之一《礼志一》，第2736页。

部落大会的关系，据郦道元所记“（平）城周西郭外有郊天坛，坛之东侧有郊天碑，建兴四年立”[①]，认为平城西部郊天坛为择时召开部落大会而设，并镌碑纪念，“据知在此之前，尚未见拓跋部有岁以为常的隆重的西郊祭天礼仪”[②]。虽然，若将上述五次祭天与天赐二年之后制度化的四月祭天联系起来，至少可断定拓跋族四月祭天早已成俗，但是从制度上说，的确如田余庆先生所言，即使到了天兴元年，拓跋族西郊祭天的制度化程度依然是不明朗的。因此说，天赐二年恢复四月西郊祭天并将之制度化反映了拓跋族的进步。

第二，因先前西郊祭天的有关记载过于简略，天赐二年的西郊祭天，在祭场、祭坛设置、帝后与众臣入场仪式以及祭祀程序方面，无法与历史上的祭天做比较，但是可确定，天赐二年的西郊祭天在卤簿、乐制两个方面是空前发展的。北魏天兴二年正月所定三驾之法，乃拓跋族历史上第一次拥有的卤簿制度，为皇帝的军戎、大祠以及游宴活动制定仪仗。天赐二年初，方阵卤簿代替鱼丽雁行，并不减弱北魏在卤簿制度上的进步，也可以这么说，天兴二年所定三驾法进而推动了方阵卤簿的产生。至于乐制，拓跋族历史上无乐制，正如《隋书》史臣所言：“魏氏来自云、朔，肇有诸华，乐操土风，未移其俗。至道武帝皇始元年，破慕容宝于中山，获晋乐器，不知采用，皆委弃之。”[③]因此，天兴元年冬吏部郎邓渊创定乐制，为国家祭祖、祭天地、元旦朝会以及四时飨会等场合备乐，为拓跋族历史上首次乐制建设。据《魏书·乐志》所记孟秋西郊祀天[④]的用乐情形看，即“兆内坛西，备列金石，乐具，皇帝入兆内行礼，咸奏舞《八佾》之舞”[⑤]，可知天兴元年邓渊所定乐制是用于西郊祭天的。

第三，将北魏放入十六国以至清朝的北方部族历史长河中加以考察，拓跋族能够将吸收汉族礼制与坚守本部族礼制传统相结合，就政治理念而言，不能不说是一种进步。十六国政权多用汉族郊天礼，前赵刘曜即位，以“缮宗庙、社稷、南北郊。……冒顿配天，元海配上帝”[⑥]，后赵石虎“衣衮冕，将祀南郊”[⑦]，前秦苻坚“起明堂，缮南北郊，郊祀其祖洪以配天，宗祀其伯健于明堂以配上帝”[⑧]，后燕慕容垂侄超“南郊”[⑨]，知前后赵、前秦、南燕用南郊祭天礼。金、清有所不同，部族祭天礼继续，国

---

① 郦道元撰，陈桥驿注：《水经注》卷13，浙江古籍出版社，2000年，第205页。

② 田余庆：《拓跋史探》，生活·读书·新知三联书店，2003年，第252页。

③ 《隋书》卷十四《音乐志中》，中华书局，1973年，第313页。

④ 《魏书》《乐志》关于孟秋祭天的记载令人困惑。观《魏书》记孟秋祭天仅有此一处，《乐志》只记孟秋西郊祭天用乐情形，对于四月祭天则完全阙如，或许“孟秋”为“孟夏”之误。

⑤ 《魏书》卷一百九《乐志》，第2827页。

⑥ 《晋书》卷一百三《刘曜载记》，中华书局，1974年，第2685页。

⑦ 《魏书》卷九五《铁弗刘虎传》，第2051页。

⑧ 《晋书》卷一一三《苻坚载记上》，第2886页。

⑨ 《魏书》卷九五《徒何慕容廆传》，第2072页。

家祭天礼则用汉制。金“因辽旧俗，以重五、中元、重九日行拜天之礼”[①]，此为部族祭天礼；海陵王“天德以后，始有南北郊之制，（世宗）大定、（章宗）明昌其礼寖备”[②]，此为国家祭天礼，金朝南郊祭天经过了几十年的发展才完备。清入关前已有堂子祭天礼，入关后堂子祭天作为满族祭天礼继续，而北京之南设祭天坛以举行国家祭天礼。与以上诸政权有所不同，北魏在尝试汉族祭天礼六年之后，天赐二年（405年）恢复西郊祭天，直到孝文帝太和十八年（494年），经过了数年的酝酿方正式停罢西郊祭天，其间八十五年间，以西郊祭天作为国家祭天礼制。

同时，天兴元年冬所定郊祀制度并未因天赐二年恢复西郊祭天而废止，而且保持了重要地位。“二至郊天地，四节祠五帝，或公卿行事，唯四月郊天，帝常亲行”[③]，知天兴元年董谧所定二至圜丘方泽制度在执行中。而天兴元年祭天礼中同祭的五精帝，至迟在太宗泰常三年（418年）获得独立祭祀身份，此年“为五精帝兆于四郊，远近依五行数。各为方坛四陛，埒三重，通四门。以太皞等及诸佐随配”[④]。又据高祖延兴二年（472年）有司奏“天地五郊、社稷已下及诸神，合一千七十五所，岁用牲七万五千五百”[⑤]，知天地与五郊皆为大祀。杨永俊先生认为“汉族的南郊祀上帝之礼尽管也实行着，但与西郊祭天相比较，它的重要性几乎微不足道”[⑥]，对其地位恐怕是低估了。至于孙险峰先生所论“当南郊祭天和西郊祭天并存的初期，西郊祭天是祭天礼制的主流思想”[⑦]，若从皇帝亲祭以及历史记录多寡而论，的确如此，但是，也可注意，在汉族政权中二至就是由有司负责的，北魏皇帝不亲二至或许并非说明不重视。总之，北魏实际上是将部族祭天礼与汉族祭天礼进行了协调，在某种程度上使部族的天与汉族的上帝、五帝同时共存，各得其所。

三、南朝使臣所见太和十六年西郊绕坛及其祭天仪式的变化

古今学者对于《南齐书》史臣所记永明十年（北魏太和十六年）西郊祭天坛的活动有不同理解，留下一些问题值得继续讨论。《南齐书》有两段记录西郊祭天的文字，其中部分内容为《魏书》所无。第一段于叙述平城建制时写道：“城西有祠天

① 《金史》卷三五《礼志八》，中华书局，1975年，第826页。

② 《金史》卷二八《礼志一》，第693页。

③ 《魏书》卷一百八之四《礼志四》，第2813页。

④ 《魏书》卷一百八之一《礼志一》，第2737页。

⑤ 《魏书》卷一百八之一《礼志一》，第2740页。

⑥ 杨永俊：《论北魏的西郊祭天制度》，《兰州大学学报》（社会科学版）2002年第2期，第56页。

⑦ 孙险峰：《北魏鲜卑人的宇宙观——从鲜卑人的祭天礼制看宇宙观的变迁》，《自然辩证法研究》2010年第11期，第85页。

坛，立四十九木人，长丈许，白帻、练裙、马尾被，立坛上，常以四月四日杀牛马祭祀，盛陈卤簿，边坛奔驰奏伎为乐。”[①]除了最后一句，前面的内容大致与《魏书》所记天赐二年祭天礼相符。第二段文字于永明十年萧琛、范云出使北魏后紧接着写道：（永明）“十年，上遣司徒参军萧琛、范云北使。宏西郊，即前祠天坛处也。宏与伪公卿从二十余骑戎服绕坛，宏一周，公卿七匝，谓之蹋坛。明日，复戎服登坛祠天，宏又绕三匝，公卿七匝，谓之绕天。以绳相交络，纽木枝枨，覆以青缯，形制平圆，下容百人坐，谓之为伞，一云‘百子帐’也。于此下宴息”[②]。这段文字与《魏书》所记天赐二年祭天礼有很大差异。

《南齐书》所记北魏西郊祭天的两段文字皆基于南朝人所见，可无疑。至晚自北魏世祖时期开始，南朝使臣有机会得以目睹西郊祭天。世祖太延三年（437年）三月丁酉，刘义隆使臣到达平城。显祖皇兴二年（468年）三月戊午，刘彧遣使到达平城。孝文帝太和十年（486年）三月庚申，萧赜遣使到达平城，此年四月甲子，孝文帝初次以法服御辇西郊祭天，南朝使臣应该看到了这次隆重的西郊祭天。太和十六年三月辛巳南齐来使，有机会见到此年的祭天。如此，在一个长时段里，南朝人得以观察北魏的西郊祭天。第一段文字所记祭坛上49木人，恰好与延兴二年（472年）六月之前“西郊旧事，岁增木主七，易世则更兆”相印证，而两段文字所记祭天礼上的“绕坛”，却是对《魏书》记西郊祭天礼的补充。

司马光将《南齐书》所记永明十年北魏西郊活动与《魏书》所记太和十六年“省西郊杂事”放在一起记录：“魏旧制，岁祀天于西郊，魏主与公卿从二千余骑，戎服绕坛，谓之蹋坛。明日，复戎服登坛致祀，已又绕坛，谓之绕天。三月，癸酉，诏尽省之。”[③]按，这里“二千余骑”当误，一个祭天场地难以容纳二千余骑绕坛，当以《南齐书》“二十余骑”为是。司马温公的问题在于将此次祭天活动理解为北魏四月祭天的通常仪式，且改写为“尽省之”。司马温公没有引用《魏书》关于天赐二年西郊祭天的记录，不知何因。

康乐先生将以上两段文字皆视为永明十年（492年）萧琛、范云出使所见，“他们在平城时，恰值拓跋人一年一度的西郊盛典，因此得以亲见此一祭典的举行，并留下一段生动的描述”[④]，然后将以上两段资料一并引用。其中有误解，其一，第一段文字所记为从前的西郊祭天，这是因为，孝文帝延兴二年（472年）六月，显祖下令禁止祭天坛上木主岁增七的惯例，因此在太和十六年（492年）的祭天坛上不可能有49个木人，《南齐书》两段文字应为不同时期使者所见。其二，《南齐书》所记太和十六年

① 《南齐书》卷五七《魏虏传》，中华书局，1972年，第985页。

② 《南齐书》卷五七《魏虏传》，第991页。

③ 《资治通鉴》卷一三七，第4395、4396页。

④ 康乐：《从西郊到南郊——国家祭典与北魏政治》，稻禾出版社，1995年，第169页。

的西郊活动或非萧琛、范云所见。此年南齐两次遣使到达北魏，分别是三月“萧赜遣使朝贡”，十二月“萧赜遣使朝贡”[①]。关于两次使节的名字，综观《南史》《资治通鉴》《梁书》，第一次出使的是散骑常侍庾荜等人，萧琛、范云乃十二月出使。庾荜等人于太和十六年三月癸酉到达平城，能够目睹四月祭天的，应是庾荜等人，而非萧琛、范云。

何德章先生关注到太和十六年祭天与天赐二年的不同：“《魏书·礼志一》所记天赐二年西郊祭天的仪式中虽有女巫击鼓的场面，毕竟还显得文质彬彬，《南齐书》卷五七《魏虏传》所记南朝使臣于太和十六年目睹的孝文帝西郊祭天活动，则原始得多，也真实得多。……西郊祭天总的情形是‘杀牛马祭祀，盛陈卤簿，边坛奔驰奏伎为乐’。”[②]据何判断“女巫击鼓”比“边坛奔驰奏伎为乐”为文质彬彬呢？又，天赐二年祭天礼本来就是杀牛马祭祀、盛陈卤簿的，为何到太和十六年就成了原始的？

可继续讨论的第一个问题是，《南齐书》所记太和十六年西郊祭天的活动与《魏书》所记天赐二年西郊祭天仪式的不同，是仪式本身改变还是其他原因？第二个问题是，太和十六年前后孝文帝正热烈追求汉文化，南郊祭天也已开始，若按何德章先生所言西郊祭天反而趋向原始，如何解释？

对于第一个问题，即，造成天赐二年与太和十六年西郊活动内容差异的，当因史官记录详略的不同，更因仪式本身的变化。《南齐书》两段文字所记北魏西郊祭天，与《魏书》所记天赐二年西郊祭天的差异主要有三：第一，《南齐书》所记太和十六年西郊是两天的活动，第一天称为“踏坛”，第二天称为“绕天”，此前的祭天，难以窥测到两天活动的。第二，天赐二年祭天，皇帝以下皆在坛下，西向面对祭坛而立，女巫升坛、摇鼓；太和十六年西郊次日皇帝公卿“复戎服登坛祠天”，是皇帝等人登坛了。第三，也是最显著的，《南齐书》两段文字皆记录了绕坛以及娱乐，第一段文字中的“边坛奔驰奏伎为乐”，第二段文字中的绕坛以及百子帐下的宴息，《魏书》则无。造成此等差异的原因，史官记录详略不同是一个，诸如，《南齐书》记录的绕坛很可能原本即存在，鲜卑本有驰绕之俗，颜师古注匈奴俗“秋，马肥，大会蹛林”：“蹛者，绕林木而祭也。鲜卑之俗，自古相传，秋祭无林木者，尚竖柳枝，众骑驰绕三周乃止，此其遗法也。”[③]西郊祭天很可能本有“绕坛”一项内容，《魏书》不记而已。至于变化，太和十六年的“省西郊郊天杂事”，当是果真省掉了一些内容，诸如，天赐二年的“女巫登坛”被删除，故《南齐书》记太和十六年西郊时皇帝公卿戎服亲自登坛祠天。还可推测，天赐二年西郊祭天的部分内容弱化，而绕坛及娱

---

① 《魏书》卷七下《高祖纪下》，第169、171页。

② 何德章：《北魏初年的汉化制度与天赐二年的倒退》，《中国史研究》2001年第2期，第34页。

③ 《史记》卷一百一十《匈奴列传》，中华书局，1959年，第2893页。

乐保留，成为太和十六年西郊祭天的主要内容，因而为南朝人所关注。

对于第二个问题，笔者以为，对于太和十六年的西郊绕坛，说其“原始”当然可以，但难以说其比女巫升坛、摇鼓以主祭更原始。太和十六年正月到三月间，孝文帝有一系列力求典雅政治的新举措：正月己未，宗祀显祖献文皇帝于明堂，以配上帝；辛酉，始以太祖配南郊；壬戌，诏定行次，以水承金；丙子，始以孟月祭庙。二月甲午，初朝日于东郊，遂以为常；丁未，改谥宣尼曰文圣尼父，告谥孔庙。三月癸酉，省西郊郊天杂事；乙亥，车驾初迎气南郊，自此为常[①]。在如此热烈的汉化过程中，作为停罢西郊祭天的一个准备步骤，省掉的“杂事”当是与汉族制度差异较大的，其中包括女巫主祭，而戎服骑马绕坛保留下来，至少，在当时南北对峙的形势下，戎服绕坛仍有其现实意义，天赐二年西郊祭天的方陈卤簿充满尚武精神，太和十六年戎服绕坛可视为其精神的延续。

以上笔者围绕天兴元年四月祭天、天赐二年恢复西郊祭天、太和十六年西郊活动的有关问题进行了考论，不当之处，恳请大家指正。另外，对于陈戍国先生提出的北魏西郊祭天之“五奇”，在此简论之。据《魏书》所记天赐二年西郊祭天情形，陈戍国先生认为：“这是富有北魏特色的郊祀。祀天而有木主七，一奇也。皇后参与祭祀，二奇也。‘选帝之十族子弟七人执酒’，三奇也。‘以酒洒天神主’，似裸非裸，四奇也。复拜而必七，五奇也。……王仲荦先生说西郊是拓跋族‘古老流传下来的原始崇拜’，可信。”[②]陈戍国先生所谓西郊祭天“富有北魏特色”，以及所引王仲荦先生所谓拓跋族“古老流传下来的原始崇拜”皆为灼见，既然如此，说其奇，乃是以现代人的视角而论，对当时的拓跋族自身而言，一切皆为常理。其中，皇后参与祭祀，木主七以及帝之十族子弟七人执酒，或与北方部族信仰的萨满教有关。观女巫主持西郊祭天，以及女巫主持祭祀太祖所“置献明以上所立天神四十所”[③]，等等，知拓跋族的祭祀通常由女巫主持。而“木主七”或与萨满教的天观念有关。由于时过境迁，北魏西郊祭天诸多细节成谜。因此，陈戍国先生所谓“五奇”是为学者提出了研究课题，而且不止于此“五奇”，如北魏西郊祭天西向，岁增木主七等，同样是值得继续研究的问题。

---

① 《魏书》卷七下《高祖纪下》，第169页。

② 陈戍国：《中国礼制史·魏晋南北朝卷》，湖南教育出版社，2011年，第359页。

③ 《魏书》卷一百八之一《礼志一》，第2735页。

试论北魏冠服制度的形成

——以孝文帝时期为中心

刘　芳

（北京服装学院　北京　100029）

冠服制度是中国古代礼制和等级的象征，强调必须遵循古法，服饰有别。北魏作为中国历史上第一个由少数民族建立起来的、统一北方中国的政权，在其建立之初并无冠服制度，然而在其缔造者拓跋鲜卑入主中原的过程中，从最初接触和学习汉文化到不断实行汉化政策，最终蜕变为与中原其他各民族全面融合、高度汉化的中央集权的封建制国家，建立起包括祭服、朝服、公服等一整套完整的服饰制度并被北朝后期所继承，进而催生了空前繁荣的隋唐服饰制度。

北魏的冠服制度在《魏书》中并无记载，而对于其形成则可在《隋书·礼仪志》中找到依据。已有研究中，较多关注于孝文帝时期服制改革，对北魏整个时期服饰制度形成及其形制的系统阐释相对缺乏。对于其对后世的影响及在中国古代服饰史中的地位也缺乏足够的关注和形成认识。本文拟以现存古籍文献及考古实物图像资料为依托，以北魏社会发展进程为主线，全面阐述北魏冠服制度从早期初建、中期对汉族服饰的追求和尝试到晚期全面建立的发展历程，进一步概括出北魏冠服制度及其对后世服制的影响。

一、北魏冠服制度的初建

北魏建立之初，服制上以鲜卑服为基础，《隋书·礼仪志》：“且后魏以来，制度咸阙。天兴之岁，草创缮修，所造车服，多参胡制。”①

天兴元年（398年）七月，北魏开国皇帝拓跋珪将都城从最初的盛乐迁往平城（今山西大同）后进行大规模营建，并于同年开始舆服制度的议定，定于天兴六年（403年），《魏书》云：“太祖天兴元年冬，诏议曹郎董谧撰朝觐、飨宴、郊庙、社稷之仪。六年，又诏有司制冠服，随品秩各有差，时事未暇，多失古礼。”②以上记载中，对于早期制定的冠服制度以“多失古礼”来评定，显然是将以“礼”为核心的中原汉

---

① 《隋书》卷十二《礼仪志七》，中华书局，1973年，第254页。

② 《魏书》卷一百八之四《礼志四》，中华书局，1974年，第2817页。

族服饰制度作为评判标准。然而，就是在此时，北魏开始由原始的鲜卑传统服饰向中原汉族的衣冠迈进。

鲜卑属东胡，是一个以畜牧射猎为主的民族，拓跋部属鲜卑的一支，北俗谓土为拓，谓后为跋，故以为氏①。鲜卑族最初的服饰并无记录，发式为散发结辫，即将头发编成辫子，拖在背后，因此，南方政权称其为“索头”或“索虏”②。北魏早期迁都平城后，鲜卑族逐步转向安定的生活方式，同时由于平城特殊的气候、地理因素，造就了鲜卑族最初在北魏平城时期独有的服饰款式，衣装以鲜卑帽、小袖袍、裤褶服、裙等为主。在穿着上，鲜卑帽可以与小袖袍搭配，小袖袍下男子穿裤，女子着裙，是北魏早期民间最为流行和实用的穿着方式。

1. 鲜卑帽

鲜卑帽是一种带有垂裙的风帽，是鲜卑服中最具代表性的头衣，亦有“长帽”“突骑帽”“大头长裙帽”等名称。由于“北方气候寒冷，头颈部的保暖很是重要，另外，花费不少时间和心血精心编织的编发也需要保护，故鲜卑人常戴一种脑后垂挂长幅，顶部偏圆的冠”③。鲜卑帽不仅实用，同时具有修饰仪容的功能，其造型适合任何头型，前部可以遮掩额头，两侧部遮护两耳，后面可延至脖颈，是最为实用的防风、防沙、御寒之物品（图一）。

鲜卑帽在其发展早期，女性与男性的形制基本相同，但之后在帽屋部分出现略微差别，即男性帽屋多为圆形或者类似圆形，可称之为圆顶垂裙帽，而女性的帽屋顶部则微微下凹，称为凹顶垂裙帽，从出土的多处文物中可以很明显地看到这种差别，如智家堡石椁北壁墓主人图（图二）。

2. 小袖袍

小袖袍是鲜卑服饰中最常见的身衣，其形制为交领，左右衽或对襟，袍子袖长长及手腕，袖口紧窄，袍身长度一般及膝盖以下，色彩丰富，在领口边缘有与衣服不同颜色的镶边，是男女日常生活的常用服饰，只是男子下身配长裤，女子配曳地长裙。小袖袍质地厚重，对于经常从事狩猎和劳作的鲜卑人来说，无论是田地里的男子还是操持家务的妇女，都要求服装简洁、舒适，易于活动，小袖袍便具备了这些功能，从而成为平城时期最受欢迎的平民服饰。小袖袍的形象资料可见于 1958年大同小南头寺

① 《魏书》卷一《序纪》，第1页。

② 《宋书》卷九五《索虏传》：“索头虏，姓拓跋氏……有数百千种，各立名号，索头亦其一也。”中华书局，1974年，第2321页。

③ 张承宗、魏向东：《中国风俗通史·魏晋南北朝风俗》，上海文艺出版社，2017年，第72页。

图一　北魏出土陶俑著垂裙帽（大同博物馆藏）

图二　鲜卑帽的男女区别（智家堡石椁北壁墓主人图）

儿村出土的北魏石雕供养龛内供养人的服饰中，龛内右侧供养人手持供养物，头戴大头长裙帽，上身着交领小袖袍，下身着裤，腰间系革带（图三），另一形象资料见于2004年在大同大学（原雁北师院）出土的宋绍祖墓葬中（图四）。

图三　北魏着小袖袍石雕像（大同小南头出土）

图四　北魏着小袖袍女陶俑（宋绍祖墓出土）

3. 裤褶服

由于北方各民族大多从事于畜牧生活，习于骑马，涉水草，所以他们的衣着大多以衣裤为主，即上身着褶，下身着裤，称为"裤褶服"，也是鲜卑服中另一具有代表性的身衣。裤褶是具有戎装的装束，《晋书》记载为："袴（裤）褶之制，未详所起。近世凡车架亲戎，中外戒严服之。"[①]这种衣服交领左右衽不定或对襟，长度一般及臀下。与褶衣搭配的为裤，有小口裤和大口裤之分，北魏早期流行小口裤，后向大

① 《晋书》卷二五《舆服志》，中华书局，1973年，第772页。

口裤发展（图五），由于北方气候寒冷，“裤褶服更多用毛织物作成”[①]。

图五　北魏着裤褶服陶俑

由此，鲜卑服展现的特色首先以功能为取向，即抵御风寒与利于骑射、劳作，其次是注重装饰美化的作用，表现为丰富的色彩及服装上镶边的使用，《梦溪笔谈》云：“中国衣冠，自北齐以来，乃全用胡服。窄袖绯绿，短衣，长靿靴，有蹀躞带，皆胡服也。窄袖利于骑射，短衣，长靿，皆便于涉草……带衣所垂蹀躞，盖欲佩带弓箭、帉帨、箭囊、刀砺之类。”[②]云冈石窟造像中的鲜卑供养人像，其穿着色彩丰富，深浅不一，北魏墓葬中出土的人物俑也多为红色上衣，黑色镶边，证明了鲜卑人对色彩的敏感度（图六）。大同北朝艺术博物馆藏北魏对弈石雕图中人物，不仅反映了鲜卑服的特征，也表现了鲜卑人对于汉族文化的追求（图七）。

图六　云冈第13窟东壁第三层交脚盝形龛

图七　北魏对弈图石雕人物着鲜卑服、站立男供养人着鲜卑服形象（大同北朝艺术博物馆）

北魏初期所制定服冠的实际情形，《资治通鉴》“晋安帝隆安二年”条下记载为：拓跋珪登基的时候，曾“命朝野皆束发加帽”[③]，有了束发的命令，这对以辫发为习的鲜卑族不得不说是个进步。

在拓跋部发展壮大的过程中接触到先进的汉族文化，促使其社会性质发生着变化。拓跋珪之前，拓跋部便开始与汉族王朝交往，收用汉族士人，进而其政治和经济

① 沈从文：《中国古代服饰研究》，商务印书馆，2011年，第292页。

② （宋）沈括：《梦溪笔谈》卷一《故事一》，商务印书馆，1937年，第3页。

③ （宋）司马光：《资治通鉴》卷一百一十《晋纪》三二，中华书局，2007年，第3483页。

制度均受到中原先进文化的影响。拓跋珪时期，北魏便逐步建立起以中原王朝统治方式为主、拓跋鲜卑原来的统治方式为辅的制度，首先表现在服色的确立上，在定都平城后与群臣“定行次，正服色”，确立了“从土德，数用五，服尚黄”的服饰制度，《魏书·礼志》云：

事毕，诏有司定行次，正服色。群臣奏以国家继黄帝之后，宜为土德，故神兽如牛，牛土畜，又黄星显曜，其符也。于是始从土德，数用五，服尚黄，牺牲用白。祀天之礼用周典，以夏四月亲祀于西郊，徽帜有加焉①。

这是北魏最初定服色的记载，然而，孝文帝时期，北魏重新制定了服色，由“尚黄”改为“尚黑”，这是现有研究所忽略的。北魏最初服色“尚黄”的确立，是北魏冠服制度建设迈出的第一步，表明北魏政权建设的发展方向。太祖天兴二年（399年），拓跋珪增加车辇种类，“命礼官捃采古制，制三驾卤簿”②，即大驾、法驾和小驾，规定了皇帝出行以及奉引、陪乘所乘之车制。对此，《魏书》评价为：“太祖世所制车辇，虽参采古式，多违旧章。”③

明元帝拓跋嗣在位十余年间，一方面通过战争掠夺和强迁其他政权和少数民族人口，一方面积极迎接、吸纳东晋投奔官员，以充实北魏朝仪与典章的制定，如对降魏的东晋旧臣袁式，命其协助崔浩制定朝仪和典章制度，《魏书·太宗纪》：“己酉，诏泰平王率百国以法驾田于东苑，车乘服物皆以乘舆之副。”④

到太武帝时代（423～452年），拓跋焘南征北伐，攻灭北燕与北凉，完成了统一黄河流域的大业，结束了历时一百三十余年十六国分裂割据的局面。由于这段时期征尘未绝，忙于护土，并不在意对于服装制度所形成的尊卑差别，因此在朝服制度的执行中，“取于便习而已”。《魏书》：“世祖经营四方，未能留意，仍世以武力为事，取于便习而已。”⑤

在太武帝执政实践中，已认识到“为国之道，文武兼用”的为政理念，因此提出“偃武修文”的治国方针，吸收数百名汉族人士参政。卢玄、崔绰、高允等报效北魏后，“于是人多砥尚，儒学转兴”⑥，对提高北魏官员的素质，促进北魏政权的进一步汉化，都具有积极意义。

综上所述，北魏初期的制度建设大多属于草创，服制亦在其中。需要说明的是，这一时期北魏纺织业的发展在某种程度上为服制建设提供了物质保证，如拓跋珪定都

---

① 《魏书》卷一百八之一《礼志一》，第2734页。

② 《魏书》卷一百八之四《礼志四》，第2813页。

③ 《魏书》卷一百八之四《礼志四》，第2811页。

④ 《魏书》卷三《太宗纪》，第62页。

⑤ 《魏书》卷一百八之四《礼志四》，第2817页。

⑥ 《魏书》卷八四《儒林传》序，第1842页。

平城后，攻取中山，迁“百工技巧十余万口”至京师，其中便有不少纺织技工，渐渐开始生产缯帛，《南齐书·魏虏传》记载在拓跋焘时代，后宫有婢使千余人织锦造宫袍，且有剩余供婢使“织绫锦贩卖”。

北魏早期官服形制可从大同沙岭北魏壁画墓中壁画得出某些推断，根据出土报告，铭记所记载的墓主人去世时间为太延元年（435年），身份官职为侍中、主客尚书、太子少保、平西大将军，据《魏书·官氏志》所载太和官制，属二品中阶品级，墓主人头戴垂裙黑帽，身着宽博的交领大袖袍衫，有彩色领缘，反映出北魏早期官服是以本民族服饰为主，同时也吸收了汉民族服饰的一些特点[①]（图八）。

图八　北魏早期官服：墓主人着鲜卑帽、交领袍（大同沙岭北魏壁画墓东壁壁画）

二、中期对汉族服饰的追求和尝试

北魏中期，由于和南朝的文化交流进入一个新的阶段，在其礼仪建设中不断吸收南朝的礼仪因素。事实上，北魏在明元帝拓跋嗣时期，便开始了与南朝的交往，《魏书》记载：“刘裕遣使朝贡。”[②]拓跋焘时期，“刘义隆遣使朝贡”。文成帝时期，北魏与南朝刘宋政权则时战时和，和平元年（460年）始，双方每年互派使节，促进了南北经济和文化交流。

北魏大规模的制礼作乐则从承明元年（476年）冯太后临朝称制始，“皇太后平日以朝仪阙然，遂命百官更欲撰辑”[③]。然而，即使经过了太和改制，北魏的服饰制度仍然没有完全确立起来，《隋书》记载：“至太和中，方考故实，正定前谬，更造衣冠，尚不能周洽。”[④]在冯太后长达十五年（476～490年）的称制期间，孝文帝于太和五年（481年）开始参与执政，对北魏冠服制度的建设跨越北魏中、后两个时期。对于北魏中期冠服的形态，由于缺乏实物及图像资料而成为北魏服饰制度研究的难点和

① 太武帝即位后，加紧中央集权建设，相继设置右民尚书、左右仆射、驾部尚书等职，尚书省的职权加大。见张志忠、古顺芳编：《大同考古》，“大同北魏壁画墓”之“沙岭北魏壁画墓”，北岳文艺出版社，2015年，第149～154页。

② 《魏书》卷三《太宗纪》，第61页。

③ 《魏书》卷二一上《咸阳王禧传》，第534页。

④ 《隋书》卷十一《礼仪志六》，第238页。

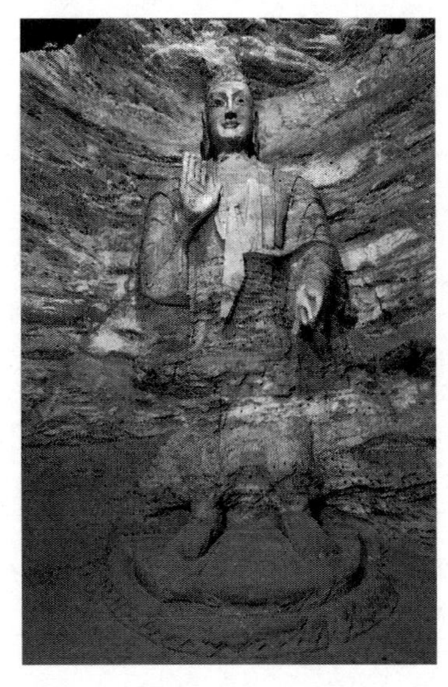
图九　云冈第16窟主尊着褒衣博带

薄弱点。事实上，由于这一时期佛教在加强思想控制上的凸显作用，佛教服饰不可避免受到社会政治、经济、文化等诸多因素影响，“人佛合一”的造像理念使佛像穿上了的人的服装，因此使得云冈佛像人物服饰充满了这一时期服饰文化元素。从献文帝继位（466年）至文明太后执政，云冈石窟的建设达到鼎盛，佛教服饰的世俗化表现在中期的许多造像中，一方面是北魏推行汉化政策的表现，同时也反映了北魏政权对于中原文化的追求和对中原服饰风格的尝试，北魏冠服制度的酝酿与服制改革也在这一时期同时发生了。北魏中期冠服饰可从云冈早期“昙曜五窟”第16窟主尊佛像服饰得到某些反映，第16窟为早期工程最后开凿的一窟，时间已接近太和时期，第16窟主尊是摹文成之容貌、体态、服饰而雕凿，服饰表现出褒衣博带的南朝风格（图九）。

由于孝文帝从小接受汉文化教育，因此深受汉族传统文化影响，《魏书》中记载了其数次到孔庙祭祀的经历。对于服饰制度，孝文帝独掌政权后便着力恢复旧典，于太和六年（482年）下诏众臣定祭服冠履，《魏书》：“太和中，始考旧典，以制冠服，百僚六宫，各有差次。”①

又《魏书》：

> （太和）六年十一月，将亲祀七庙，诏有司依礼具仪。于是群官议曰：“……大魏七庙之祭，依先朝旧事，多不亲谒。……臣等谨案旧章，并采汉魏故事，撰祭服冠屦牲牢之具，……”制可②。

对于这次祭服的制定，孝文帝非常重视并持谨慎态度，下诏礼官商议具体细节的过程也较为漫长，于四年后即太和十年（486年）四月，首次服所定祭服“祀于西郊”，《魏书》：“（太和）十年四月，帝初以法服御辇，祀于西郊。”③

这是孝文帝初次服祭服祭祀的记载。祭祀穿祭服，因此在所有礼服中，祭服最为重要，冕服作为祭服的重要组成之一，是天子及诸侯的祭服，又因祭祀天地、五帝，先王、先公，飨射，四望山川、社稷、群小等礼仪为“吉礼”，所以也称为“吉服”。孝文帝首先制定祭服制度，足见其对祭服所具政治性的认识。就在同一年，孝文帝又“制冠服制度”并“服衮冕以朝”，《魏书》：“太和十年，始考旧典，制冠

① 《魏书》卷一百八之四《礼志四》，第2817页。

② 《魏书》卷一百八之一《礼志一》，第2740页。

③ 《魏书》卷一百八之一《礼志一》，第2741页。

服制度，服衮冕以朝。”①

冕服不仅用于祭祀，还可用于朝会，《魏书》对这次冠服制度的具体内容未做记载，总体评价为“早世升遐，犹未周洽”②。北魏中期冕服的图像资料较为缺乏，大同北魏司马金龙墓中出土朱漆彩绘屏风漆画人物服饰历来受到学界关注，较为真实地展现了北魏太和年间车舆与冕服形式，沈从文称该漆画中的车舆为平肩舆③。根据司马金龙墓墓志铭和《魏书》记载，司马金龙之父司马楚之，原系东晋高官显贵，于泰常四年（419年）降于魏，由于忠实为北魏朝廷效力，曾封琅琊王，北魏和平五年（464年）死，“高宗悼惜之”④。司马金龙后袭爵，官至吏部尚书⑤。“太和八年（484年）薨，赠大将军、司空公、冀州刺史，谥康王，赠绢一千匹。”⑥按照太和官制，司空为右三公（太尉、司徒、司空），大将军为“二大”（大司马、大将军），均为北魏最高官职，司马金龙在北魏政权的显赫地位由此可见。漆画中间位置为装饰豪华的车辇，车辇中人物头戴冕冠，垂旒为五旒，服饰为褒衣博带风格，与车辇中人物服饰形成鲜明对比的是着裤褶服的四车夫，所着褶衣皆袖口博大且下摆有缘边，裤口束紧，脚着靴，为鲜卑服饰特征。褒衣博带服饰裤褶服同处同一画面，反映出北魏中期胡汉交融与并存的服饰面貌（图一〇）。

图一〇　北魏中期车舆与冕服（大同北魏司马金龙墓出土）

① 《魏书》卷一百八之一《礼志一》，第2741页。

② 《魏书》卷一百八之四《礼志四》，第2817页。

③ 沈从文：《中国古代服饰研究》，第246页。

④ 《魏书》卷三七《司马楚之传》，第857页。

⑤ 太和末年，经两次官制改革后，孝文帝效仿魏晋、南朝设六部尚书，分别为吏部、殿中、仪曹、七兵、都官和度支，六部分掌吏部、考功、南主客等三十六曹。吏部尚书地位最高，掌选官。参见杜士铎主编：《北魏史》，北岳文艺出版社，2017年，第224页。

⑥ 张志忠、古顺芳编：《大同考古》，“石家寨司马金龙墓”，第227页。

三、冠服制度的确立与完善

北魏冠服制度的初步确立是在孝文帝时期，是孝文帝改革的重要成果。事实上，拓跋鲜卑从3世纪便开始接触汉文化，4～5世纪，经过道武、太武、献文等几代帝王的推动，汉化的程度和范围日益扩大，不仅经济、政治统治制度逐渐采用汉族的传统方式，穿衣、讲话及生活方式亦模仿汉族，进而成为社会风尚。孝文帝时期，将“思易质旧，式昭惟新”作为政治志向，一方面参照汉魏服制典章，同时结合本民族生活环境及特点，从重新议定服色开始，开始了大跨步的服制改革，逐渐确立了以汉族服饰为基础并结合本族特色的祭服、朝服与公服制度，完成了北魏政权的封建化。

（一）服色的重新议定

古代冠服制度体系主要体现和维护了上下尊卑、亲疏等差的社会政治和礼仪秩序，服饰色彩从周代始就被纳入礼制的一个重要方面，周代礼制的完善促成了古代冠服制度的确立，这一套衣冠服制，皆在为适应“礼仪”之规矩而制定。太和十四年（490年），孝文帝下诏对北魏立国之初所制定“服色尚黄”重新议定，为北魏王朝的正统加注脚，认为北魏应承西晋大统为水德，《魏书》：

> （太和）十四年八月诏曰：“丘泽初志，配尚宜定，五德相袭，分叙有常。然异同之论，著于往汉，未详之说，疑在今史。群官百辟，可议其所应，必令合衷，以成万代之式。”①

关于这次“服色”的议定，《魏书》中记载较为详细，主要存在两种意见：中书监高闾坚持最初的议定，认为“五德之论，始自汉刘”，故“承秦之理，是为明验。故以魏承秦，魏为土德”，“宜从尚黄，定为土德”②。秘书丞臣李彪、著作郎崔光等对高闾之主张存在疑惑，认为是“参之强狡”。太和十五年（491年），侍中、司空、长乐王穆亮，尚书左仆射、平原王陆叡，以及散骑常侍游明根等十二人受敕共议“皇魏行次”，认为“伏惟皇魏世王玄朔，下迄魏、晋，赵、秦、二燕虽地据中华，德祚微浅，并获推叙，于理未惬。又国家积德修长，道光万载”③。最终，孝文采用李彪、崔光意见，“欲从彪等所议，宜承晋为水德”④，于太和十四年（490年）重新定行次、正服色，确定了北魏从水德、服色尚黑，对此，《魏书》云：

---

① 《魏书》卷一百八之一《礼志一》，第2744页。
② 《魏书》卷一百八之一《礼志一》，第2745页。
③ 《魏书》卷一百八之一《礼志一》，第2747页。
④ 《魏书》卷一百八之一《礼志一》，第2747页。

诏曰："越近承远，情所未安。然考次推时，颇亦难继。朝贤所议，岂朕能有违夺。便可依为水德，祖申腊辰。"[①]

西汉末年，刘向、刘歆父子改变五行相克为五行相生，为王莽篡权提供了理论依据，被后世所沿用。"晋氏金行，而服色尚赤"[②]，是北魏重定服色的依据，晋为金德，金生水，故为水德，尚黑色。孝文帝下诏重新议定服色，为北魏中后期的全面汉化做好了积极准备，冠服制度作为彰显礼的重要部分而逐步建立起来。

（二）祭服的制定

孝文帝于北魏中期即开始议定的祭服制度，尚属尝试阶段，具有鲜卑风格的服饰仍然在官定场合中出现，成为北魏服制建设的障碍。为了尽快建立完备而正统的服饰制度，孝文帝于太和十五年（491年）下诏停止小岁朝贺，"革衣服之制"，首次将实行多年的裤褶服逐出北魏宫廷[③]，对此，《南齐书》记载孝文帝又诏："季冬朝贺，典无同文，以袴褶事非礼敬之谓，若置寒潮服，徒成烦浊，自今罢小岁贺，岁初一贺。"[④]同年，孝文帝服衮冕，群臣服朝服于太和庙举行祭祀礼。《魏书》中记载了孝文帝几次频繁服衮冕的情形：

十一月己未朔，帝释禫祭于太和庙。帝衮冕，与祭者朝服。既而帝冠黑介帻，素纱深衣，拜山陵而还宫。庚申，帝亲省齐宫冠服及郊祀俎豆。癸亥冬至，将祭圜丘，帝衮冕剑舄，侍臣朝服。辞太和庙，之圜丘，升祭柴燎，遂祀明堂，大合。既而还之太和庙，乃入。甲子，帝衮冕辞太和庙，临太华殿，朝群官。既而帝冠通天，绛纱袍，临飨礼。帝感慕，乐悬而不作。丁卯，还朝，陈列冕服，帝躬省之。既而帝衮冕，辞太和庙，之太庙，百官陪从[⑤]。

衮冕为六冕之一，用于祭祀先王，其等级仅次于大裘冕。关于冕服的使用，在周代前后，除祭祀天地、五帝，享先王、先公，飨射，祀四望山川，祭社稷，群小祀等穿着冕服外，其他如天子受诸侯的朝觐，则天子亦服衮冕，诸侯等当亦以各服其冕服而觐见。汉代以后，冕服为侍祀（春祭曰祀）、祀天地，又为养三老五更之服。到晋代时，冕服为郊祀天地、明堂、宗庙、元会、临轩之服，以后历代均有变化。为了更清晰地理解北魏所定祭服及其使用，现将以上《魏书》记载孝文帝几次不同场合所服冠服列表如下（表一）。

---

① 《魏书》卷一百八之一《礼志一》，第2747页。

② 《晋书》卷二五《舆服志》，第766页。

③ 《资治通鉴》卷一百三之七《齐纪》三："魏旧制，群臣冬季朝贺，服裤褶行事，谓之小岁；丙戌，诏罢之。"第4315页。

④ 《南齐书》卷五七《魏虏传》，中华书局，1973年，第991页。

⑤ 《魏书》卷一百八之一《礼志一》，第2749页。

表一　孝文帝朝君臣祭祀所服冠服简表

时间	用途及地点	孝文帝所服冠服	陪从所服冠服
太和三年	祭太和庙	衮冕	朝服
同上	拜陵	黑介帻，素纱深衣	
太和七年	祭圜丘	衮冕剑舄	朝服
太和八年	辞太和庙、临太华殿、朝群官	衮冕	
太和十一年	临飨礼	通天冠，绛纱袍	

表一中显示，孝文帝在祭太和庙、祭圜丘两个祭祀场合中均服衮冕，而与祭者则服朝服，可见，朝服也可作为祭服，一般用于官员。将以上各场合所服冠服与《晋书·舆服志》《南齐书·舆服志》中对于天子对应场合冠服规定比较如下（表二）。

表二　北魏、晋、南齐天子不同场合所服冠服比较表

《魏书·礼志》	祭庙、祭圜丘：衮冕服 临飨礼：通天冠、绛纱袍 拜陵：黑介帻，素纱深衣
《晋书·舆服志》	祭天地明堂宗庙、元会临轩：黑介帻，通天冠，平冕 临轩：衮冕 朝服：通天冠，黑介帻，绛纱袍，皂缘中衣 拜陵：黑介帻，单衣①
《南齐书·舆服志》	朝服：通天冠，黑介帻，金博山颜，绛纱袍， 缘中衣 拜陵： 黑介帻，单衣②

孝文帝礼仪制度改革后，太和庙是北魏祭祀祖先的地方，圆丘则是祭天的场所，这两个地方均为国家最高规格仪礼的祭祀场所，在此场合中，皇帝均着衮冕。

在另一拜陵场合中，孝文帝着黑介帻与素纱深衣，其组合也为历代帝王拜陵时所服。孝文帝对于所制定的祭服进行了亲自实施后，对于祭祀时陪从百官中的三公、太常③，也制定了相应的冕服，于太和十九年（495年）下诏实行，《魏书·礼志》："癸未诏，三公衮冕八章，太常鷩冕六章，用以陪荐。"④

前文已述，冕服的使用等差表现在冕旒和章纹之不同。按照旧典，三公服衮冕为山下九章，太常为公之下，应为七章。可见，孝文帝并未完全遵照汉魏典章，而是首

① 《晋书》卷二五《舆服志》，第766页。

② 《南齐书》卷十七《舆服志》，第340、341页。

③ 太和十七年（493年），孝文帝改革官制，颁布实行《职员令》，创立从品制和分阶制。三公指太尉、司徒、司空，其官职俱为正一品中，太常为礼官，官职为正一品下。参见杜士铎主编：《北魏史》，北岳文艺出版社，2017年，第227页。

④ 《魏书》卷一百八之一《礼志一》，第2753页。

次采用三公衮冕八章和太常鷩冕六章，阎步克认为是孝文帝“特色寻求”和“新政心态”使然，前者促成“求异”，后者推动“创新”[①]。事实上，南朝的影响也是重要因素之一。太和十七年（493年），南齐官员王肃奔魏后，被任命为镇南将军、南豫州刺史，成为孝文帝时期北魏宫廷的常客。王肃带来了南朝的礼仪制度，并为北魏服制建设提出许多建设性意见，《北史·王肃传》：“自晋室丧乱，礼乐崩亡，孝文虽厘革制度，变更风俗，其间朴略，未能淳也。肃明练旧事，虚心受委，朝以国典，咸自肃出。”[②]而当时南齐也更制了车服制度，即永明六年（488年）制定的三公八旒，卿六旒[③]。可以说，在某种程度上还是受到了南朝的影响。

（三）朝服的制定

北魏初期在拓跋鲜卑本族服饰的基础之上，对汉族及其他少数民族的服饰特点加以吸收，使得其服饰表现出“稍僭华典，胡风国俗，杂相糅乱”的风格特征[④]。北魏经中期大规模的礼仪制作后，至高祖太和中（477～499年），“始考旧典，以制冠服，百僚六宫，各有差次”[⑤]，较为完备的朝服制度也于此时建立。

朝服亦作“朝衣”，有两种用途：一种为祭祀时所穿的礼服，视祭礼的轻重，有数种形制；另一种为天子元会、临轩或君臣坐朝议政之服[⑥]。在汉代之前，在朝会、祭祀等正式场合的标准服装是上衣下裳，天子服冕服或皮弁服，到东汉时期，除天子、公卿的衮冕之服外，改以长至脚背的袍服为朝会服装[⑦]。晋时，天子元会临轩朝服为黑介帻、通天冠、平冕，即冕加于通天冠上[⑧]。孝文帝临太华殿、朝群官时即戴通天冠、着绛纱袍，即通天冠服是皇帝的朝礼服，主要用于冬至朝贺、祭还等活动。

朝中品官的朝服在北魏时始称为“具服”，在袍服内衬有领、袖颜色与袍服不同的中衣，如穿绛纱袍则配皂缘中衣，穿皂纱袍则配绛缘中衣。白笔、绶带、佩剑、簪导、钩觻等是作为朝服的附件，各自的用途不同，如白笔原是用于在笏上记事的笔，

---

① 阎步克：《服周之冕》，中华书局，2009年，第283页。

② 《北史》卷四二《王肃传》，中华书局，1974年，第1540页。

③ 《南齐书》卷十七《舆服志》：“永明六年，太常丞何諲之议，案周礼命数，改三公八旒，卿六旒。”第340页。

④ 《南齐书》卷五七《魏虏传》，第990页。

⑤ 《魏书》卷一百八之四《礼志四》，中华书局，1972年，第2817页。

⑥ 元会指天子在元旦时朝见群臣。临轩指天子在任命三公等重要大臣或处理重要事务时，为表示郑重，不坐在殿上，而来到殿前，故称临轩。参见朱大渭、刘驰、梁满仓、陈勇：《魏晋南北朝社会生活史》，中国社会科学出版社，1998年，第59页。

⑦ 《后汉书》卷一百二十《舆服志下》：“今下至贱更小吏，皆通制袍，单衣，皂缘领袖中衣，为朝服云。”中华书局，2007年，第1043页。

⑧ 《晋书》卷二五《舆服志》，第766页。

插于耳侧。绶带是系于印柄的装饰性丝带，多于印章连称。佩剑，在这一时期已失去原来的进攻与防卫功能，成为朝服的一种装饰。

北魏朝服的形成伴随着祭服制定和服制改革的进程。太和十八年（494年），孝文帝加快汉化步伐，将都城从平城迁至洛阳后，实行了一系列改革鲜卑旧俗的措施，如改鲜卑旧服为汉服，朝廷上禁用鲜卑语，改革鲜卑旧姓为汉姓等。在改变姓氏和规定门第方面，于太和二十年（496年）改拓跋氏为元氏，门望最高。孝文帝不仅在宫廷实行完全的汉魏冠服制度，同时下令民间的鲜卑人也不再穿本族服装而仿造汉人着汉装。经服饰改革后，北魏宫廷建立了较为完整的服饰制度。《资治通鉴》卷一四一记载，到太和二十一年（497年），北魏“朝臣皆变衣冠，朱衣满座”，说明北魏冠服范围已扩大到公卿百官。

新制定的冠服，以汉服为基调，广泛吸取南北之长，官服宽袍长裙，而便服袭用裤褶。北魏服饰经孝文帝改制，及之后孝明帝的不断完善后，着装样式完全同于南朝并得到南朝士大夫的认可。永安二年（529年），梁武帝萧衍派遣陈庆之送北海王元颢入到洛阳，陈庆之被北方“礼仪富盛”与“衣冠士族”所折服，自此“钦重北人，特异于常”，且“羽仪服式，悉如魏法。江表士庶，竞相模仿，褒衣博带，被及秣陵”①。

孝文帝时代，朝服制度已十分完备，皇帝及文武百官有了各自的衣冠，孝文帝的冠冕已与汉代无异。熙平元年（516年），灵太后下令参照《汉书·舆服志》《续汉书·礼仪志》又制五时朝服，议定：“帻随服变，冠冕弗改。”②至此，北魏朝服制度更加完备了。

需要指出的是，孝文帝所推行的服制改革屡屡遇到阻难，如迁都洛阳初，太子元询就率先发难，毁损新制定的衣冠并穿上左衽衣服，《南齐书·魏虏传》记载：“宏初迁都，恂意不乐，思归桑干。宏制衣冠与之，恂窃毁裂，解发为编服左衽。”③元询不适应河南炎热的气候，常常私自穿著胡服，《资治通鉴·齐记六》也有：“魏太子恂不好学，体素肥大，苦河南地热，常思北归。魏主赐之衣冠，恂常私著胡服。”④太子元恂的行为，被孝文帝以“欲叛北归”的罪名所杀并“以庶人礼葬”，成为北魏服制改革的牺牲品。此外，北魏迁都洛阳后，虽实行了一系列服制改革措施，但由于各方阻力仍不彻底，招来南朝人的讥讽。孝文帝之后的梁天监元年（502年），南朝褚緭入魏参见北魏元会看到大臣的服饰时曾作诗讥讽道：“帽上著笼冠，袴上著朱衣，不知是今是，不知非是非。”⑤此时，距太和改制已近十年，北魏大多数官员仍喜欢戴笼

① 尚荣译注：《洛阳伽蓝纪》卷二《城东·景宁寺》，中华书局，2012年，第182页。

② 《魏书》卷一百八之四《礼志四》，第2818页。

③ 《南齐书》卷五七《魏虏传》，第996页。

④ 《资治通鉴》卷一四〇《齐记》六，中华书局，1992年，第4400页。

⑤ 《梁书》卷二十《陈伯之附褚緭传》，中华书局，1974年，第315页。

冠穿裤褶，说明孝文帝服制改革的艰难。

（四）公服的制定及北魏冠服制度的全面确立

北魏定于太和十年（486年）的公服制度，是对于前朝冠服制度的独创，这已在学界形成共识，如孙晨阳、张珂《中国古代服饰辞典》中，解释公服亦名“从省服”，是帝王、百官从事公务时所穿的服装，等级不同服饰不同，较朝服、祭服等礼服简单方便穿着，较日常家居所穿便服正式。北魏时期开始形成制度，其后历代形制不一①。又如李晶《北魏“孝文改制”中的服饰“改制”》一文中，指出北魏所制定的公服记载于《隋书·礼仪志》中②，但以上均缺乏对北魏公服的形成背景及过程分析，这是北魏冠服制度建设的重要组成部分，其对后世冠服制度的建立有着重要影响，这是孝文帝对于服饰制度的重要贡献。

太和十年（486年），孝文帝结合本族生活环境及特点，从实际需求出发，命礼官依照官职级别分为五等，首次为各级官员制定公服，并首次着相应的礼服，乘御辇祭祀于西郊。《北史》：“夏四月辛酉朔，始制五等公服。甲子，帝初法服御辇，祀西郊。”③

依据《南齐书》记载，孝文帝时期所分的五等官职分别为：公第一品，侯第二品、伯第三品、子第四品、男第五品④。新制定的五等公服经进一步细化后，给尚书以上五个品爵的官职人员规定了具体颜色及配饰，即上衣服色为朱色，下裳配相应的玉珮及组绶，《魏书》：太和十年“八月乙亥，给尚书五等品爵已上朱衣、玉珮、大小组绶”⑤。

在《周礼》中，玉器是一种具有丰富象征意义的文化符号，在礼仪等级制度体系中占有重要地位，“是贵族身份在服饰上的体现”⑥。组绶则源自佩玉的系组转化而来，在汉代时开始活跃，并形成较为典型的“组绶”之制，由于绶的系结方式通常是打成一个大回环后下系印章，又称印绶，印绶由朝廷统一颁发，平时官员要将组绶佩挂在袍服外，并随身携带官印。

北魏公服形制，如《隋书·礼仪志》云：“公服，冠、帻，纱单衣，深衣，革

---

① 参见孙晨阳、张珂：《中国古代服饰辞典》，中华书局，2015年，第380页。

② 李晶：《北魏“孝文改制”中的服饰“改制”》，《山西大同大学学报（社会科学版）》2013年第2期。

③ 《北史》卷三《魏本纪》，中华书局，1974年，第101页。

④ 《南齐书》卷五七《魏本传》，第991页。

⑤ 《魏书》卷七下《高祖纪下》，第161页。

⑥ 孙机：《周代的组玉佩》，《中国古舆服论丛》，上海古籍出版社，2013年，第122页。

带，假带，履袜，钩艓，谓之从省服。”[①]公服的出现，不仅完善了古代衣冠制度，使得官员在不同场合穿着不同的服饰，更为重要的是，由于其方便穿着且又较日常家居便服正式，遂被之后的隋承袭，“因隋是自北向南统一，其间不免掺杂了北族的形制”[②]，所谓“礼重则具服，礼轻则从省。……但称为具服，则尊卑有差，谦光成德”[③]。对此，朱熹评价道：“古今之制，祭祀用冕服，朝会用朝服，皆直领垂之。今之公服，乃夷狄之戎服，自五胡之末流入中国，至隋炀帝巡游无度，乃令百官戎服从驾，而以紫、绯、绿色为九品之别。本非先王之法服，亦非当时朝祭之正服，今杂用之，亦以其便于事而不能改也。”[④]

北魏肃宗孝明帝时期，北魏完成了包括皇帝、皇后、皇太子、公卿、百官及命妇在内的在各种场合所穿着的冠服制度的建设，成为完全汉化的封建政权。分析这个过程，是北魏各朝帝王在其执政实践中不断摸索、尝试和改革的过程中逐步完成的，尤表现于孝文帝时期，一方面依据儒家经典和汉魏典章，同时吸收南朝礼仪，更为重要的是，结合本民族特点进行分析取舍，做到“稽参古式”，因时而宜，表现出其“宪章旧典”“式昭惟新”的改革思想[⑤]。

北魏迁都洛阳后开凿的龙门石窟中宾阳中洞前壁的礼佛图是这一时期北魏冠服形制的形象写照。北魏洛阳时期，由于对佛教的大力发展，皇帝礼佛不仅在宗教意义上，同时也在国家政治生活中占据重要地位。龙门石窟宾阳中洞是北魏迁都洛阳后开凿并完工的唯一皇家石窟，其前壁均为浅浮雕题材，以佛经故事和皇室礼佛图为主，礼佛行列浮雕中人物服饰特点为头戴笼冠，腰系革带，大小绶带垂下，前有蔽膝，宽袖，曳地衣襟，脚蹬笏头履，已然表现出革履高冠、褒衣博带的汉族服饰风貌（图一一）。孙机对该浮雕图人物及服饰作了概括性的描述，认为中心位置人物为孝文帝本人的形象，并将其与顾恺之《洛神赋图》中陈思王曹植像做比较：“其雍雅襜裕之致，实有过之而无不及。”（图一二）

至此，北魏政权完成了包括祭服、朝服、公服在内的冠服制度的全面建设。拓跋鲜卑丢弃了最初的编发之俗，服饰由初迁平城时头戴垂裙帽，身着紧身窄袖裤褶、小袖袍，发展到迁都洛阳后头戴高冠、身着褒衣博带的汉族衣冠形象。北魏对于公服的制定，为隋唐冠服制度的建立提供了参照的蓝本，进而延续到更远的宋、明时期。还需指出的是，随着北魏不断进行的服制改革，以及受入主中原后气候环境等因素影响，鲜

① 《隋书》卷十一《礼仪志六》，第242页。

② 周锡保：《中国古代服饰史》，中国戏剧出版社，1984年，第174页。

③ 《旧唐书》卷四五《舆服志》，中华书局，1973年，第1942页。

④ （宋）朱熹：《朱子全书》，《朱子语类》卷九一《礼八》杂仪，上海古籍出版社、安徽教育出版社，2002年，第3063～3068页。

⑤ 杜士铎主编：《北魏史》，第193页。

图一一 北魏着冕服供养人物图（龙门宾阳中洞皇帝供养行列）

图一二 龙门宾阳中洞北魏浮雕（《皇帝礼佛图》线图）①

卑帽后的垂裙逐渐用带子束起来，这就开始了向幞头的过渡。幞头于北周形成后，历唐宋直至明代，通行时间长达千年，是我国中古时代男装的代表性标志②。此外，小袖袍、靴、笼冠等以其实用和便于活动的特征亦对后世服装产生影响。拓跋鲜卑在融入华夏大家庭的同时也丰富了华夏文化，在中国服饰史上具有划时代的意义。

四、结　　语

冠服制度是古代服饰文化最为核心的主体内容。北魏冠服制度的建设贯穿于北魏社会发展的整个进程，从太祖拓跋珪“诏有司制冠服，随品秩各有差，时事未暇，多失古礼”，到世祖拓跋焘“经营四方，未能留意，仍世以武力为事，取于便习而已”，从高祖孝文帝“始考旧典，以制冠服，百僚六宫，各有差次。早世升遐，犹未周洽”，到肃宗元诩时“条章粗备焉”。在北魏社会的发展进程中，不断改革本族（鲜卑族）紧窄简便的服饰，全面吸收、引入中原汉族服饰文化，冠服制度形成经历了由初期草创，经中期对汉族服饰的逐步接纳与尝试，到后期全面建立的发展历程，其实质是对汉文化的仰慕及统治秩序的维护。各朝帝王中，高祖孝文帝根据前人的历史铺垫，全面主动接受汉族先进文化，由重定服色开始，不仅建立了用于祭祀、朝会的祭服和朝服制度，还根据本族生活环境特点，制定了方便穿着、用于公务的公服制度，不仅为隋唐服饰制度奠定了基础，还再次实现了胡汉服饰的互动与融合，书写了中国服饰向多元化迈进的新篇章。

① 转引自孙机：《南北朝时期我国服制的变化》，《中国古舆服论丛》，第191页。

② 孙机：《幞头的产生和演变》，《中国古舆服论丛》，第200～216页。

北朝对高句丽政权册封的计量解析

——南北朝时期（420～581年）

滕红岩

（通化师范学院高句丽研究院　通化　134002）

朝鲜半岛是东亚大陆与海洋相接的前出部，隔海与日本列岛等地相望，交通条件较为便利，战略位置重要。早在史前时代，中原与朝鲜半岛之间应该就已经发生了人口流动①。随着时间的推移，两地之间人员交往越来越多，而且中原地区有越来越多人口流向了朝鲜半岛。

随着朝鲜半岛的不断开发，其经济和政治地位的不断提升，中原王朝越来越重视对朝鲜半岛的经略。纵观中原王朝对朝鲜半岛的经略历史，南北朝时期是一个较为特殊的历史时期。

在上述背景之下，汉元帝建昭二年（前37年）建立起来的高句丽政权，乘势而上，尤其是北魏始光四年（长寿王十五年，427年）迁都平壤之后，更是在朝鲜半岛做大、做强。

不过，尽管此一时期，高句丽政权在朝鲜半岛做大、做强，但是中原诸王朝对朝鲜半岛的经略势头却未因此而放缓。更值得注意的是，这一时期，对中原诸王朝的管辖，高句丽政权反而采取了比以前更为积极主动的姿态来服从其管辖。上述历史状况发人深省，值得深入研究。

关于北朝对高句丽政权的册封问题，以往学界已有涉猎。对已面世的相关研究成果进行考察，耿铁华、程妮娜、韩昇、张芳、常乐、徐贵通等先生的文著具有代表性②。

---

① 陆德辉等学者通过对朝鲜半岛“黑隅里旧石器遗址”“胜利山旧石器遗址”与中国东北地区南部各遗址出土的石器进行比较研究，论定了“朝鲜半岛与亚洲大陆间文化的密切联系”。在此基础上，从佩远、黄中业二位先生进一步论定：“这一联系，主要是由东北古人类的东进所建立的。”见佟冬主编：《中国东北史》第一卷，吉林文史出版社，2006年，第34页。

② 耿铁华：《中国高句丽史》，吉林人民出版社，2002年，第256～258页；程妮娜：《“高句丽”改称“高丽”再考论》，《东北史地》2014年第4期；韩昇：《论魏晋南北朝对高句丽的册封》，《东北史地》2008年第6期；张芳：《试析北魏与高句丽的封贡关系》，《黑龙江史志》2013年第11期；常乐：《高句丽与北魏交涉关系研究》，延边大学博士论文，2014年；徐贵通：《中原王朝对高句丽诸王的册封》，《通化师院学报》1996年第1期。

以上先生的研究成果，将相关研究推向了新的高度。

受方家启发及在对其研究成果充分学习和借鉴基础上，本文拟以计量史学等学科的一些研究方法，就“北朝对高句丽政权的册封”（下文将“北朝对高句丽政权的册封”简称之为“册封”）这一层面问题进行深入探究。系统、全面探究这一时期北朝对高句丽政权所进行的册封活动历史面貌及其特色，亦借此蠡测北朝与高句丽政权关系的历史发展规律和本质属性，以及此一时期中原诸王朝和高句丽政权对朝鲜半岛经略的历史发展规律和本质属性。

一、古代文献对“册封”史事编纂及计量解析

充分利用图书馆、网络等平台提供的相关研究资料和信息，将古代文献对“册封”史事的编纂情况进行了系统、全面的梳理。从梳理的情况看，在现存的古代文献中，载有“册封”史事的文献数量有限，也没有独立成篇或成卷的文献，所记给予的笔墨也不多。具体而言，载有“册封”史事的文献共有14部，大致可划属为正史、编年体、类书、典制体、朝鲜半岛文献五大体例类型文献。为了将问题交代的更加清楚、明了，下面就将载有“册封”史事的14部古代文献及其对相关史事的编纂等情况，做进一步的计量解析①。

1.“正史”文献

在二十四部“正史”之中，有五部载有“册封”史事，其分别为《魏书》《北齐书》《周书》《隋书》和《北史》。关于上述五部正史所载“册封”史事的分布及数量统计等具体情况，见下列表一。

表一　五部正史“册封”史事分布及数量统计表

序号	书名	篇目	关联条目	小计	合计
1	《魏书》	高句丽传	世祖时；太和十五年；又遣大鸿胪拜琏孙云；神龟中；又拜其世子安；出帝初；天平中	7	10
		肃宗纪	（神龟二年）是岁	1	
		刘永传	神龟中	1	
		房亮传	房亮……使高丽	1	
2	《北齐书》	文宣帝纪	天保元年九月癸丑	1	2
		废帝纪	乾明元年二月戊申	1	

① 下文所有表格中内容所据文献，中国古代文献或据中华书局点校本，或据中华书局影印本。两部朝鲜半岛古代文献，《三国史记》则据杨军等先生的校勘本，《东国通鉴》则据韩国景仁文化社影印本。关于史事的数量统计皆采用以年为条的方式。

续表

序号	书名	篇目	关联条目	小计	合计
3	《周书》	高丽传	建德六年	1	1
4	《隋书》	高丽传	在周遣使朝贡	1	1
5	《北史》	齐本纪·文宣帝纪	天保元年九月癸酉	1	12
		齐本纪·废帝纪	乾明元年正月戊申	1	
		高句丽传	太武时；太和十五年；又遣大鸿胪拜琏孙云；神龟中；又拜其世子安；孝武帝初；天平中；齐文宣加成；乾明元年；周建德六年	10	
总计		26条			

从表一统计的数据看，在五部正史之中，关于“册封”史事的记载，一共有26条，分布在本纪和高句丽传之中。比较看，《北史》《魏书》记载的条目较多。《北史》12条，《魏书》10条。《北齐书》《周书》《隋书》则记载得很少，《北齐书》有2条，而《周书》《隋书》都仅有1条。

2. 编年体文献

在诸编年体文献之中，《资治通鉴》编撰了“册封”史事，其所记“册封”史事的分布及数量统计等具体情况，见下列表二。

表二　《资治通鉴》“册封”史事分布及数量统计表

序号	篇目	关联条目	小计	合计
1	《宋纪》卷一二二《太祖上》	元嘉十二年六月丙午	1	3
2	《齐纪》卷一三七《世祖中》	永明九年十二月壬辰	1	
		永明十年三月辛巳	1	

根据表二统计，《资治通鉴》只载有3条“册封”史事。进一步考察，其所记书法简括，袭用旧史，而且内容附隶于南朝的王朝栏目之下。

3. 类书文献

在北宋编成的几大类书中，《太平御览》《册府元龟》和《太平寰宇记》载有“册封”史事。但是，因《太平御览》是照录了其前存在的相关文献，其内容存于文中介绍的其他文献之中，而且是一般无二。故此，便不单独阐述。

关于《册府元龟》和《太平寰宇记》所载“册封”史事的分布及数量统计等情况，见下列表三和表四。

表三 《册府元龟》的“册封”史事分布及数量统计表

序号	篇目	关联条目	小计	合计
1	卷九六三《外臣部·封册一》	北魏太和十六年三月；孝明神龟二年；东魏孝静天平中；西魏孝武永熙元年；北齐文宣王天保元年九月；废帝乾明元年二月；后周武帝建德六年	7	9
2	卷九六六《外臣部·继袭一》	至后魏太武时钊曾孙琏；周武帝封汤为辽东王	2	

表四 《太平寰宇记》的“册封”史事分布及数量统计表

序号	篇目	关联条目	小计	合计
1	卷一七五《东夷·高句丽》	自东晋、宋至于齐、梁、后魏、周	1	1

两相比较，《册府元龟》记载了9条“册封”史事，而《太平寰宇记》则仅有一条记载，前者远多于后者。与其前成书文献比对，《册府元龟》所记亦是基本因袭旧史。而《太平寰宇记》仅有的一条记载，则笔法相当笼统。

4. 典制体文献

在诸典制体文献之中，《通典》《通志》和《文献通考》载有数量不等的“册封”史事。关于其所记相关史事的分布及数量等统计情况，分别见下列表五、表六和表七。

表五 《通典》的“册封”史事分布及数量统计表

序号	篇目	关联条目	小计	合计
1	卷一九八《东夷·高句丽》	自东晋、宋至于齐、梁、后魏、后周	1	1

表六 《通志》的“册封”史事分布及数量统计表

序号	篇目	关联条目	小计	合计
1	卷一九四《东夷·高句丽》	后魏太武初；太和十五年；又遣大鸿胪拜琏孙云；废帝隆昌中；又拜其世子安；孝武诏加延；东魏天平中；齐文宣加成；乾明元年；周建德六年	10	10

表七 《文献通考》的“册封”史事分布及数量统计表

序号	篇目	关联条目	小计	合计
1	卷三二五《四裔考二·高句丽》	自东晋、宋至于齐、梁、后魏、后周	1	1

根据表五、表六和表七的统计，在三部典制体文献中，《通志》载有10条“册封”史事，为其中之最。《通典》和《文献通考》都只有一条记载，而且文字书写与前文所述《太平寰宇记》完全相同。按照成书的时间分析，应该是《太平寰宇记》因袭《通典》，《文献通考》或因袭《通典》，或因袭《太平寰宇记》。

5. 半岛古代文献

在朝鲜半岛古代文献之中，《三国史记》和《东国通鉴》载有“册封”史事。关于其所记“册封”史事的分布及数量统计情况，见下列表八和表九。

表八　《三国史记》的“册封”史事分布及数量统计表

序号	篇目	关联条目	小计	合计
1	长寿王本纪	二十三年夏六月；七十九年冬十二月	2	10
2	文咨王本纪	元年春三月；二十八年	2	
3	安藏王本纪	二年二月	1	
4	安原王本纪	二年春三月；四年	2	
5	阳原王本纪	六年秋九月	1	
6	平原王本纪	二年春正月；十九年	2	

表九　《东国通鉴》的“册封”史事分布及数量统计表

序号	篇目	关联条目	小计	合计
1	长寿王	二十三年夏六月；七十九年冬十二月	2	10
2	文咨王	二年春三月；二十九年	2	
3	安藏王	二年二月	1	
4	安原王	二年春三月；四年夏	2	
5	阳原王	六年秋九月	1	
6	平原王	二年春二月；十九年	2	

《三国史记》和《东国通鉴》都载有10条“册封”史事。从记载的具体情况看，其所记“册封”的次数、时间、史事，除了文字书写有些出入外，其他则完全相同。这种情况的出现，应该是《东国通鉴》的编纂参考了《三国史记》之故。

纵观古代文献对“册封”史事的记载，“正史”的记载较为系统、全面，也较为准确，成为今天研究北朝对高句丽政权册封可以依据的较为重要基本史料。此外，类书和典制体文献的记载也不容忽视。一方面其记载可作为补充，另一方面考虑到其袭用旧史，尤其是类书基本照录旧史原文的编纂特点，可用其来比勘和校对“正史”。另外，按照前文统计，在有唐一朝所著录的八部“正史”之中，竟有《北齐书》《周书》《隋书》《北史》四部载有“册封”史事，宋代撰成的大书《册府元龟》《通志》也载有一定量的“册封”史事，这说明唐宋史家皆较比以前更重视对东北边疆史、东北民族史的编纂。

由于南北朝时期高句丽政权所辖区域，包括了今日朝鲜半岛北部地区，其历史活动辐射到了那一时期朝鲜半岛大部分地区，因而朝鲜半岛古代的学者，对南北朝时期中原王朝对高句丽政权册封及其相关活动也给予了关注，并对之进行了记载和著述。朝鲜半岛古代学者的相关记载和著述，也成为今天相关研究可资参考的史料，甚至是较为重要的参考史料。如，王氏高丽时期史家金富轼所著的《三国史记》，便是如此。

以经典理论为指导，对相关古代文献进行分析，从思想认识上看，存在较为浓重的“皇朝史观”，也不同程度的存在着“天命史观”和“英雄史观”，甚至是治史者个人好恶情感和偏私认识等等。基于以上现象的存在，就要求在参考和使用相关古代文献进行研究时，要去伪存真，实事求是，还其本来历史面貌，认识本质。

从相关文献的具体编撰情况看，还存在着相互因袭现象，尤其是后出的文献对先前成书的文献进行因袭现象普遍存在。而且要注意，《三国史记》《东国通鉴》等朝鲜半岛古代文献的相关记载，诸多内容是依据中国史书编撰而成①。

由于在相互因袭过程中，出现了一些缺漏和错讹，这样就造成文献之间有相互抵牾甚至截然相反的记载情况。另外，某些相关文献记载的缺漏和错讹是治史者故意而为之，试图以此来佐证其史观②。由于存在这样的问题，就要求在参考和使用相关古代文献时，要对其记载进行科学、细致的考订，判断其价值，做到正确使用。

二、北朝对高句丽政权册封的历史状况及计量解析

对前文所述14部古代文献所记相关内容做进一步的梳理，可知北朝的北魏、东魏、北齐、北周四朝对高句丽政权共进行了10次册封。其中，北魏册封了6次，东魏册封了1次，北齐册封了2次，北周册封了1次。为了将上述“册封”活动历史状况体现得更明了，现将“册封”的基本内容制成表一〇。

表一〇　北朝对高句丽政权册封的历史活动表

序号	王朝	时间	对象	内容
1	北魏	435年（太延元年）	长寿王	都督辽海诸军事、征东将军、领护东夷中郎将、辽东郡开国公、高句丽王③
2		491年（太和十五年）	长寿王	（赠）车骑大将军、太傅、辽东郡开国公、高句丽王④

① 耿铁华：《高句丽史籍汇要》，吉林人民出版社，1998年，第745页。

② 关于《册府元龟》的缺漏和错讹情况，参见刘景玲的《〈册府元龟·外臣部〉有关东北史料辑校（一）》，第35、36页。东北师范大学硕士论文，2007年；关于《三国史记》按照作者史识改易中国古代文献的一些情况，可参见周向峰的《周隋之际对高句丽册封的改易与隋丽关系之走向》，《史林》2010年第5期。

③ 《魏书》卷一百《高句丽传》，中华书局，1974年，第2215页；金富轼著，杨军校勘：《三国史记》卷十八《高句丽本纪六》之《长寿王本纪》，吉林大学出版社，2015年，第225页。

④ 《魏书》卷一百《高句丽传》，第2216页。

续表

序号	王朝	时间	对象	内容
3	北魏	492年（太和十六年）	文咨王	使持节、都督辽海诸军事、征东将军、领护东夷中郎将、辽东郡开国公、高句丽王①
4		519年（神龟二年）	文咨王	（赠）车骑大将军、领护东夷校尉、辽东郡开国公、高句丽王②
5		520年（神龟三年）	安藏王	安东将军、领护东夷校尉、辽东郡开国公、高句丽王③
6		532年（永熙元年）	安原王	使持节、散骑常侍、车骑大将军、领护东夷校尉、辽东郡开国公、高句丽王④
7	东魏	534年（天平元年）	安原王	使持节、散骑常侍、侍中、骠骑大将军、领护东夷校尉、辽东郡开国公、高句丽王⑤
8	北齐	550年（天保元年）	阳原王	使持节、侍中、骠骑大将军、领护东夷校尉、辽东郡开国公、高句丽王⑥
9		560年（乾明元年）	平原王	使持节、领东夷校尉、辽东郡公、高丽王⑦
10	北周	577年（建德六年）	平原王	上开府仪同、大将军、辽东郡开国公、辽东王⑧

南北朝时期，中原大地出现了几大政权对峙且王朝更迭频繁的分裂离乱现象。在这一背景下，身处中国东北的地方民族政权——高句丽，却趁机发展起来，出现了前所未有的强盛局面。5世纪中叶长寿王在位时期，高句丽辖地东临日本海，西过辽河抵大凌河一带，北达松花江流域，南至汉水以南地区，“已经达到了建国以来最广阔的程度”⑨。427年长寿王迁都朝鲜半岛北部的平壤后，高句丽政权的中心也随之南移了，离中原也相对远了。

尽管出现了上述政治局面，但中原诸王朝与高句丽政权之间的主从政治关系还是一如

① 《魏书》卷七下《高祖纪下》，第169页；《魏书》卷一百《高句丽传》，第2216页；《三国史记》卷十九《高句丽本纪七·文咨明王本纪》，第231页。

② 《魏书》卷九《肃宗纪》，第229页；《魏书》卷一百《高句丽传》，第2216页；《三国史记》卷十九《高句丽本纪七·安藏王本纪》，第234页。

③ 《魏书》卷九《肃宗纪》，第229页；《魏书》卷一百《高句丽传》，第2216页。

④ 《魏书》卷一百《高句丽传》，第2217页；《册府元龟·外臣部·封册一》，中华书局，1960年。

⑤ 《魏书》卷一百《高句丽传》，第2217页；《三国史记·安原王本纪》，第235页。

⑥ 《北齐书》卷四《文宣帝纪》，中华书局，1972年，第53、54页。

⑦ 《北齐书》卷五《废帝纪》，第75页。

⑧ 《周书》卷四九《高丽传》，中华书局，1971年，第885页。

⑨ 耿铁华：《中国高句丽史》，吉林人民出版社，2002年，第246页。

既往的维系着。北朝对高句丽政权行使着中央政府的管辖权，高句丽政权也基本能尽臣子之礼，服从其管辖。从“册封”层面上看，北朝积极进行册封，高句丽政权积极求封、受封，双方按照各自的政治定位、利益取向，努力的维系封贡制度，并在这一体制下将封贡关系开展的甚为顺畅。这一时期，“高句丽与北朝没有发生一次战争，这在高句丽历史上是罕见的”，这“表明北朝对高句丽朝贡制度的管理，对边疆的治理是成功的”[①]。

三、北朝对高句丽政权册封活动的历史特点及计量解析

北朝对高句丽政权的册封具有较为鲜明的历史特点，现对其历史特点进行总结及计量解析如下。

第一，北朝的各王朝几乎都对高句丽政权进行了册封，而且册封的间隔基本是前长后短。

从表一〇可知，北朝前后更迭的五大政权，除了西魏，都对高句丽政权进行过册封，总共册封了10次。其中，北魏册封了6次，为最多。北齐册封了2次，东魏和北周分别册封了1次。

南北朝时期，高句丽政权历经长寿王、文咨王、安藏王、安原王、阳原王、平原王六王。关于前两王，即长寿王、文咨王，北魏对之进行了4次册封。其中，第一次和第二次间隔时间为64年，第四次和第三次间隔27年。只有第三次和第二次之间间隔了1年。但是，在安藏王以后的四王，对其册封的时间间隔都不到20年。以此来看北朝对高句丽政权的册封时间间隔基本是前长后短。前长后短这种现象说明，北朝统治者越来越重视对高句丽政权的管控，管控的手段也越来越强化。关于北朝对高句丽政权的册封时间间隔、间隔次数的具体情况，见下列表一一和表一二。

表一一　“册封”时间间隔表

序号	中原王朝	时间	册封对象	间隔
1	北魏	435年（太延元年）	长寿王	
2	北魏	491年（太和十五年）	长寿王	64年
3	北魏	492年（太和十六年）	文咨王	1年
4	北魏	519年（神龟二年）	文咨王	27年
5	北魏	520年（正光元年）	安藏王	1年
6	北魏	532年（永熙元年）	安原王	12年
7	东魏	534年（天平元年）	安原王	2年
8	北齐	550年（天保元年）	阳原王	16年
9	北齐	560年（乾明元年）	平原王	10年
10	周	577年（建德六年）	平原王	17年

① 程妮娜：《“高句丽”改称“高丽”再考论》，《东北史地》2014年第4期。

表一二　“册封”时间间隔次数表

间隔	1年	2年	10年	12年	16年	17年	27年	64年
次数	2	1	1	1	1	1	1	1

第二，对高句丽政权的册封是有机衔接的。

其有机衔接体现在如下四个层面的衔接上。其一，对高句丽各王的册封前后不间断。在北朝存续的时间里，高句丽政权前后共经历了长寿王、文咨王、安藏王、安原王、阳原王、平原王六个王。每一王的更迭，北朝的中原王朝都要重新册封，而且还要对死去的王赠封。比较北朝的册封，北魏堪称典范。从进入南北朝的420年起，至534年北魏亡止，高句丽政权先后经历了长寿王、文咨王、安藏王、安原王四王。每一王即位后，北魏政权都对其进行了新的册封。关于上述历史活动更为详尽的情况，可见前文表一〇和表一一；其二，“册封”活动也不因改朝换代而中断。尽管北朝的北魏、东魏、北齐、北周政权兴废罔替，但是当后朝取代前朝之后，新的王朝都对高句丽政权进行册封。关于此方面更为详细的情况，可见上文表一一；其三，从文献记载北朝同一王朝有几位皇帝都开展了册封活动看，“册封”活动应该是不因王位更迭而止歇。任何一个中原王朝政权，每当新王即位后，如果没有发生什么变故，应该是都要对高句丽政权重新册封。将其他层面历史活动放在一起综合看，出现未进行册封情况，应该是受到了第三方因素的影响，或者是双方关系出现了矛盾或对立情绪，也可能是高句丽的社会发展出现了状况；其四，出现较为频繁的加封或改封现象。从对高句丽政权册封的历史看，就文献记载而言，两汉时期可能仅仅是册封了所给予其政治地位的“王”“侯”等爵位封号①，尚未授予后世的那些诸多职衔，尤其是那些掌管实际军政权力的职衔，而这样的变化是进入魏晋时期才开始的。355年，前燕景昭帝慕容儁“以钊（故国原王）为营州诸军事、征东大将军、营州刺史，封乐浪公，王如故”②。从存世文献记载看，前燕慕容儁的这次册封至少开创了三个首次。首次将拥有实权的地方军政长官头衔授予了高句丽政权，即“营州诸军事”和“营州刺史”；首次将地位非常高的军事职衔授予了高句丽政权，即“征东大将军”；首次既封“王”又封“公”，即“高句丽王”和“乐浪公”，从而将两汉时期给予高句丽政权的“王”或“公”这两个爵号同时加诸其身。可以说慕容儁的这次册封，基本确立了中原王朝对高句丽政权册封的“三层次式体制模式”，具有承上启下的里程碑意义，直接影响到了后世中原王朝对高句丽政权的册封。

---

① 关于两汉时期对高句丽政权的册封具体情况，可参见滕红岩的《中原王朝对高句丽政权册封新探》，《通化师范学院学报》2004年第3期。

② 《晋书》卷一一〇《慕容儁载记》，中华书局，1982年，第2835页；另，《三国史记》卷十八《高句丽本纪六·故国原王本纪》则记为：“（二十五年冬十二月）以王为征东大将军、营州刺史，封乐浪公，王如故。”第211页。

从魏晋开始，中原王朝对高句丽政权册封内容叠加的越来越繁。依据文献记载统计，前燕和东晋所册封的官职、封号皆叠加到了5个（详可见上文所述慕容儁对故国原王的册封）。北朝时期，叠加最多的是东魏，达到了7个（详可见上文表一〇）。尽管官职、封号叠加越来越繁，但是无论其如何的繁，实际上从前燕开始，以后历朝历代册封的官职、封号都可划分成三个层次。一个层次是赋予其掌管地方权力的地方官职，一个层次是赋予其国家高级官吏地位的职衔，一个层次是赋予其政治地位和待遇的爵位。以上文所谈前燕慕容儁册封为例，其所封的“营州诸军事”和“营州刺史”即为国家赋予的掌握营州军政大权地方官职，“征东大将军”即为前燕赋予的中央政府高级军事官员职务。《晋书》载：“大将军，古官也。汉武帝置，……及晋受命，犹依其制，位次三司下，后复旧，在三司上。”①由此可见，大将军官位是在三司上下的高级官吏。“高句丽王”“乐浪公”乃爵位封号，乃国家给予的政治地位和待遇象征。

东晋安帝义熙九年（413年），东晋安帝册封长寿王为“使持节、都督营州诸军事、征东将军、高句骊王、乐浪公”②。与前燕慕容儁的册封相比较，加封了“使持节”，去掉了地方行政官职（刺史）职衔，将“征东大将军”降封为“征东将军”，其他未做改变。

进入南北朝时期，无论是南朝还是北朝的中原政权，都在以往的基础上结合各自需求，再度对高句丽政权进行了不同程度的加封或改封。

北朝的情况。北魏建立后，太延元年（435年）册封高句丽政权“都督辽海诸军事、征东将军、领护东夷中郎将、辽东郡开国公、高句丽王”。根据形势变化，北魏的这次册封，将“都督营州诸军事”改为“都督辽海诸军事”，将“乐浪公”改为“辽东郡开国公”，又加封了“领护东夷中郎将”。此后，在册封活动中北魏又相继加封或改封了“车骑大将军”“领护东夷校尉”“安东将军”等职衔。东魏建立后，加封高句丽政权“侍中”，将“安东将军”改封为“骠骑大将军”，北齐将“辽东郡开国公”和“高句丽王”分别改封为“辽东郡公”和“高丽王”。北周立国后，又加封了“上开府仪同”，将“骠骑大将军”和“高句丽王”分别改封为“大将军”和“辽东王”。关于南北朝时期，中原王朝对高句丽政权加封或改封更为详细的情况，见下列表一三③。

① 《晋书》卷二四《职官志》，第725页。

② 《宋书》卷九七《高句骊传》，中华书局，1983年，第2393页。

③ 更为详细的情况，可见前文表一〇。

表一三　北朝对高句丽政权加封或改封表

序号	王朝	时间	对象	加封	改封
1	北魏	435年（太延元年）	长寿王	领护东夷中郎将	都督辽海诸军事、辽东郡开国公
2		491年（太和十五年）	长寿王	太傅	车骑大将军
3		519年（神龟二年）	文咨王		领护东夷校尉
4		520年（正光元年）	安藏王		安东将军
5		532年（永熙元年）	安原王	散骑常侍	
6	东魏	534年（天平元年）	安原王	侍中	骠骑大将军
7	北齐	560年（乾明元年）	平原王		辽东郡公、高丽王
8	北周	577年（建德六年）	平原王	上开府仪同	大将军、辽东王

第三，"册封"存在着两种途径，而且基本以颁发诏令形式进行。

南北朝时期，北朝对高句丽政权的册封，存在着派遣官员至其地和通过其来朝的朝贡使两种途径。太延元年（435年）北魏太武帝对长寿王的册封，就是通过派遣员外散骑侍郎李敖至平壤城的途径进行[①]。关于通过朝贡使的途径，虽然文献没有十分明确的记载，但是通过对南梁的册封记载，可以间接证明。531年高句丽"遣使贡献，（梁武帝）诏以延袭爵"[②]。

从文献记载"册封"活动出现"诏加"等字样判断，北朝对高句丽政权的册封，往往是以颁发诏令的形式进行。关于文献所记"册封"活动的"诏加"详细情况，见下列表一四。

表一四　文献的"册封"活动"诏加"情况统计表

《魏书》卷一百《高句丽传》	出帝初（532年）	诏加
	天平中（534年）	诏加
《北史·高句丽传》	孝武帝初（532年）	诏加
	天平中（534年）	诏加

第四，此一时期，对驾崩的高句丽王，中原王朝还要赠封，赐谥号。

文献记载，"太和十五年（491年），琏死，年百余岁。高祖（孝文帝）举哀于东郊。遣谒者仆射李安上策赠车骑大将军、太傅、辽东郡开国公、高句丽王，谥曰康"[③]。"神龟中（518～520年），云死，灵太后为举哀于东堂。遣使策赠车骑大将军、领护东夷校尉、辽东郡开国公、高句丽王。"[④]

① 《魏书》卷一百《高句丽传》，第2215页。

② 《梁书》卷五四《高句骊传》，中华书局，1973年，第804页。

③ 《魏书》卷一百《高句丽传》，第2216页。

④ 《魏书》卷一百《高句丽传》，第2216页。

四、结　　语

南北朝时期，基于特殊的历史状况，册封制度的维系，对高句丽政权册封活动的开展，成为中原诸王朝经略朝鲜半岛的重要手段。北朝为了通过高句丽政权来强化其对辽东、朝鲜半岛的统辖，在长寿王427年迁都平壤后，开始将“领护东夷中郎将”或“领护东夷校尉”一职册封给了高句丽王，而此前该职位是为了加强对现今中国东北、朝鲜半岛等地区统辖而设，基本上由中原王朝直接派员充任。从实际效果上看，北朝通过这样的册封，使高句丽政权与其隶属关系更加顺畅了。高句丽政权恭谨侍奉，辖区社会基本安定，这就大大减轻了来至辽东、朝鲜半岛一侧对北朝的统治压力，使之可以较为顺利地将战略中心南移。

通过前文对“册封”活动历史过程的分析可以看出，尽管北朝的王朝更迭频繁，但是诸王朝对高句丽政权的册封，非但未因此而废止或减弱，相反却大大加强了。尤其高句丽政权迁都平壤后，更是如此。可见，南北朝时期是中原王朝对高句丽政权册封的强化时期。这体现出，即使在中国处于分裂的时期，中原王朝处于相对弱化的时期，其仍然会积极采取各种措施加强对高句丽等少数民族政权进行管辖。其中，更多、更好地使用了册封这一手段，也取得了较好的效果。

南北朝时期，利用中原地区动荡，中原诸政权争夺激烈而有所顾虑的条件，高句丽政权拓土开疆，发展壮大。尽管如此，高句丽政权也认识到了正确对待与中原王朝的藩属关系对其发展的重要性，因此其对来自于北朝的管理基本上是服从和听命，甚至还表现出较为积极和主动的姿态。从册封这一层面看，体现得更为清楚。高句丽政权积极朝献于北朝诸王朝，获得了越来越多的册封利益。通过册封，其政治地位和声望越来越高，许以其管辖的权力越来越大，这为其快速发展创造了有利条件。

京畿范围定襄道帝后驻跸遗迹考察*

马志强　张　玲

（大同大学北魏历史文化研究所　大同　037009）

魏甘露三年（258年），鲜卑拓跋部始祖力微率领20万人马南下阴山，“迁于定襄之盛乐”（今内蒙古和林格尔土城子古城）①。西晋永嘉七年，代王穆皇帝拓跋猗卢六年（313年），“城盛乐以为北都，修故平城（今山西大同市）以为南都”②。东晋太元元年（376年），代国被前秦苻坚所灭。登国元年（386年）正月，鲜卑拓跋部首领珪在牛川重建代国。同年四月改称魏王。皇始元年（396年）七月，始建天子旌旗，改元。天兴元年（398年），定国号魏。七月“迁都平城，始营宫室，建宗庙，立社稷”③。

作为鲜卑拓跋部的首领和帝王来讲，无论是建都于盛乐，还是迁都于平城，他们都十分重视都城与重要地区的联系，对于道路的修复、凿通、理顺做过许多积极的工作。

盛乐和平城，是鲜卑拓跋部前后都，有着继承的渊源，自然联系就更加紧密。在都盛乐时，有定襄古道东南过杀虎口关塞，入善无（今山西右玉县），过武州（今山西左云县），达平城。而都平城以后，西进武周，北转善无，抵杀虎口，通盛乐。该大道的一端盛乐，在两汉时曾经是定襄郡治，汉献帝永汉元年（189年）定襄郡内迁善无，况且在唐时大同也曾是定襄治，故我们将其称做定襄道，当不大误，也便于行文。因为我们的课题是对北魏平城京畿范围进行研究，除非特别需要，就不多涉及盛乐时期（258～398年）。

北魏迁都平城后，就迅速规定了京畿范围，东至代郡（河北蔚县暖泉镇西），西及善无（右玉县），南极阴馆（朔县东南夏官村），北尽参合（阳高县东北）。帝王巡幸不仅是社会中王权政治的运行模式，而且与国家社会密切相关，在政治、经济、军事、文化等方面具有调控、整合作用和影响。北魏诸帝的巡幸不仅有安邦定边，宣扬国威，抚慰百姓，观风问俗等巡幸本身的特点，更有着宣扬汉化，标榜正统等特有

---

* 基金项目：山西省高等学校人文社会科学重点研究基地项目“北魏平城时期的丝绸之路研究”（20190128）。

① 《魏书》卷一《序纪》，中华书局，1974年，第3页。

② 《魏书》卷一《序纪》，第8页。

③ 《魏书》卷二《太祖纪》，第33页。

的时代特点。而且，不同皇帝巡幸的侧重点也不同，如道武帝、太武帝的巡幸则主要围绕着开拓疆土，统一北方；明元帝、文成帝则主要以安定社会、巩固政权为目的；到了献文帝、孝文帝则致力于以全面汉化、迁都洛阳。

具体到定襄道，因为维系着盛乐、平城二京，所以其地位和影响就更重要。在这样比较频繁的巡幸过程中，按照当时的交通工具和道路状况，特别是帝后在巡幸时，有大量臣属、侍卫和宫中侍者陪同，带有不少辎重，队伍比较庞大，我们猜想他们每天的行程一定是比较缓慢的，不会超过百里，一般是60～80里，那么依此推算，从平城出发，向四方巡幸，每前行70里左右，就应该有一处的驻跸之所，我们认为，在京畿范围之内，是有条件建筑行宫的；而在京畿范围之外，驻跸之所或者是毡帐，或者是官邸，或者是大臣的府第。

就定襄道而言，从北魏平城西出驻跸的第一站，就是距离京师30里的武州（周）山。据《魏书》记载，太宗明元帝拓跋嗣永兴三年（411年），“帝祷于武周、车轮二山。初，清河王绍有宠于太祖，性凶悍，帝每以义责之，弗从。帝惧其变，乃于山上祈福于天地神祇。及即位坛兆，后因以为常祀，岁一祭，牲用牛，帝皆亲之，无常日。”[①]我们从这短短的几句话里就可以明白，在太宗朝，拓跋嗣是将该山作为神山来祭拜的。在以后他在位的14年时间里，“岁一祭”，即每年都要亲自去一次，盖西郊祭天之属。以后，随着武周山石窟寺（今云冈石窟）的凿建，特别是“昙曜五窟”（今16～20窟），被认为是高宗文成帝拓跋濬时期“为太祖以下五帝而设”，具有了灵庙的性质，故北魏帝王的巡幸更为频繁。如显祖献文帝拓跋弘皇兴元年（467年）八月“丁酉，行幸武州山石窟寺。戊申，皇子宏生”[②]。很明显，献文帝此次行幸，有祈求上天和佛法保佑皇子顺利、平安降生的政治目的，不同于一般的巡幸。高祖孝文帝元宏多次巡幸武州山石窟寺。延兴五年（475年）五月“丁未，幸武州山。辛酉，幸车轮山”[③]。太和元年（477年）五月乙酉，“车驾祈雨于武州山，俄而澍雨大洽”[④]。四年（480年）八月戊申，“幸武州山石窟寺。庚戌，还宫”[⑤]。六年（482年）三月“辛巳，幸武州山石窟寺，赐贫老者衣服”[⑥]。七年（483年）闰四月癸丑，“皇子生，大赦天下。五月戊寅朔，幸武州山石窟佛寺”[⑦]。从以上罗列的资料来看，之所以巡幸武州山，大概有这样几层目的：其一，视作神山。在有大喜、大难和大灾的时候，每每

① 《魏书》卷一百八之一《礼志一》，第2736页。
② 《魏书》卷六《显祖纪》，第128页。
③ 《魏书》卷七上《高祖纪上》，第141页。
④ 《魏书》卷七上《高祖纪上》，第144页。
⑤ 《魏书》卷七上《高祖纪上》，第149页。
⑥ 《魏书》卷七上《高祖纪上》，第151页。
⑦ 《魏书》卷七上《高祖纪上》，第152页。

来此祈祷，并屡有成效。其二，当作灵庙。在云冈石窟一期工程完工后，有两次巡幸是和皇子出生相关，表明了北魏诸帝有祈求祖先保佑后辈儿孙幸福、健康的意愿在里边。其三，当是为了勘察工程进度和对其他相关的政治事件表示重视。

因为当时武州川水奔腾激荡，而云冈石窟前地方狭窄，故在石窟前修筑宫殿的可能性不大。与石窟隔河（武州川水）相望，有名晋华宫者，或为该站行宫原址。

第二站是武州县。从云冈石窟西行，约70里，为北魏武州县治，位于今左云县城东北4千米古城村北，十里河南岸。秦代，这里属武州塞地。西汉于此设武州县治，隶雁门郡。王莽改曰桓州。东汉一度徙治于善无县西南150里处，晋罢。北魏复置。仍建于汉武州县址。1980年出土于大同市西8千米的小站村附近《封和突墓志》有"以正始元年（504年）夏四月卜兆于武州界"一语。则至迟在这时北魏已复置武州县。而《北齐书》卷一九《王怀传》载："王怀，字怀周，……少好弓马，颇有气尚，值北边丧乱，早从戎旅。韩楼反于幽州，怀知其无成，阴结所亲，以中兴初叛楼归魏，拜征虏将军、第一领民酋长、武周县侯。"中兴是北魏安定王元朗年号，仅531年、532年两年，可知北魏末年该县尚存。古城遗址仍存，据考察，城东西长600米，南北宽300米，城垣除北部被河水冲毁和东部建加油站毁坏外，西垣与南垣尚存。今109国道由当城横穿而过。其西城垣残留部分高2～4米，南部高2～7米，底宽10米，夯土板筑，夯层底部8～12厘米，曾两次重修。地表汉陶、汉砖、汉瓦碎片甚多，曾有铜镞、铜镜等物出土。亦有北魏时期大型印纹灰陶坛、罐出土。

2007年夏季，文物普查人员在左云县调查文化遗迹，在距离前述古城略北25里处的三屯乡大河口村南发现了榆林古城。榆林城西城墙和北城墙遗迹存在。遗址城内的陶片、瓦当、勾纹砖，俯拾可得。陶片、瓦当、勾纹砖以及上面的附加堆纹、绳纹、摁压纹、素面磨光等印痕具有典型的北魏风格，基本可以认定为北魏时期的城址，推断为北魏行宫。

不管是武州古城，还是榆林古城，都地当定襄道要冲，是北魏帝后理想的驻跸之所。

第三站是中陵故城。从武州县治西行，又约70里，为中陵故城。位于右玉县威远镇威远城西南2千米处。发源于平鲁的苍头河水（古称中陵川水），经古城东由南向北流去。古城就坐落在苍头河西岸。古城平面呈长方形，中有一墙，将城分为东西二城。南北二墙各长1500米，东西二墙各宽900米，古城占地总面积为135万平方米。东、西、南、北四道城墙和中段城墙的城门遗迹明显，东南城墙被苍头河冲去一角。经考古勘查和《水经注》记载相对照，认定此古城遗址为汉代雁门郡中陵县故城，并被确定为省级文物保护单位①。

① 《右玉县志》，中华书局，1999年，第634页。

第四站是善无县治和犲山宫。由中陵县故城北行70里，为北魏善无县治。古城位于右玉县北部右玉镇，北距杀虎口10千米，南距贺兰山20千米，苍头河由南向北从城西流过。古城坐落在苍头河东岸，与明代的右玉城（即现在的右卫城）相重叠，只是规模比其更大一些。古城遗址西城墙被苍头河水冲毁，已无痕迹。南北两墙相距约2000米。因苍头河水将西城墙冲毁，据估计东西城墙之间的距离与南北城墙之间的距离相近。古城平面呈正方形，占地总面积大约为400万平方米。据《水经注》《十三州志》和《地理志》记载分析，善无县故城即雁门郡治和后来的定襄郡郡治，其地理位置正与右玉古城遗址相吻合[①]。

拓跋珪天兴六年七月"车驾北巡，筑离宫于犲山"[②]，这就是所谓的犲山宫。关于犲山宫的位置，学术界有两种不同的意见：其一，从《大同府志》卷六古迹犲山宫的记载看，可能在大同府境内的狼头山（今内蒙古丰镇大庄科乡东北）；其二，顾祖禹《读史方舆纪要》卷四十山西二太原府代州犲山条，说犲山宫在代州西北善无境内。大同的学者都赞成前说，而国内以王仲荦先生为代表的学者却坚持后说，认为"犲山在平城之西北"[③]。我们也倾向后说，定犲山宫于善无境内，处于平城和云中之间的交通要冲，但准确的位置现在还不很清晰，但考之文献，应该在善无附近稍偏西的山区。

以后拓跋珪多次巡幸犲山宫，天赐年间（404～408年），除了天赐二年外，每年都要来犲山宫，其中天赐三年竟巡幸三次，这一方面是为了向阴山以北沙漠地区以及长川（内蒙古兴和西北）、濡源（今河北丰宁县西）一带的柔然和其他少数民族部落显示其威力，防止他们南下侵扰；另一方面也是认识到这一地区的重要性。

继承者明元帝拓跋嗣通过频繁的出巡来威慑、镇服、监控四方。在北方最大的威胁仍然是强大的柔然，这是明元帝频繁出巡平城以北地区的主要原因，也是经常巡幸犲山宫的原因所在。永兴五年（413年）八月"丁丑，幸犲山宫。癸未，车驾还宫"[④]。神瑞元年（414年），二月"庚戌，幸犲山宫。……（六月）戊申，幸犲山宫"[⑤]。二年"十有一月丁亥，幸犲山宫。庚子，车驾还宫"[⑥]。"泰常元年（416年）春正月甲申，行幸犲山宫。戊子，车驾还宫。……冬十月壬戌，幸犲山宫。"[⑦]可以说这时候北魏虽然视柔然为大敌，但一直和对方处于防御和对抗阶段。特别是永兴

① 《朔州通史》卷一，山西出版集团、三晋出版社，2009年，第55页。

② 《魏书》卷二《太祖纪》，第41页。

③ 王仲荦：《北周地理志·北魏延昌地形志北边州镇考证》，中华书局，1980年，第1055页。

④ 《魏书》卷三《太宗纪》，第53页。

⑤ 《魏书》卷三《太宗纪》，第54页。

⑥ 《魏书》卷三《太宗纪》，第56页。

⑦ 《魏书》卷三《太宗纪》，第56页。

二年（410年）南朝刘裕与南燕慕容超在广固（今山东青州西北）鏖战，北魏南部边境相对平静，拓跋嗣抓住机遇，派南平公长孙嵩率军北伐柔然，“夏五月，长孙嵩等自大漠还，蠕蠕追围之于牛川。壬申，帝北伐。蠕蠕闻而遁走，车驾还幸参合陂”①。经过此战，北魏大获全胜，以后多年内柔然无力南下。拓跋焘继位后，北魏开始对柔然主动出击，进入战略反击阶段，犲山宫也就不再见诸史载。

虽然就犲山宫而言，其作为战略防御和对抗的功能让位于和睦守成，但定襄道的战略地位却日渐重要。北魏帝后往来于盛乐、平城二都，频繁经过此要道。甚至在孝文帝迁都洛阳以后，往返平城、盛乐的时候，仍然穿行于此要道。

我们根据北魏历史史实和考古资料，就定襄道帝后驻跸遗迹进行了考察，这些遗址多为汉魏叠压，且又为以后朝代所继承。希望我们的探索有益于北魏历史研究和地方交通道路史研究，可以促进地方旅游和文化发展。

定襄道不仅在政治和军事上有特别重要的意义，同时还在经济和文化交流方面起着沟通东西、联络南北的作用，是北魏平城时期丝绸之路的必经路段之一。特别是太武帝拓跋焘灭凉时，“车驾东还，徙凉州民三万余家于京师”②。我们推测“凉州民”相当多的人是通过定襄道被迫迁徙到平城大同的。我们知道，这些“凉州民”中有许多匠人后来在建造云冈石窟中是作为行家里手发挥着骨干和领导者的作用的。而相当多的大德高僧也经过此路到达平城东来传法，在这里他们开窟修禅、造塔立寺、翻译佛经、大开讲席、演唱诸异。如师贤，罽宾王族，东游凉州，凉灭入京都平城。文成帝复兴佛法后，任道人统，掌管僧尼事务，主持复兴工作。邪奢遗多、浮陀难提等奉佛像三，到京都；昙曜，北魏沙门统。开凿云冈石窟的倡导者和组织者。平城石窟寺译经的组织者和参与者；吉迦夜，延兴二年（472年），至平城，于平城石窟寺译《付法藏传》《方便心论》经等多种。正是他们的辛勤和努力，才有今天存在的大量北魏佛教文化遗产，如云冈石窟、丰富佛经、佛像。而粟特商人也有许多人，通过定襄道把中亚的玻璃器、宝石、精美的酒具等器物，各种装饰品运到中国，然后把中国的丝绸、香料、漆器、铁器、金银器等运到中亚。经过长途跋涉之后，转手卖给波斯人、罗马人、印度人或者草原上的游牧民族。

平城是5世纪中国丝绸之路的东方起点，则定襄道是起点中最重要的一个节点。

---

① 《魏书》卷三《太宗纪》，第50页。

② 《魏书》卷四上《世祖纪上》，第90页。

崔浩的平城功绩及其“国史之狱”原因探析

张勇耀

（《名作欣赏》杂志社　太原　030001）

近年来有文章称崔浩为“北魏第一谋士”，当不过誉。南宋陈亮《陈龙川文钞》辑有诸葛亮、吕蒙、邓艾、羊祜、李靖等中国历代名将故事，其中就有崔浩；解放军出版社1996年出版有《中国历代智囊人物丛书》十四册①，其中一册为崔浩卷，丛书将崔浩与孙膑、李勣、张良、范蠡、姜子牙、管仲、吴起、诸葛亮、李斯等一起列入中国著名智囊人物。

崔浩（？～450年），字伯渊，小名桃简，清河郡武城（今河北清河县）人。清河崔氏是当时著名的豪门望族，祖上六世皆为显宦，也颇多才学之士。崔浩之父崔玄伯②幼时曾被誉为“冀州神童”，先后出仕前秦、后燕，官至高阳（河北高阳县）太守。北魏定都平城后，“命有司制官爵、撰朝仪、协音乐、定律令、申科禁”，而这一切皆吏部尚书“玄伯总而裁之，以为永式”。“玄伯通署三十六曹”，可谓“势倾朝廷”，但“俭约自居，不营产业，家徒四壁；出无车乘，朝晡步上”，也为一时之冠③。明元帝时，崔玄伯理狱讼、建良策，使朝廷顺利平定西河、建兴之乱，讨平并州胡，因而也颇为明元帝所重。《北史》又记其善书，为当时著名书法家，“白马公崔玄伯亦善书，世传卫瓘体”，“尤善草隶行押之书，为世摹楷”，“魏初重崔、卢（卢谌）之书”，惜无墨宝传世④。

因此，崔浩一出生就有一个显贵的身世。崔浩为崔玄伯长子，“少好文学，博览经史。玄象阴阳，百家之言，无不关综，研精义理，时人莫及”。再加上崔浩为一代美男，“织妍洁白，如美妇人”，且长于计谋，“常自比张良，谓已稽古过之”，深得北魏道武帝拓跋珪的喜爱。初任给事秘书，后转著作郎，“太祖以其工书，常置左右”。

一、帝王之师：协助北魏帝王统一中国

明元帝拓跋嗣时，崔浩被拜为博士祭酒，赐爵武城子，“常授太宗经书”，成为

① 李建力：《中国历代智囊人物丛书·崔浩》，解放军出版社，1996年。

② 《魏书》因避孝文帝拓跋宏讳，以其字“玄伯”立传，见《魏书》卷二四《崔玄伯传》，中华书局，1974年，第620页。

③ 《魏书》卷二四《崔玄伯传》，第621页。

④ 《魏书》卷二四《崔玄伯传》，第623页。

帝王之师。

明元帝喜好阴阳术数，崔浩为之讲说《周易》及《洪范》五行。崔浩也常通过卜筮问吉凶，“参观天文，考定疑惑。浩综核天人之际，举其纲纪，诸所处决，多有应验”。

神瑞二年（415年），平城秋谷不登，有朝臣建议明元帝迁都邺（今河北临漳县），崔浩提出了反对意见。他说：“今国家迁都于邺，可救今年之饥，非长久之策也。”一是迁都会使民众水土不服，带来疾疫死伤；二是一旦迁都，“屈丐、蠕蠕必提挈而来，云中、平城则有危殆之虑”，到时“阻隔恒代千里之险，虽欲救援，赴之甚难”。所以，迁都是一个会令北魏朝廷“声实俱损”的主意，决不可从。而对于当今之荒，“可简穷下之户，诸州就谷”，“至春草生，乳酪将出，兼有菜果，足接来秋。若得中熟，事则济矣”，要是明年秋天还不熟，再图他策。此建议得到了明元帝的赞赏，“于是分民诣山东三州食，出仓谷以禀之。来年遂大熟”，崔浩因此得到了丰厚的赏赐。不久崔玄伯病终，崔浩袭爵白马郡公。多次为明元帝出谋划策，取得了战场上的胜利。

北魏明元帝时代，中国整体上是一种分裂割据的局面。南方有南朝刘宋政权（都城在建康，今南京），北方函谷关、潼关以西有大夏政权（又称胡夏，都城统万，即今陕西靖边东北白城子），西北有西秦和北凉政权，东部辽东半岛尚割据着北燕政权。此外，阴山以北还游牧着强大的柔然民族。其中彪悍的柔然（又称蠕蠕）和大夏都是北魏的劲敌。

泰常七年（422年），刘宋高祖武皇帝刘裕死，明元帝想趁机伐宋，收复刘裕北伐时占据的虎牢、滑台、洛阳三个重镇。崔浩反对，说刘裕新死，“党与未离，兵临其境，必相率拒战，功不可必，不如缓之”。明元帝认为崔浩是汉人，故意为汉人说话，不听崔浩劝阻，亲自率兵南征，并拜崔浩为相州刺史加左光禄大夫，随军为谋主。此次大战，北魏以强攻的方式拿下了黄河南岸的这三座重镇，却也因战争和瘟疫损失了三成的兵力。

回军平城的途中，崔浩随明元帝游西河（今汾阳）、太原。“登憩高陵之上，下临河流、傍览川域，慨然有感，遂与同僚论五等郡县之是非，考秦始皇、汉武帝之违失。好古识治，时伏其言。”其后著书20余篇，“上推太初，下尽秦汉变弊之迹，大旨先以复五等为本”。这是崔浩在山西中部地区留下的一段佳话。

太武帝拓跋焘继位，因崔浩位高权重，为朝臣所排挤，拓跋焘令其罢政归第。尽管如此，“及有疑议，召而问焉”。始光年间（424～427年），进爵东郡公，拜太常卿。

消灭北魏政权之外的各种势力，统一中国，在拓跋焘时代依然是重中之重。而在这些征讨中，崔浩皆以重要谋士的角色，力排众议，为拓跋焘出谋划策、鼓舞精神，使北魏取得了一场又一场的胜利。具体有以下几场重要战役。

（一）败　大　夏

始光三年（426年），拓跋焘欲讨伐居于统万的大夏，议于群臣，群臣皆以为难。只有崔浩从天象的角度出发，认为“今年五星并出东方，利以西伐。天应人和，时会并集，不可失也”。拓跋焘大受鼓舞，令大将奚斤（369～448年，代郡人）等人击大夏军于蒲坂（今永济市），而亲率轻骑袭其都城统万。始光四年（427年），北魏攻破并占领大夏都城统万，大夏皇帝赫连昌逃往上邽（今甘肃天水）。始光五年（428年），拓跋焘又率军攻上邽。当时风向不利，宦官赵倪建议避之，待后再攻。崔浩叱之，认为“风道在人，岂有常也”。拓跋焘显然更相信崔浩之言，于是继续分兵进攻，果然大败赫连昌。赫连昌马失前蹄，坠地被生擒，降。

（二）破　柔　然

柔然是当时北魏除大夏之外的第二个严重威胁。柔然，亦称蠕蠕、芮芮、茹茹、蝚蠕等。北朝志书中多称“蠕蠕”，其得名源于北魏太武帝拓跋焘，他认为柔然智力低下，败多胜少，所以嘲讽他们是不会思考的虫子，并下令全国军民对柔然侮辱性的改称“蠕蠕”。北魏后期，柔然以“茹茹”作为自称或姓氏。4世纪后期至6世纪30年代中期，柔然与北魏和南朝形成了长期的并立，经常侵扰北地边疆。

早在始光元年（424年），柔然便趁元帝拓跋嗣去世的时机，可汗大檀即亲率六万骑攻入云中，杀掠吏民，攻陷北魏故都盛乐，包围了云中城。年仅十六岁的拓跋焘亲率二万骑兵急赴云中救援，被柔然包围了五十余重。拓跋焘沉着指挥，将士奋勇杀敌，终于突出重围，转败为胜。拓跋焘又于次年（425年）十月，越过大漠，大举征讨柔然，柔然惊骇北逃。

神䴥二年（429年），为彻底摆脱北面柔然与南朝刘宋两面夹击的威胁，并雪云中被围之耻，拓跋焘与众大臣议击柔然。崔浩对此极为赞同，他认为柔然危害巨大，必得破之，“蠕蠕往数入国，民吏震惊。今夏不乘虚掩进，破灭其国，至秋复来，不得安卧”。有大臣先是以天象反对，认为柔然并无亡征。崔浩质问：大夏灭亡前曾有亡征吗？众皆不能对。又有大臣担心刘宋会来救援，崔浩认为，刘宋听闻统万被克，内心必然深怀恐惧，必不敢动；柔然自恃遥远，谓我力不能制，防备松懈已久，今可乘其放牧无备出击，可一举灭之，“暂劳永逸，长久之利，时不可失也”。

崔浩还主张于初夏发起攻击，出其不意，攻其不备。因为初夏时节，柔然各部落又将四散放牧，草原人从冬天的战士变成了春夏的牧民，经过一个冬天的消耗，柔然人的马匹也会瘦削不堪，战斗力减弱。选择这个时机发起攻击，他们必然会惊骇奔走，几天不得水草，便难以支撑，可以一举加以消灭。

拓跋焘对其见解极为赞赏，依计而行，于夏四月兵分两路，命司徒长孙翰领兵由西道向大娥山，自率军由东道向黑山（今内蒙古巴林右旗北罕山），越过大漠，合击柔然可汗庭（今蒙古国哈尔和林西北）。当时柔然无备，临战震怖，民畜惊骇奔散，可汗大檀西遁。北魏军分兵搜讨，声势浩大，俘斩敌军甚众。原附属柔然的高车诸部乘机倒戈，抄掠柔然，归附北魏。大檀因遭惨败，愤悒病死，其子吴提立。十月，拓跋焘还平城，徙柔然、高车降附之民于漠南，使之耕牧，收其贡赋。自东至西设置九个军镇加以监护，此即北魏历史上的所谓"北镇"；同时将大量高车族人编入北魏军队，独立成军。而果然如崔浩所料，直到拓跋焘还都，南方刘宋政权也没有出兵助战。

击败柔然，不仅解除了来自草原的威胁，而且使北魏军队力量大增。

（三）扼　刘　宋

历史上有一词条曰"元嘉北伐"，即发生在这一时期。元嘉，南朝刘宋第二代皇帝刘义隆的年号。刘义隆在位期间，曾分别于元嘉七年（430年）、元嘉二十七年（450年）及元嘉二十九年（452年）三次征伐北魏，均以失败告终，这也就是后来南宋词人在《永遇乐·北固亭怀古》中所说的"元嘉草草"。草草，轻率用兵之意。正因为草草用兵，最终"赢得仓皇北顾"。刘宋不仅没有能收复河南失地，反而使北魏军队长驱直入，大片领土遭遇战火，"四十三年，望中犹记、烽火扬州路"，加剧了南方百姓的困苦。而在这三场战役中，崔浩参与建议的是第一场。崔浩死于450年，第二场、第三场都没有赶上。但不能不说，这第一场战役对于北魏与刘宋的胜负之势至关重要。

当时刘义隆趁北魏伐大夏、柔然之计，认为是出兵的最佳时机，于元嘉六年（429年，北魏神䴥二年）向北魏要求归还河南各地，声称否则要用武力夺取。拓跋焘听了，付之一笑而已。元嘉七年（430年，北魏神䴥三年），刘义隆派大将到彦之率军北伐。北魏朝廷有大臣议以出兵，崔浩认为当时并非出兵的最佳时机，"南土下湿，夏月蒸暑，水潦方多，草木深邃，疾疫必起，非行师之时"。拓跋焘从其议。当时北魏因碻磝、滑台、虎牢、金墉四镇兵少，主动撤出。到彦之军不费吹灰之力，便轻易收复四镇，又进屯灵昌津（在今河南延津县北）的南岸，使先头部队西进直抵潼关。宋军将士皆大欢喜。冬十月，北魏军渡河反攻，很快便攻下了洛阳、虎牢。十一月，刘义隆又派大将檀道济率兵伐魏，再败于北魏军。宋军这次冬季失败，损失惨重，府藏、武库为之一空。元嘉八年（431年）正、二月间，檀道济赴救滑台，败于北魏军，檀道济以计方得全军而归。

（四）平　残　夏

428年，北魏灭大夏，皇帝赫连昌被擒而降。郝连昌之弟赫连定收集夏军残部数万人，一路奔走，逃奔平凉（今甘肃平凉），即皇帝位，年号胜光。胜光三年（430年，北魏神䴥四年）九月初六，赫连定派其弟赫连谓以代攻击北魏的城池。因出师不利，派使臣出使刘宋请求和解，约定联手灭掉北魏，预先瓜分黄河以北地区：从恒山以东划归刘宋，恒山以西划归夏国。拓跋焘得到这个消息，立即动员军队，准备进攻胡夏。但犹疑不定，于是问计于崔浩。崔浩认为，刘宋与赫连定并非真心结盟，而是“同恶相招”，“规肆逆心，虚相唱和”，“以臣观之，有似连鸡，不俱得飞，无能为害也”。况且赫连定陈兵列阵的方式非常易攻，“东西列兵，径二千里，一处不过数千，形分势弱”，由此看来将领只是“望固河自守，免死为幸，无北渡意也”。所以但出兵无疑。

于是当年九月二十一日，拓跋焘亲率大军前往统万，于十一月初三抵达平凉。胜光四年（431年，北魏神䴥五年）六月，赫连定惧怕北魏的逼迫，劫持西秦的百姓十余万人，欲渡河夺取北凉的国土。渡河未半，被吐谷浑可汗慕容慕所派大军截击。赫连定被擒，至此大夏政权灭亡。北魏延和元年（432年）三月二十八日，吐谷浑可汗慕容慕将赫连定献给北魏，北魏将斩杀赫连定。

此战的胜利，崔浩的建议功不可没。北魏世祖拓跋焘大宴群臣，执崔浩手对北凉君主沮渠蒙逊说：“所云崔公，此是也。才略之美，当今无比。朕行止必问，成败决焉，若合符契，初无失矣。”崔浩不久被任命为司徒。

（五）灭 北 凉

436年，北魏消灭了北燕。439年，又消灭了北凉。

北凉武宣王沮渠蒙逊去世后，其子沮渠牧犍继位。沮渠牧犍派使到北魏请封，拓跋焘授其为凉州刺史等职，封河西王。次年，沮渠牧犍又遣使到刘宋请封，刘义隆授其为都督凉、秦等四州诸军事，兼任征西大将军、凉州刺史，封河西王。其怀贰意，拓跋焘欲往征讨，令群臣议之，崔浩认为可讨，且“今出其意，不图大军卒至，心惊骇骚扰，不知所出，擒之必矣”。但弘农王奚斤等三十余人皆说“其地卤斥，略无水草，大军既到，不得久停”，尚书古弼、李顺等也说“姑臧（今甘肃武威县）城南，天梯山上冬有积雪，深一丈余，至春夏消液，下流成川，引以溉灌。彼闻军至，决此渠口，水不通流，则致渴乏”。总之是攻讨不得。崔浩反驳说，志书记其地有水草，若无水草，何以畜牧？那里居住着汉人，怎么会于没有水草的地方筑城郭、立郡县？而且，“雪之消液，绝不敛尘，何得通渠引曹，溉灌数百万顷乎？”并且指责李顺等人受沮渠牧犍之金钱，故为之辞。拓跋焘隐屏听到了他们的争辩，出而责李顺等，群臣不敢复言。

北凉永和七年（439年，北魏太延五年），拓跋焘下令进攻姑臧，沮渠牧犍出降，北凉灭亡。去后发现，“多饶水草，如浩所言”。拓跋焘下诏对崔浩进行褒奖，称其

“德冠朝列，言为世范”。令其监秘书事。

拓跋焘灭北凉后，打通了中西交通的通道，首都平城也成为丝绸之路的东方起点，成为当时最为繁华的大都市。而在政治上，北魏与刘宋南北对峙，并渐处上风，中国历史真正进入了南北朝时期。

（六）平薛永宗叛乱

北魏拓跋焘太平真君六年（445年）九月，卢水胡人盖吴在杏城（今陕西黄陵西南）发动起义，反对北魏统治。消息传至河东，汾阴（今万荣县）人薛永宗举兵响应。拓跋焘亲大军前往征讨。

拓跋焘军围薛永宗，问崔浩是否可击，崔浩说：“永宗未知陛下自来，人心安闲，北风迅疾，宜急击之，须臾必碎。若待明日，恐其见官军盛大，必夜遁走。”拓跋焘听取了崔浩的建议，急兵进攻，叛乱于是平定。薛永宗一家投汾水而死。又渡河击盖吴，崔浩建议从北道走，若从南道，盖吴会轻松避入北山，再讨伐难度就大了。拓跋焘没听，由渭南渡河，果然如崔浩所言，盖吴散入北山。尽管后来吴盖叛乱还是平定了，但所费周折远甚于前。拓跋焘悔不听崔浩之言。

（七）谏　移　民

北魏是中国历史上民族大融合最为集中的时代。仅拓跋焘在位期间就有多次由边境向内地的移民史，太延五年（439年），徙凉州（今甘肃武威）民三万余家于京师平城；太平真君七年（446年），徙长安工巧二千家于京师；真君八年（447年），又徙定州丁零三千家于京师。崔浩则向拓跋焘提出了由内地向边境移民的策略。拓跋焘灭北凉后，想要将北凉之民迁往内地。崔浩认为，凉州西河之地，“若迁民人，则土地空虚，虽有镇戍，适可御边而已，至于大举，军资必乏”。因而，不若“募徙豪强大家，充实凉土，军举之日，东西齐势”。这一策略不仅促进了民族大整合，而且使中国西部地区的经济实力得以提高，也促进了中国西部地区的繁荣。

二、大规模推行汉化

北魏历史上全面汉化的标志性事件，是493年孝文帝拓跋宏迁都洛阳，距崔浩去世已有四十余年。事实上，自从北魏道武帝定都平城，在保留鲜卑风俗和汉化之间，便一直存在拉锯战似的或进或退，可谓一波三折。而崔浩在促进北魏政权汉化的过程中，做了很多的努力。其较为明显且有力度的几件事，大多发生在拓跋焘执政期间，也就是崔浩在以谋士帮助拓跋焘取得诸多胜利，深得拓跋焘信任，并且位高权重的时期。总体来说，崔浩推行北魏政权的汉化有以下几件事。

其一，以尊崇道教的方式复兴儒学。崔浩是一位大儒，“少好文学，博览经史”。为推行儒学，崔浩甚至借助于道教。他曾与道教首领寇谦之演了一场双簧，上书拓跋焘，称有神人献书，神书因“北方太平真君”而出。439年，拓跋焘在北魏政权统一黄河流域后，遂改年号为“太平真君”。而崔浩在平城开展的尊崇道教活动，实际上是在道教外衣下复兴儒学的努力。

其二，推行其所编订的《五寅元历》。太平真君八年，崔浩奏请颁行自己号称经三十九年潜心思考而编成的《五寅元历》。虽然当时有人认为此历法缺漏甚多，但崔浩坚信自己“得周公、孔子之要术”，“得天道之正”，并称现今行太平之治，就得改历，“以从天道”。

其三，注释儒家经典。《魏书》崔浩本传，崔浩上书拓跋焘，称“太宗（拓跋嗣）即位元年，敕臣解《急就章》《孝经》《论语》《诗》《尚书》《春秋》《礼记》《周易》，三年成讫”。崔浩兼管的秘书省的一些文人官员甚至称崔浩所注释的儒家经典水平远远超过了汉代的大经学家马融、郑玄等人，建议朝廷下令禁止汉代以来学者的古注，颁行崔浩所注，“命天下习业”。在这些人的张罗下，在平城西三里，立石刻写崔浩所注的《五经》及主编的当代史《国书》，从河北邺城掘取后赵暴君石虎修建宫殿使用的大理石屋基，运至平城作为石材，一共用了三百万功，即三百万人一天的工作量，才得以完成。

其四，取消北魏所祭祀的诸多“杂神”。《魏书·礼志一》记载，太平真君五年六月“司徒崔浩奏议：‘神祀多不经，按祀典所宜祀，凡五十七所，余重复及杂小神请皆罢之’”。据同卷太和十五年八月，北魏前期祭祀的“杂神”有1200余处，这些得到朝廷祭祀的神灵，大多应是拓跋鲜卑部落联盟时代各个部落所崇拜的神祇。

崔浩推行汉化的努力，在拓跋焘统治的前期颇有成效。当时北魏政权制度与统治理念上，开始向传统汉魏政权模式稳步推进。尚书机构重新建立起来，汉族文士最为集中的中书省在政治中的影响力越来越大，新设置的秘书省亦聚集了大量汉族文士，他们参议政事、撰写史书、掌管图书秘籍，与中书省一并成为为文治服务的重要机构。

三、“崔浩国史之狱”始末及其原因探析

北魏国史初由尚书邓渊撰修。429年，邓渊撰《国记》十余卷，未成而逝，拓跋焘于是命崔浩与邓渊之子，中书侍郎邓颖，及中书侍郎高允等续修，于是到450年，集众人之力修成《国记》三十卷。崔浩为总裁。

书成后，著作令史闵湛、郗标劝崔浩将所撰的《国书》三十卷镌刻于石上，立于路旁，“以彰直笔”。并提议将崔浩所注“五经”一并勒石。这一提议也得到了太子拓跋晃的支持。崔浩于是大招工匠，将《国书》刻于石碑之上。石碑刻好后，列于衢

路，往来者莫不驻足诵读，遐迩尽知，影响颇大。然而这也带来了崔浩一家的灭门之祸，并牵连到上千无辜者惨遭杀身之祸。因为崔浩所修史书，鲜卑族的官宦子弟们看了大为震怒，相约来到拓跋焘面前，告崔浩存心不良，借修史“暴露国恶”。

真君十一年（450年）六月，拓跋焘对崔浩做出了严厉的判决：“清河崔氏无远近，范阳卢氏、太原郭氏、河东柳氏，皆浩之姻亲，尽夷其族”，也就是将崔浩一门及同宗的清河崔氏，无论枝系远近男女老幼一律问斩；凡与崔氏有姻亲的家族，也全部族诛；此外“其秘书郎吏已下尽死”，也就是崔浩的僚属乃至僮吏仆役。如果不是朝臣高允的极力抗争，丧生于此案的人当有数千口之多。因这次骇人听闻的血腥屠杀的罪名是崔浩著史“尽述国事，备而不典”，故史称“国史之狱”。

对于崔浩被杀的真正原因，史家历来争讼众多。兹梳理如下。

其一，“暴露国恶”说。据周一良先生《崔浩“国史之狱”》①的分析，崔浩所“暴露”的“国恶”，其实就是北魏政权初期一段不够光彩或者说屈辱的历史。4世纪初，游牧于今山西北部、内蒙古等地的拓跋部建立代国，后为前秦苻坚所灭。公元386年，拓跋珪重建代国，不久改国号为魏，史称北魏。崔浩等人撰写的《国书》即北魏的发展史，将拓跋氏先世之事写得极为详细。据后人分析，这些“国恶”主要有三点：一是北魏道武帝拓跋珪的祖父拓跋什翼犍为代王时，被前秦苻坚打败逃往阴山。拓跋珪的父亲拓跋寔想投降前秦，竟把拓跋什翼犍捆缚起来献给前秦，作为向敌国投降的见面礼。二是拓跋寔死后，拓跋什翼犍娶了儿媳妇，即拓跋珪的母亲，所以道武帝拓跋珪到底是拓跋寔的遗腹子还是拓跋什翼犍的儿子，可能是一本糊涂账。三是拓跋珪做了皇帝之后，又娶了他的姨妈为妃。《国书》所记这些事，皆为拓跋贵族们需要隐晦而不欲人知的。周一良先生认为，“太武帝之不满于崔浩，或尚有其他更深刻之原因，然国史之狱之成为直接的原因，成为导火线者，当在于‘备而不典’之直笔，在于损害太武帝以及鲜卑贵族之自尊心也”，“暴露拓跋氏祖先国破家亡之耻辱，遂触犯鲜卑贵族以及太武帝之忌讳，被目为‘备而不典’，因以贾祸”。

其二，密通刘宋谋反说。《宋书·柳元景传附柳光世传》：“光世姊夫伪司徒崔浩，虏之相也。元嘉二十七年，虏主拓跋焘南寇汝、颍，浩密有异图，光世要河北义士为浩应。浩谋泄被诛，河东大姓坐连谋夷灭者甚众，光世南奔得免。”说崔浩屡次反对拓跋焘进攻刘宋，是因为他的内弟在刘宋，并且崔浩与其内弟有里应外合不利于北魏的行动。此记载史家多不以为然，因为崔浩的相关建议不仅对北魏政权有切实的好处，且均曾在事后被北魏皇帝肯定。

其三，重建门阀制度说。史学家陈寅恪认为，崔浩是试图在北魏重建门阀制度，实现一种“高官与博学二者合一之贵族政治”，而将有政治势力却无学术背景的鲜

① 周一良：《魏晋南北朝史札记》，中华书局，1985年，第342页。

卑族人排斥在这种新构建的贵族政治之外①。陈寅恪的依据是《魏书》卷四七《卢玄传》：“浩大欲齐整人伦，分明姓族。玄劝之曰：‘夫创制立事，各有其时，乐为此者，讵几人也？宜其三思。’浩当时虽无异言，竟不纳，浩败颇亦由此。”史家认为此说也颇不可信，因为当鲜卑“国人”几乎左右北魏政治权力的时期，崔浩欲将其排挤出自己设计的政治体制之外，是不可想象的。

其四，得罪监国太子说。有人说是崔浩与当时的监国太子拓跋晃矛盾激化招来杀身之祸。《魏书·高允传》中，高允称崔浩曾在任命地方郡太守一事上与“恭宗”（拓跋晃谥号）发生争执，拓跋晃主张首先安排以前应召而来并在中央机构中任职已久的人，而崔浩则坚持将自己新推荐的数十位士人直接派往地方任郡守。高允认为崔浩这是“校胜于上”，势必遇祸。特别是在灭佛一事上，崔浩与监国太子拓跋晃产生了严重分歧。太平真君七年，拓跋焘镇压叛乱者至长安时，于长安一处佛寺发现本应洁身修持的僧人，竟私藏武器、酿酒，为州郡长官及富人藏匿财物，甚至与贵族妇女于密室中淫乱。随行的崔浩因而找到了灭佛的最佳理由，在他的鼓动下，拓跋焘下令将长安城中所有僧人处死，佛像捣毁，又令监国太子以朝廷命令的方式，要求各地按长安的办法行事，以彻底清除佛教。崔浩的妻子太原郭氏信佛，崔浩怒而焚其书，《魏书·崔浩传》：“浩非毁佛法，而妻郭氏敬好释典，时时读诵。浩怒，取而焚之，捐灰于厕中。”而当时佛教有着重要的民众基础，监国太子拓跋晃即是一位佛教信徒。《魏书·释老志》称拓跋晃上书向拓跋焘表达自己的意见，认为灭佛方式太过，“如此再三，不可”，据说拓跋晃有意拖延下达灭佛诏书的时间，崔浩却先于太子放出了灭佛的消息。崔浩与太子拓跋晃在灭佛这一问题上，产生了尖锐的矛盾。灭佛的运动如此猛烈，以致道教领袖寇谦之都为之心惊，苦苦地劝崔浩不要太甚，崔浩不加听从，寇谦之说：“卿今促年受戮，灭门户矣！”

其五，鸟尽弓藏说。北魏政权定都平城后，想要立稳脚跟，稳定政治、经济并进一步扩大疆域甚至统一中原，必须依靠当地的豪门大族，清河崔氏、范阳卢氏、太原郭氏、河东柳氏就是这样的大族代表。而崔浩出事后，这四大家族全部被诛灭。这四大家族，两在河北，两在山西，皆在平城附近。而此次因崔浩诛灭四大望族，也与北魏政权在中原已历三位皇帝，取得了一定的稳定相关。《魏书》作者在崔浩传记末发出这样的感叹，说崔浩“才艺通博，究览天人，政事筹策，时莫之二”，曾经备受信任；如今“谋虽盖世，威未震主，末途邂逅，遂不自全。岂鸟尽弓藏，民恶其上？”就透露了“兔死狗烹，鸟尽弓藏”的观点。

其六，激进汉化说。有人认为崔浩国史之狱的真实原因，应是因政治形势的改变，执意推行激进汉化运动，导致各种矛盾激化，而最终被拓跋焘抛弃。近年来史

① 陈寅恪：《崔浩与寇谦之》，《金明馆丛稿初编》，上海人民出版社，1980年。

说界对此说法认同者较多。无论是崔浩所推行的“文治”政策，还是一概废除“杂神”，甚至出于谄媚在《国书》中替拓跋家族找出汉人祖先（拓跋之祖本李陵之胄），都引起了鲜卑贵族的不满，因而对崔浩发动了这一群体性的攻击。然而虽然崔浩失败了，但北魏政权汉化的进程依旧在曲折中向前推进，终于在半个世纪之后，由孝文帝完成。

以上原因，或许偏于其中一两种，也或许兼而有之。但最末一条原因，应该是最重要的原因，这或许从高允的态度中可以得到反映。

相比于崔浩的激进谋事，曾从崔浩修国史的高允（390～487年）更加平和一些。他常常能看到崔浩因过于激进而可能遭致的祸端。比如，崔浩曾推荐冀州、定州、相州、幽州、并州五州之士（当为汉人）数十人任郡守，监国太子拓跋晃说，前面已召用的官员，也是州郡之选，他们在职已久，还没有回报他们的勤劳任事。可以先让前面一批官员出任郡守，而把新召者补为郎吏。按说拓跋晃的意见也有一定道理，但崔浩固与之争，也可见其推进汉化之急。高允听说这件事后，与人说：“崔公其不免乎！苟逞其非，而校胜于上，何以胜济？”崔公要遭殃了，坚持自己的错误，而要与监国太子争个高低，这哪会有什么好结果。另一件事是崔浩将所注经书与所修国史刊石之事，高允也有较为清醒的预见。著作令史闵湛等人阿谀奉承，劝崔浩刊石，而崔浩也投桃报李，上书表荐湛有著述之才。高允听说后又对人说：“闵湛所营，贫寸之间，恐为崔门万世之祸。吾徒无类矣。”①这两件事，可以说全被高允不幸言中了。

历史没有给我们标准答案，因而也留下了人们想象和推测的空间。史书只写了有着“果于诛戮，后多悔之”性格的拓跋焘，在诛杀崔浩等人后不久，便后悔了，称“崔司徒可惜”②，此又增加后人的一番感叹。

---

① 《魏书》卷四八《高允传》，第1070页。

② 《魏书》卷四下《世祖纪下》，第107页。

鲜卑妇女社会地位考察

苗霖霖

（黑龙江省社会科学院历史研究所　哈尔滨　150018）

鲜卑族是发源于我国古代北方地区的游牧民族，该民族南下后迅猛发展，势力遍及我国西部和北部地区，并先后建立了前燕、后燕、南燕、南凉、西秦、北凉、北魏和北周等八个鲜卑政权，其中尤以北魏势力最大，并曾入主中原，与南朝诸政权形成南北对峙之势。鲜卑族区别于其他民族的显著特征之一便是该民族女性有着较高的社会地位，她们不仅能够主持家务、参与社会活动，更有着极强的从军、参政意愿，部分上层女性甚至能够主宰或影响部落或国家的权力传承，对我国古代历史的发展和演进产生了深远影响。

一、女性在早期鲜卑社会的地位

鲜卑族是发源于我国古代北方地区的游牧民族，由于受到中原政权的影响，使该民族在部落联盟基础上直接跨入封建王权社会，进而使这些鲜卑政权中仍保留有母系氏族的印记，主要表现为女性在家庭和社会生活中发挥着重要作用，从而使女性在家庭和社会中都拥有着较高的地位。

鲜卑族本是东胡部落联盟成员，东胡部落联盟被匈奴打败而解体后，鲜卑从中分离出来并发展成为一个独立的民族。西汉时期，匈奴在汉朝政府和周边民族的联合打击下分裂，并迁出了统治区，鲜卑则乘机南下占据了原匈奴故地，建立起了部落军事大联盟。此时的鲜卑部落刚刚脱离母系氏族不久，部落外婚是当时鲜卑部落中的主要婚姻形式，在这一婚姻体制下，鲜卑部落中的男性成员都是本部落成果，而他们的妻子和母亲则都来自其他部，如若她们被杀或出现意外，很容易造成其母族部落的报复，于是部落中以约法规定："其自杀父兄则无罪"①，这一约法的出发点是由于"母有族类，父兄以已为种，无复报者"②，进而避免母族部落因本部成员被杀而发动部落战争，但约法也在客观上也造成鲜卑妇女在部落和家庭内有着极高的社会地位，并造

① 《后汉书》卷九十《乌桓鲜卑列传·乌桓传》，中华书局，1965年，第2979页。

② 《三国志》卷三十《乌桓鲜卑东夷列传·乌桓传》注引《魏书》，中华书局，1959年，第832页。

就了鲜卑人“其性悍骜，怒则杀父兄，而终不害其母”[①]的独特性格。

此外，在鲜卑人的婚姻中，男女的婚嫁不必听从家人的安排，他们“嫁娶则先略女通情，或半岁百日，然后送牛马羊畜，以为娉币”[②]。此后男方还要随妻子回家服务一到两年，才可带走妻子，而“妻家乃厚遣送女，居处财物一皆为办”[③]这一婚姻形式以及女性高昂的陪嫁，也使鲜卑女性享有较高的家庭地位，从而形成鲜卑部落中“计谋从用妇人，唯斗战之事乃自决之”[④]的社会风俗，家庭事务的决策以女性为主，男性则主导战争事宜。

鲜卑族以女性主持家政的风俗也在其建立政权中延续，并最终演变为“邺下风俗，专以妇持门户，争讼曲直，造请逢迎，车乘填街衢，绮罗盈府寺，代子求官，为夫诉屈”[⑤]。由于鲜卑妇女有着较高的家庭和社会地位，她们不仅可以不必以夫为天，而且还部分或全部承担着汉族家庭中男性的家庭责任，主持家门、为夫申冤、为子求官等对外活动更增添了她们对外交往的自信心，这也直接形成了鲜卑女性的治家、参政之心。

二、“母强子立”状态下的鲜卑早期权力传承

由于一直以来女性在鲜卑社会中都拥有着较高的社会地位，以及在鲜卑政权中长期存在的女性外出社交的风尚，使鲜卑女性有能力、有实力也有信心参与对外事宜，一些部落上层女性更积极参与部落事务，甚至借助母族势力参与部帅的传承并影响着部落走向。

鲜卑族南下并占据匈奴故地后，建立起了部落军事大联盟，留居故地的匈奴部落亦自称鲜卑，并加入到鲜卑部落联盟之中。随着双方关系的日益紧密，匈奴部落与鲜卑部落开始联姻，并形成了“胡父鲜卑母”的匈奴铁弗部和“鲜卑父胡母”的鲜卑拓跋部。拓跋力微继任拓跋部部帅后，通过兼并周边部落，“控弦上马二十余万”[⑥]，不仅建立起了以该部为中心的部落联盟，更使之成为当时鲜卑部落联盟中实力最强的一个。

在早期的鲜卑部落中，部帅由全体部落成员选举产生，部帅首要特质就是“英勇善战”且“公正无私”，此时的部帅不过是一种“部落职务”，部落权利归属全体部

---

① 《三国志》卷三十《乌桓鲜卑东夷列传·乌桓传》注引《魏书》，第832页。

② 《后汉书》卷九十《乌桓鲜卑列传·乌桓传》，第2979页。

③ 《后汉书》卷九十《乌桓鲜卑列传·乌桓传》，第2979页。

④ 《后汉书》卷九十《乌桓鲜卑列传·乌桓传》，第2979页。

⑤ 《颜氏家训集解》卷一《治家篇》，中华书局，1996年，第48页。

⑥ 《魏书》卷一《序纪·神元帝纪》，中华书局，1974年，第3页。

民。南迁匈奴故地后，鲜卑部落与当地的匈奴、高车部落逐渐融合，并建立起了部落军事大联盟，随着鲜卑部落联盟与中原地区的汉、晋政权联系的加剧，受到他们的影响，部落大人的权力逐渐扩大，他们不仅能够主宰部落事物，还通过分部大人统管整个部落联盟事宜。由是，部落大人成为部落的主宰，并逐渐产生了皇权化倾向，并最终形成“自檀石槐后，诸大人遂世相传袭”①。部落大人也由公众选举的“部落职务”变为私相传授的“社会地位”，部帅也随之成为部落核心家族成员竞相争夺的对象。

由于此时的鲜卑族刚刚脱离母系氏族不久，母系氏族的遗风在鲜卑族中仍有着较大的影响，具体表现为“俗从妇人计，至战斗时，乃自决之”②的母系氏族传统仍然存在，从而使女性在部落中有着较高的社会地位。同时，由于此时的鲜卑族仍实行族外婚制，婚后女性仍与母家及其所在部族保持着密切的联系，这也使她们有机会和能力对部落权力传承产生影响，而母族、妻族势力的强弱便成为部落核心家族成员争夺部帅的最终决定因素。以拓跋部落联盟为例，自拓跋力微建立起部落联盟，部帅便开始在力微的后裔各支系中无序移动（如图一所示），其权力传承特点是以兄终弟及为主、父死子继为辅，这一权力传承方式也造成了拓跋部核心家族中兄弟间残酷的继位竞争，有时甚至会发展为部落战争。

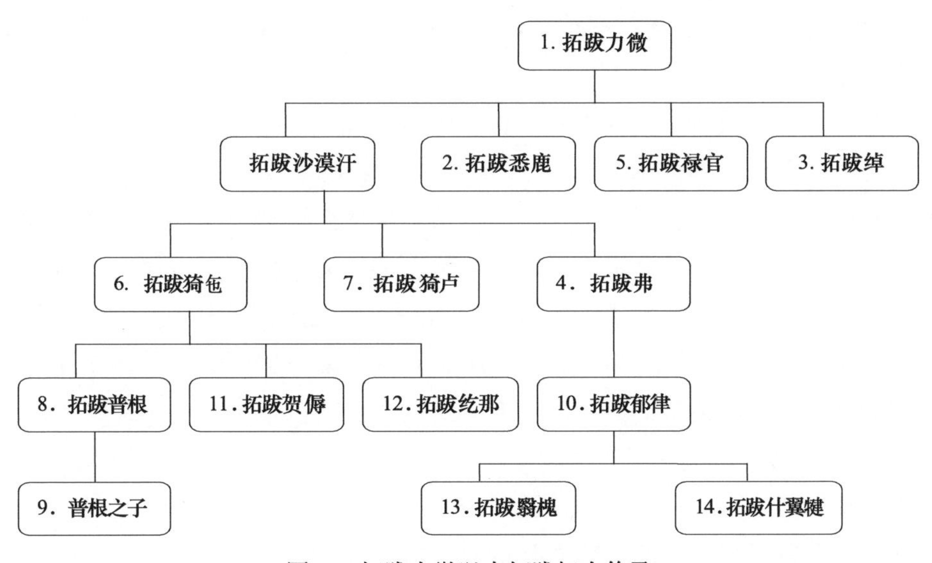

图一 拓跋力微以来拓跋权力传承

拓跋沙漠汗是拓跋力微的长子，曾以国太子身份多次赴曹魏和西晋，是拓跋力微亲定的部帅继承人，但他却由于西晋的离间而被拓跋力微误杀。拓跋力微死后，他的

① 《后汉书》卷九十《乌桓鲜卑列传·乌桓传》，第2994页。

② 《三国志》卷三十《乌桓鲜卑东夷列传·乌桓传》注引《魏书》，第832页。

两个儿子拓跋悉鹿与拓跋绰先后担任部帅。二人相继逝世后，部帅又为力微之孙、沙漠汗之子拓跋弗所取得，但拓跋弗仅掌权一年而亡，权力再度转回至拓跋力微子拓跋禄官手中。

关于此时鲜卑部落权力传承混乱情况发生的原因及其所引发的严重后果，史书并无只言片语提及。但通过分析拓跋弗、拓跋禄官、拓跋猗㐌和拓跋猗卢这四位先后继任部帅者之间的关系，我们可以发现，拓跋弗是拓跋力微孙、拓跋沙漠汗少子，他继位的年次、名分应在拓跋力微子拓跋禄官以及拓跋沙漠汗子拓跋猗㐌、拓跋猗卢兄弟之后，但他却在他们之前执掌了部落。这一情况的出现，必然与四人的背后的势力息息相关。

根据《魏书·皇后列传》记载，沙漠汗有二位妻子，即封氏与兰氏。封氏乃拓跋猗㐌、拓跋猗卢二人之母，出自鲜卑是贲部[①]；兰氏为拓跋弗之母，出自匈奴兰部[②]。当沙漠汗三个儿子与叔父们进行部落帅争夺之时，封氏已死，拓跋猗㐌、拓跋猗卢兄弟就此失去了母族部落的支持，而此时兰氏尚存，匈奴兰部就成为拓跋弗参与部帅争夺的主要依靠。在兰部的帮助下，拓跋弗顺利取得了部帅之权，但他仅在位一年而亡，部落权力又转入拓跋力微子拓跋禄官[③]手中。由于此时拓跋禄官的实力有限，他根本无力独掌部落，为了拓跋部的发展，他将部落一分为三，自己与沙漠汗长子拓跋猗㐌、次子拓跋猗卢共掌握部落。拓跋禄官、拓跋猗㐌相继逝世后，拓跋猗卢再度统一了拓跋部落联盟，拓跋部势力迅速壮大。

拓跋猗卢晚年宠爱少子比延并意图将部帅传于他，于是他令长子“六修出居新平城，而黜其母”[④]。其意图一是隔离六修母子间的联络，从而使六修无法获得母族支持而势单力孤；二是将六修驱逐出权力中心，使他无法获得部落上层的支持，以确保比延能够顺利继任。他的这一做法引起了六修极大的不满，猗卢与六修父子由此交恶，并最终引发了部落战争。在此次部落战争中，猗卢与比延相继被杀，拓跋猗㐌子拓跋普根在母亲祁氏及其母家广宁乌桓的支持下，杀六修而夺得了部帅。此次部落争夺战造成了拓跋猗卢子孙消失殆尽，他的后人也由此退出了部落争夺。拓跋部帅开始在拓跋猗㐌后裔与拓跋弗后裔两支间传承。

拓跋猗㐌与妻子祁氏有三子，长子普根，次子贺傉，三子纥那。拓跋普根首先在母族的支持下夺取了权力，但不幸的是他继任月余而亡。祁氏乃选立刚刚出生的普根子（名字不详）为部帅，但不久他也夭折。拓跋弗子拓跋郁律利用这一难得的时机，

① 《魏书》卷一一三《官氏志》，第3007页。

② 《后汉书》卷八九《南匈奴列传》，第2945页。

③ 拓跋禄官的母族、妻族不详，但无疑他所依靠的部落势力在兰氏部落之上，或许就是由于这次部帅权力争夺使兰氏战败，并直接造成了拓跋弗的死亡。

④ 《魏书》卷一四《神元平文诸帝子孙列传·穆帝长子六修传》，第348页。

在妻族的支持下夺取了政权[①]。为继续掌控拓跋部，祁氏乃联合母族杀害拓跋郁律，并使自己在世的两个儿子拓跋贺傉与拓跋纥那先后任部帅。此时的拓跋部实际为祁氏所掌控，拓跋贺傉与拓跋纥那兄弟“未亲政事，太后临朝，遣使与石勒通和，时人谓之女国使”[②]。祁氏成为了当时拓跋部实际意义上的部帅。

祁氏死后，拓跋纥那的统治随即被推翻并逃往了慕容部，拓跋郁律儿子翳槐在以母族贺兰部为首的诸部大人的拥戴下，顺利的取得了部落大权，但他仅在位一年而崩，其异母弟拓跋什翼犍在母族广宁乌桓的支持下回部继位[③]，并建立起了拓跋鲜卑历史上的第一个政权——代国。此后，部落权力开始在什翼犍子孙中以“父死子继”进行传承，“兄终弟及”的权力传承模式随之被废止。

三、“子贵母死”制与北魏的权力传承

拓跋什翼犍孙拓跋珪于登国元年（386年）即代王位，皇始元年（396年）称帝，改国号为魏，世称北魏。北魏建国后，经历了一系列的对外战争扩大了国家疆域，成为当时北方地区势力最大的少数民族政权，但随之而来皇位继承问题便成为了摆在他面前的首要问题。

在皇位继承问题上，拓跋部一直采取的是以“兄终弟及”为主、“父死子继”为辅的世袭方式传承。在继位问题上，后妃及其所在部族发挥了巨大的作用，加之此时的北魏社会才脱离母系制不久，女性在家庭和社会生活中拥有极高的地位，为了杜绝鲜卑社会中长期存在的母权干政现象，也为了抑制与拓跋联姻的部落势力威胁北魏皇权，道武帝乃“远同汉武”，制定了“子贵母死”（又称“立子杀母”）制。

早在北魏建立之前，中原大地上就已建立起了众多封建政权，在这些政权中，无一例外的出现过后妃、外戚干政的现象，特别是在西汉以后，这种现象有愈演愈烈之势。西汉建立之后，先有吕后当权大封诸吕，几乎导致西汉改姓异统，后又有窦太后秉政，左右皇位传承。汉武帝就是在这种环境中，艰难继位并稳固朝局的。汉武帝晚年由于戾太子刘据“巫蛊之祸”事件而对册立太子之事格外慎重，其诸子中只有“钩弋夫人之子弗陵，年数岁，形体壮大，多知，上奇爱之，心欲立焉”[④]。汉武帝“以其

---

① 拓跋郁律共有两位妻子，即出自贺兰部的贺兰氏与出自广宁乌桓的王氏，其是在贺兰部还是乌桓，抑或是两部共同的帮助下夺取的政权，史书没有明确记载，暂不可考。

② 《魏书》卷一《序纪·惠帝纪》，第10页。

③ 北魏建立后，贺兰部与乌桓王氏同样有着较高的地位，虽然王氏着力将贺兰部的势力排斥于权力继承外，但随着拓跋什翼犍与贺兰部的联姻，贺兰部的势力再度影响着部落权力的传承，其对拓跋权力传承的影响远大于乌桓王氏。

④ 《资治通鉴》卷二二《汉纪十四·武帝后元元年条》，中华书局，1956年，第744页。

年稚母少，恐女主颛恣乱国家”[①]，于是他实行了“立其子而去其母”（亦称“子贵母死”）的方式，册立刘弗陵为太子而赐死其母钩弋夫人赵氏。

与汉武帝时期的情形不同，道武帝晚年欲册立拓跋嗣为太子时，拓跋嗣已经成年，并不存在“年稚母少”的问题，他之所以选择这种方式册立太子，则与他本人独特的成长经历以及鲜卑族女主干政的传统密切有关。

北魏道武帝拓跋珪是代王拓跋什翼犍长子拓跋寔的遗腹子，由于当时鲜卑社会中广泛存在着“烝报婚”，贺氏先带着拓跋珪嫁给了公公拓跋什翼犍，在代国被前秦打败后，贺氏以拓跋珪的名义“缚父请降”，使他长期背负着“执父不孝”之名。代国亡国后，贺氏又带着他嫁给了拓跋寔的弟弟拓跋翰，并先后生下拓跋仪、拓跋烈和拓跋觚三子[②]。拓跋珪后又在母亲贺氏及其所在贺兰部的支持下复国，建立了北魏。北魏建国后，贺氏更长期把持朝政、左右朝局，这引起了道武帝强烈的不满。此外，贺氏晚年尤爱幼子，并欲令道武帝传位幼子秦王拓跋觚。为了实现皇位间的父子传承，道武帝乃令“后少子秦王觚使于燕，慕容垂止之”[③]。而后他又派兵进攻后燕，拓跋觚遂为慕容垂所害，贺氏“以觚不返，忧念寝疾”[④]，最终病逝。

北魏建国后，为了巩固拓跋部与部落联盟内部其他部落的联系，他先后娶了来自贺兰部的贺氏、来自独孤部的刘氏、来自段部的段氏，以及来自乌桓的王氏和来自后燕的慕容氏等人入后宫。这些人的儿子一旦继位，她们便会联合母家势力控制朝局，乃至影响皇位传袭，为了保证皇位以父死子继方式传递，“不令妇人后与国政，使外家为乱”[⑤]。道武帝乃“远同汉武”，制定了“后宫产子将为储贰，其母皆赐死”[⑥]（即“子贵母死”）制。此后，明元帝的母亲刘氏、太武帝的母亲杜氏、景穆帝的母亲贺氏、文成帝的母亲郁久闾氏、献文帝的母亲李氏、孝文帝的母亲李氏等人都先后“依旧制薨”，成为了这一制度的牺牲者。

四、从“母强子立”到“子贵母死”转变下的鲜卑妇女社会地位

在北魏建立之初，皇位虽然以世袭方式传承，但由于“兄终弟及”与“父死子继”两种承袭方式并行，而“兄终弟及”的皇位传承模式在鲜卑部民心中又明显优于“父死子继”，但“兄终弟及”所引发的战争也成为这种传承模式不可回避的问题。

---

① 《汉书》卷九七《外戚列传上·孝武钩弋赵婕妤传》，中华书局，1964年，第3956页。

② 李凭：《北魏平城时代》，上海古籍出版社，2011年，第102～107页。

③ 《魏书》卷一三《皇后列传·献明皇后贺氏传》，第324页。

④ 《魏书》卷一三《皇后列传·献明皇后贺氏传》，第324页。

⑤ 《魏书》卷三《明元帝纪》，第49页。

⑥ 《魏书》卷一三《皇后列传·道武宣穆皇后刘氏传》，第325页。

代王拓跋什翼犍为了维持部落联盟的稳定，先后娶前燕皇帝慕容皝的妹妹和女儿为妻，并生有拓跋寔、拓跋翰、拓跋阏婆、拓跋窟咄[①]等四子，拓跋什翼犍逝世时，他的诸子中只有拓跋窟咄在世，其长子拓跋寔的遗腹子拓跋珪年仅六岁。拓跋寔逝世后，他的妻子贺氏为拓跋什翼犍所收继，拓跋珪与拓跋什翼犍间的关系也由祖孙变为了父子。拓跋什翼犍逝世后，拓跋珪和拓跋窟咄成为了代王之位的最有力竞争者。但由于此时慕容氏已经逝世，使拓跋窟咄缺乏母族支援，拓跋珪在母族贺兰部的支持下继任代王，拓跋窟咄则“因乱随慕容永东迁”[②]。

鲜卑长久以来的“兄终弟及”引发的权位之争及其所引发的部落战争直接触动了拓跋珪，为了维持国家的稳定，他继任后便试图彻底摒弃这一权力的传承模式，而这一模式最直接触动的便是以鲜卑长久以来的母族势力。

在鲜卑早期“母强子立”权力传承模式下，前任部帅的兄弟与儿子都有继承权，他们母族势力的强弱则成为他们能否继任的关键，而参与权力争夺者一旦成功，他们的母亲及母族则会直接把持部落权力。为了能够长久控制权力，部帅的母亲自然更乐于让自己的诸个儿子先后继任，因为一旦孙子继任，孙子的母亲及母族则取而代之成为部落新贵，部帅的母亲及母族则会迅速丧失所拥有的一切特权，这也成为鲜卑部落“兄终弟及”优于“父死子继”传承模式的原因。

根据《魏书·帝纪》所载，拓跋猗㐌死后，其妻祁氏在母族广宁乌桓以及宇文部和慕容部的支持下，帮助她跟猗㐌的长子普根和长孙（普根子，名不详）先后取得部帅之位，二人相继去世后，部帅之位传入猗㐌侄、拓跋弗子拓跋郁律之手，他“治兵讲武，有平南夏之意。桓帝后以帝得众心，恐不利于己子，害帝，遂崩，大人死者数十人”[③]。祁氏暗害郁律及支持他的数十位部落大人后，扶植自己的另外两个儿子拓跋贺傉、拓跋纥那先后继任部帅，二人在任时“未亲政事，太后临朝”[④]，部落权力一直为祁氏所掌控，部落联盟也藉此被称为“女国”。

“兄终弟及”这一模式的最直接的受益者是新君的母亲和母族，那么改“兄终弟及”为“父死子继”最直接的阻力便来也来他们。道武帝意欲册立其长子拓跋嗣为太子，进而消除贺氏和贺兰部在国内的影响，其直接阻力便来自母亲贺氏。于是他利用后燕之手除去深得贺氏喜爱、能够继位的幼弟拓跋觚，令贺氏郁郁而终。此后，为了防止长久以来在鲜卑国内存在的女主参政的习俗，他制定了“子贵母死”制度，以期

---

① 《魏书》未明言拓跋窟咄乃慕容氏子，但根据代国覆灭后窟咄曾得到慕容部大力支持看，其必然与慕容部有着重要的关系，特别是在这一时期又有着借母族、妻族势力夺取部落权力的传统，因而笔者认为拓跋窟咄也应是慕容氏之子。

② 《魏书》卷一五《昭成子孙列传·拓跋窟咄传》，第385页。

③ 《魏书》卷一《序纪·平文帝纪》，第9页。

④ 《魏书》卷一《序纪·惠帝纪》，第10页。

通过处死太子生母，防止她以母子亲情执掌朝政，并可割裂太子与母族之间的联系，进而防止外戚干政，有利于皇权的巩固。

田余庆先生认为："道武帝以前是母强子立，道武帝以后是子贵母死，从前者到后者，反映了历史的一种飞跃。"[①]"子贵母死"不仅改变了鲜卑部落长久以来"母强子立"的权力传承模式，确保皇位在经由父子传递，保证了皇位传承的稳定，避免了兄弟之间因为皇位引发的战争，取得了积极的效果，以致整个北魏都在未发生过诸王武力权夺皇权的现象。另一方面，这一政策对于抑制母权干政也起到了积极的作用，在一定程度上抑制了女性过度参与国家政治的热情和行为。但由于该政策只是针对太子的生母，年幼丧母的太子需要由皇后或乳母、保母照看，有时也会与她们形成真正意义上的母子亲情，她们也可以在太子继位后，以皇太后身份影响朝政。但由于缺少血缘联系，她们对新君及国家朝政的影响也受到了限制，这在一定程度上造成了北魏女性地位的削弱。

北魏是由部落制基础上建立的封建政权，其建国初期仍保留着很多部落制时代的习俗，"母强子立"的权力传承模式更确保了部落制时代女性在鲜卑部落中拥有极高的家庭和社会地位，以致北魏建立后，其国内女性持家、参政之风盛行，女性在这一政权中有着其他政权无可比拟的地位。为了抑制女权在国内过度滋生和发展，道武帝制定了"子贵母死"制，这一制度虽然能够在一定程度上抑制后族对皇位传承的影响和控制，进而剪除外戚控制朝政这一弊端，并在无形中对国内女性地位也起到了一定的抑制作用。最终，随着孝文帝汉化的推行，北魏女性逐渐接受汉族政权的影响，渐渐退出了持家、参政的行列，但是就整体而言仍高于我国古代任何政权，这也成为北魏政权的一个独特之处。

由于长久以来存在的崇高女性地位，以及女性持家、参政甚至从军习俗的影响下，北魏女性地位仍高于任何古代王朝，在一夫一妻多妾制婚姻体系占主导地位的古代王朝中，北魏则出现了"举朝略是无妾，天下殆皆一妻"[②]的特有现象，这也成为北魏女性拥有较高家庭和社会地位的直接体现。

---

① 田余庆：《拓跋史探》，生活·读书·新知三联书店，2012年，第14页。

② 《北史》卷一六《太武五王列传·临淮王谭传》，第610页。

宇文泰颁行《六典》之本意与影响

严耀中

（北京师范大学历史学院　北京　100875）

北周之奠基者宇文泰在执掌政权之后开始制定和颁行《六典》，并在此框架下建立了北周别开生面的行政体制，遂成为中古政治制度史中一朵异样的奇葩。他这样做的本意是什么？如此又对北周政权产生了什么影响？以往就此说者不多，故撰此文请教诸位方家。

一、北周《六典》之制定

宇文泰制定与颁行《六典》的时间过程不算短，但史书中则说得很简单。先是，《周书》卷二《文帝纪下》载西魏文帝大统元年（535年）三月，执政的宇文泰“命所司斟酌今古，参考变通，可以益国利民便时适治者，为二十四条新制，奏魏帝行之”。其“二十四条”与后来六典之内容相比，大约是仅具纲领，作为试行。同时，为使一众官吏领会新制，西魏“丞相泰于行台置学，取丞郎、府佐德行明敏者充学生，悉令旦治公务，晚就讲习”[①]，体现了宇文泰对推行新制抱着步步为营的小心态度。至大统十年“秋七月，魏帝以太祖前后所上二十四条及十二条新制，方为中兴永式。乃命尚书苏绰更损益之，总为五卷，班于天下。于是搜简贤才，以为牧守令长，皆依新制而遣焉”。这应该是《六典》的制定已经基本完成，所以“班于天下”，但这很可能仍是一个草案，犹如今之“征求意见稿”，所以到了西魏恭帝三年（556年）才具体落实到行政制度中。是年“正月丁丑，初行《周礼》，建六官。以太祖为太师、大冢宰，柱国李弼为太傅、大司徒，赵贵为太保、大宗伯，独孤信为大司马，于谨为大司寇，侯莫陈崇为大司空。初，太祖以汉魏官繁，思革前弊。大统中，乃命苏绰、卢辩依周制改创其事，寻亦置六卿官，然为撰次未成，众务犹归台阁。至是始毕，乃命行之”[②]。

“《北周六典》，是叙述南北朝时期北周王朝政府组织形式的一部书”[③]，也就

① 《资治通鉴》卷一五八梁武帝大同五年（539年）正月辛未条，中华书局，1997年，第4902页。

② 《周书》卷二《文帝纪下》，中华书局，1971年，第28、36页。

③ 王仲荦：《北周六典》“前言”，中华书局，1979年，第1页。

是北周的一部官制总汇，实质上也是一部行政法典。由于它"是依《周礼》建六官，置公、卿、大夫、士、并撰次朝仪，车服器用，多依古礼，革汉、魏之法。事并施行"[①]。这等于是在秦汉沿袭下来的官制之外另起炉灶并取代前者，所谓"酌酆镐之遗文，置六官以综务，详其典制，有可称焉"[②]，当然工作量非常之大。可能也是为了这个缘故，从宇文泰立意制定到正式颁行，中间竟经历了二十多年。或许该制度之施行前后也只有二十来年，在史家眼里成了秦以后行政制度主流外的一个异端，所以《隋书·百官志》在介绍南北朝官制时，对此只是以很少的篇幅简单地列一个纲要，远不及叙说梁、陈、北齐诸朝之详备。那么宇文泰为什么一定要实行这样一个独特的行政制度？它究竟有什么特色？

二、《大诰》和《六典》

鉴于"行政事务带有客观的性质，它们本身按其实体而言是已经决定了的，并且必须由个人来执行和实现"[③]，所以官吏的素质及其对新制的理解，于六典能否成功推行至关重要。为此，还在《六典》的制定过程中，宇文泰在大统十一年六月命主持编撰《六典》的苏绰"作《大诰》，宣示群臣，戒以政事"，理由是因为"晋氏以来，文章竞为浮华"，所以要以此来革除其弊，规定"自今文章皆依此体"[④]。于此清代赵翼解释道：苏绰"之言官制仿《周礼》，诏诰亦仿《尚书》"，是由于"当六朝时，骈体盛行，而绰等独能复古，可谓转移风气者矣"[⑤]，确实含有和江左文风对抗之意。不过这看起来履行文化任务的《大诰》之主要内容却是对朝廷所有"元辅、群公、列将、百辟、卿士、庶尹、御事"们分别提出任务，如要求将领们："汝惟鹰扬，作朕爪牙，寇贼奸宄，蛮夷猾夏，汝徂征，绥之以惠，董之以威。刑期于无刑，万邦咸宁。俾八表之内，莫违朕命，时汝功。"又如要求地方官们："汝惟守土，作民父母。民惟不胜其饥，故先王重农；不胜其寒，故先王贵女功。民之不率于孝慈，则骨肉之恩薄；弗惇于礼让，则争夺之萌生。惟兹六物，实为教本。呜呼！为上在宽，宽则民怠。齐之以礼，不刚不柔，稽极于道。"[⑥]等等。因此，如果说《六典》是对行政机构及其所属人员的各种具体规范，那么《大诰》则是对他们的职务赋予了纲领性的

---

① 《周书》卷二四《卢辩传》，第404页。

② 《隋书》卷二六《百官志序》，中华书局，1973年，第719页。

③ 黑格尔著，范扬、张企泰译：《法哲学原理》，商务印书馆，1995年，第311页。

④ 《资治通鉴》卷一五九梁武帝大同十一年（545年）六月丁巳条，第4928页。

⑤ 赵翼撰，王树民校证：《廿二史札记》卷十五"后周诏诰用尚书体"条，中华书局，1984年，第328、330页。

⑥ 《周书》卷二三《苏绰传》，第392、393页。

使命，即所谓“戒以政事”，两者可以说是一表一里。

值得注意的是，也是这个苏绰在大统三年为宇文泰起草了《六条诏书》。宇文泰以此勉励群臣要尽职尽力。《诏书》里的内容分为先治心、敦教化、尽地利、擢贤良、邺狱讼、均赋役六个部分，可以说这些对官吏们的要求无不以儒家思想为基础。如在第二条“敦教化”中特别强调：“教之以孝悌，使民慈爱；教之以仁顺，使民和睦；教之以礼义，使民敬让。慈爱则不遗其亲，和睦则无怨于人，敬让则不竟于物。三者既备，则王道成矣。此之谓教也。先王之所以移风易俗，还淳反素，垂拱而治天下以至太平者，莫不由此。此之谓要道也。”其实这些内容也是对为官之道的指导，所以宇文泰“甚重之，常置诸座右，又令百司习诵之。其牧守令长，非通六条及计帐者，不得居官”[①]。王夫之曾认为“宇文泰命绰作《大诰》，为文章之式，非载道之文也”[②]。而这《六条诏书》至少是将这“道”给补上了。故尔可以说都是由苏绰执笔的《六典》《六条诏书》《大诰》三份重要文件在思想原则上是相互连贯而完全一致的。其中《六典》与《大诰》更是与早期六经有较直接的关联，尤其是《周礼》。这大概是因为“《周礼》是一种政治学说或政治理论的特殊表述形式，即是一种以官吏制度体系与政治思想体系有机结合的理想政治典章”[③]。说明了《周礼》何以被“《汉志》谓之《周官经》”[④]的原因之一。加之《周礼》经古文学派的大力宣传提倡，在汉魏间影响很大。特别是郑玄“撰《周礼注》，与《仪礼注》《礼记注》，合称《三礼注》，盛行于当时，集汉代《周礼》学的大成。晋代朝廷礼学虽以王肃为主，但郑玄《周礼注》仍为学者所宗。经南北朝以至隋、唐，郑学迄未衰落”[⑤]。这些情况当然会对宇文泰、苏绰等人产生影响，成为制定《六典》与《大诰》等的学理基础。

不过虽然《周礼》中的各个行政机构之间的关系实质上与传统秦汉官制差不多，但其部门与官员职衔等因为是主要依照《周礼》而定，即所谓“六典联事，九司咸则”[⑥]。此与之前的两晋北魏不同，与同时代的南朝和东魏北齐也不同，而且西周离开宇文泰时代毕竟很遥远，把二者的职官制度死搬硬套地衔接起来，其间有着很多不妥与不便之处是可想而知的。还如为了与官制相匹配，北周“在舆服上，也根据《周礼》五辂六冕而全面复古。而且不止复古，还在《周礼》及郑玄注的基础上，大搞‘创造性发展’，造出了一套比《周礼》更宏伟的冕服体制”，以致“后人拿北周服

① 《周书》卷二三《苏绰传》，第391页。

② 王夫之：《读通鉴论》卷十七，中华书局，1975年，第582页。

③ 王启发：《政治经典与经典政治》，《中国哲学》第二十三辑，辽宁教育出版社，2001年，第350页。

④ 王应麟撰，孙通海校点：《困学纪闻》卷四，辽宁教育出版社，1998年，第78页。

⑤ 《群经概论》，《周予同经学论著选集》，上海人民出版社，1983年，第250页。

⑥ 庾信撰，倪璠注：《庾子山集》卷六《皇夏》，中华书局，1980年，第429页。

制当怪物，目为‘迂怪’”[①]。实行如此繁缛复杂的职官及其相应制度，则势必增加行政成本和致使行政效率的低下。这些情况宇文泰不可能不知道，所以在西魏政权存在的二十余年时间里，他一直在考虑和委托苏绰、卢辩等重臣主持此事，故而是一项经过深思熟虑的重大政治举措。问题是，宇文泰为什么要这样做？

三、对儒家道统之继承

北魏分裂之后，整个中国又成了一个三国鼎立的局面。不过与汉末之三国不同，北方的黄河流域被一分为二，而江左的梁朝却据有整个长江流域及以南地区。这中间，宇文泰主政的西魏无论是疆域还是所辖人口无疑都是最小的，犹如当年之蜀汉，形势十分严峻。另一方面，随着北魏对中国北方一百多年的统治，不仅使黄河流域的经济得到基本恢复，而且使各族之间的文化差异大为缩小，尤其是孝文帝迁都洛阳后大力推行的汉化政策，已经使北魏成为一个传统上的农耕国家，而进入中原的拓跋鲜卑人也和汉族基本融合。至少在秦以后的中国，农业化和汉化与儒化是同步的，孝文帝的改革正是体现出如此的一致性。太和改革最具有根本性意义的地方在于改变了拓跋鲜卑的文化族性，从而在实质上也改变了北魏的政权属性，可以成为一个符合传统意义上的华夏国家。

至少从十六国时代开始的政治事实表明，汉族是可以接受少数族的统治，交换条件是新统治者必须恪守儒家的制度理念和民本思想。而对华夏意识上道统的继承可以标明统治者已经具备了这些条件，亦由此有了谋取政治上“正统”地位的资格。其实这也是前秦苻坚和北魏孝文帝的思路，因此他们在政治实践上都努力推动与汉文化融合的政策。由于孝文帝时北魏政权已经稳固和强大，所以他对自己政治意图，有条件来进行坚决和全面之贯彻。但问题在于孝文帝有一些急于求成，没有考虑到地域社会的差异性及因此可能带来的不良副作用。如迁都之后为了防守北部疆域的需要，此前在草原深处设立的各个军镇没有被撤除，仍有相当一部分军人在驻守。这些军人总数不少，成分复杂，大体可分为三类。一类是拓跋鲜卑人，应该是少数，且属于中高级军官；一类是原本系各个游牧民族的成员，归附北魏后，属于分部制下成员，是诸镇军人中的大多数；还有一类是由于各种原因去戍边的汉人，数目也不会多。他们依旧生活在游牧的环境和条件里，文化观念与习惯和迁都之前没有变化。这样一来，诸镇的军人就和那些迁徙到新都洛阳的人们形成了一种文化与武化，农业区域的汉化与游牧区域的胡化之对立，为后来的动乱埋下了隐患。

---

① 阎步克：《服周之冕——〈周礼〉六冕礼制的兴衰变异》第八章，中华书局，2009年，第292、293页。

对于这段离西魏北周最近的历史，宇文泰当然明白其中包含着的各种利弊得失。从当时的实际出发，第一，北魏分裂为东魏与西魏后，六镇旧部大部分成了支撑东魏北齐政权的骨干力量，所谓“六镇扰乱，相率内徙，寓食于齐、晋之郊。齐神武因之，以成大业”[①]。而西行至关中的六镇兵将只占总数的十之一二，换言之，表现在西魏北周的游牧文化，或者说胡化载体要远远少于东魏北齐。第二，作为宇文泰政权立足点的八百里秦川历来是农业发达地区，而作为一个以统治农业地区为主的政权实现以儒家为主的汉化是不可避免的趋势。第三，当时南朝仍以华夏正统自居，如果仅是仿照孝文帝的汉化，至少在思想意识上依然是处于后手，无任何优势可言，所以必须要更上一层楼。第四，当时的形势，东魏随着高欢去世，武将勋贵与文臣之间、胡汉族群之间的矛盾开始激化。江左的梁武帝忙于崇佛，政权的儒家色彩被冲淡了不少。这给了宇文泰标榜政权正统化的大好时机。对一个封建专制政权来说，它的稳固性在于同时具备政治、思想、道德的绝对权威。于此，宇文泰恐怕是心知肚明的，也应该是他重德教、尊儒术的主要动机。

结合上述四个方面，宇文泰在当时树立儒家大旗来推行汉化的必要性与可能性都已经有了。他的高明之处在于亮出《周礼》作为制度依据和道德指南，即用复古为旗号来显示其道统的渊源和政权的合法性，所以尽管在行政上会带来诸多麻烦与问题，政权得失上的考量是永远要放在首位的。就此也为北周政权取得华夏正统的地位，使得其子宇文觉在接受西魏恭帝禅让后，可以下诏宣称：“予本自神农，其于二丘，宜作厥主。始祖献侯，启土辽海，肇有国基，配南北郊。文考德符五运，受天明命，祖于明堂，以配上帝，庙为太祖。”[②]从而显示宇文氏之炎黄血统和新朝建立之合法正当。此外，宇文泰还在二个地方表现出他的智慧。其一，《六典》的正式颁行的时间放在宇文家的北周即将取代拓跋（元氏）家的西魏之际，用《周礼》更突出新的周朝在道统上的继承地位。其二，他还让政权保留一些鲜卑色彩，尤其在军事系统。如“魏氏之初，统国三十六，大姓九十九，后多绝灭。至是，以诸将功高者为三十六国后，次功者为九十九姓后，所统军人，亦改从其姓”[③]。而且改姓之举出于巩固鲜卑政权之目的，那末改姓就不会仅仅限于军人。如高宾“赐姓独孤氏”，牛赛允“赐姓宇文氏”[④]，及郑常为宇文氏，张慈为贺娄氏[⑤]，等等。诸如此类的举措，能够起到缓解一些胡人的情绪，及胡汉在政治地位上的一种平衡，可以说他是真正悟得了儒家的中

① 《隋书》卷二四《食货志》，第675页。

② 《周书》卷三《孝闵帝纪》，第46、47页。

③ 《周书》卷二《文帝纪下》，第36页。

④ 《周书》卷三七《高宾传附牛赛允传》，第671页。

⑤ 庾信撰，倪璠注：《庾子山集》卷十四《周兖州刺史广饶公宇文公神道碑》《周车骑大将军贺娄公神道碑》，第909、865页。

庸之道。在这一点上，宇文泰与孝文帝相比，亦可谓是青出于蓝而胜于蓝。

四、效果与影响

《六典》的颁行是件大事，在当时就产生直接的社会政治效果，在更大的时空范围里也有着各种影响，连绵不断。

宇文泰是以遵循《周礼》为名来推行改革的，这样就首先给汉末之后显得有些冷落的经学一下子重新振作和辉煌起来。《周书·儒林传序》于此叙说道："自有魏道消，海内版荡，彝伦攸斁，戎马生郊。先王之旧章，往圣之遗训，扫地尽矣。及太祖受命，雅好经术。求阙文于三古，得至理于千载，黜魏、晋之制度，复姬旦之茂典。"《北史·儒林传序》则称赞宇文泰"降至尊而劳万乘，待熊安生以殊礼。是以天下慕向，文教远覃。衣儒者之服，挟先王之道，开黉舍，延学徒者比肩；励从师之志，守专门炎业，辞亲戚，甘勤苦者成市。虽通儒盛业，不逮魏、晋之臣，而风移俗变，抑亦近代之美也"。可见史家对宇文泰政从周制之举大大地促进了儒业，特别是推动了其中经学之发展的评价是一致的。

其次，是推进或改变了文化发展的一些动向，这主要表现在三个地方。一是通过办学让官吏一边学习义理，一边熟悉和执行新制，从而把经学和政治实践完全挂钩，可以说彻底扭转了东汉经学脱离社会现实的僵化状态。二是以《六典》《六条诏书》《大诰》的联动颁行，既将行政制度义理化，同时又将儒家的思想意识之贯彻进一步制度化，达到"礼敷天下信，乐正神人和"[①]，为后世如何稳固政权提供了一个范例。三是儒学被独尊之后，对其他意识形态采取严厉的态度是大概率的事情。若宇文泰之子，即北周武帝宇文邕在登基之后，一方面继承其父意旨崇敬儒学。如他在天和五年（570年）"五月庚辰，帝御正武殿，集群臣亲讲《礼记》"。这说明他本人在经学上有着很深的造诣。另一方面则是有步骤打击佛、道二教。如宇文邕在建德二年（573年）"十二月癸巳，集群臣及沙门、道士等，帝升高座，辨释三教先后，以儒教为先，道教为次，佛教为后"。如此"辨释三教先后"恐怕仅是一种形式，也很可能是为此后的行动进行舆论准备。果然不到半年，在建德三年五月"丙子，初断佛、道二教，经像悉毁，罢沙门、道士，并令还民。并禁诸淫祀，礼典所不载者，尽除之"[②]。此举与北魏太武帝的灭法有很大的不同，其一是佛、道二教俱禁，突出了儒家之独尊；其二手段是和平的，不仅没有杀人，还宣称将僧侣回复与平民一样的身份是"劝行平等，非灭法"[③]，当是儒家仁政观念之体现。而魏太武帝却下诏"诸有佛图形像及

① 庾信著，倪璠注：《庾子山集》卷六《宫调曲》，第474页。

② 《周书》卷五《武帝纪上》，第83、85页。

③ 《广弘明集》卷七《叙列代王臣滞惑解》，上海古籍出版社，1991年。

胡经，尽皆击破焚烧，沙门无少长悉坑之”[①]，二者对比鲜明。由此可见，周武帝尊崇儒学和禁止佛、道二教之间是存在着有机联系的，是宇文泰政治方针的进一步实施。

再次，宇文泰、宇文邕父子都是干练的政治家，崇尚儒学并非仅仅是为了争道统之所在，更有着实际之考虑。他们耳闻目睹自魏晋至南北朝前期，很多政权之衰亡没落皆是由于统治集团内部缺乏道德约束和行为准则，以至分裂内斗，互相残杀而不可救药。儒家治国重在维护纲常伦理，其所谓“‘礼教’又称‘名教’，即以‘名’来定关系的亲疏、义务的轻重、利害的大小，也规定了不同的感情、态度”[②]。儒家据此为社会上下定下了道德行为准则，是汉文化具有群体凝聚力的一个关键所在，即“正君臣、明贵贱、美教化、移风俗，莫尚于儒”[③]。如果统治集团成员都能通过儒学而明白这些道理，即使彼此争权夺利也不会做得太过分，弄到不可收拾。北周“由宇文泰开国时，早能尊用周礼，家庭之内，不越检闲”[④]。即使宇文泰之侄宇文护在宇文泰死后曾一度擅权废立，被周武帝所杀，但彼此伤害依然有所控制。宇文护并不自谋帝位，宇文邕在杀他三年之后也“诏复护及诸子先封，谥护曰荡，并改葬之”[⑤]。对比北齐与江左，前者除了在胡、汉之间的对立中不断透露出血腥的味道，不断有文官在政治斗争中被鲜卑权贵所杀。北齐皇室之中因互相残杀死于非命的数以十计，如“河南、河间、乐陵等诸王，或以时嫌，或以猜忌，皆无罪而殒”[⑥]。北齐统治集团上层完全丧失了伦理道德，加之“专制主义是很容易产生于行政权力的简单化”[⑦]，为皇权的滥用提供了便利。如高洋逼着让皇家“高氏女妇无亲疏，皆使左右乱交之于前”[⑧]。如此场景的出现是任何一个稍微受过儒家思想教育的昏君都不可能做到的。武成帝高湛也“残忍奸秽，事极人伦”[⑨]。后来北周能够灭了北齐，统治集团内部有否具备约束力的道德行为准则是一个重要因素。江左的梁武帝则极力庇护萧氏族人胡作非为，结果在侯景之乱中恶果尽显，侄子萧渊明、萧正德是这场动乱的导火索与促成者，而在外分掌地方军政大权的萧家子弟们，早早动起了争夺皇位的念头，侯景垮台前后，就已经拉开了他们兵戈相见的帷幕。当时的这些事实说明不以伦理道德当作行为准则来治理国与家，天下江山是坐不稳、坐不长的。故而宇文泰父子以儒家观念治国系当时政

① 《魏书》卷一一四《释老志》，中华书局，1974年，第3035页。

② 李泽厚：《由巫到礼，释礼归仁》，生活·读书·新知三联书店，2015年，第113页。

③ 《周书》卷四五《儒林传序》，第805页。

④ 《廿二史札记》卷十五，中华书局，1984年，第322页。

⑤ 《周书》卷十一《晋荡公护传》，第177页。

⑥ 《北齐书》卷八《幼主纪论》，中华书局，1972年，第114页。

⑦ 康德著，沈叔平译：《法的形而上学原理》，商务印书馆，1991年，第174页。

⑧ 《北齐书》卷九《文襄元后传》，第125页。

⑨ 《北齐书》卷十二《皇子传论》，第165页。

治实践里得到感悟也是原因之一。至于后来太后之父杨坚从年仅九岁的周静帝宇文衍手中夺取了政权，包含着很大的偶然因素。

最后，宇文泰利用西周的政治制度来治理国家虽然获得了很大的好处，但这些千年之前的东西毕竟和南北朝后期的现实有着很大的不适应性。其中仅是各个行政部门之间责任与权力的划分，在强行改为周制后会变得模糊和混乱，如此职责不清，即使是局部的也会大大增加行政系统运行的效率与成本，诸如工作推诿、扯皮、争权夺利之类肯定会多于常制。因而难免出现"于时虽行《周礼》，其内外众职，又兼用秦汉等官"①等杂乱现象，可谓"后周制作，最为泥古，然卒不能变易世人之耳目，终不得不随之而变也"②。这也是"隋官制承北齐不承北周"及"唐制与周礼其系统及实质绝无关涉"③的主要原因。

五、余　言

打着复古的旗号来进行现实中的改革，是重视历史经验的传统文化里的一种政治智慧，"科学中的伟大，与其说是创造了理论上与实践上的问题，还不如说是成功地迎合了这两方面的问题"④。推陈出新的复古亦系一种古代理论与现实政治的一种创造性的"迎合"，由此宇文泰既不是这样做的第一个，也不会是最后一个。不过他的特殊或伟大之处在于他有着少数族的身份，而且他以古变新的策略得到了最后的成功，使国势由弱转强。史家称赞他"南清江汉，西举巴蜀，北控沙漠，东据伊瀍。乃摈落魏晋，宪章古昔，修六官之废典，成一代之鸿规。德刑并用，勋贤兼叙，远安迩悦，俗阜民和"⑤。如此功业，足以显示出宇文泰在政治上的深谋远虑比时代相近的拓跋宏、高欢、萧衍等人都棋高一着。

① 《周书》卷二四《卢辩传》，第404页。

② 吕思勉：《两晋南北朝史》第二十二章，上海古籍出版社，1983年，第1222页。

③ 陈寅恪：《隋唐制度渊源略论稿》，中华书局，1963年，第85、99页。

④ 悉尼·胡克著，王清彬等译：《历史中的英雄》，上海人民出版社，1964年，第24页。

⑤ 《周书》卷二《文帝纪论》，第38页。

北齐并州尚书省再探

刘 兵

（山西大学历史文化学院 太原 030006）

《隋书·地理志》太原郡条载："后齐并州，置省，立别宫。"[①]所谓"宫"，指北齐在并州治所晋阳城所立之晋阳宫（始建于高欢）[②]；所谓"省"，即同设于此的并州尚书省，史书中多以"并省"名之[③]。并省之设自是因晋阳乃北齐别都所在，其本身具有特殊的政治地位自不待言。但由于学界对晋阳重要性的认识存在极端倾向[④]，因而对并省性质、地位的认识也就连带出现偏颇，最典型者如认为晋阳地位超过邺京、并省职权重于邺省（或在一定条件下）。笔者已撰文对晋阳与邺京的关系做了论述，认为北齐一代晋阳作为别都、邺京作为首都，不但主辅关系明确，而且名实相副不容颠倒。本文将在这一认识的基础上，对北齐并省的性质、地位和作用再加探讨，以进一步厘清目前在北齐晋阳、并省研究中所存在的问题。

一、先行研究及其问题

胡三省在《资治通鉴》相关条目下已对北齐并省有简要注解（详见下引），可以看作是对这一机构的最早研究。周一良《魏晋南北朝史札记》之《北齐书》部"各立一省"条，专述晋阳骑兵、外兵二省而兼及并省，统计了《北齐书》纪传及墓志所见任职并省者，对并省相关诸问题提出了初步意见[⑤]。目前，有关北齐并省的专论主要有三篇。严耀中《北齐政治与尚书并省》一文首次对并省的机构、人员、地位以及出现的原因和背景作出全面分析[⑥]，是目前研究中分量最重者。周双林《北齐并省官员考

---

① 《隋书》卷三十《地理志中》，中华书局，1973年，第854页。

② 北齐设宫之处，除邺京、晋阳之外，还有中山（北周宇文护母阎氏即配在中山宫）。但中山宫系用于安置降封为中山王的东魏孝静帝，虽设宫，但并未置省。

③ 如《北齐书》卷四《文宣纪》天保八年四月条载"以并省尚书右仆射崔暹为尚书右仆射"，中华书局，1972年，第64页。

④ 参拙稿《北齐别都晋阳再论》，《北朝研究》第11辑，科学出版社，2020年。

⑤ 周一良：《魏晋南北朝史札记》（补订本），中华书局，2015年，第415～417页。

⑥ 严耀中：《北齐政治与尚书并省》，《上海师范大学学报》（哲学社会科学版）1990年第4期。

论》一文对相关问题做了进一步研究[①]，部分观点对严文构成商榷。左华明《北齐的并州尚书省》一文亦有新见[②]，显示出学界对此问题的持续关注。专题论文之外，研究晋阳霸府和北齐别都的相关论著对此问题亦有涉及。牟发松《北魏末以降的大行台与权臣专政》一文对正确认识并省的渊源和性质极具参考价值[③]。另具代表性的研究是陶贤都《魏晋南北朝霸府与霸府政治研究》和崔彦华《魏晋北朝陪都研究》两书，相关章节对晋阳霸府、别都晋阳的政治机构及其运作有综合论述[④]。此外，部分制度史研究论著也或多或少论及北齐并省，如陈琳国《魏晋南北朝政治制度研究》[⑤]、祝总斌《两汉魏晋南北朝宰相制度研究》[⑥]、陈仲安和王素《汉唐职官制度研究》等[⑦]，这些著作都从不同视角对北齐并省提出了各自的意见，亦颇值参考。

并省与北齐王朝相始终，其完整存在的时间并不长，加之直接记载或间接反映其内容的史料也不多，因此，不仅相关研究有限，而且对其的认识和理解也存在模糊和矛盾之处。细致梳理既有研究成果可以发现，前人有关北齐并省研究的主要着眼点集中在互为因果、彼此牵涉的三个方面，即并省的设置渊源、机构性质及地位职权。

关于北齐并省的设置渊源主要有三种说法，一种认为并省承接高氏大丞相府，另一种认为承接原设于晋阳的大行台，第三种认为是大丞相府（除去原骑兵、外兵二曹）与大行台合并而成。前一种观点以严耀中为代表，第二种观点则为大多数研究者所取[⑧]，而尤以牟发松为力，第三种观点则系左华明提出。严氏认为“并州的尚书省源自于高欢的大丞相府”，其据以立论的依据为《资治通鉴》陈宣帝太建四年（572年）二月“以并省吏部尚书高元海为尚书左仆射”条胡注：“齐神武破尔朱兆，得晋阳，建大丞相府而居之，文宣受禅，遂置尚书省。”[⑨]其实，严氏所引乃截文，胡注原文之前还有一句：“自元魏置诸道行台，各置令、仆、尚书等官。”周双林就据此指出“胡三省注意到了北魏以来设置诸道行台对并省的影响”，暗示了并州尚书省源自北魏以来设置的诸道行台，具体而言，即霸府时代设置于晋阳的大行台。如果说上引胡

① 周双林：《北齐并省官员考论》，《北京联合大学学报》（人文社会科学版）2001年第3期。

② 左华明：《北齐的并州尚书省》，《沧桑》2004年第Z1期。

③ 牟发松：《北魏末以降的大行台与权臣专政》，刘心长、马忠理主编：《邺城暨北朝史研究》，河北人民出版社，1991年。

④ 陶贤都：《魏晋南北朝霸府与霸府政治研究》第三章第二节“三、晋阳霸府的组织机构及运作”，长沙：湖南人民出版社，2007年。崔彦华：《魏晋北朝陪都研究》第四章第二节“三、东魏北齐在晋阳的中央机构”，三晋出版社，2012年。

⑤ 陈琳国：《魏晋南北朝政治制度研究》，北京师范大学博士论文，1989年，第136～138页。

⑥ 祝总斌：《两汉魏晋南北朝宰相制度研究》，中国社会科学出版社，1990年，第245页注①。

⑦ 陈仲安、王素：《汉唐职官制度研究》，中华书局，1993年，第206页。

⑧ 前引周双林及陈琳国、陈仲安皆持此观点。

⑨ 《资治通鉴》卷一七一《陈纪五》，中华书局，1956年，第5301页。

注的说法还存在两可的话，那么，牟氏找到的一条胡注可谓板上钉钉。《资治通鉴》陈武帝永定元年（557年）四月“并省尚书右仆射崔暹为左仆射”条下，胡注曰：“自高欢居晋阳，并州有行台尚书令、仆等官。及齐显祖受魏禅，遂以并州行台为并省，位任亚于邺省。”[①]牟氏还进一步以魏晋北朝行台制度的发展演变为背景，论证了并省是“由高欢父子所任之大行台演蜕而来”，可谓找准了北齐并省的制度渊源。左氏观点的主要依据则是《北齐书·唐邕传》载：“北齐因高祖作相，丞相府外兵曹、骑兵曹分掌兵马。及天保受禅，诸司监咸归尚书，唯此二曹不废。”[②]周一良又指出“所云咸归尚书，当指设于并州之尚书省，亦即所谓并省”，因此，左氏认为除大行台之外，大丞相府是并省的另一渊源。其实，就制度渊源而言，并省系上承原设晋阳的大行台，本与大丞相府无涉，无论接不接收原相府诸司监，都不影响这一承继线索。而且，这里的“咸归尚书”是否即并州尚书省仍有待确证，相反，是中央尚书省的可能性似更大。因为霸府时代大丞相府是全国军政中心[③]，相府各司监所行使的实际上等于中央职权，构成对中央尚书省职权的侵夺。魏齐禅代，二元政治格局结束，政归统一皇权，晋阳相府废罢，所属司监的人员、机构及职权自然应重归中央尚书省。而骑兵、外兵二曹不同于诸司监，职能保留且升曹为省，独不归属中央尚书省，废者入邺，留者仍驻并，正相对应。另外，考虑到《北齐书》记邺省与并省泾渭分明，邺省间或出现简化、省略，而一旦涉及并州尚书省则必书“并省”，未见例外。此处既书“尚书”，而非“并省”，则更应是中央尚书省。因此，原大丞相府并不构成并省设置之一源，原设晋阳的大行台才是并省设置的制度渊源。

学界虽对并省的设置渊源颇多不同意见，但关于并省机构性质的认识则基本趋同。严氏认为并省渊源于高氏大丞相府，左氏认为高氏大丞相府是并省之一源，相应地对并省机构性质的看法也就比较直接，如严氏开篇即言“北齐存在着二个尚书省”，“所谓‘尚书并省’就是北齐设在并州（晋阳）的尚书省”。左氏也明言并省“是北齐在陪都晋阳设置的另外一套中央机构”，与邺京尚书省构成“两个尚书省并存的政治现象”。牟氏虽与前两位对并省渊源的认识存在差异，但也认为北齐并省“不可视为行省”，同样持“并省邺省同是中央尚书省”的观点。周双林无并省是中央尚书省的直接表述，但也认为“并州尚书省却不能以诸道行台尚书等同之”，“而且并州尚书省的地位还应在诸道诸州行台之上”，“并州尚书省是朝廷常设在陪都的尚书省”，可以说与前面数人的观点接近[④]。对于并省是北齐设于晋阳的又一中央尚书

① 《资治通鉴》卷一六七《陈纪一》，第5163页。

② 《北齐书》卷四十《唐邕传》，第532页。

③ 《北齐书》卷二《神武纪下》：“自是军国政务，皆归相府。”（第18页）

④ 陈琳国同样认为尚书并省是中央尚书省但又不等于京省，祝总斌也认为是设于晋阳的一套统治机构。

省的说法，本文持不同观点，认为并省并未脱离行台机构的本质，仍是当时一种特殊形态的行台，即设于旧都、别都的留台。

关于并省的地位职权，特别是与邺省的对比关系，学者们在普遍承认并省位高权重的前提下，又分为两种不同的观点，一种认为并省与邺省分庭抗礼，一种认为并省终究亚于邺省。持前一种观点者，如陈琳国认为“并省的地位亦不同于一般行台，竟可与京省相抗衡”[①]。牟氏认为“名义上并省亚于邺省，下都低于上都，实际地位却非如此……并省的实际地位决不下于邺省，军国大计往往通过并省而后决”。严氏根据“封建皇帝专制集权的政体中，行政事务及其决策总是围绕着以皇帝为中心展开”，提出“并省与邺省在政务上的轻重在于皇帝的去留”，因为北齐皇帝频繁往来于并邺之间，因此“形成并省与邺省在北齐政务中分庭抗礼的态势”。持后一种观点者，如周一良认为“北齐并省之官虽贵重，然终不如邺都之尚书省”。周双林文则根据“即使皇帝巡行晋阳时，也难以见到由并省官处理朝政的材料”，认为“中央和并省两套尚书省班子并存，正常情况下，由中央尚书省行使职权，并省为其副”。其实，持前一种观点的陈氏、牟氏并未举出具体例证，严氏所论亦存在漏洞，如北齐皇帝行进在并邺之间的中途时，并省、邺省又孰重孰轻。本文将在第三节就此相关问题展开讨论，以证北齐一代皇帝赴并始终以行台自随，在这一行政体制之下，即使皇帝在晋阳，并省在政务中亦不起主要作用。

综上所述，学界关于并省设置渊源的认识虽有分歧，但其上承东魏时代原设晋阳的大行台已可定谳。关于并省的机构性质，虽众口一词认为其相当于另一个中央尚书省，但本文观点与此颇有差距，故将于下详论。关于并省的地位职权存在两种对立的观点，本文倾向于后者，并将在先行研究的基础上进一步申说论证。

二、并省官员的品秩与权位

《隋书》卷二十七《百官志中》备载北齐各级各类职官品级[②]，然其中不见并省官职[③]。传记和墓志中所记官职的转迁又有大量错漏颠倒，加之并省官员的材料有限，因此前人研究未及并省职官的具体品秩。通过对搜集到的并省官员任职转迁情况的具体分析，可以基本确定，并州尚书省属官与中央尚书省属官品级相同，而排位较之稍后。

---

① 但同时又认为“两省的地位接近”，“并省毕竟不等于京省”。

② 有关该志所载齐制杂糅了前后两期制度以及所录官品的史源等问题的讨论，请参阅步克：《北齐官品的年代问题》，《历史研究》2001年第3期。

③ 志载：“行台，在令无文。其官置令、仆射。其尚书丞郎，皆随权制而置员焉。其文未详。”（第759页）上文已言，并省不同于一般的地方行台，而是设于别都的特殊留台，确为志文所未及。

最明显的证据是并州尚书省与中央尚书省之间有关官员的平行调动。如天保八年（557年）四月，“以并省尚书右仆射崔暹为尚书右仆射”；[①]皇建（560～561年）中，崔劼“迁并省都支尚书，俄授京省”[②]；天统三年（567年）六月，“以尚书左仆射赵彦深为尚书令，并省尚书左仆射娄定远为尚书左仆射”[③]。另，皮景和曾“除并省五兵尚书。天统元年，迁殿中尚书”[④]，此例虽不是完全的平行调动，但五兵尚书与殿中尚书同属列曹而品秩相同，如果不考虑职属的变化，而仅着眼于并省、邺省之间官员的同级调动的话，此例亦属相同情况。这样整齐一致的平行调动绝非偶然，最合理的解释应即两者品级相等[⑤]。其次是有关官员由并省到邺省的升迁调动。如天统三年，并省吏部尚书徐之才升为邺省右仆射[⑥]；武平三年（572年）二月，“以并省吏部尚书高元海为尚书右仆射”[⑦]。在尚书省中，吏部尚书历来居六尚书之首，尚书省副长官左、右仆射出缺，也例由吏部尚书补之。《北齐书》中就载有不少此类事例，如天保三年四月“甲申，以吏部尚书杨愔为尚书右仆射”，天统二年正月“丙申，以吏部尚书尉瑾为尚书右仆射”，武平二年二月壬寅以“吏部尚书冯子琮为右仆射”[⑧]。并省吏部尚书能够升任号称副宰相的尚书仆射，必然是因为其与京省吏部尚书品秩相同之故。又，武平四年正月戊寅，“以并省尚书令高阿那肱为录尚书事”[⑨]，也与此同理。再次是并省官员与邺省官员的并行外升。如武平二年二月，“以录尚书事、兰陵王长恭为太尉，并省录尚书事赵彦深为司空”[⑩]。太尉、司空同为三公位居一品，是褒功敬老的荣誉尊衔，非正二品以上高官无缘得此。据《隋志》，北齐尚书令为正二品，而录尚书事“位在令上”[⑪]，自然在封公之列，而此处并省录尚书事与邺省录尚书事同时封公，正说明二者品秩相当。还有一条史料直接涉及了并省职官的品秩，为上述论点提供了有力证据。《北史》载李幼廉由南青州刺史：

---

① 《北齐书》卷四《文宣纪》，第64页。

② 《北齐书》卷四二《崔劼传》，第558页。

③ 《北齐书》卷八《后主纪》，第100页。

④ 《北齐书》卷四一《皮景和传》，第537页。

⑤ 陈琳国将此类现象解释为“并省、京省的官吏有时似互通”，即并省又是京省，并省官员同时又是京省官员。但上举数例多是中央尚书省长官整体调整，相应职位出现空缺，并省对应官员迁补的情况。也就是说，京省与并省两套职员同时并存，不存在互通两属的可能。

⑥ 见《徐之才墓志》，释文参赵超：《汉魏南北朝墓志汇编》，天津古籍出版社，1992年，第455～459页。

⑦ 《北齐书》卷八《后主纪》，第105页。

⑧ 分见《北齐书》卷四《文宣纪》，第56页；卷八《后主纪》，第98、104页。

⑨ 《北齐书》卷八《后主纪》，第106页。

⑩ 《北齐书》卷八《后主纪》，第104页。

⑪ 《隋书》卷二七《百官志中》，第752页。

罢还邺。祖孝征执政，求紫石英于幼廉，以其南青州所出。幼廉辞无好者，固请，乃与二两。孝征有不平之言，或以告幼廉。幼廉抗声曰："李幼廉结发从官，誓不曲意求人。天生德于予，孝征其如予何？假欲挫顿，不过遣向并州耳。"时已授并省都官尚书，辞而未报，遂发敕遣之。齐末官至三品已上，悉加仪同，独不沾此例，语人曰："我不作仪同，更觉为荣。"卒，赠吏部尚书①。

由此可知，李幼廉所任并省都官尚书一职在三品以上②。查《隋志》所载北齐官品，中央尚书省列曹尚书正是第三品。因并省列曹尚书的品级不可能高于邺省，而又属三品以上，所以只能是加仪同通例的最下限即第三品③。

以上诸多事例从不同方面指向一个共同的结论，即并省职官的品秩应与邺省相同，但同时也从另一个侧面显示出，在同一品秩之中，并省职官的排位后于邺省。如上举并州尚书省与中央尚书省之间官员的平行调动，只有并省转任邺省之例，而邺省转任并省者却未见一例。考虑到大部分官员正常的仕履轨迹以逐步升迁为主，并省官员平行调任邺省，品秩虽然未变，实则属于升迁。之所以在史料中找不到一例邺省官员平行转任并省者，正说明邺省职官不仅在制度设计上地位高于并省，且在实际政治运作中，邺省官员例不平行转任并省已成为当时官场共识。此即李幼廉遭挫遣并的背景所在，虽然史料未载其由南青州刺史征还邺京后所任何职，但有理由推测极可能就是邺省诸曹尚书。按并省职官位次在邺省之后的规则，上段第二类证据中的高元海本不能以并省吏部尚书的身份，跨过邺省吏部尚书而升为邺省尚书右仆射，但高元海为北齐宗室，后妻又为后主朝弄权的保姆陆太姬之甥，考虑到高元海后来一度执掌朝政，此次跨级升迁应非常制，并不能作为并省吏部尚书位次与邺省相当甚或在前的依据。高阿那肱以并省尚书令的身份跨过邺省尚书令而担任邺省录尚书事，同样是因其恩悻的身份。上段第三类证据中，太尉与司空虽并为三公同居一品，但三公位次又有太尉、司徒、司空的先后差别，邺省录尚书事升太尉、并省录尚书事升司空，亦正好说明了邺、并二职之间存在位次高下。

并省职官与邺省同品而居后的格局，归根结底是由邺城与晋阳之间首都、别都的主、次地位决定的。上文已述，有研究者认为邺城作为首都有名无实，而晋阳虽名为别都实则首都；相应地，并省对邺省构成分庭抗礼之势，有时（即皇帝居晋阳时）甚

---

① 《北史》卷三三《李义深传附弟幼廉传》，中华书局，1974年，第1242页。

② 祖珽执政在武平三年二月拜尚书左仆射之后，但当年末即败，因此，李幼廉任并省都官尚书应在此年。

③ 此材料多为学者所征引，但仅被用以证明并省职官低于邺省，而未涉及具体品秩。唯左华明文用此证明了"李稚廉所担任的并省都官尚书也是三品"，惜未据此继续对整个并省官员的品秩详加探讨，而是仅推出"并省官员的品秩应不低于邺京尚书省的官员"的结论。

至凌驾于邺省之上而成为首要的政务机关。那么并省职官与邺省同品而位次稍后的现象，似乎与这些观点形成呼应，但实际上，并省职官与邺省同品而位次稍后的制度规定背后，是两者之间地位及职权的悬殊差距。

一个机构的轻重并不仅仅取决于其品级的高低，位阶高而实权低的现象在中国古代官制史上比比皆是，而北齐并省恰恰就属此类，这可以从北齐历朝权臣、重臣的来源反映出来。在《北齐书》纪传中，除大量见于史料的邺京门下、中书官员典机密、执朝政的例子之外，还可以见到许多邺省长官具有类似权位。文宣朝，朝政所倚重者先为太保录尚书事高隆之[①]，后为历任尚书令、录尚书事的常山王高演[②]，还有历任左右仆射、尚书令的杨愔和尚书右仆射高德政[③]。废帝旋立旋废，在这一短暂的时期中，参预朝政的尚书长官是尚书令杨愔与右仆射燕子献[④]。孝昭政变后以大丞相居晋阳仍带录尚书事衔，即位不长的时间中执政的尚书省长官先后是尚书令彭成王浟、左仆射赵郡王叡[⑤]。武成朝主要是尚书左仆射赵彦深[⑥]、尚书令高叡[⑦]。后主朝先后有吏部尚书尉瑾[⑧]、尚书左仆射祖珽[⑨]、录尚书事高阿那肱和唐邕[⑩]。就制度史而言，北齐时期尚书省长官为宰相之任，此自不待言。与此相应，北齐一代居官执政、号为宰相的尚书省长官历朝皆有，然终不见并省之一例，这一事实显然与并省邺省分庭抗之说无法吻合。如果并省职权与邺省相当，甚或在某些时段还要超过邺省，势必会有一两位并省长官在史料中留下有权势、有作为的记载，而史料中毫无一例的现象，恰足以说明并省职权实无法与邺省相提并论。上引李幼廉遭祖珽怨恨被遣向并省之事，正反映出并、邺二省官职虽品秩大致相当，然实权却有较大差距的事实。另外，数条学者们通常用以证明并省权重、甚或并省长官为宰相的史料实亦存在问题。

《北齐书·孝昭纪》载其“（天保）五年，除并省尚书令”[⑪]，然《文宣纪》天

① 《北齐书》卷一八《高隆之传》，第237页。

② 《北齐书》卷六《孝昭纪》，第79、80页。高洋连续任职邺京尚书省，是证明邺省地位的佳例。

③ 分见《北齐书》卷三四《杨愔传》，第457页；《资治通鉴》卷一六七《陈纪一》武帝永定三年（559年）三月、四月条，第5183、5184页。

④ 《北齐书》卷三四《杨愔传》及所附《燕子献传》，第456、460页。

⑤ 《北齐书》卷六《孝昭纪》，第82、84页。

⑥ 《资治通鉴》卷一六九《陈纪三》文帝天嘉四年（563年）条，第5234页。

⑦ 《北史》卷五一《齐宗室诸王上·赵郡王琛传附子叡传》，第1846页。

⑧ 《北齐书》卷四十《尉瑾传》，第527页。

⑨ 《北齐书》卷三九《祖珽传》，第519页。

⑩ 分见《资治通鉴》卷一七一《陈纪五》宣帝太建五年（573年）正月条，第5315页；《北史》卷五五《唐邕传》，第2003页。

⑪ 《北齐书》卷六《孝昭纪》，第79页。

保五年八月条却记作："尚书令、平阳王淹录尚书事，常山王演为尚书令，中书令、上党王涣为尚书左仆射"[①]，《北史》同，《通鉴》亦同[②]。《文宣纪》乃保留下来的《北齐书》原文，可靠性较高。《孝昭纪》乃取《北史》本纪所补，而《北史》乃删节各史而成，所以此处也就存在致误的可能。《北齐书》本纪述中央高官转迁仅及三公官和中央尚书省，例无并省。涉及并省者只是并省某员调转为邺省某职的情况，而绝不可能专述某人任并省某职，因此《文宣纪》所述不存在漏载"并省"两字的可能。同时，此条为邺京尚书省长官的全面调整，高演任邺省尚书令系继上任尚书令高淹升任录尚书事之缺，这又佐证高演所任乃邺省尚书令。《北史》作者在删节《北齐书·孝昭纪》时，很可能是因为"除尚书令"之后又有"从文宣还邺"之事，因而认为所任尚书令可能为并省之令，便擅加了"并省"二字。其实北齐一代，邺京各部官员包括邺省官员经常随皇帝前往晋阳（详见后论），高演先为邺省尚书令，后随文宣赴并，继而返邺，本不足为奇，《北史》作者应是认为邺省尚书令不可能出现在晋阳而致误改，因而造成今传《孝昭纪》与《文宣纪》此处的相互抵牾[③]。学者多以任职并省长官者身份贵重为据论证并省的重要性，其中最贵重者无疑就是后来成为皇帝的高演、高湛，但依上所论，高演其实并未任职并省。而高湛被任命为并省录尚书事，则是在废帝即位之初，遭杨愔一党畏忌排挤之际，委任并省实与上引李幼廉受挫迁并相同，且高湛并未走马上任，而是在诏命下达不久就与高演发动政变，随即留任京畿大都督。高演、高湛两人排除之后，所谓并省长官身份贵重的说法无疑也就大打折扣了。

史料中唯一暗示并省长官为宰相的材料，是《北齐书·高阿那肱传》所载：

> 又谄悦和士开，尤相亵狎，士开每为之言，弥见亲待。后主即位，累迁并省尚书左仆射，封淮阴王，又除并省尚书令。肱才伎庸劣，不涉文史，识用尤在士开之下，而奸巧计数亦不逮士开。既为世祖所幸，多令在东宫侍后主，所以大被宠遇。士开死后，后主谓其识度足继士开，遂致位宰辅。武平四年，令其录尚书事，又总知外兵及内省机密[④]。

研究者通常据此认为并省尚书令在时人眼中亦为宰辅[⑤]，但结合相关史事细味原

---

① 《北齐书》卷四《文宣纪》，第59页。

② 分见《北史》卷七《齐本纪中》同条，第251页，惟上党王涣作"右仆射"；《资治通鉴》卷一六五《梁纪二十一》元帝承圣三年（554年）同条，第5116页。

③ 此亦被陈琳国用为"并省、京省的官吏有时似互通"之证，认为"如此则并省可能又是中央尚书省，故高演既称并省尚书令，又直接称为尚书令"。由上述辨析可知，所谓并省、邺省互通之说实由史料错误所致，并不能成立。

④ 《北齐书》卷五十《恩幸·高阿那肱传》，第690页。

⑤ 王素：《三省制略论》所附《魏晋南北朝真宰相表》，齐鲁书社，1986年。

文，实非如此。和士开死前致位邺省录尚书事，高阿那肱“继士开”，应即继任邺省录尚书事一职，相应地，“致位宰辅”乃指高阿那肱任邺省录尚书事，而非之前的任并省尚书令。其任职并省的叙述，以“谄悦和士开”为始，以得幸世祖而承事后主为终，结句在“大被宠遇”，以下和士开死、继任宰辅则属于任职邺京的新阶段。

史料中唯一的并省长官涉入中央朝政的例子，乃《北齐书·綦连猛传》所载：

> 天统元年，迁右卫大将军，乃奉世祖敕，恒令在嗣主左右，兼知内外机要之事。三年，除中领军。四年，转领军将军，别封义宁县开国君。五年，除并省尚书左仆射，余如故。除并省尚书令、领军大将军，封山阳王。猛自和士开死后，渐预朝政，疑议与夺，咸亦咨禀。赵彦深以猛武将之中颇疾奸佞，言议时有可采，故引知机事。祖珽既出彦深，以猛为赵之党与，乃除光州刺史[①]。

此材料表面似是并省长官“渐预朝政”之例，但需要注意的是綦连猛担任并省长官的同时始终在禁军将领序列上升迁，且在右卫大将军任上已经“兼知内外机要之事”，在任并省尚书令、领军大将军后，赵彦深仍以“武将”视之。《北齐书·胡长仁传附从祖兄长粲传》载：“世祖崩，与领军娄定远、录尚书赵彦深、和士开、高文遥、领军綦连猛、高阿那肱、仆射唐邕同知朝政，时人号为八贵。于后，定远、文遥并出，唐邕专典外兵，綦连猛、高阿那肱别总武任，长粲常在左右，兼宣诏令，从幸晋阳。”[②]史料虽未明载武平年间綦连猛的具体官职，但从史料以“领军”称之且又“别总武任”可知，本职应是领军大将军，而之前所任并省尚书令一职要么已经卸任，要么仅为兼领。因此，所谓“渐预朝政”指的是领军大将军一职，是其任右卫大将军时“兼知内外机要之事”的延续，而非并省长官参与中央朝政之证。

史料中唯一明确记载并省官员“典机密”的材料，是《北齐书·封隆之传附从子孝琰传》所载：

> 天统三年，除并省吏部郎中、南阳王友，赴晋阳典机密[③]。

《封孝琰墓志》述其此段官迁更详：

> 迁中书侍郎，后除太尉府/从事中郎、通直散骑常侍、南阳王友，判并省吏部郎中事，仍摄左丞，寻正吏部。参议台/窗，辅仁梁苑，执宪东[illegible]，趋事南宫，扬清浊于九品，总纲维于百吏，历事垂声，所居遗范[④]。

---

① 《北齐书》卷四一《綦连猛传》，第541页。

② 《北齐书》卷四六《胡长仁传附从祖兄长粲传》，第669页。

③ 《北齐书》卷二一《封隆之传附从子孝琰传》，第308页。

④ 墓志拓片图版见河北省文物研究所墓志小组：《封孝琰及其妻崔氏墓志》，《文物春秋》1990年第4期。释文可参罗新、叶炜：《新出魏晋南北朝墓志疏证》，中华书局，2005年，第310～312页。

另，《徐之才墓志》记其：

（天统）二年，又除中书监判（按，判字应下属），并省吏部尚书事。再登掌内，作贰铨衡，密勿丝组，清华水镜。□（应为三）年，迁尚书右仆射。

上引周双林文认为“作贰铨衡”对应徐之才所任的并省吏部尚书，并认为此句显示“相对于中央的吏部尚书，并省吏部尚书应为其副”。因史料缺乏，关于并省、邺省两套机构如何分工的问题我们还无法考之其详。但墓志书法例皆溢美，遣词造句多夸张渲染，如机械地依据其表述，认为并省吏部尚书能够成为中央吏部尚书之副贰，似显证据不足。当然必须承认的是，吏部因掌管选举而地位特殊，北齐一代亦是如此。如上引《北齐书·尉瑾传》所载：“肃宗辅政，累迁吏部尚书。世祖践祚……任遇弥重。又吏部铨衡所归，事多秘密，由是朝之几事，颇亦预闻。”吏部尚书位在其他诸部尚书之上，较之六品的诸曹郎中，吏部郎中更高居四品①，无不显示出其特殊性。然并省吏部毕竟与邺省吏部有别，并省作为一个别都留台，其品级颇高已见上论，但其是否直接参与朝廷核心政务，则颇可讨论。笔者推测，其主要职能可能还是集中在别都一城，最大不超出并州一区。封孝琰所典之机密，可能也仅是辅助年幼的南阳王绰处理留守事宜，这与围绕在皇帝身边“典机密”的门下、中书长官以及上举“执政”的邺京尚书省长官有本质不同。

三、行台自随体制下并省的剧闲

前已述及，严耀中在处理“并省与邺省在实际政务中的孰轻孰重”这一问题时提出独到的观点，即“并省与邺省在政务上的轻重在于皇帝的去留”。且不说朝廷职官制度和政务运行机制应保持相对的稳定性和常态性，以便于朝廷施政和政务推行，如北齐朝政中枢因皇帝的频繁往返并邺之间而不停变换地点和机构的话，势必将造成政务的混乱与滞沓，特别是当皇帝行进在并邺途中时，依严氏所据“行政事务及其决策总是围绕着以皇帝为中心展开”的原理，此时晋阳、邺京同处于皇权真空状态，也就都不是当下的政务中心了。显然，严氏这一观点存在漏洞。

毛汉光注意到唐邕、白建并以中书舍人身份分判晋阳外兵、骑兵二省事，认为这是由于“出纳王命的中书舍人必须随侍在侧，又掌管军士的训练、调拨者，掌管战马之饲养、征集者亦必须侍从左右”，“而执政者大部分时间驻在晋阳，遂引起制度上的变化”②。其实，唐邕、白建“有齐一代，典执兵机”并非始终是以中书舍人的身

① 《隋书》卷二七《百官志中》，第766页。

② 毛汉光：《北魏东魏北齐之核心集团与核心区》，《“中央研究院”历史语言研究所集刊》第57本第2分，1986年，收入氏著《中国中古政治史论》，上海书店出版社，2002年，第98页。

份[①]，后唐邕官至录尚书事、白建升任中书令，其官职前后一直在变[②]。同时，典知兵机者也并非中书舍人一职、唐邕和白建二人而已。如天保初有“黄门侍郎袁猛旧典骑兵事”[③]，天保中赵起“虽历位九卿、侍中，常以本官监兵马”[④]，河清初王峻“征拜祠部尚书。诏诣晋阳检校兵马”[⑤]，武平中尚书左仆射“（祖）珽自是专主机衡，总知骑兵、外兵事”[⑥]，高阿那肱为“录尚书事，又总知外兵及内省机密”[⑦]，武平末侍中斛律孝卿“典外兵、骑兵机密”[⑧]。这些材料表明，门下、中书、尚书三省长官都有资格典知骑兵、外兵二省机密，而且如同毛氏所提出的中书舍人随侍在侧一样，三省长官以及其他部门的负责人也同样见于随同北齐皇帝前往晋阳的队伍中。

梳理史料可以发现，北齐皇帝在往返于并邺之间时，除有后宫及诸王陪同外，还有大量的随行官员及扈从禁卫。诸后、太子、诸王随行赴并见于史料记载的有神武娄后[⑨]、孝昭元后[⑩]、武成胡后[⑪]、后主冯淑妃和彭夫人[⑫]，孝昭太子百年[⑬]、武成太子

① 《北齐书》卷四十《唐邕传》，第532页。

② 《资治通鉴》卷一六九《陈纪三》文帝天嘉四年条载：“于是委赵彦深掌官爵，元文遥掌财用，唐邕掌外、骑兵，信都冯子琮、胡长乐掌东宫。帝三四日一视朝，书数字而已，略无所言，须臾罢入。”（第5234页）武成河清二年唐邕具体任何职不明，但《北史》本传载其“太宁元年，除大司农卿。河清元年，突厥入寇，遣邕驿赴晋阳，纂集兵马”（第2002页），很可能仍任大司农。

③ 《北史》卷五五《唐邕传》，第2001页。

④ 《北齐书》卷二五《赵起传》，第362页。

⑤ 《北齐书》卷二五《王峻传》，第366页。

⑥ 《北齐书》卷三九《祖珽传》，第520页。

⑦ 《北齐书》卷五十《恩幸·高阿那肱传》，第690页。

⑧ 《北齐书》卷二十《斛律羌举传附子孝卿传》，第267页。

⑨ 《北齐书》卷一四《上洛王思宗传附子元海传》载其为居守邺京的高湛画策曰：“请乘数骑入晋阳，先见太后求哀。”（第183页）孝昭政变时，娄后在邺京，此时应是随孝昭来到晋阳。

⑩ 《北齐书》卷九《孝昭皇后元氏传》：“帝崩，梓宫之邺。始渡汾桥，武成闻后有奇药，追索之不得，使阉人就车顿辱。”（第126页）

⑪ 《北齐书》卷九《武成皇后胡氏传》：“帝（后主）自晋阳奉太后还邺。”（第126、127页）

⑫ 《北史》卷一四《后主冯淑妃传》载后主晋州之战前后始终随带冯淑妃事乃众所周知。同传后载“帝所幸彭夫人，亦音妓进，死于晋阳”（第527页），应是随后主赴并而死于晋阳。另，以冯淑妃事观之，后主此次赴并虽是为了应对周军进攻，但最初似仍是按照平常赴并的规制前往的，因此随带有太后、太子及淑妃。此战中见于皇帝身边者还有安德王延宗、右丞相穆提婆、晋昌王唐邕、齐昌王莫多娄敬显、沭阳王和阿于子、右卫大将军段畅、武卫将军相里僧伽、开府韩骨胡、侯莫陈洛州、武卫兰芙蓉和綦连延长、武卫将军皮信、武卫张长山和斛律孝卿，但当时已是战事纷纭，不能确定上述人员是否全为随后主同赴晋阳者，故仅附列于此。

⑬ 《北齐书》卷二三《崔㥄传附子瞻传》：“肃宗践祚，皇太子就傅受业，诏除太子中庶子，征赴晋阳。敕专在东宫，调护讲读，及进退礼度，皆归委焉。太子纳妃斛律氏，敕瞻与鸿胪崔劼撰定婚礼仪注。”（第336页）

纬[①]、后主太子恒[②]，平阳王淹、博陵王济[③]。《北齐书·斛律金传》载：

> （天保）四年，解州，以太师还晋阳。车驾复幸其第，六宫及诸王尽从……仍诏金孙武都尚义宁公主。成礼之日，帝从皇太后幸金宅，皇后、太子及诸王等皆从[④]。

由此可知，六宫、太子、诸王随从是北齐皇帝行幸晋阳的常态。与此相适应，一定数量的六宫嫔宦、东宫官署、诸王僚佐就应同在随行之列[⑤]。为保卫皇帝及其他皇室成员的安全，赴并途中自有相当规模的禁军扈从。禁军将领随行赴并见于史料记载的有领军将军韩凤[⑥]、左右大将军綦连猛[⑦]、右卫大将军赵元侃[⑧]、护军将军唐邕[⑨]、库真都督破六韩伯昇[⑩]。《北齐书·平秦王归彦传》载：

> 初，济南自晋阳之邺，杨愔宣敕，留从驾五千兵于西中，阴备非常。至邺数日，归彦乃知之，由是阴怨杨、燕[⑪]。

此从驾禁军应是此前扈从文宣前往晋阳而此时又随废帝还邺者，兵少五千，而禁军统

---

① 《北齐书》卷七《武成纪》载其在晋阳禅位于太子纬（第94页）。

② 《北齐书》卷八《后主纪》载其自晋州退守晋阳后，“送皇太后、皇太子于北朔州”（第110页）。

③ 《北齐书》卷十《平阳王淹传》：“河清三年，薨于晋阳。”（第133页）同书卷七《武成纪》河清三年十二月条载：“丁巳，帝自晋阳南讨。己未，太宰、平阳王淹薨。”（第93页）平阳王淹当是随行至晋阳而薨。卷十《博陵王济传》：“济尝从文宣巡幸，在路忽忆太后，遂逃归。”（第139页）

④ 《北齐书》卷一七《斛律金传》，第221页。

⑤ 《北齐书》卷一三《清河王岳传附子劢传》：“后主晋州败，太后从土门道还京师……时佞幸阉寺，犹行暴虐，民间鸡猪，悉放鹰犬搏噬取之。”（第177页）东宫官署参前注崔瞻事。

⑥ 《北齐书》卷五十《恩倖·韩凤传》：“及幸晋阳，又以官马与他人乘骑。上因此发忿，与提婆并除名，亦不露其罪。”（第693页）事应在后主武平四年，韩凤时任领军将军。另，穆提婆时为尚书左仆射，下述穆提婆时不再出注。

⑦ 《北齐书》卷四一《綦连猛传》：“（皇建）二年，除领左右大将军，从肃宗讨奚贼……河清二年，加开府。突厥侵逼晋阳，敕猛将三百骑觇贼远近。”（第541页）

⑧ 《北齐书》卷一二《琅邪王俨传》：“以俨之晋阳，使右卫大将军赵元侃诱执俨。元侃曰：‘臣昔事先帝，日见先帝爱王，今宁就死，不能行。’帝出元侃为豫州刺史。九月下旬，帝启太后曰：‘明旦欲与仁威出猎，须早出早还。’是夜四更，帝召俨，俨疑之。陆令萱曰：‘兄兄唤，儿何不去？’俨出至永巷，刘桃枝反接其手。”（第163页）此事亦可证武成胡后、保姆陆令萱以及刘桃枝随行。

⑨ 《北史》卷五五《唐邕传》：“后拜侍中、并州大中正、护军将军。从武成幸晋阳。”（第2002页）

⑩ 《北齐书》卷十《上党王涣》载文宣在晋阳，“乃使库真都督破六韩伯昇之邺征涣”，第136页。库真都督为皇帝亲卫之长。

⑪ 《北齐书》卷一四《平秦王归彦传》，第187页。

领高归彦竟毫无察觉，可见从驾禁军应远多于五千。朝廷官员随行赴并见于史料记载的更多。三公官有右丞相高阿那肱[①]、太宰段韶[②]、开府仪同三司特进元晖业[③]，银青光禄大夫张景仁[④]。门下官员有侍中和士开[⑤]、祖珽[⑥]，黄门侍郎王纮[⑦]、胡长粲[⑧]，给事黄门侍郎王松年[⑨]，斋帅裴泽[⑩]。中书官员有兼中书阳休之[⑪]、中书侍郎元文遥[⑫]、

① 河北邯郸南响堂石窟第2窟窟门外两侧龛内所刻隋沙门道净撰《滏山石窟之碑》载："有灵化寺比丘慧义，仰惟至德，俯念巅危，于齐国天统元年乙酉之岁，斩此石山，兴建图庙。时有国大丞相淮阴王高阿那肱，翼帝出京，憩驾于此。"参李裕群：《邺城地区石窟与刻经》，《考古学报》1997年第4期。《北齐书》卷五十《恩幸·高阿那肱传》："秋七月甲戌，行幸晋阳。八月丁酉，冀、定、赵、幽、沧、瀛六州大水。是月，周师入洛川，屯芒山，攻逼洛城，纵火船焚浮桥，河桥绝。闰月己丑，遣右丞相高阿那肱自晋阳御之，师次河阳，周师夜遁。"（第108页）

② 《北齐书》卷七《武成纪》河清四年四月乙亥条载："太史奏天文有变，其占当有易王。丙子，乃使太宰段韶兼太尉，持节奉皇帝玺绶传位于皇太子……始将传政，使内参乘子尚乘驿送诏书于邺。"（第94页）此条又证内参乘子尚及太史随行赴并。

③ 《北齐书》卷二八《元晖业传》："天保二年，从驾至晋阳。"（第387页）

④ 《北齐书》卷四四《儒林·张景仁传》："车驾或有行幸，在道宿处，每送步障为遮风寒。"（第591页）

⑤ 《北史》卷九二《恩悻·和士开传》："天统元年，加仪同三司，寻除侍中，加开府。及遭母刘氏忧……驾幸晋阳，给假，听过七日续发，其见重如此。"（第3043页）

⑥ 《北齐书》卷三九《祖珽传》："以珽为侍中。在晋阳，通密启请诛琅邪王。其计既行，渐被任遇。"（第518、519页）

⑦ 《北齐书》卷一二《琅邪王俨传》："帝（武成）幸并州，俨常居守，每送驾，或半路，或至晋阳，乃还。王师罗常从驾，后至，武成欲罪之，辞曰：'臣与第三子别，留连不觉晚。'武成忆俨，为之下泣，舍师罗不问。"（第161页）此事在天统年间，《北齐书》卷二五《王纮传》载其"天统元年，除给事黄门侍郎，加射声校尉，四迁散骑常侍"（第366页）。

⑧ 《北齐书》卷四六《胡长仁传附从祖兄长粲传》："迁黄门侍郎。后主践祚，长粲被敕与黄门冯子琮出入禁中，专典敷奏。世祖崩，与领军娄定远、录尚书赵彦深、和士开、高文遥、领军綦连猛、高阿那肱、仆射唐邕同知朝政，时人号为八贵。于后，定远、文遥并出，唐邕专典外兵，綦连猛、高阿那肱别总武任，长粲常在左右，兼宣诏令，从幸晋阳。"（第669页）

⑨ 《北齐书》卷三五《王松年传》："孝昭擢拜给事黄门侍郎。帝每赐坐，与论政事，甚善之。孝昭崩，松年驰驿至邺都宣遗诏……（武成时）兼御史中丞。发晋阳之邺，在道遇疾卒。"（第470、471页）

⑩ 《北齐书》卷三一《王昕传附弟晞传》："帝使斋帅裴泽、主书蔡晖伺察群下……时二人奏车驾北征后，人言阳休之、王晞数与诸人游宴，不以公事在怀。"（第421页）事在孝昭自晋阳北征库莫奚时，可证二人随从在晋阳。下述蔡晖时不再出注。

⑪ 《北齐书》卷三七《魏收传》："孝昭别令阳休之兼中书，在晋阳典诏诰，收留在邺。"（第491页）

⑫ 《北齐书》卷三八《元文遥传》："及（孝昭）践祚，除中书侍郎，封永乐县伯，参军国大事。及帝大渐，与平秦王归彦、赵郡王叡等同受顾托，迎立武成。"（第504页）此条史料同时可见高归彦、高叡随行，此二人下文还要述及。

中书郎段孝信①、主书蔡晖。秘书省官员有秘书丞祖珽②。集书省官员有给事中兼中书舍人唐邕③、散骑常侍王晞④，通直散骑常侍马嗣明⑤、奉朝请颜之推⑥。御史台官员有符玺郎卢公顺⑦。诸寺官员有鸿胪卿崔国⑧。特别是随行官员中还有邺京尚书省官员，见于史料记载的有录尚书事高隆之⑨，尚书令高演⑩、高归彦⑪、高叡⑫，尚书左仆射高叡⑬、高孝琬、穆提婆。《北齐书·邢劭传》载：

累迁太常卿、中书监，摄国子祭酒……文宣幸晋阳，路中频有甘露之

---

① 《北齐书》卷四五《颜之推传》："天保末，从至天池，以为中书舍人，令中书郎段孝信将敕书出示之推。"（第617页）

② 《北齐书》卷三九《祖珽传》载其为秘书丞，因事"遂奏免死除名。天保元年，复被召从驾，依除免例，参于晋阳"（第516页）。

③ 《北史》卷五五《唐邕传》："天保初，稍迁给事中，兼中书舍人，封广汉乡男。及从征奚虏，黄门侍郎袁猛旧典骑兵事，至是为割配迟留，鞭杖一百，仍令邕监骑兵事，以猛赐邕。文宣频年出塞，邕必陪从，专掌兵机，承受敏速。"（第2001页）

④ 《北史》卷二四《王宪传附曾孙晞传》："乾明元年八月，昭帝践阼。九月，除晞散骑常侍，仍领兼吏部郎中……因敕尚书阳休之、鸿胪卿崔劼等三人，每日本职务罢，并入东廊（议政）。"（第889页）虽除散骑常侍前王晞已在晋阳，但此条仍可说明散骑常侍通常在随行之列，故其得仍留晋阳。以下论及阳休之、崔劼时不再出注。

⑤ 《北齐书》卷四九《方伎·马嗣明传》："后迁通直散骑常侍……从驾往晋阳。"（第681页）

⑥ 《北齐书》卷四五《颜之推传》："显祖见而悦之，即除奉朝请……天保末，从至天池。"（第617页）天池即祁连池，位于今山西宁武芦芽山，是北齐诸帝自晋阳常去的猎场。

⑦ 《北齐书》卷四二《卢潜传附族子公顺传》："武平中符玺郎，待诏文林馆。与博陵崔君洽、陇西李师上同志友善，从驾晋阳。"（第557页）

⑧ 《北齐书》卷二三《崔㥄传附族兄国传》："法峻（国字）以武平六年从驾在晋阳。"（第338页）

⑨ 《北齐书》卷一八《高隆之传》："寻以本官录尚书事，领大宗正卿，监国史……天保五年，禁止尚书省……因从驾，死于路中。"（第237页）卷四《文宣纪》天保五年八月条载："丁巳，帝幸晋阳。己卯，开府仪同三司、录尚书事、平原王高隆之薨。"（第59页）

⑩ 见前文讨论高演任录并省尚书事处。

⑪ 《北齐书》卷一四《平秦王归彦传》："孝昭践祚……以为司空，兼尚书令……孝昭崩，归彦从晋阳迎武成于邺。"（第187页）

⑫ 《北齐书》卷一一《河间王孝琬》："初，突厥与周师入太原，武成将避之而东。孝琬叩马谏，请委赵郡王部分之，必整齐，帝从其言。"（第146页）突厥入并在河清二年，时高叡为尚书令、高孝琬为尚书左仆射，下述高孝琬时不再出注。

⑬ 《北齐书》卷六《孝昭纪》载其死前下诏立弟高湛为帝，"可遣尚书左仆射、赵郡王叡喻旨，征王统兹大宝"（第84页）。卷七《武成纪》作"尚书右仆射"（第90页）。从其升任尚书令来看，应是左仆射。卷五一《齐宗室诸王上·赵郡王琛传附子叡传》："拜司空，摄录尚书事。突厥尝侵轶至并州，帝亲御戎，六军进止皆令取叡节度。"（第172页）又是其以司空摄录尚书事而随行赴并之证。

瑞，朝臣皆作《甘露颂》，尚书符令邵为之序[①]。

可见尚书符亦随行赴并。《北齐书·崔季舒传》载：

属车驾将适晋阳，季舒与张雕议：以为寿春被围，大军出拒，信使往还，须禀节度；兼道路小人，或相惊恐，云大驾向并，畏避南寇；若不启谏，必动人情。遂与从驾文官连名进谏。时贵臣赵彦深、唐邕、段孝言等初亦同心，临时疑贰，季舒与争未决。长鸾遂奏云："汉儿文官连名总署，声云谏止向并，其实未必不反，宜加诛戮。"帝即召已署表官人集含章殿，以季舒、张雕、刘逖、封孝琰、裴泽、郭遵等为首，并斩之殿庭[②]。

事在后主武平四年，本纪十月条载：

辛丑，杀侍中崔季舒、张雕虎，散骑常侍刘逖、封孝琰，黄门侍郎裴泽、郭遵[③]。

此六人属"从驾文官"无疑，而时任司空的赵彦深、尚书令唐邕、尚书右仆射段孝言以及领军将军韩长鸾应都在从驾之列[④]。从以上征引可见，随从北齐皇帝一同赴并的不仅有后宫和禁卫，而且有分属不同部门的大量朝廷官员，特别是多有当时最重要的中书、门下、尚书三省官员，也就是说，朝廷决策的核心成员或全部或部分地都在随行之列，这就保证了皇帝在出行期间可以随时随地处理政务。

随行的机构及其人员是否一套相对稳定的班子，史料中没有明确记载，但我们能够从下述留守官员的登记、拜表制度中反推出，赴并随行必也有一套常规的程序和制度。《隋书·百官志中》述北齐尚书殿中曹：

掌驾行百官留守名帐[⑤]。

皇帝出行后，邺京留守官员有登名造册的制度。京官数量众多，北齐诸帝出行频繁，如果随行与留守官员经常变化且幅度较大的话，势必给留守名帐的修造带来相当大的困难，因此可推，随行机构及其人员必然相对固定，只是根据出行目的和人事调整每次略有微调，如此才不致每次出行留守名帐都要推倒重来。《通鉴》梁敬帝太平元年（556年）八月条载："庚申，齐主将西巡，百官辞于紫陌。"[⑥]《北齐书·毕义云传》载：

---

① 《北齐书》卷三六《邢劭传》，第478页。

② 《北齐书》卷三九《崔季舒传》，第512、513页。

③ 《北齐书》卷八《后主纪》，第107页。

④ 《北齐书》卷四五《颜之推传》："崔季舒等将谏也，之推取急还宅，故不连署。及召集谏人，之推亦被唤入，勘无其名，方得免祸。"（第618页）颜之推时任通直散骑常侍领中书舍人，应亦在随行之列。

⑤ 《隋书》卷二七《百官志中》，第752页。

⑥ 《资治通鉴》卷一六六《梁纪二十二》，第5152页。

又驾幸晋阳，都坐判：拜起居表，四品以下五品已上令预前一日赴南都署表，三品以上临日署讫。义云乃乖例，署表之日，索表就家先署，临日遂称私忌不来[①]。

所谓拜起居表是指首都及别都一定品级的留守官员，定期向行幸在外的皇帝联名拜表问起居的制度[②]。此制虽是单独针对邺京留守官员的，但考虑到北齐皇帝出行频繁，我们还是可以推知北齐皇帝出行有着一整套较为完善的制度和程序，以保证皇帝与首都之间的通畅沟通以及朝廷政务的正常运行。具体到随行官员的组成，也必有相对合理的功能组合和数量规模，以便皇帝决策和政令传达。虽然史未明言，但这无疑就是北齐皇帝行幸晋阳时自随的“行台”。皇帝出征出巡一般皆有行台自随，这种行台是魏晋南北朝时期行台制度的主要类型之一[③]。而且，这种行台又是与京城留台一体两分、内外配合的，这从上引北齐留守官员送驾、造账、拜表等一系列制度中可以印证。由此可见，北齐皇帝行幸晋阳皆以一个颇具规模的行台机构自随。那么，这样一个具有相对独立性和一定规模的行台机构来到晋阳之后，无疑仍在继续发挥中枢作用，并与邺京留台保持密切联系，而不会给并省留下多大的权力空间。据此，所谓皇帝在晋阳时并省就超过邺省而成为政务中心的说法难以成立。

周双林已经指出，“即使皇帝巡行晋阳时，也难以见到由并省官处理朝政的材料”。此外，本文还发现即使皇帝在晋阳，相关事务也并不使用并省官员和依靠并省机构的材料。尚书省仪曹“掌吉凶礼制事”，祠部“掌死丧赠赐等事”，起部“掌诸兴造工匠等事”[④]，史料中有并省设置祠部尚书的直接例证[⑤]，而根据并省机构可能相对完整的推测[⑥]，其亦应设有仪曹和起部。《北齐书·张雕传》载：

天保中，为永安王府参军事。显祖崩于晋阳，擢兼祠部郎中，典丧事，从梓宫还邺[⑦]。

---

① 《北齐书》卷四七《毕义云传》，第658页。

② 《唐会要》卷二六《牋表例》：“十一年七月五日敕，三都留守，两京每月一起居，北都每季一起居，并遣使，即行幸未至所幸处。其三都留守及京官五品以上三日一起居。若暂出行，发处留守亦准此并递表。”（中华书局，1955年，第505页）

③ 参张小稳：《魏晋南北朝时期行台性质的演变——兼论地方行台制度的渊源》，《人文杂志》2008年第3期。该文认为这种行台是“以皇帝（或皇权）为核心、由各部门官员组成的临时发挥中央政府职能的机构就是临时的中央政府。一般情况下，这种性质的行台具有唯一性”。

④ 《隋书》卷二七《百官志中》，第752、753页。

⑤ 《北史》卷五五《冯子琮传》：“再迁散骑常侍，奏门下事。寻兼并省祠部尚书。”（第2010页）

⑥ 参崔彦华《魏晋北朝陪都研究》一书所列史料中出现的并省职官，第195页。另，该页注⑥的“孝昭帝高湛、孝昭帝高演”显系校对错误，注⑦的“康德”应为“王康德”。

⑦ 《北齐书》卷四四《儒林·张雕传》，第594页。

这是皇帝崩于晋阳，临时任命邺省祠部郎中典护丧事，而并省祠部被置不用之例。《北齐书·阳休之传》载：

寻除中山太守。显祖崩，征休之至晋阳，经纪丧礼[①]。

《魏收传》又载其为太子少傅兼太子詹事，“及帝崩于晋阳，驿召收及中山太守阳休之参议吉凶之礼，并掌诏诰”[②]，《刘逖传》亦载：

肃宗崩，从世祖赴晋阳，除散骑侍郎，兼仪曹郎中[③]。

这是皇帝驾崩晋阳，置并省仪曹不用，而临时任命邺省仪曹郎中（或其他大臣）制定凶礼之例。前引崔瞻“与鸿胪崔劼撰定婚礼仪注”事，是太子在晋阳完婚，指定中央鸿胪卿撰定礼仪，而弃并省仪曹不用之例。《北齐书·冯子琮传》载：

除给事黄门侍郎，领主衣都统。世祖在晋阳，既居旧殿，少帝未有别所，诏子琮监造大明宫[④]。

同书《韩凤传》亦载：

凤母鲜于，段孝言之从母子姊也，为此偏相参附，奏遣监造晋阳宫。陈德信驰驿检行，见孝言役官夫匠自营宅，即语云：“仆射为至尊起台殿未讫，何容先自营造？”

时段孝言任京省尚书右仆射，这是并省起部被弃之不用之例。同传又载：

及幸晋阳，又以官马与他人乘骑。上因此发忿，与提婆并除名，亦不露其罪。仍毁其宅。公主离婚。复被遣向邺吏部门参[⑤]。

时韩凤为领军将军、穆提婆为尚书左仆射，这是皇帝在晋阳时，越过并省吏部而依然以邺省吏部为主之例。《北齐书·乐陵王百年传》：

孝昭初即位，在晋阳，群臣请建中宫及太子，帝谦未许，都下百僚又有请，乃称太后令立为皇太子[⑥]。

孝昭即位之初的晋阳群臣应包括原大丞相府官员刚刚调整为中央官员者，部分因孝昭即位又从邺京奔来之官员，当然也包括并省全体官员。但晋阳群臣之请并不能代表邺都百僚，而孝昭故作姿态，等到邺都百僚再次请求后方才答应，这也说明了即使皇帝在晋阳，邺都群司百官也绝非被晋阳官司所取代。前引《崔㥄传附子瞻传》还载：

转尚书吏部郎中。因患急十余日。旧式，百日不上解官，吏部尚书尉

---

① 《北齐书》卷四二《阳休之传》，第562页。

② 《北齐书》卷三七《魏收传》，第491页。

③ 《北齐书》卷四五《文苑·刘逖传》，第615页。

④ 《北齐书》卷四十《冯子琮传》，第528页。

⑤ 《北齐书》卷五十《恩倖·韩凤传》，第692、693页。

⑥ 《北齐书》卷一二《乐陵王百年传》，第158页。

瑾性褊急，以赡举指舒缓，曹务繁剧，遂附驿奏闻，因而被代。赡遂免归乡里[①]。

皇帝赴并期间京省吏部依然“曹务繁剧”，丝毫没有政务中心转向并省的痕迹。此事乃六部尚书奏免曹郎，本为寻常之人事任免，而尚需“附驿奏闻”而行，由此可以推知，在北齐皇帝赴并期间，日常政务、特别是重要政务都是通过驿奏的方式来进行的，而且从此事中崔赡随即被代免归来看，这种方式相当快捷而有效。由此可知，邺城与晋阳邮驿系统应该相当的发达，皇帝停驻晋阳时与邺京之间的随时沟通正是通过驿报来实现的。

北齐广泛通过驿传体系来支撑地区间的联系与政务的推行。如《北齐书·段荣传附子韶传》载：“周冢宰宇文护母阎氏先配中山宫，护闻阎尚存，乃因边境移书，请还其母，并通邻好。时突厥屡犯边，韶军于塞下。世祖遣黄门徐世荣乘传赍周书问韶。”[②]首都与边塞军镇之间通过驿传可以沟通政务，那么与内地各州县之间必然更加便捷，而驿传体系的快捷与有效由下例可见。同书《杜弼传》载：“十年夏，上因饮酒，积其愆失，遂遣就州（海州，治今江苏连云港市西南）斩之，时年六十九。既而悔之，驿追不及。”[③]晋阳与邺城之间通过驿传执行政务的史料比比皆是[④]，涉及重要政治事件与重大政务者，如孝昭杀废帝是“遣归彦驰驿至晋阳宫杀之”[⑤]，武成在晋阳禅位于太子是“使内参乘子尚乘驿送诏书于邺”[⑥]，南安王思好之叛被平定后，“时帝在道，叱奴世安自晋阳送露布于平都”[⑦]。《文襄纪》载武定六年“三月辛亥，王南临黎阳，济于虎牢，自洛阳从太行而反晋阳。于路遗书百僚，以相戒励。朝野承风，莫不震肃”[⑧]，《文宣纪》天保五年八月条载：“丁丑，帝幸晋阳……是月，诏常山王演、上党王涣、清河王岳、平原王段韶等率众于洛阳西南筑伐恶城、新城、严城、河南城。”[⑨]这些诏令敕书从晋阳直达邺京，无疑都是通过驿传系统。因晋阳与邺城之间

---

① 《北齐书》卷二三《崔㥄传附子赡传》，第337页。

② 《北齐书》卷一六《段荣传附子韶传》，第211页。

③ 《北齐书》卷二四《杜弼传》，第353页。

④ 《北齐书》卷三十《高德政传》载：“帝已遣驰驿向邺，书与太尉高岳、尚书令高隆之、领军娄睿、侍中张亮、黄门赵彦深、杨愔等。岳等驰传至高阳驿。”（第407、408页）高阳驿是明确见于记载的晋阳与邺城之间驿站。另，下引南安王思好之例所见之平都（今山西和顺西仪城镇）亦屡见于《北齐书》纪传，应是并邺驿途中的重镇。参严耕望：《唐代交通图考》第五卷《河东河北区》篇肆壹“太行滏口壶关道”，《“中央研究院”历史语言研究所专刊之八十三》，1986年。

⑤ 《北齐书》卷五《废帝纪》，第76页。

⑥ 《北齐书》卷七《武成纪》，第94页。

⑦ 《北齐书》卷一四《上洛王思宗传附弟思好传》，第185、186页。

⑧ 《北齐书》卷三《文襄纪》，第37页。

⑨ 《北齐书》卷四《文宣纪》，第59页。

驿传的畅通与发达，至有利用其雅传情谊之事。《河南王孝瑜传》载：

初，孝瑜养于神武宫中，与武成同年相爱。将诛杨愔等，孝瑜预其谋。及武成即位，礼遇特隆。帝在晋阳，手敕之曰："吾饮汾清二杯，劝汝于邺酌两杯。"①

汾清是当时汾酒的雅称，以赞其色清，而随驿一同到邺除手敕外应有数坛汾酒。那么，晋阳与邺城之间驿路传递单趟到底需要多长时间，我们可以通过下引事例进行估算。《资治通鉴》陈文帝天嘉二年（561年）条记孝昭死事曰：

十一月，甲辰，诏以嗣子冲眇，可遣尚书右仆射赵郡王叡谕旨，征长广王湛统兹大宝……是日，殂于晋阳宫……赵郡王叡先使黄门侍郎王松年驰至邺，宣肃宗遗命。湛犹疑其诈，使所亲先诣殡所，发而视之。使者复命，湛喜，驰赴晋阳，使河南王孝瑜先入宫，改易禁卫。癸丑，世祖即皇帝位于南宫②。

从谕旨发并到高湛即位于晋阳宫，9天之内相关人员来往于晋阳与邺城之间单程共4趟，那么单趟也就2天多时间③，其中还要刨去初闻征令与即位之前的犹疑和忸怩的时间。对建立在农业社会基础之上的中国古代王朝来说，两天时间的滞后在日常政务的决策和施行中几乎可以忽略不计。《北齐书·文宣帝纪》天保十年正月条载：

甲寅，帝如辽阳甘露寺……二月丙戌，帝于甘露寺禅居深观，唯军国大政奏闻④。

北齐辽阳县即今山西左权县，辽阳道是北齐诸帝赴并时常取之驿路。文宣于此禅居，日常政务不让通奏，军国大政却可随时奏闻。由邺城至辽阳，需要通过险阨陉道翻越太行山，相比而言，由辽阳再至太原，则可称为坦途。因此，邺城与晋阳之间，军国大政及日常政务的及时奏闻不成问题。

综上所述，北齐诸帝在赴并期间随行有相当规模的行台班子，拥有不依靠并省就能独立处理政务的功能。即使皇帝在晋阳期间，也并不倚重并省行政，而是仍然由这个邺京出来的机动中枢机构，通过发达的邮驿系统与邺京政务部门直接联系，这由诸多绕过并省而直接由邺省或京官来执行政务的例子可以看出。那么，并省究竟是一个什么性质的机构，它究竟在什么时候发挥什么作用呢？

① 《北齐书》卷一一《河南王孝瑜传》，第143、144页。

② 《资治通鉴》卷一六八《陈纪二》，第5216、5217页。

③ 严耕望根据《北齐书·后主纪》所载武平七年十二月丁巳夜由晋阳东走，庚申至邺，推测"自晋阳至邺才三日"（前引严耕望书，第1424页）。《晋书》卷六二《刘琨传》载其上愍帝疏中曰："（石）勒据襄国，与臣隔山，寇骑朝发，夕及臣城。"（中华书局，1974年，第1684页）惟此"城"不能确定是刘琨所保之并州首府晋阳城，还是泛指并州域内之属城。

④ 《北齐书》卷四《文宣帝纪》，第66页。

四、并省本质是留台

前引牟发松文在关于魏晋南北朝行台的研究中发现，十六国北朝时期出现了一种独特的行台，即在陪都长期设置的行尚书台或留尚书台。如，《晋书·石勒载记下》载："勒以成周土中，汉晋旧京，复欲有移都之意，乃命洛阳为南都，置行台治书侍御史于洛阳。"[①]《资治通鉴》晋穆帝永和八年（352年）十一月条载："戊辰，（慕容）儁即皇帝位……建留台于龙都，以玄菟太守乙逸为尚书，专委留务。"同书晋孝武帝太元十四年（389年）正月条又载："庚申……以高阳王隆为都督幽、平二州诸军事、征北大将军、幽州牧；建留台于龙城，以隆录留台尚书事。又以护军将军平幼为征北长史，散骑常侍封孚为司马，并兼留台尚书。"[②]《晋书·地理志上》"雍州"条载："勃勃僭号于统万，是为夏……又平刘义真于长安，遣子璝镇焉，号曰南台。"[③]前引张小稳文研究认为"这些行台（留台）的核心不再是皇帝，因而不再具有临时中央政府的性质"，但因设于旧都、别都，也并不等同于地方化了行台，而属于"作为尚书省的分支机构的行台"。北齐并省可能因为皇帝的频繁临幸而不尽与这些留台完全相同，史料中也从未以留台称之，但其本质为设于别都的留台则无可疑，将其定性为邺京尚书省的分支机构，主要执行皇帝驻邺时的留守之任，应该比较恰当[④]。

皇帝出行而太子或重臣居京留守的制度源远流长[⑤]，又因霸府时代高氏派代表留京主政的传统，战争环境下皇帝经常亲自出征和巡行的背景，故北齐一代留守制度特别发达。在晋阳设置尚书省分支机构，就是这样一个制度传统和现实环境的产物。

北齐留守的传统早自高欢河北举义时就有所见[⑥]，坐镇晋阳后依然沿用不替[⑦]，至东魏时代霸主坐镇晋阳、子弟居守邺京的格局下，邺京已经可见稳定的留守制度。

---

① 《晋书》卷一〇五《石勒载记下》，第2748页。

② 分见《资治通鉴》卷九九《晋纪二十一》，第3131页；卷一〇七《晋纪二十九》，第3387页。

③ 《晋书》卷一四《地理志上》，第432页。

④ 严耕望述北魏并州北道行台、东魏并州大行台后指出，"入齐，并州置省，实为别都"。同样不认为并省是地方行台，而是别都之中央尚书省，见氏著《中国地方行政制度史·魏晋南北朝地方行政制度》，上海古籍出版社，2007年，第811页。

⑤ 如《后汉书》卷二六《伏湛传》："时，大司徒邓禹西征关中，帝以湛才任宰相，拜为司直，行大司徒事。车驾每出征伐，常留镇守，总摄群司"，建武五年（29年）"其冬，车驾征张步，留湛居守"（中华书局，1965年，第894、896页）。

⑥ 《北齐书》卷一五《尉景传》："神武入洛，留景镇邺。"（第194页）

⑦ 《北齐书》卷一三《赵郡王琛传》："高祖将谋内讨，以晋阳根本，召琛留掌后事。"（第169页）

高欢留并、高澄居邺之事已为人所熟知。其后，高澄留并、高洋居邺亦复如前，只是时间短暂易被忽略，《北齐书·高德政传》即载：“世宗嗣业，如晋阳，显祖在京居守。”[①]高澄遇刺身亡、高洋奔赴晋阳之际，亦以亲近重臣居守，同传同页即载：“世宗暴崩，事出仓卒，群情草草。勋将等以缵戎事重，劝帝早赴晋阳。帝亦回遑不能自决，夜中召杨愔、杜弼、崔季舒及德政等，始定策焉。以杨愔居守。”《清河王岳传》又载：“世宗崩，显祖出抚晋阳，令岳以本官兼尚书左仆射，留镇京师。”[②]高洋继承霸主之位后意在称帝，因此没有出现自己留并、其弟居邺的旧格局，而是以亲信大臣总留台。《祖珽传》载“文宣作相……黄门郎高德正副留台事”，[③]这也成为高洋称帝之后出行期间的主要留台形式[④]，但同时又出现了皇帝出行而太子监国的制度。《文宣纪》天保元年九月条载：“庚午，帝如晋阳，拜辞山陵。是日皇太子入居凉风堂，监总国事。”[⑤]《废帝纪》又载：“（天保）九年，文宣在晋阳，太子监国。”[⑥]《赵彦深传》载其“转大司农。帝或巡幸，即辅赞太子，知后事。”[⑦]但不论是近臣居守、还是太子监国，皇帝出行之际邺京设立留台的制度不变。高演作相期间，一度又回复霸主在并、兄弟居邺的霸府格局，但在高演即位之后，这一格局在性质上实又为皇帝出行、亲王留守的制度[⑧]。武成时期，《琅邪王俨传》载“帝幸并州，俨常居守”[⑨]，《彭成王潋传》载“武成入承大业，迁太师、录尚书事……自车驾巡幸，潋常留邺”[⑩]，《王峻传》载“转太仆卿。及车驾巡幸，常与吏部尚书尉瑾辅皇太子、诸亲王同知后事”[⑪]。后主时期，《北平王贞传》载：“位司州牧、京畿大都督，兼尚书令、录尚书事。帝行幸，总留台事。积年，后主以贞长大，渐忌之。阿那肱承旨，令冯士干劾系贞于狱，夺其留后权。”[⑫]《鲜于世荣传》载：“除领军将军……（武平）

---

① 《北齐书》卷三十《高德政传》，第407页。

② 《北齐书》卷一三《清河王岳传》，第175页。

③ 《北齐书》卷三九《祖珽传》，第515页。此时总留台者应仍是杨愔。

④ 《北齐书》卷二五《张耀传》：“迁尚书左丞。显祖曾因近出，令耀居守。”（第361页）

⑤ 《北齐书》卷四《文宣纪》，第54页。

⑥ 《北齐书》卷五《废帝纪》，第73页。《通鉴》系于六月乙丑文宣赴晋阳北巡之际（第5176页）。

⑦ 《北齐书》卷三八《赵彦深传》，第506页。

⑧ 《北齐书》卷一四《上洛王思宗传附子元海传》：“皇建末，孝昭幸晋阳，武成居守。”（第183页）

⑨ 《北齐书》卷一二《琅邪王俨传》，第161页。

⑩ 《北齐书》卷十《彭成王潋传》，第135页。

⑪ 《北齐书》卷二五《王峻传》，第366页。

⑫ 《北齐书》卷一二《北平王贞传》，第164页。

七年，后主幸晋阳，令世荣以本官判尚书右仆射事，贰北平王北宫留后。”[①]卷十九《莫多娄贷文传附子敬显传》载：“位至领军将军，恒检校虞候事。武平中，车驾幸晋阳，每令敬显督留台兵马，纠察盗贼，京师肃然。”[②]虽然史料记载断断续续，但事例已覆盖北齐一代。因此可以说，北齐一朝在皇帝赴并期间，邺京则常设留台以主持日常政务。此称留台，那么随行的文武官员所组成者自是行台。这一方面可以印证上节所论北齐皇帝赴并随带有行台机构的观点，另一方面也可以让我们更恰当地理解并省设置的意义。

关于晋阳留守的例证虽没有邺京的多，但足够用以认识并省的性质。霸府时代晋阳留守的例证上段已引一例，此处再举高澄时代的例证。《北齐书·段荣传附子韶传》载：

> 五年春，高祖崩于晋阳，秘不发丧。俄而侯景构乱，世宗还邺，韶留守晋阳……世宗征颍川，韶留镇晋阳。别封真定县男，行并州刺史[③]。

《资治通鉴》陈文帝天嘉元年（560年）条载：

> 齐主将发晋阳，时议谓常山王必当留守根本之地；执政欲使常山王从帝之邺，留长广王镇晋阳；既而又疑之，乃敕二王俱从至邺。外朝闻之，莫不骇愕[④]。

常山王、长广王之留守晋阳虽皆未施行，但从“时议”所谓“必当”以及舍常山而又择长广等细节中却可以看出，皇帝离并例当有重臣留守，尤其是在皇权传接等重要时点。《北齐书·任城王湝传》又载：

> 自孝昭、武成时，车驾还邺，常令湝镇晋阳，总并省事，历司徒、太尉、并省录尚书事[⑤]。

此条直接提示出并省与留守之间的关系，即总并省事的并省录尚书事即留守大臣。由此我们虽不能完全认定凡并省尚书令或录尚书事者必为晋阳留后，但至少诸王而任此职者可能性就很大。后主时期，晋阳留守依然在实行。《南阳王绰传》载：“绰始十余岁，留守晋阳。”[⑥]由此可见，北齐诸帝在暂离期间，邺京例设留台。与此同时，北齐诸帝不驻并州期间，晋阳亦例设留守，而任此职者应即并省最高长官。邺京留台主要是在皇帝出行期间负责首都留后事务，而晋阳留守亦即并省亦应是在皇帝离并期间负责别都相关事务，其实质相当于一个留台。留台设置的目的并非为皇帝驾临而服

---

① 《北齐书》卷四一《鲜于世荣传》，第539页。
② 《北齐书》卷一九《莫多娄贷文传附子敬显传》，第253页。
③ 《北齐书》卷一六《段荣传附子韶传》，第209页。
④ 《资治通鉴》卷一六八《陈纪二》，第5197页。
⑤ 《北齐书》卷十《任城王湝传》，第137页。
⑥ 《北齐书》卷一二《南阳王绰传》，第159页。

务，而主要是在皇帝离开时行使代理权，维持日常事务并处理紧急事态。《上洛王思宗传附弟思好传》载其拥兵反叛进攻晋阳时，“武卫赵海在晋阳掌兵，时仓卒不暇奏，矫诏发兵拒之”①。武卫虽掌兵但需诏方可调用，这时就必然需要作为行政中枢的尚书省的配合。因此，此次矫诏发兵抵御南安王思好之叛必得并州尚书省之力。此正乃并省是在皇帝不驻时发挥职能的例证。

还需要指出的是，并省作为留台毕竟与邺京留台不同。邺京为北齐中央政府所在，当皇帝自率行台出征出巡时，邺京中央机构临时形成留台组织，暂时负责京城留后事务，待皇帝回京，邺京中央机构就回归常态，可以说，邺京留台本质上是中央机构，其作为留台只是暂时性的。而并省本质上就是留台，且始终是作为留台在发挥作用。在皇帝居邺的正常情况下是如此，在皇帝驻并期间也不可能改变自身性质。因为皇帝自随行台与邺京留台的组合，已经基本解决了皇帝出征出巡期间，中枢权力和朝廷政务的运转问题。尤其是在职权方面，晋阳骑兵、外兵二省独立于并省之外，由中央直接管辖，是并省不直接掌握军权之证②。并省长官没有兼并州刺史的惯例，不治兵的同时，亦不直接治民。由此可见，并省的职权范围无疑非常有限。在这个意义上可以说，渊源于晋阳大行台的并省，与此时兼治军民、已成为州郡之上的最高一级地方行政机构的地方行台相比，虽品级较高，但实际职权则远不如后者。而之所以如此，正是由于晋阳地位重要，乃北齐皇帝需要着力控制之地点，无论是频繁临幸，还是军权直属、留台之设，都体现出中央对这一地区的直接控制，是中央对地方权力的一种制衡。同时，这种中央机构与地方政府并存、军权与民事分张的格局，也就必然导致这些机构在相互制衡中不可能一头独大，更不可能超过相应中央部门而偏离这一制度设计的初衷。

其实还有诸多细节透露出并省权位并不像以往所论那样重要。如前已述及，《北齐书》本纪例书三公官和尚书省长官的人事变动，而不及并省，如并省确与邺省分庭抗礼的话，史料应不会对并省职官毫不涉及。另，《后主纪》天统五年四月条载：“诏以并州尚书省为大基圣寺，晋祠为大崇皇寺。”③此举虽非废除并省④，但必然

---

① 《北齐书》卷一四《上洛王思宗传附弟思好传》，第185页。

② 《北齐书》卷四十《唐邕传》：“北齐因高祖作相，丞相府外兵曹、骑兵曹分掌兵马。及天保受禅，诸司监咸归尚书，唯此二曹不废。令唐邕、白建主治，谓之外兵省、骑兵省。其后邕、建位望转隆，各为省主，令中书舍人分判二省事。”（第533页）严耀中认为二省“在性质上仍属于设在并州的尚书机构”的观点似不妥。另，并省亦有五兵尚书，见《北齐书》卷四一《皮景和传》，第357页。但其与二兵省以及邺省五兵尚书的分工关系尚不清楚。

③ 《北齐书》卷八《后主纪》，第102页。

④ 此后还见多位并省官员，如《北齐书》卷四三《源彪传》载：“齐末又有并省尚书陇西辛懿。”（第579页）周一良据此判断“齐末犹存此制”。

关联到并省迁衙甚至可能是部分职署的裁撤，如果并省位高权重职责重大，迁址改寺之事应不会发生。另一方面，几例证明并省事务繁重之例其实也还有讨论的必要。如《魏收传》载《魏书》修成后，“于是命送一本付并省，一本付邺下，任人写之”，但送书并省的原因是“及诏行魏史，收以为直置秘阁，外人无由得见”①，也就是说，并省收藏书史供人写阅并非其分内职能，而是魏收成书后急于扩大影响以收名誉而提请的临时性事务。本节开头已言，除并省之外，晋阳还同时设宫。晋阳宫与相应中央机构的关系，也有助于我们理解并省与邺省之间的关系。《隋书·百官志中》长秋寺条载：“领中黄门、掖庭、晋阳宫、中山宫、园池、中宫仆、奚官等署令、丞。”②晋阳宫长官属邺京长秋寺管辖，那么，晋阳并省与邺京中央尚书省的关系很可能与此相类，因此有关并省与邺省分庭抗礼、甚至越过邺省而成为政务中心的观点似不能成立。

综上所述，北齐并州尚书省的设置，直接承接的是霸府时代设于晋阳的大行台，而非大丞相府，本质上就是设于别都的留台，属于中央尚书省的分支机构。北齐皇帝在出征出巡以及驻并期间，是由自随行台与邺京留台内外配合来继续运行中枢权力和朝廷政务。在这种体制下，虽并省职官与京省品秩相等仅位次稍后，并省地位名义上与京省相近，但实际职权则远不相侔，并省只是在皇帝不在晋阳时执行留后事宜，并不存在北齐皇帝驻并期间，其职权就突然膨胀而取代京省的情况。相反，正因北齐皇帝的频繁临幸和严格管控，并省既不掌兵权也不涉民政，实权反而不如其他各处的正常行台。并州尚书省的上述性质、职权，与北齐一代邺京作为首都而晋阳仅为别都的主辅格局，可以说正相呼应。

① 《北齐书》卷三七《魏收传》，第491页。

② 《隋书》卷二七《百官志中》，第757页。

北魏平城时期丝绸之路及其影响

宋志强

（大同古城保护与修复研究会　大同　037006）

亘古以来，东方的中华文明，西方的古希腊—罗马文明，南方的印度文明，因山川、沙漠、海洋等天然障碍，各自发育成具有独特个性的文明。西南隆起的青藏高原，使得中国与中亚、西亚乃至欧洲的交往，被局限于天山山脉南北两麓以及那条窄窄的河西走廊。正是这条狭长的通道将三个文明串联在一条线上，这条通道就是闻名中外的东西方文明和不同文化交流的线路——丝绸之路。丝绸之路横贯内陆欧亚，是古代连接东西的大动脉，经张骞“凿空”和甘英远行，使得古希腊和罗马、中国、印度、西亚几大古代文明直接联系起来，这是伟大的壮举，也是历史的必然。由此，共同构筑了一条跨越2000多年的东西方之间融合、交流和对话之路。

历史上的丝绸之路不仅随着自然地理环境和人文环境的变化而有所变迁，同时其东端起点也随朝代更迭、都城易位而发生变化。崛起于4世纪的拓跋鲜卑，在5世纪初结束了持续一个多世纪的动荡格局，统一北方，为丝绸之路的再度畅通创造了条件。作为北方游牧民族的鲜卑族人，本就对中亚、西亚文化有一种认同感。入主中原建立北魏王朝后，将丝绸之路在两汉、魏晋的基础上进一步拓展。北魏平城时代（398～494年）近百年，北魏与西域诸国的报使往来规模空前，中西交流呈现出一片繁荣的景象，且不曾中断，并延续到迁都后的洛阳，即所谓“自葱岭以西，至于大秦，百国千城，莫不欢附，商贾贩客，日奔塞下”①。

一、5世纪丝绸之路东端——北魏平城

太武帝拓跋焘时期，讨柔然，征夏国，取北燕，灭北凉，逐步统一黄河流域，十六国战乱以来拥塞的绿洲丝路再次打通。西方的大秦（《魏书》称““普岚”，即拜占庭帝国），西亚的波斯（萨珊王朝），中亚的大月氏、嚈哒和昭武九姓诸国，南亚的五天竺诸国、师子国（斯里兰卡），都通过丝绸之路与当时的北魏王朝发生关系。东端的高句丽、百济等与北魏王朝的使节往来也极其频繁。中西间人员、物质和文化的交流，比之秦汉魏晋时期有显著的发展。

---

① 杨衒之撰，周祖谟校释：《洛阳伽蓝记校释》，中华书局，2013年，第112页。

平城时期，北魏曾多次遣使西域（表一），其中董琬、高明是两汉南北朝最重要的西使之一，堪与张骞、甘英媲美[①]，还有大量没有留下姓名和事迹的使者往来于东西。

表一　北朝西使者略表

时间	使者	事迹	出处
太延元年（435年）	王恩生、许刚等20余人	“遣使者二十辈使西域。” “始遣行人王恩生、许纲等西使，恩生出流沙，为蠕蠕所执，竟不果达。”	《魏书·世祖纪》 《魏书·西域传》
太延二年（436年）	董琬、高明等6人	“遣使六辈使西域。” “又遣散骑侍郎董琬、高明等多赍锦帛，出鄯善，招抚九国，厚赐之。……已而琬、明东还，乌孙、破洛那之属遣使与琬俱来贡献者十有六国。自后相继而来，不间于岁，国使亦数十辈矣。”	《魏书·世祖纪》 《魏书·西域传》
太平真君二年（441年）	太武帝遣使者出使天竺、罽宾	“鄯善王恐惧欲降，会魏使者劝令拒守。” “会魏使者至天竺、罽宾还，俱会鄯善，劝比龙拒之，……”	《魏书·沮渠无讳》 《魏书·西域传》
太平真君五年（444年）	4批人	三月，“戊戌，遣使者四辈使西域”。	《魏书·世祖纪》
太平真君五年（444年）至兴安二年（453年）间	谷巍龙出使迷密	汉文题记：“大魏使谷魏龙今向迷密（今乌兹别克斯坦撒马尔罕东南）使去。”	罕萨山谷的印度河边悬崖上一块岩石上的题刻[②]
皇兴年间（467～471年）	韩羊皮	“朝廷遣使者韩羊皮使波斯，波斯王遣使献驯象及珍物。”	《魏书·西域传》
延昌年间（512～515年）	高徽	“延昌中，假员外散骑常侍，使于嚈哒，西域诸国莫不敬惮之，破洛侯、乌孙并因之以献名马。”	《魏书·高湖传》
神龟年间（518～520年）	高徽	“神龟中，迁射声校尉、左中郎将、游击将军。又假平西将军、员外散骑常侍，使嚈哒。”	《魏书·高湖传》
熙平二年（517年）	宋云、沙门法力等	“初，熙平中，肃宗遣王伏子统宋云、沙门法力等使西域，访求佛经。”	《魏书·西域传》
西魏（535～556年）	张道义	“于是乃推波斯使主张道义行州事。”	《周书·令狐整传》

西方使者更是络绎不绝，据对《魏书》的不完全统计，这一时期，就有47个中亚、西亚和西域国家108次的朝贡记录（表二），可谓空前。这一时期的所谓贡使，贸易色彩浓厚。一些贡使，本就是商人充当，或商胡冒充。出使西域者，行前都“多赍

① 余太山：《两汉魏晋南北朝与西域关系史研究》，商务印书馆，2011年，第201页。

② 马雍：《巴基斯坦北部所见“大魏”使者的岩刻题记》，《西域史地文物丛考》，文物出版社，1990年，第129～137页。

锦帛”，至西域各国后，皆“厚赐之”；来朝贡者“得朝廷所赐，拜受甚悦”，于是乎“俱来贡献”，“不间于岁”[①]。

表二　平城时代中亚、西亚和西域诸国对北魏朝贡统计表

序号	平城时期 国家或地区	太武帝 （424～452年）	文成帝 （452～465年）	献文帝 （466～471年）	孝文帝 （471～494年）	合计
1	疏勒	3	4			7
2	粟特	4	1	2	2	9
3	龟兹	3			5	8
4	破洛那（洛那）	4	1		1	6
5	悉万斤				6	6
6	波斯		2	2	1	5
7	于阗		2	4		6
8	鄯善	5				5
9	叠伏罗				2	2
10	罽宾	1	1			2
11	渴盘陀	2	2			4
12	员阔	1			2	3
13	悦般	2				2
14	遮逸	2	1			3
15	悉居半	1	1			2
16	者舌	1				1
17	乌孙	1				1
18	车师	4				4
19	居常		2			2
20	蓰王		2			2
21	契啮		1		1	2
22	思厌于师		1			1
23	石那		1			1
24	对曼		1			1
25	嚈哒		1			1
26	普岚		2	1		3
27	阿袭			1		1
28	浮图沙	1				1
29	迷密	1				1
30	保达		1			1

① 《魏书》卷一百二《西域传》，中华书局，1974年，第2260页。

续表

序号	平城时期 / 国家或地区	太武帝（424～452年）	文成帝（452～465年）	献文帝（466～471年）	孝文帝（471～494年）	合计
31	沙猎		1			1
32	出于		1			1
33	叱万单		1			1
34	叱六手			1		1
35	昌亭				1	1
36	阔悉				1	1
37	车多罗				1	1
38	西天竺				1	1
39	舍卫				1	1
40	粟提婆				1	1
41	州逸				1	1
42	河龚				1	1
43	阴平				1	1
44	頞盾	1				1
45	康国	1				1
46	吐呼罗				1	1
47	合计	38	30	11	30	109

自平城西行道路均要渡过黄河，故多曲折，主要有三条路线：西溯武州川水过盛乐、云中，经君子津过黄河；或由盛乐西北行，经武川镇、怀朔镇，由五原金津渡黄河；由平城西南行穿过吕梁山脉北段山地渡黄河。北魏初期，由河西到平城或北部六镇，只有陆路。为此，河西薄骨律镇将刁雍建议利用黄河开通河西至沃野镇的水道，造船漕运军粮，大大节省了人力财物，缩短了运输时间。

平城时期丝绸之路东段主要交通路线有三条。

1. 北路

远古时期，东起大兴安岭，西至黑海，游牧民族便在这片横贯欧亚大陆的草原上活动。阿尔泰山的玉石源源不断输入中原，中原的丝绸也早在此时已通过游牧民族从东方传向西方。公元前2世纪，汉武帝时代，改变了通向西方的交通路线，迫使匈奴北退，打通河西走廊通道，把通向西方的道路从不固定的北方草原游牧路线南移至沙漠路线，但是北方的草原路线并未消失。4世纪，民族大迁徙，使得草原上的东、西交通频繁起来，迨至5世纪的北魏平城时期，以平城（山西大同）为中心，沿平城以北的六镇防线，西接伊吾，东至辽东（辽宁辽阳），逐渐形成了一条贯通中国北方的东、西国际交通路线①。这条线路平城以西所经路线大致为：

平城—盛乐—武川镇—怀朔镇—五原金津渡黄河—沃野镇—居延—伊吾
平城—盛乐—武川镇—怀朔镇—五原金津渡黄河—沃野镇—居延—沿额济纳河—酒泉

2. 中路

从姑臧经白亭河道，再翻越贺兰山，过薄骨律（灵州，今宁夏灵武）、盐池（宁夏盐池），越白于山北麓向东至统万城（陕西靖边）、榆林，再向东过黄河至平城为中路，这是一条从河西走廊到达平城的捷径，从平城出发的大致线路为：

平城—盛乐—云中—君子津渡黄河—统万城—盐池—灵州—姑臧—酒泉
平城—北秀容川—吕梁山脉北段—河曲渡黄河—统万城—盐池—灵州—姑臧—酒泉

3. 南路

从姑臧（甘肃武威）东南行，渡过金城（甘肃兰州）附近的媪（温）围河，通过所谓的秦州路，经上邽（甘肃天水）过六盘山山脉东南麓的平凉（宁夏彭阳）和安定（甘肃泾川），往东北行，过白于山南麓的杏城（陕西黄陵）、鄜城（陕西洛川）到无定河上游地区陕北绥德、榆林，从这里再经过鄂尔多斯沙漠东南边缘而东北行，或者从河西东北角的麟州（陕西神木）、府州（陕西府谷），东渡黄河到河曲，再穿过吕梁山脉北段山地至偏关、平鲁到平城，或者穿过鄂尔多斯沙漠东部北行，到流过乌拉山东部南麓而东流的黄河岸，在黄河南折处的君子津（内蒙清水河县）过河，到达云中后再东南行经盛乐（内蒙和林格尔县）到平城。这条被称为鄂尔多斯沙漠南缘路的道路，是通往平城的主要交通线路。此外，还有一条自金城附近至高平镇（宁夏固原）附近，再经泾河上游到达鄂尔多斯沙漠南缘，再东行至无定河流域的道路。鄂尔多斯沙漠南缘路从平城出发的大致线路为：

平城—盛乐—云中—君子津渡黄河—鄜州—泾川—平凉—上邽—姑臧—酒泉
平城—北秀容川—吕梁山脉北段—河曲渡黄河—鄜州—泾川—平凉—上邽—姑臧—酒泉

平城时期，政治上南北分裂，但就欧亚大陆的东西交通而言，其活跃程度远远超过两汉和魏晋时期。如果说两汉时期的中西交通还带有过多的政治、军事色彩的话，那么这个时期的中西交通则具有更多的民间经贸的性质。尤其是北魏与中亚、西亚和西域各国的交往，由于胡族政权的特殊性质，其经济意义更加突出。中西间贸易导致

① 齐东方：《李家营子出土粟特银器与草原丝绸之路》，《北京大学学报》1992年第2期。

西方金银币在5世纪丝路沿线的一些地方流通，这已为我国境内陆续出土波斯银币、罗马金币所证实。从西方输入的珍禽异兽、金银器皿、玉石、玻璃、香料、奇果，毛织物、汗血宝马、葡萄美酒等，异域风格浓郁，令王侯将相趋之若鹜；由中土输出的丝、绸、绢、帛、麝香、铜锡、纸张等，载满驼背囊袋，使贡使胡商获利丰厚。

4世纪以来，中亚商胡在河西走廊的敦煌、酒泉、姑臧（武威）等地驻足，形成聚落，以为东进之根据。北魏通西域后，随着自由商贸的快速发展，西域商胡在中土定居的人员也日益增多，政治都市及交通要冲地区的胡人聚落亦渐次多了起来。由于北魏政府的认可，聚落内任其族人自治，使其保留本国的生活习俗和宗教信仰。

在这一时期的墓穴中，有表现墓主人生前生活的壁画，其内容、技法酷似龟兹石窟壁画和河西嘉峪关十六国时期的墓画，众多中西文明交融的画面，将1500多年前那个文化多样性的社会，形象地展示于世人面前。墓葬中还有诸如来自波斯的金银器、鎏金铜器、银币，来自大秦的玻璃器等，成为今天我们探讨丝绸之路与北魏平城关系的重要物证。

中西间的一些技术交流，也在这一时期相继开展。随着玻璃制品的传入，西方玻璃的制造技术也随之传入。大月支商人在平城西山烧制玻璃，是西方玻璃制造技术东传的最早记载。再有，《魏书·西域传》还记载了有西域医术和魔术的传入。

考古发现显示，4世纪中叶至5世纪末，中国的北方、朝鲜半岛和日本相继开始使用可能最早由鲜卑人制造的金属马镫。5世纪末，金属马镫踏着活跃在草原丝绸之路上的各族骑手的蹄迹，迅速传遍欧亚大陆。马镫引入欧洲，促使了重甲骑兵的发展，也有助于封建骑士阶层的形成，对欧洲中世纪的历史产生过深远的影响。

5世纪初，马镫在中国北方的普及，为重装骑兵的出现创造了条件。这时在鲜卑族统治的北方，结构完整的具装铠已武装骑兵。北魏司马金龙墓、雁北师院北魏墓以及之后的北朝墓葬中，都出土有骑着铠马、身披铠甲的甲骑具装俑。有意思的是，处于丝绸之路上的杜拉·尤罗波斯（在幼发拉底河畔）安息时代（前247～前224年）的图像中，就有一个披着铠甲头戴兜鍪的骑士，他的战马也披着铠甲。所以，这些军事装备的制造和使用，有可能是吸收了安息的技术而发展起来的①。

平城时期，作为文化交流的使者的佛教徒，是丝绸之路最活跃的因子。来自印度、罽宾、龟兹等地的高僧，如佛图澄、鸠摩罗什、师贤等，以弘道为己任，满怀虔诚之心，越千山万水，跨大漠戈壁，东来传法（表三）。与此同时，也有大量皈依佛教的中土人士，跋涉西行，远赴罽宾、天竺等国求学取经（表四）。中西僧徒穿梭于丝绸之路，从事佛教活动，最终使这一外来宗教植根中国，成为中国文化不可分割的一部分。

---

① 郭物：《国之大事——中国古代战车战马》，四川人民出版社，2004年，第153页。

表三　5世纪由陆路丝绸之路东来传法之高僧略表

序号	高僧	来自	纪事	出处
1	鸠摩罗什（344～413年）	龟兹	天竺人，生于龟兹。少时于天竺学法，后遍游西域。后秦弘治三年（401年），姚兴以其为国师，译西域《经》《论》300余卷	《高僧传》卷二
2	昙摩耶舍	罽宾	后秦弘治九年（407年）至十七年，与昙摩崛多于长安共译《舍利弗阿毗昙论》22卷	《高僧传》卷一 《历代三宝记》卷八 《开元释教录》卷四
3	昙摩崛多	天竺	后秦弘治九年（407年）至十七年，与昙摩耶舍于长安共译《舍利弗阿毗昙论》22卷	《历代三宝记》卷八 《开元释教录》卷四
4	昙摩密多（356～442年）	罽宾	初到敦煌，即立禅于旷地，禅者济济、趋者如云	《高僧传》卷二
5	昙无谶（385～433年）	中天竺	由龟兹至姑臧，译《大般涅槃经》前分及《大集》等经，共11部112卷。魏太武帝闻其名，遣使迎请，沮渠蒙逊怕其助北魏，于己不利，派刺客于路害之	《高僧传》卷二
6	弗若多罗	罽宾	弘治中，达长安，诵《十诵律》梵本，鸠摩罗什译出	《高僧传》卷二
7	佛陀耶舍	罽宾	弘治十年（408年），与竺佛念译出《四分律》44卷、《长阿含经》等	《高僧传》卷二
8	佛陀跋陀罗（359～429年）	天竺（迦毗罗卫人）	智严游学西域，请与俱至长安。后慧远迎至庐山，译《达摩多罗禅经》。后与法显等译出《摩诃僧祇律》40卷、《大般泥洹经》6卷。又创译《华严经》60卷	《高僧传》卷二
9	卑摩罗叉（？～413年）	罽宾	先在龟兹，弘阐律藏。弘治八年（406年），至长安	《高僧传》卷二
10	法众	高昌	受沮渠蒙逊供养，译出《方等陀罗尼经》4卷	《历代三宝记》卷九
11	跋陀罗	天竺	法显至于江南，更于天竺禅师跋陀罗辩定之，谓之《僧祇律》，大备于前，为今沙门所持受	《魏书·释老志》
12	师贤（？～460年）	罽宾	罽宾王族，东游凉州，凉灭入京都平城。文成帝复兴佛法后，任道人统，掌管僧尼事务，主持复兴工作	《魏书·释老志》
13	浮陀跋摩	西域	元嘉（424～453年）中至西凉，译《毗婆沙论》100卷，时值战乱，失40卷。后避乱西返	《高僧传》卷三
14	邪奢遗多	狮子国	到京师平城奉佛像3尊	《魏书·释老志》
15	浮陀难提	狮子国	到京师平城奉佛像3尊	《魏书·释老志》
16	胡沙门	沙勒	到京师平城献佛钵和佛画像	《魏书·释老志》
17	昙曜	西域	北魏沙门统。开凿云冈石窟的倡导者和组织者。平城石窟寺译经的组织者和参与者	《魏书·释老志》 《续高僧传》卷一六

续表

序号	高僧	来自	纪事	出处
18	吉迦夜	西域	延兴二年（472年），至平城，于平城石窟寺译《付法藏传》《方便心论》经等多种	《历代三宝记》卷九《开元释教录》卷六
19	常那邪舍	天竺	于平城石窟寺与昙曜译新经14部	《魏书·释老志》
20	佛陀（佛陀跋陀）	天竺	于平城得道，结徒习禅，帝甚重之。迁洛，敕少室山为其造少林寺。为少林寺第一任寺主	《魏书·释老志》《续高僧传》卷一六

表四　东晋南北朝由陆路丝绸之路西去求法之高僧略表

高僧	求法时间	前往地域	事迹记述	出处
法显	东晋隆安三年（399年）至义熙八年（412年）	天竺	遍历北、西、中、东天竺。回国后，同佛陀跋陀罗、宝云等译出《摩诃僧祇律》40卷，《摩诃僧祇比丘戒本》1卷，《僧祇比丘尼戒本》1卷，《大般泥洹经》6卷，《杂藏经》1卷，《方等泥洹经》2卷、《杂阿毗昙经》13卷，并撰《佛国记》	《高僧传》《佛国记》
智严、宝云等	东晋安帝时期（397~418年）	罽宾、天竺	请佛陀跋陀罗（觉贤）相偕同归东土。译出：《普曜经》6卷、《广博严净经》4卷、《四天王经》1卷等	《高僧传》卷一《高僧传》卷三
支法领、法净等	东晋安帝时期（397~418年）	于阗	得《华严经》	《高僧传》卷七
智猛、昙纂、竺道嵩等	后秦弘始六年（404年）	于阗、天竺	得《泥洹经》，《摩诃僧祇律》之梵本。于凉州译出《大般泥洹经》20卷，作《外国传》4卷	《高僧传》卷三《出三藏记集》卷一五
昙无竭	宋永初元年（420年）	罽宾、月氏、中天竺、南天竺	昙无竭（法勇）经罽宾时得《观世音受记经》之梵本	《高僧传》卷三
道泰	5世纪初	葱岭以西诸国	出葱西，历游西域，综揽梵文，得《毗婆沙论》梵本十万余偈，于北凉玄始十六年（427）译出《阿毗昙毗婆沙论》100卷	《名僧传抄》
道药（荣）	北魏正平元年（451年）	僧伽施国	从疏勒道入，经悬度，到僧伽施国，及返。著《道荣传》，已佚，杨衒之《洛阳伽蓝记》多有引用	《洛阳伽蓝记》卷五《释迦方志》卷下
法献	北魏延兴五年（475年）	于阗	经巴蜀、凉州至于阗，得乌缠国佛牙1枚、舍利15粒，及《观世音灭罪咒经》	《高僧传》卷一三
宋云、慧生	北魏神龟元年（518年）	于阗、天竺	带回大乘佛经170部。宋云著《宋云家记》，慧生著《慧生行记》	《洛阳伽蓝记》卷五

这一时期，由于北魏帝王提倡和支持，助推了空前狂热的佛教崇拜之风，从西域到敦煌，再到平城，丝绸之路沿线佛教石窟开凿进入了高潮期。由于云冈石窟始凿于北魏拓跋氏统一北方的平城时代，即多民族大交融之际，故云冈石窟被视为中华民族发展时期的标志之一。又由于云冈石窟受到印度犍陀罗艺术（融合希腊、罗马、波斯、印度等文化特色）的影响，故它被视为中西文化艺术最初交流的结晶[①]。以云冈石窟为代表的5世纪佛教石窟群，是那个时期留给全人类最宝贵的文化遗产。

平城时期，中亚、西亚及西域音乐东传，是中西文化交流中，很突出的一项。其中天竺乐、龟兹乐、疏勒乐、安国乐、悦般乐等，皆以凉州为中介，在这一时期传入平城，为北魏宫廷音乐所采纳，对北周、隋乃至唐代的音乐都产生了极为重要的影响。

鲜卑拓跋部建立的北魏王朝，是古代中国从动荡分裂的魏晋南北朝时期转向统一强盛的隋唐大帝国的关键阶段[②]。处在如此重要的历史转折点的北魏王朝，特别是它的前期——平城时代的近百年里，民族迁徙融合，文化交流认同，中西往来频繁，开放融合的文化形态和兼具东西的社会生活，丰富而生动。永嘉之乱，中原动荡，世族文人纷纷避祸河西，区区河右，学者云集，使河西走廊的文化得到前所未有的提高，客观上为本地接受外来文化提供了智力支撑，同时也为向中原输送外来文化提供了便利。北魏太延五年（439年），北魏灭北凉，避祸河西的这批世族文人大多东迁平城，入仕北魏，修史书、典经籍、订礼乐，将保留下的汉魏文脉在代北平城重新播种、发展。与此同时，平城经河西至西域的交通再度畅通无阻，居留于河西的西域僧人和商胡也东来平城。加之，南北交聘经年不断，使得胡、汉文化，南、北文化，中、西文化于平城杂糅融合，形成了兼纳百川的文化格局。

二、北魏平城丝绸之路空间上向东亚的延伸

魏晋南北朝时，朝鲜半岛处于高句丽、百济、新罗三个政权控制之下。高句丽是中国古代北方少数民族建立的王国，其控制的疆域大部分在我国的东北境内，今天朝鲜北部的部分地区也在高句丽的控制之下。北魏始光四年（427年），迁都平壤的高句丽模仿秦汉建立中央集权制。高句丽与北魏维持友好关系，据统计，高句丽曾向北朝派遣使节102次，其中北魏平城时期有46次之多。在积极吸取中原的先进文化，加以发展的同时，给南方的百济、新罗以影响。并将汉文化东传日本，为日中交流起桥梁作用。5世纪，一条以平城为中心节点，贯通中国北部东、西，并向朝鲜半岛及日本延伸

① 王介南：《中外文化交流史》，人民出版社，2011年，第115页。

② 朱大渭：《评李凭的〈北魏平城时代〉》，《光明日报》2000年12月15日第C04版。

的国际交通路线逐步形成。

通过这条线路，佛教东传。5世纪初，随着高句丽与北魏交往的频繁，作为佛教常见装饰的忍冬纹和莲花纹，开始在高句丽逐步盛行起来，并且应用到建筑装饰和墓葬当中，成为常见的纹饰图案。受到北魏佛教隆盛的影响，大量以佛教为题材的壁画也出现在这一时期高句丽墓葬壁画中。著名的长川一号墓壁画中，绘有参佛、礼佛、拜佛、敬佛的形象近百人。该礼佛图是迄今发现高句丽古墓壁画中所仅见的，为研究佛教再传东亚以及在高句丽流布情况提供了难得的资料。

通过这条线路，中日间人文交流得以开展。由中国的辽东经朝鲜半岛到日本列岛，是中日文化交流最早的交通路线。高句丽、百济、新罗三国一方面吸取先进的中原文化，另一方面将汉文化东传日本，为中日交流起着桥梁作用①。日本在古坟时代中期（392～504年）与百济有密切的往来，有包括半岛汉人在内的大批人士东渡。百济博士王仁把汉文书籍带到日本，日本开始学习汉文，使用汉字。中国的先进文化由此给予日本极大影响。隋唐时期大规模的中日文化交流，是在魏晋南北朝的基础上发展起来的。

朝鲜、日本的一些考古也发现了众多来自西方或是深受西方影响的器物，如玻璃器、步摇冠、金剑等。其中，高句丽和日本的一些5世纪墓葬，都有遥远异国的玻璃器出土。西方玻璃器进入中土后，在中国社会内流通，最终通过与朝鲜、日本的交流通道进入这些地区。使得这种器物被这两个地区所接受。这些玻璃器与中国出土的西方玻璃器类似，可能是罗马、波斯地区制造的玻璃器。这些来自西方的玻璃器，是那个时期丝绸之路向东亚延伸的佐证。同时，作为广阔地域的东西方文化交流的标志，也受到广泛关注。

三、北魏平城丝绸之路对隋唐文化的影响

魏晋南北朝上接秦汉，下启盛唐，是中西交通史上的重要阶段。特别是北魏平城时期，混合胡汉，串通南北，连接东西，有着丰富的历史资料和考古资料。从考古发现来看，隋唐之前，外来文物最为重要的是金银器皿。其造型、纹样及制作技术上比其他遗物复杂，表现的异域文化元素也更加直观、具体，反映东西文化交流的信息也丰富。从中可以发现，唐代金银器的繁荣与包括5世纪北魏平城时代在内的早些丝绸之路上交流的繁盛是分不开的。

这一时期，是前所未有的民族大交流、大融合时期，也是丝绸之路上中西文化交流愈加繁盛的时期。来往于丝绸之路上的驼队，驮载的不仅仅是物资财富，更多的

① 王介南：《中外文化交流史》，第142页。

精神食粮。中西文化在交流融合中为彼此注入新鲜血液，西方的宗教、胡乐舞、胡乐器、装饰纹样等进入中土。同样，中原文化在也西域广泛流行。

佛教的传入以及中国化的过程，是这一时期中西文化交流最为典型的范例。印度佛教在中国发展，最终形成中国佛教，大致经历译经、形成学派、创立宗派三阶段。这一过程中，作为南北朝时期中国北部佛教中心的北魏平城，集聚了一大批来自天竺、罽宾、西域、黄龙、长安、凉州、彭城等各处高僧，他们在平城开窟修禅、造塔立寺、翻译佛经、大开讲席、演唱诸异。并涌现了一批禅师、成实论师、涅槃师和四分律师，平城佛教与禅、律、华严、法华等诸学派的形成和发展有重大关联，进而为隋唐创立中国佛教宗派做了重要的准备。再则，北魏平城时代重大的政治、经济、文化改革，影响深远，惠及隋唐。可以说，佛教的政治化、伦理化、世俗化是从北魏平城时代开始的。开凿于这一时期的云冈石窟开创了佛教石窟艺术的“平城模式”，为佛教艺术中国化之先声。

这一时期，也是中外乐舞艺术大交流、大融合的时期。胡乐胡舞在北方甚至南方，上至宫廷、下至闾里，盛极一时。吸收了域外乐舞优长，创造出更高水准的音乐舞蹈，从而为隋唐乐舞艺术的高度发展埋下基石，准备了条件，也为中国古代乐舞黄金时代的到来拉开了序幕[①]。

这一时期，以平城为中心的交通网络的建设，横跨东西，贯通南北，进一步完善了北方的交通架构，也被后代所继承。为隋唐中西交通的全面畅通，打下了坚实的基础。

这一时期，以中亚粟特人为代表的西域胡商的东来，并在丝绸之路沿线建立聚落，编织起纵横东西、跨域南北的网络，奠定了隋唐时期中西之间广泛经济交流的基础。

这一时期，与周边胡族文化互动，与东北亚、中亚、西亚、南亚文化的互动交流，是形成多元一体的中华民族共同体的关键期，也是将中国文化推进到“亚洲之中国”时代的关键期，是酝酿下一个繁荣盛世的关键时期。平城时代文化交流的各项成果都被北朝后期所继承，进而催生了光辉灿烂的隋唐文化。隋唐统治者本身就具有很浓厚的北方民族血统，尤其和鲜卑族的关系最为密切。北魏、北齐的典章制度，亦是隋唐之制度最为重要的一源。这使得隋唐帝国重新统一之后，中国文化更增添了雄健、自信和向上的豪迈之气，这便是鲁迅所说的“大有胡气”[②]。历史不容假设，如果可以的话，设想如果没有这些交流的话，李白那美妙传世的诗歌、唐高宗《霓裳羽衣》那动人的舞曲、敦煌包罗万象的壁画、长安中古世界经济文化中心之一的地位，

① 王介南：《中外文化交流史》，第148页。

② 鲁迅：《鲁迅全集》第12卷《致曹聚仁》，人民文学出版社，1981年，第184页。

或许都不存在。

大同地处桑干河上游河谷盆地，位于中原农耕文明与草原游牧文明的连接地带，自古就是多民族聚居之所，北方民族由此南下中原，是研究这一区域历史离不开的地理和人文背景。先秦两汉时的匈奴、魏晋南北朝时的鲜卑、辽金时的契丹和女真，皆以此地为跳板，或南下陕洛，或东出太行，民族迁徙融合，文化交流互见，始终是这一区域历史过往的主线。从这座城市与外部交往的发展脉络看，先秦时期，这里就是"玉石之路"的中转基地。汉代丝绸之路开通，这里就有了西域人活动的踪迹，如广灵汉墓和朔州两汉墓葬中，就出土过一些深目高鼻中亚人面貌的胡俑。北魏平城时代，更是以丝绸之路起点，而辉煌于中西交通史。明清时，这里又是晋商开拓的万里国际"茶叶之路"——"万里茶道"的重要节点和基地。大同这座历史文化名城，始终蕴含着开放、交流、互鉴、包容的品格，这是丝绸之路精神真实写照，也是人类文明得以延续和发展的关键所在。

5世纪平城丝绸之路，是商贸之路、外交之路、传教之路、军旅之路、迁徙之路等多重文明交往汇聚一体的交往平台；是中国、印度、中东、欧洲等人类多个文明中心得以彼此遥相呼应、相互接触、相互依托、彼此尊重、彼此借鉴的走廊和纽带；是上承秦汉余脉、下启隋唐鼎盛的关键节点。我们以历史文献资料为依据，以考古发现为佐证，辅以先贤的研究成果，力图对北魏平城时期丝绸之路交通线路的调整与维系、国家间政治军事往来、经济文化交流等，做一全景式的回顾与展示。力图使我们对5世纪平城丝绸之路的认识和研究进入一个新的境界。

魏晋南北朝时期高句丽佛教的传播及思想考论

刘　伟

（通化师范学院高句丽研究院　通化　134002）

一、魏晋南北朝时期佛教在高句丽王国的传播

中原王朝的佛教通过交流曾传至高句丽王国，据《三国史记·高句丽本纪·小兽林王本纪》载："（小兽林王二年）前秦苻坚遣使及僧侣顺道送佛像、经文。"[①]小兽林王四年"僧阿道来"[②]，五年"始创肖门寺，以置阿道"　。公元372年，前秦皇帝苻坚派僧侣顺道到高句丽地区传播佛教并赠送佛经。公元374年僧人阿道来到高句丽。公元375年，小兽林王建造肖门寺安置顺道，不久又建伊弗兰寺安置阿道，这是高句丽佛教传播的开始。文咨明王七年"创金刚寺"[③]，公元498年文咨明王创建金刚寺，进一步促进佛教的传播。此外，平壤一带曾有不少高句丽寺院遗址如定陵寺、中兴寺、清湖里寺等亦能证明高句丽佛教在魏晋时期较为兴盛。有些学者通过高句丽佛像造型与北朝佛像造型比较，认为北朝佛教造像风格对高句丽佛教造像影响较大[④]。

还有一种观点认为佛教于公元366年之前传入高句丽。这一观点主要依据的史料有两则，一是南朝梁僧人慧皎所著《高僧传》中"遁后与高丽道人书云：'上座竺法

---

①　金富轼撰，孙文范等校勘：《三国史记·高句丽本纪·小兽林王本纪》，吉林文史出版社，2003年。

②　金富轼撰，孙文范等校勘：《三国史记·高句丽本纪·小兽林王本纪》，吉林文史出版社，2003年。

③　金富轼撰，孙文范等校勘：《三国史记·高句丽本纪·小兽林王本纪》，吉林文史出版社，2003年。

④　详见齐利毅：《高句丽与中国北朝佛教造像比较研究》，延边大学硕士论文，2014年。此外，吴焯的《朝鲜半岛美术》（中国人民大学出版社，2004年）、李裕群的《高句丽佛像造像考——兼论北朝佛教造像样式对高句丽的影响》（《4—6世纪的北中国与欧亚大陆》，科学出版社，2006年）、金申的《朝鲜三国时代佛像中的山东佛像影响》（《中原文物》2007年第6期）、韩国学者梁银景的《关于景明四年辛卯铭金铜三尊佛的新解及其与中国佛像的关系》（《先史和古代》卷23，2006年）、金春实的《中国山东省佛像和三国时代佛像》（《美术史论坛》卷19，2004年）、郑永镐的《高句丽佛像雕刻的特性研究》（《高句丽渤海研究》卷23，2001年）等论著皆提到高句丽佛教造像深受北朝佛教造像样式的影响。

深，中州刘公之弟子，体德贞峙，道俗论综，往在京邑，维持法纲，内外具瞻，弘道之匠也’”的记载。二是高丽时期的僧人觉训所著《海东高僧传》中“释亡名，句高丽人也。志道依仁，守真据德，人不知而不愠，考锺于内，在邦必闻。沛然有余，厥闻旁驰。晋支遁赔书云：上座竺法深，中州刘公之弟子，体性贞崎，道俗纶综，往在京邑，维持法纲，内外具瞻，弘道之匠也”的记载。第三种观点认为佛教于公元396年之前传入高句丽。这一观点的依据是南梁僧人慧皎所著《高僧传》的记载：“释昙始，关中人。自出家以后，多有异迹。晋孝武太元之末，赍经律数十部，往辽东宣化，显受三乘，立以归戒。盖高句丽闻道之始也。”第四种观点认为佛教在公元357年之前已经传入高句丽。这种观点主要是依据朝鲜安岳三号墓冬寿墓中壁画（飞天、莲花灯）体现的佛教因素提出的①。如有学者指出：“（这些）图案及藻井形制，均与佛教装饰和建筑艺术有关，墓主人冬寿原为前燕司马，东晋咸康二年（336 年）逃入高句丽，永和十三年（357年）去世，客居高句丽 20 余年。据此分析，佛教传入高句丽的时间，最迟不晚于冬寿卒年，亦即公元4世纪50 年代。”②以上几种高句丽佛教传播情况的记载中《三国史记》的记载是高句丽官方接受佛教的记载，其他三则史料则是关于民间佛教传播情况的记载，视角不同。

高句丽的僧人曾传播佛法于新罗。《三国史记・新罗本纪・法兴王本纪》：“十五年，沙门墨胡子，自高句丽至一善郡，郡人毛礼，于家中作窟室安置。”公元528年，高句丽僧人墨胡子从高句丽到一善郡，受到毛礼的接待，开始为新罗人讲授佛法。虽然是个人的行为，但也表明新罗佛教的传播与高句丽有着些许的关系。真兴王十二年（551年），以高句丽惠亮法师为僧统③，掌管佛教的一切事宜。高句丽的佛法传入为新罗佛教的发展起到了促进作用。

高句丽曾向倭国（日本）传播佛教。公元6世纪末，高句丽僧人惠慈便东渡倭国传播佛法。据《日本书纪・推古天皇》记载：“推古天皇三年，高丽僧慧慈归化，皇太子师之。”公元595年高句丽的僧人慧慈投奔倭国，在倭国宣扬佛法，倭国的圣德皇太子又拜慧慈为师，学习佛理。圣德太子主张“笃敬三宝”，使得佛教很快成为倭国的国教。慧慈的到来，促进了佛学在高句丽的传播。关于高句丽与倭国的佛学交流，有学者指出：“婴阳王十三年（602年），僧隆、云聪东渡日本。婴阳王二十一年（610年），昙征、法定至日本，昙征不仅精通佛学，还旁涉五经，擅长各种技艺，对日本文化的发展也做出了一定的贡献。据《三国佛法传通缘起》卷中、《元亨释书》卷一、《本朝高僧传》卷一记载，早年从高句丽赴隋朝，从嘉祥寺吉藏习三论。返回

① 齐利毅：《高句丽与中国北朝佛教造像比较研究》，延边大学硕士论文，2014年，第8页。

② 梁志龙：《高句丽儒释道三教杂论》，《北方文物》2004年第2期，第91页。

③ 金富轼撰，孙文范等校勘：《三国史记・职官下》，吉林文史出版社，2003年。

后，于高句丽荣留王八年（625年）春正月至日本弘三论宗，门徒很多，如僧 、福亮、智藏、慧师、慧轮等。后来慧灌溉还得到了天皇的提拔和重用，被任命为僧正，并成为日本三论宗的创始人。”[①]可见，高句丽僧人为倭国（日本）的佛教发展做出了不可磨灭的贡献。

佛教在高句丽的地位很高。《旧唐书·东夷列传·高丽》云：“其所居必依山谷，皆以茅草葺舍，唯佛寺、神庙及王宫、官府乃用瓦。”高句丽的普通民众居住之所是茅舍，“唯佛寺、神庙及王宫、官府乃用瓦”表明佛寺与神庙、王宫、官府一样备受敬重，只有这些地方才能用瓦。据考古发掘表明，集安及朝鲜半岛有多处佛寺遗址，其中出土了部分高句丽时期的瓦当，与史书记载正相合。据此可知佛教在高句丽王国具有较高的地位。

佛教在高句丽王国的传入与发展是东北亚地区佛教传播过程中的重要一环。高句丽王国在与中原王朝接触的过程中接受了佛教并以本国为中转站通过交流将佛法推广至新罗、倭国等国。虽然新罗、倭国等国的佛教最早不是由高句丽传入，但这些国家的佛教发展受益于高句丽王国。

二、高句丽的拜佛求福佑思想

除了政治因素（与前秦交好）外高句丽人接受佛教的目的是祈求福佑，据《三国史记·高句丽本纪·故国壤王本纪》载：“九年，三月，下教：崇信佛法求福。”公元392年，故国壤王向全国下令：崇信佛法，祈求福佑。此外，长川一号墓的礼佛图也体现出这一思想：“前室藻井东侧第2重顶石上绘男女墓主人拜佛图。正中为一尊拱手趺坐在须弥座上的佛，须弥座左右各蹲一只张口吐舌的护法狮子。佛像面容丰腴，肉髻，蓄胡须，额上着毫相。双目微睁，神态端庄，着白色通肩大衣，背后有尖拱形背光，内饰火焰纹，背光上部周围有一重绿色饰赭色条纹的帷帐。佛像左侧，一男一女手持华盖，后有两侍女相随。再后面绘一朵双童子面莲花化生图。佛像右侧是头首触地虔诚跪拜的男女墓主人。男主人在前，梳顶髻，着黑地红花襦，穿白地饰黑十字纹花袴，女主人居后，蓬发齐额，粉面朱唇，着带黑色披肩的合衽白襈裙，腰系黑带，背后挽花结。主人身后侍立二女。上方绘两个飞天，身姿优雅，披带飘舞，皆有项光。”[②]此礼佛图亦反映出高句丽人祈求佛庇佑思想。

又据《三国遗事·阿道基罗》载：

（新罗第十九代王讷祇王时）沙门墨胡子自高丽至一善郡。郡人毛礼，

① 李乐营：《高句丽宗教研究》，东北师范大学博士论文，2008年，第62页。

② 耿铁华：《高句丽考古研究》，吉林文史出版社，2004年，第253～255页。

于家中作堀室安置。时梁遣使赐衣著香物，君臣不知其香名与其所用，遣人赍香遍问国中，墨胡子见之曰："此之谓香也，焚之则香气芬馥，所以达诚于神圣，神圣未有过于三宝，若烧此发愿，则必有灵应。"时王女病革，使召墨胡子，焚香表誓，王女之病寻愈。王喜厚加赉贶，俄而不知所归。

据本段记载新罗讷祇王时有一僧人墨胡子从高句丽来，住在一善郡郡人毛礼家，当时南朝梁政府遣使赐给新罗"香物"，新罗人皆不知何物。墨胡子指出此"香物"是"香"，焚烧后有香气，能够上达神明，神明没有超过三宝的（佛宝、法宝、僧宝），如果焚烧此香发愿，必有灵应。后来讷祇王女生病，焚香发愿后果真痊愈。以上这一例子虽带有神秘色彩，但反映出高句丽人认为拜佛能够得到福佑。

三、高句丽的转生极乐世界思想

高句丽人有希望转生极乐世界的思想，如"长川1号墓的壁画上，有两处描绘着化生。在释迦牟尼佛壁画的右角，是一朵双人童子面莲花化生。秒回两个可爱的孩子变化为一朵佛前的美丽莲花。在四五冲顶石上绘有禽鸟和化生。佛教认为人在世间如果不善良，作恶事，不但不能到极乐世界，还要变成其他生灵，遭受轮回之苦。这种思想也深受地影响了高句丽，使化生的形象在墓室之中"①。温玉成指出："此墓绘有莲花化生双童子图约6幅。此等莲花化生，出于众生随九品行业往生，经过化生而托生于莲花之中，从而进入极乐世界。这是信奉《无量寿经》的产物。"②可见，长川1号墓中的莲花化生的童子形象是转生极乐世界的具体表现。耿铁华亦指出："至于莲花化生，则是佛教中美好的传说——那些念佛往生弥勒净土的人，皆在莲花内而生。《莲宗宝鉴》八曰'当生净土，入彼莲胎，受诸快乐'。《小经闻持记》曰'一念神识，托彼莲胎'。长川一号墓仅前室藻井就绘有十多组双童子面莲花化生图。每一组是一朵欲放的莲花，莲花中生出两个着顶光的童子面，形象生动而美好。壁画的年代约当5世纪末到6世纪初，生动地描绘出佛教在高句丽贵族中广泛流传的情景。"③

韩国黄海道谷山郡曾出土高句丽"景□四年"的阿弥陀三尊金铜像，高11厘米，韩国私人收藏。此像为所谓一光三尊式，光背后有铭文68字："景□四年在辛卯比丘道□共诸善知识那娄，贱奴阿王阿琚五人，共造无量寿像一躯。愿亡师父母生生心中，常值诸佛，善知识等，值遇弥勒，所愿如是，愿共生一处见闻佛法。"④此佛像铭文中亦可看出拜佛求福的思想，诚如有学者指出的那样："这尊无量寿佛的制作者首

① 吴广孝：《集安高句丽壁画》，山东书画出版社，2006年，第54、55页。

② 温玉成：《集安长川高句丽一号墓的佛教壁画》，《敦煌研究》2001年第1期，第70页。

③ 耿铁华：《高句丽考古研究》，吉林文史出版社，2004年，第254页。

④ 金申：《朝鲜三国时代佛像中的山东佛像影响》，《中原文物》2007年第6期，第68页。

先是共同祈愿已故的师傅和父母生生世世经常与诸佛相见；其次是作为善知识（懂得正道）的人发愿与弥勒相遇。换言之，他们制作无量寿佛的目的在于为已故师父和父母祈求冥福，并且借此功德祈祷未来能与佛相见。”①实际上此佛像不仅佛像的制作者为亡父母祈求冥福的观念，同时也反映出高句丽人对佛教极乐世界的信仰，“景□四年”的阿弥陀三尊金铜像铭文中出现“无量寿像”一词，无量寿佛就是阿弥陀佛。据《全晋文·释氏·阿弥陀佛像赞》载：

佛经记西方有国，国名安养，迥辽迥邈，路逾恒沙，非无待者，不能游其疆，非不疾者，焉能致其速？其佛号阿弥陀，晋言无量寿。国无王制班爵之序，以佛为君，三乘为教，男女各化育于莲华之中，无有胎孕之秽也。馆宇宫殿，悉以七宝，皆自然悬构，制非人匠。苑囿池沼，蔚有奇荣。飞沈天逸于渊薮，逝寓群兽而率真，阊阖无扇于琼林，玉响天谐于箫管，冥霄陨华以阖境，神风拂故而纳新，甘露征化以醴被，蕙风导德而芳流，圣音应感而雷响，慧泽云垂而沛清，学文噏兮而贵言，真人冥宗而废玩，五度冯虚以入无，般若迁知而出玄，众妙于兹大启，神化所以永传。别有经记以录其懿，云此晋邦，五末之世，有奉佛正戒，讽诵《阿弥陀经》，誓生彼国，不替诚心者，命终灵逝，化往之彼，见佛神悟，即得道矣。

据佛经记载，在极西之地有一国名叫安养国，有一佛名叫阿弥陀佛（又叫无量寿佛）。如果有人诵读《阿弥陀佛经》，发誓往生极乐净土，命终之时，灵魂就会化生到极乐世界，得悟正道。高句丽“景□四年”佛像的铭文说铸造此佛像者发誓愿与父母共同转生极乐世界，可见转生极乐世界的思想在高句丽有一定的影响。

1944年，在朝鲜平壤市平川里出土一佛像光背，该光背上刻有铭文：“永康七年岁次辛（未）/为亡父母早弥勒尊像/福愿令亡者神升兜（率）/慈氏三会/之初悟无生念究竟必果/提若有罪右愿一时消灭/随喜者等同此愿。”②据此佛像铭文所言，佛像的铸造者希望自己父母的灵魂往生兜率天。兜率天是弥勒的住所，《梁书·范缜传》因《神灭论》云：“浮屠害政，桑门蠹俗，风惊雾起，驰荡不休。吾哀其弊，思拯其溺。夫竭财以赴僧，破产以趋佛，而不恤亲戚，不怜穷匮者何？良由厚我之情深，济物之意浅。是以圭撮涉于贫友，吝情动于颜色；千钟委于富僧，欢意畅于容发。岂不以僧有多稌之期，友无遗秉之报，务施阙于周急，归德必于在己。又惑以茫昧之言，惧以阿鼻之苦，诱以虚诞之辞，欣以兜率之乐。”范缜从儒家的立场指出佛教害政蠹俗，应该禁止。“欣以兜率之乐”是说佛教以兜率天的快乐吸引信众，这从侧面上反

① 金相铉：《高句丽的佛教与文化》，《高句丽的文化与思想》，香港社会科学出版社有限公司，2010年，第88页。

② 李乐营：《高句丽佛教礼拜对象辨析》，《中国边疆史地研究》2008年第2期，第110页。

映出兜率天的信仰在民众中有吸引力。《洛阳伽蓝记·城内》篇载（永宁寺）碑云："须弥宝殿，兜率净宫，莫尚于斯也。"范祥雍引《普曜经》曰："其兜术（即兜率）天有大天宫，名曰高幢，广长二千五百六十里，菩萨常坐为诸天人敷演经典。"可见，兜率天有菩萨为诸天人讲授佛经，有些佛教徒希望自己及亲人的灵魂转生于此，常闻佛法。

四、高句丽的灵魂不灭，生死轮回思想

佛教主张灵魂不灭，生死轮回，人的灵魂主要在天、人、修罗、畜生、鬼道、地狱等六道中轮回，循环不息。随着佛教的传入，轮回观念也传到高句丽地区。据《三国遗事·宝藏奉老》篇引《高丽古记》载：

> 隋炀帝大业八年壬申，领兵三十万兵，渡海来征。十年甲戌十月，高丽王上表乞降。时有一人密持小弩于杯中，隋持表使，到炀帝舡中，帝奉表读之，弩发中帝胸。帝将旋师，谓左右曰："朕为天下之主，亲征小国而不利，万代所嗤。"时右相羊皿奏曰："臣死为高丽大臣，必灭国，报帝王之仇。"帝崩后，生于高丽。十五，聪明神武。时武阳王闻其贤，征入为臣。自称姓盖名金。位至苏文，乃侍中职也。

此则材料带有传奇色彩：隋炀帝时期的的右相羊皿为报答国君的知遇之恩轮回转世到高句丽，再世为人化为盖金（盖苏文），为祸高句丽，最终致使高句丽亡国。这一例子是轮回思想在高句丽存在的反映。此外，高句丽陵墓建筑常见忍冬纹图像，如五盔坟五号墓内口凿出的门楣、门框上，以及墓室南壁沿墓室门边缘的影作门楣、门框上，绘着二方连续忍冬花草图案，绿色的枝蔓，相间缀着红、黄、绿、白等色的花叶①。

忍冬纹象征着灵魂不灭、轮回永生，有学者指出："忍冬纹与莲花纹一样，以陵墓建筑中应用和出现最盛，究其原因，盖因生者用象征生死轮回的佛教装饰来寄托对死者的哀思。"②可见，高句丽建筑上忍冬纹的出现象征着灵魂不灭及轮回永生思想在这一地区的存在。亦有学者指出："由于忍冬纹有象征轮回之说，所以被大量地用在墓葬的装饰中。在出土的魏晋南北朝时期墓砖上的浮雕装饰中就有繁多而富于变化的忍冬纹装饰图案。如1975年7月发掘的内蒙古呼和浩特北魏墓，其墓门顶呈拱形，墓门砖上饰有忍冬纹，这些传达出墓主人的意愿——死而复生灵魂又进入下一次轮回。其实，人死如灯灭，死亡是不了了之。人成了灰，化为土，而刻在砖上的忍冬纹却栩栩

---

① 吉林省文物考古研究所编著：《集安高句丽墓葬报告集》，科学出版社，2009年，第15页。

② 李乐营、孙伟冉：《佛教对高句丽建筑的影响》，《通化师范学院学报》2013年第6期，第15页。

如生。”[①]忍冬纹在魏晋时期墓葬中多有发现，是一种普遍存在的永生信仰。有学者认为并不是所有的忍冬纹都与轮回永生观念有关，诸葛铠指出：“高句丽的墓室壁画却有令人惊奇的遗存。如公元6世纪的真里坡1号墓、公元7世纪江西遇贤里大、小墓都在藻井四边画有极为精彩的卷叶忍冬纹。由此可见，早于高句丽墓的敦煌石窟、云冈石窟藻井上的卷草忍冬纹尤其是像水草一样与荷花共生的卷草纹，极有可能与‘厌火’的风俗有关。”[②]诸葛铠认为公元6世纪的真里坡1号墓、公元7世纪江西遇贤里大、小墓都在藻井四边的卷叶忍冬纹很可能象征着“厌火”，与轮回永生关系不大。实际上高句丽墓葬藻井中的忍冬纹有可能既象征着“厌火”又与轮回永生有关，二者并不排斥。

总之，佛教在魏晋南北朝时期通过民间与官方的传经布道逐渐在高句丽地区传播开来。高句丽也是佛教东传新罗、日本的跳板。随着佛教的传入，祈求福佑、转生极乐世界、生死轮回等观念亦传入高句丽地区并得到贵族们的广泛认可。在高句丽发展的后期，佛教式微，道教兴起，此时的高句丽王国政治动荡，战争频仍，公元668年僧人信诚与唐兵里应外合，迎唐兵入城，高句丽灭亡。

---

① 闫琰：《浅探忍冬纹装饰图案的应用》，《科学之友》2007年第8B期，第120页。

② 诸葛铠：《“忍冬纹”与“生命之树”》，《艺术考古》2007年第2期，第98、99页。

大同北朝艺术博物馆馆藏墓志疏证二题

刘　勇

（三晋文化研究会山西金石研究院　太原　030071）

近年来，北魏以来的出土墓志铭已成为当下分析研究北朝史的重要史料来源。大同北朝艺术博物馆藏多通胡族后裔墓志铭，颇具史料研究价值。

本篇考察的墓志主人来自中古史上的著名北方胡族赫连氏、独孤氏。墓志记述详细的家族源流和墓主人生履历表述，为厘清纷繁复杂的北方民族迁徙、重组、融合过程提供了具体而丰富的实证个案，结合文献互证，有助于更为深刻而全面的认识民族大融合下的中古历史趋势。

一、《赫连迁墓志》所见东魏北齐王朝的赫连氏后裔

众所周知，赫连氏为建立十六国大夏政权的赫连勃勃所创。夏政权败亡，赫连勃勃本支家族多被屠杀，但赫连氏并未灭绝。《魏书》《北齐书》《周书》等正史中还可看到赫连氏后裔的活动。

正史之外，大同北朝艺术博物馆藏《齐故持节都督广州诸军事镇南将军广州刺史广川县开国男赫连公墓志》（以下简称《赫连迁墓志》）提供了活跃在东魏北齐的赫连氏个案。

以下据墓志内容，对可议之处逐条释读。

墓志首段记述：

> 公讳迁，字恃迁，河南洛阳人也。昔金德将沦，水运方起，神鼎无主，灵玺空号。致令部落渠帅，各怀术莬之心，村屯邑野，竞谋掎鹿之见。于是天命有德，运隆其美，道遇斩蛇，猎称获豹。负扆南面，帝是西方，此即君之先也。

北魏自平城迁都洛阳后，皇室和迁洛权贵均改籍河南洛阳，这是北魏孝文帝改革的一大成果。墓志此处言赫连迁籍贯为河南洛阳，即由此而来。

“金德将沦，水运方起。”中国古代长期盛行所谓五行轮替学说，王朝兴亡次序附会五行轮替是汉魏以来谶纬之学的主要命题。司马氏建立的晋为金德，按照次序，继承者应为水德。于是西晋灭亡后，刘曜和石勒建立的前赵和后赵政权，均为水德，以应符名。但天下纷乱，所以墓志里认为，“神鼎无主，灵玺空号。致令部落渠帅，

各怀术菟之心，村屯邑野，竞谋掎鹿之见”。这正是反映了十六国时代的北方形势。部落渠帅，即指各民族的上层统治阶层。

赫连夏政权曾是北魏的强劲敌手。墓志要标榜墓主出身，于是隐喻提及“于是天命有德，运隆其美，道遇斩蛇，猎称获豹。负扆南面，帝是西方，此即君之先也”。

“祖儒，神谋雅度，器符伟璧。考乐，淹凝见美，有异利锥。”墓志提到赫连迁的祖儒、考乐均未记录其出仕情况。洛阳龙门石窟古阳洞西壁有《赫连儒造像记》：“大魏神龟二年六月三日，前武卫将军、夏州大中正、使持节、都督汾州诸军事、平北将军、汾州刺史赫连儒，仰为七世父母恩□妻息居眷□小，敬造弥□像一区。□□亡父母□□沉形，升彼净境，愿愿从心。”①

从时代来看，孝明帝神龟二年（519年）造像记中的赫连儒，与赫连迁墓志中的祖父赫连儒应为同一人。可见这支赫连家族早已进入北魏统治阶层。

孝文帝改革继承了汉魏以来的九品中正制。此处赫连儒任夏州大中正。夏州治所即统万城。一般情况下，担任大中正者多为地方大族，也可能是作为优容待遇的遥授。统万城破后，赫连氏多被迁到平城居住。其中，赫连勃勃三女被俘后均归北魏太武帝拓跋焘，一为皇后，二为贵人②。赫连儒的先辈被迁或即在此时。迁洛后，又落籍洛阳。如此，此造像记中的夏州大中正之职，更多是一种荣誉。

> 属魏孝明皇帝晏驾，妙选挽郎，量简膏腴，沙汰后匹。公才雄数刃，声价九宰，取誉贤轨，齐衡能路，乃应辟书，即当其任。寻除开府功曹参军，后以勋赏，封广川县男。

孝文帝改革规定了统治阶层仕进规则，担任大行皇帝出殡时的挽郎即是出仕起家的途径之一，在正史和墓志中记载多见，此墓志所记又是一例。此后，赫连迁担任某开府功曹参军，为第六品。广川县，晋魏县名，今河北武强县地。广川县男为从第五品③。据此段墓志记载，青年时代的赫连迁在正常的职官上升通道内。

> 而永熙之际，随尘西入，丹诚魏阙，间归东夏。帝惟念功，冀殊余绩，故用为骠大府中兵参军，除征虏将军、夏州大中正。然使品第得理，群流不塞，邦党怀斯义，天下挹其能。诏除东郡太守。遂能眷是韦弦，道均宽猛，民歌五裤，君弹一钱。

北魏末年，高欢和孝武帝关系激化，孝武帝西走，高欢另立孝静帝，北魏从此分为东西。两地人员多有旧识，互相招揽，也是常事。赫连迁和关西集团本无关系，孝武帝被杀，是其回到东魏的诱因。东魏对其加官晋爵，中兵参军为第六品上阶、征虏

---

① 张乃翥：《龙门区系石刻文萃》，国家图书馆出版社，2011年，第17页。

② 《魏书》卷一三《皇后列传》，中华书局，1974年，第327页。

③ 《魏书》卷一一三《官氏志》，第2998页。

将军为第三品。夏州时在西魏控制范围，此处墓志所载的夏州大中正一职也是遥领，与其祖父任此职类似，表示政府对其家族地位的认可。

无独有偶，东魏北齐时还有赫连家族的另一支，家族代表是赫连子悦，事见《北齐书》卷四〇、《北史》卷五五。早年发现的《赫连子悦墓志》收入《汉魏南北朝墓志集释》。墓志内容多有补史之用，载赫连子悦曾祖是赫连勃勃第四子赫连伦，祖父豆勿于归降北魏。此后，这支赫连氏也进入北魏统治阶层。赫连子悦也曾在北齐时授夏州大中正，这是可是安抚地方大族的一种惯例。

东魏郡太守官品分上、中、下三等，分为四、五、六品。东郡（今河南滑县）是东魏颍州所领20州之一，和汝南共治，户147，口621，可见显然是个下州[①]。当时政府户籍记录的人户如此之少，与侯景之乱导致地方管理失序有关。此为墓主赫连迁首次担任地方官实职。赫连迁到任后，必然要采取些有利地方稳定的政策，墓志记载“道均宽猛，民歌五袴”，有些夸大。

> 其后颍城之战，公为营将，总水儿，勇探虎子。禽获贼首，君有力焉。故并录前勋，特假节，广州诸军事，本将军，广州刺史。至乃褰帷望境，衣服入朝，民知礼节，逆嘶奸疚。初未浃辰，政化已洽，暨于期月，善政如可。斟酌礼仪，雕莹民俗，抑末存本，劝稼农桑，君之治也。何慕古之哉？又就加平西将军，增封广川县开国男，食邑三百户。复加安南将军、镇军将军，别封比阳乡男，邑一百户，刺史余如故。

河南地区是东、西魏双方在南线争夺的焦点区域。侯景之乱后，西魏王思政占据颍川（今河南长葛），对东魏在河南的统治构成重大威胁。高欢去世后高澄为树立权威，集中兵力进攻颍川。此战东魏军队10万人围攻王思政所部，水陆并进，在付出巨大代价后取得胜利。王思政被俘。从墓志可知，赫连迁作为营将参加了这次空前的大战。其统领的是东魏军队水军，所谓“总水儿、勇探虎子”，可能是水军部队的绰号。“禽获贼首，君有力焉”，暗示擒获王思政的具体行动，很可能是赫连迁所部完成。战后论功行赏，赫连迁迎来人生最重要的升迁，成为地方军事和行政长官——广州诸军事、辖七郡十五县的广州刺史[②]。豫西南是东魏北齐和西魏北周长期拉锯地区，或许是赫连迁在颍川之战的功劳和作战经验得到了高氏统治者注意，将他安排在和颍川不远的广州就任，担任这一边界地区的军政一把手。

据《魏书》卷一一三《官氏志》，平西将军第三品，这是赫连迁的品级荣升。“增封广川县开国男，食邑三百户”，东魏政府将墓主在北魏时期的散男封爵晋为开

---

① 《魏书》卷一百六中《地形志中》，第2562页。

② 东魏、北齐之广州先治今河南鲁阳，后治今河南襄城。参见王仲荦《北周地理志》卷五《山南下·广州条》，中华书局，1980年，第427、428页。《魏书》卷一百六中《地形志中·广州条》，第2543页。

国，给予食邑。紧接着，赫连迁官品再升，安南将军第三品、镇军将军为从二品。

北齐建立后曾将官员爵位普遍下调。《北齐书》卷四《文宣帝纪》：天保元年（550）五月乙丑，“诏降魏朝封爵各有差” 。《北齐书》列传中可以看到很多降爵、别封记录，墓志所载“别封比阳乡男，邑一百户，刺史余如故”，也是此类。

春秋卌四，以天保三年，岁次壬申，四月戊戌朔一日戊戌，薨于州。悲起酤家，哀熏屠肆，里闬无相，檐巷嗟言。粤以其年十二月四日，葬于邺城西南野陌岗之左。

赫连迁于天保三年（552年）在广州刺史任职期间去世，时年四十四岁，则应生于北魏宣武帝永平二年（509年）。当年十二月归葬邺城，可见赫连迁家于邺城。邺城是中古时期重要的北方都市。多年来的考古和文物工作已经证明，东魏北齐众多高官葬地在邺城西南漳水南岸的低缓丘陵地带，北朝墓志里多称为野马岗。赫连迁墓志里的野陌岗与野马岗应即一地。

赫连迁在东魏北齐担任军事将领和地方军政长官，曾率水军作战，其军事才能有赖匈奴先世背景。而水战本为汉人长技，可见赫连迁一支汉化之深。本出匈奴后裔的这支赫连氏，经北魏百年早已融入中原王朝统治阶层，活跃于政治舞台。《赫连迁墓志》内容丰富，于了解北朝后期民族融合中的赫连家族史，当时的政治军事细节均有意义。

二、《独孤誉墓志》所见东魏北齐王朝的独孤氏后裔

独孤部是拓跋鲜卑部落联盟的重要组成部分。拓跋部漠北时期，独孤、贺兰二部与拓跋家族之间的联盟和内斗颇为复杂隐秘。离散部落后，独孤部逐渐转为定居，其后裔在北朝乃至隋唐多见史册，其中最显赫的是西魏北周的独孤信家族，三女分为北周、隋、唐三代皇后。

大同北朝艺术博物馆藏《齐故司空公钟离武王独孤氏墓志铭》（下简称《独孤誉墓志》），则给我们提供了一个全新的独孤部家族发展例证，丰富了我们对民族融合复杂性的认识。

以下按墓志内容顺序，分析可补史之内容，逐一试述。

王讳誉，字阿六拔，代郡桑干人也。其先出自夏后氏淳维之后，南单于之苗裔。左贤王去卑以前娶汉公主，改姓从刘。至曾孙副崘拥率部伍，跨保恒代，自省无敌，因号独孤，国即以为氏焉。祖定州使君，冠冕九牧，肃清万里。考莫何弗，统绾部属，领袖大人。

此段论述独孤誉祖先事迹，颇有可与文献参照之处。

独孤誉字阿六拔，显然是胡语音译。“阿六拔”这一胡语音译，很可能是其胡语

本名，“誉”为其汉语意译。

西汉代郡有桑干县，其地望在河北阳原县壶流河、桑干河汇流处附近。北魏有桑干郡，见《隋书》卷三〇《地理志中 · 马邑郡条》：“后魏桑干郡，后齐以置朔州及广宁郡。”

又《水经注》卷一三《㶟水注》：“㶟水出雁门阴馆县，东北过代郡桑乾县南，漯水出于累头山，一曰治水。泉发于山侧，沿波历涧，东北流出山，迳阴馆县故城西。”

但《魏书》卷一〇六上《地形志上 · 恒州条》载代郡为侨置于秀容郡的恒州属郡，其下无桑干县。可能是东魏时桑干县已裁撤，独孤誉墓志记载的籍贯还是按照北魏行政区。这支独孤部人活动地区可能在今雁门关以北、怀仁以南山阴一带的桑干河流域，当地至今还是半农半牧区。北魏时桑干河流域是都城平城外围。独孤誉所部在这里长期游牧，或源于北魏统治者最初的某种安排。

《史记》的《匈奴列传》中记载匈奴号称出自夏后氏淳维，当然这仅是个说法。《独孤誉墓志》沿用了这个帽子，证明匈奴与内地渊源久远。随后的“南单于之苗裔”一语才是可追溯的祖先。这里的南单于是指归附东汉政府的南匈奴。

墓志记去卑爵位为左贤王，与《魏书》的《铁弗刘虎传》相同，而《晋书》的《刘元海载记》《资治通鉴》等多处记载其子刘猛均为右贤王。一般史料记载刘渊之父刘豹为左贤王，刘渊继为左贤王。墓志此处误记可能性大。另一种可能，刘豹去世后，刘猛曾短暂为左贤王。限于史料，还不好判断。

匈奴贵族改姓刘氏，绝非出自去卑，早在《魏书》卷二八《邓艾传》中即提到“刘豹部有叛胡”，可见曹魏后期已有匈奴贵族改姓刘氏。墓志此处记载有误。

《魏书》卷九五《铁弗刘虎传》记载了铁弗部的历史与酋长世袭。去卑子刘猛叛乱被杀后，其部众北走，脱离西晋政府管辖。其兄弟诰升爰统领部落，接着是诰升爰的儿子刘虎领导这支南匈奴人。他们和拓跋部时合时分，互为婚姻，被称为铁弗，其义据说是“胡父鲜卑母”。刘虎之孙刘卫辰与北魏作战大败，卫辰的第三子就是以残忍好杀著称、建立夏政权的赫连勃勃。匈奴、鲜卑混血的铁弗部长期与拓跋鲜卑关系紧张。

墓志记载，“至（去卑）曾孙副崘拥率部伍，跨保恒代，自省无敌，因号独孤，国即以为氏焉”。《魏书》卷九五《铁弗刘虎传》：“猛死，子副仑来奔。”此副仑应即墓志中的副崘，按文献记载，副仑为刘猛之子、去卑之孙，并不是去卑曾孙，此处墓志记录墓主的祖先世系有误。

可见，刘猛去世后部众分为两支。其兄子刘虎率众自立，后为铁弗部。其子副仑则带领部分部众归附拓跋，即后来的独孤部。墓志所说“自省无敌因号独孤”之语为溢美之词。

独孤部是拓跋部的重要婚族。《魏书》卷一《序记》载："（刘虎）其从弟路孤率部落内附，（平文）帝以女妻之。"刘虎从弟路孤归降拓跋后，平文帝以女儿为之妻，其实是建立起部落之间的联盟关系[①]。

可见，路孤、副仑为同辈。但在唐代独孤家族追溯祖先世系时，也有记载副仑子为路孤者[②]。

综上，独孤誉的祖先来自这一支北上出塞的南匈奴人，他们加入拓跋部落联盟，形成了独孤部。

独孤部是拓跋鲜卑的重要核心部落，即是北魏建立的政治军事基础，又是"离散部落"的首要目标[③]。

道武帝倡导离散部落，独孤部众大多被离散为编户齐民，但也有一部分保存了部落组织。墓志记载独孤誉的祖父和父亲，"祖定州使君，冠冕九牧，肃清万里。考莫何弗，统绾部属，领袖大人"。定州府君应为独孤誉显贵后的追赠官，父为莫何弗，典型胡语，为部落小酋长之义[④]。

> 神武皇帝扶危定倾，拨乱反正……义旗誓举，会者如林。王预揣成败，悬探机微，思陈平之去楚，学马援之归汉。……释褐都督，既列百夫之长，实为一旅之雄。……寻加鹰扬将军、冗从仆射。俄拜假节、都督秦州诸军事、秦州刺史。又加平西将军、彭阳县开国伯。寻转黄瓜县开国侯，食邑七百户。……仍除抚军将军，进爵为公，增邑一千户。又加镇西将军、仪同三司。

墓志此段叙述墓主跟从高欢发迹到东魏时的履历。

独孤誉家族长期保持部落形式，与尔朱荣家族十分类似。魏孝文帝改革后，包括鲜卑贵族在内的北方世族子弟进入政府部门会设定一些入门官职，称为释褐，一般多为五品左右的清显职位，如各种郎官。墓志的撰写者熟悉这套程式，在这里照方抓药，给本是草原部落酋长的独孤誉出身安排为释褐都督。实际上百夫长、一旅之雄，才是独孤誉的真实身份。其职责很可能是带领本部人马作为高欢的亲信都督参战。至此，这支北魏以来长期保留部落形态的独孤部人也被卷入争夺最高统治权的纷争中去。

此后的墓志内容是升官簿。鹰扬将军为第五品上阶，冗从仆射是第六品文散官，

---

① 《魏书》卷二三《刘库仁传》："刘虎之宗也……母平文皇帝之女。"（第604页）可见，刘库仁为刘路孤、平文皇帝之女所生子。

② 《新唐书》卷七五下《宰相世系表·独孤条》，中华书局，1975年，第3427页。

③ 田余庆：《独孤部落离散问题》，《拓跋史探》，生活·读书·新知三联书店，2003年，第77～91页。

④ 刘春华：《莫贺弗试析》，《西北民族研究》2001年第1期。

这个文武职双授才是独孤誉真正的起家官。此后墓主一路升迁：秦州为大州；平西将军、开国县伯均为第三品；开国县侯为第二品；抚军将军、镇西将军为从第二品，到加仪同三司衔已为从一品。

别封宁都县开国子。敕行建州事。……寻除使持节都督幽州诸军事、幽州刺史。……又转仪同三师。……乃以王为定州六州大都督、寻除新野郡开国公，迁车骑大将军、开府仪同三司、行沧州刺史。海贼李松柏等纵毒跋扈……特表全恕，有诏许焉。……又除太平县开国侯，食邑八百户。寻加特进，仍转骠骑大将军、钟离王，邑一千户……

墓志这段内容表述了墓主在北齐时期的历任情况。

高氏父子依靠六镇鲜卑南下余众成霸业，这些鲜卑军队即为其东魏北齐政权的核心武装力量，他们的住处为汾河流域侨州，派遣至各地的部队和家属，也有专门的安排和管理。独孤誉所任定州六州大都督即为管理派驻在定州的六州鲜卑军人①。其统领的原有独孤部落武装，显然也在六州鲜卑军人之列。

北齐时，墓主历任建州、幽州、沧州三地军政长官，记录沧州招抚海贼李松柏事件，可补史之阙如。独孤誉的爵位最后达到了人臣之极——钟离王爵，一品。

以武平六年四月廿二日寝疾，薨于邺城西玉高里第。春秋八十有四。……其年十一月辛巳朔十六日丙申，迁堋于野马岗之旧兆。……妃和氏……仍赠钟离王国妃。……幽州主簿卢子令等，……自燕而观礼，……镌窦宪之功，撰羊祜之德……其词曰……

墓志载独孤誉武平六年（575年）十一月去世，得年八十四，则生于北魏太和十六年（492年）。野马岗是定居邺城权贵的热门葬区。独孤家族在这里有家族坟地，所以墓志里才说是“旧兆”。独孤誉相对高寿，安葬时应是与早逝的夫人和氏合葬。

卢氏是幽州著名汉人世家大族。幽州主簿卢子令或是独孤誉任幽州刺史时的下属。他来参加老上级的葬礼，说明独孤誉在任期间与地方大族关系尚好。卢子文以字行，当时的著名文人卢思道字子行，应与卢子文同辈。有北方汉人高门观礼，此墓志或许经过这位卢主簿润色。所谓释褐都督之类，或出其笔法。

孝文帝汉化改革中独孤氏改为刘氏，是鲜卑勋贵八姓之一。但独孤誉所部未进行离散部落，保存原有生活方式，没有和迁都洛阳的鲜卑贵族一样改汉姓。但经前文可知，其祖先刘猛时就已“改姓从刘”。

百川归海，殊途同归。独孤誉所部本出南匈奴右贤王，未随著名的南匈奴五部南下建立匈奴汉赵国，而是北上加入拓跋鲜卑部落联盟。北魏时还长期保持部落结构，游牧于晋北桑干河流域，直到北魏末年才进入高欢起兵队伍。此后其代表人物独孤誉

① 王仲荦：《北周地理志》，第1151页。

在东魏北齐统治集团，担任地方军政长官，位极人臣，其所统领的部众成为国家核心的武装力量。

独孤誉去世后仅一年多，北齐灭亡，北周统一北方，随后隋代周，进而统一中国。北方侨州取消，鲜卑军人也和地方居民一样，再无分别。民族融合加速，社会完成整合，中国迎来隋唐盛世。在这个大历史过程中，《独孤誉墓志》是个很有趣的小轮回个案。

尔朱荣家族没有被离散部落，长期占据一方。独孤誉家族所部是这类情况的又一例证。看来当时颇有些长期保存部落形态的游牧群体。离散部落大趋势下，历史发展并不是一蹴而就，相当多的部落保存了游牧生活方式，《独孤誉墓志》为认识孝文帝改革的社会背景、六镇起义社会基础，乃至十六国以来北方社会形势、隋唐盛世的成因，都极具启示。

云冈石窟与佛传雕刻

〔日〕水野清一　长广敏雄　撰　王雁卿　译

（大同市博物馆　大同　037004）

一

佛传图是表现佛尊生涯事迹的美术形式，具体讲就是表现佛尊诞生到涅槃八十岁生涯的一系列事迹。其也以多种多样的经典形式传播。有以下汉译经典：

后汉　竺大力、康猛详共译《修行本起经》（《大正大藏经》第三卷）二卷。

吴　支谦译《太子瑞应本起经》（《大正大藏经》第三卷）二卷。

西晋　竺法护译《普曜经》（《大正大藏经》第三卷）八卷。

刘宋　求那跋陀罗译《过去现在因果经》（《大正大藏经》第三卷）四卷。

隋　阇那崛多译《佛本行集经》（《大正大藏经》第三卷）六十卷。

唐　地婆诃罗译《方广大庄严经》（《大正大藏经》第三卷）十二卷。

宋　法贤译《众许摩诃帝经》（《大正大藏经》第三卷）十三卷。

还有马鸣菩萨创编、北凉昙无谶译的《佛所行赞》（《大正大藏经》第四卷）五卷，刘宋宝云译的《佛本行经》（《大正大藏经》第四卷）七卷，后汉昙果、康猛详共译的《中本起经》（《大正大藏经》第四卷）二卷也不可忽略[①]。各种经典，为佛传故事的解释，提供了重要的根据。

在考察云冈的佛传图之前，先举一个图解佛传一生的例子。就是日本奈良朝制作的八卷《绘因果经》。这个《绘因果经》是日本最古老的有名的画卷。其下层书写《过去现在因果经》的原文，上层绘画。当时共八卷，现在仅存各种版本的断简残篇，合起来勉强可恢复到一半。以现存的四个画卷的经文顺序列举如下：

（1）上品莲台寺本　一卷　从“尔时太子至年十岁”到“今者唯有北门未出其”。

（2）醍醐寺报恩院本　一卷　从“尔时白净王发遣王师”到“作众伎乐供养菩萨”。

---

① 这其中北凉昙无识译《佛所行赞》、西晋竺护译《普曜经》、南方刘宋求那跋陀罗译《过去现在因果经》，三者因距云冈营造的时代近，最有参考价值。孙吴支谦译《瑞应本起经》，还有后汉竺大力、康猛详译《修行本起经》，也被古代中国人接受而作参考。

（3）益田家藏本 一卷 从“尔时有长者子名曰”到“我道真也诸弟子”。

（4）东京美校本 一卷 从“尔时迦叶五百弟子”到“欢喜顶戴作礼而退”。

此《绘因果经》的上层画与下层经文并行展开，场面选取的极为详细。而且配合经文的进展，随处添加了没有实际意义的石、树、人物形象。如果这个《绘因果经》八卷全部现存的话，无疑是佛传图中最为详细的一例①。从奈良时代（708~793年）的《绘因果经》绘画描写样式来看，其依据的原本，大概受六朝末的画风影响较大。南朝刘宋（420~479年）汉译的《过去现在因果经》，现已失传，可能在其汉译完成之后不久就绘制书写了这样的《绘因果经》。

佛传图原本就是以故事展开的形式来表现的，最佳的表现手法是可以让场面连续叙述的画卷。但现在除《绘因果经》之外，同类的画卷已不见。用绘画手法展现佛传图的第二例是甘肃省敦煌石窟发现的绢本画。英国斯坦因从敦煌带回大英博物馆的众多绢本画中，有相当一部分是表现净土变相等大幅的佛庄严图。这些图左右纵向镶边。中间是与佛有关的故事。就像电影胶片，以从上到下的顺序排列。另外，在敦煌发现的遗物中，还有绢幡，其佛传图两边也与上述的净土变相图一样，纵向连续表现数个场面。因为现存的幡多是残片，到底是表现了几个场面，或者是佛传的哪个场面与哪个场面是一组，很难确认。如其中一例（ch. lv. 0010）从上有：①托胎灵梦；②摩耶夫人出游蓝毗尼园（Lumbini）；③太子在蓝毗尼园诞生；④诞生后作狮子吼②。下一幡（ch. lv. 009）从上有：①燃灯佛（定光佛）的儒童授记，②出游四门的老、病、死三出集中在一图，接着③六牙白象托胎③的场面。这只是其中的一二例。其场面的选择相当随意。不同于中亚克孜尔的摩耶窟壁画，仅仅雕刻佛之四大事。便总括地表现了佛的一生④。

二

用绘画形式描述佛传故事的，还有壁画。隋唐时期（581~907年）随着寺院建设的繁荣，寺院壁画也达到了鼎盛。壁画好像是知名画家们发挥水平的主要舞台。晚唐张彦远的《历代名画记》卷三特别描述了长安、洛阳诸寺观的壁画及其作者。并记录

---

① 藤悬静也：《关于过去现在因果经书卷》，《国华》第365号，东京，1920年刊；伊东卓治：《从写经看过去现在因果经书卷》，《美术研究》第149、150号，东京，1948年刊。

② A. 斯坦因：《西域考古记》，牛津大学克拉兰顿出版社，1921年，第74页；A. 斯坦因、L. 宾戎：《千佛》，伦敦，1921年，第37页；A. 威尔：《斯坦因从敦煌带回画卷目录》，伦敦，1931年，第294页。

③ A. 斯坦因、L. 宾戎：《千佛》，第37页；A. 威尔：《斯坦因从敦煌带回画卷目录》，第124、125页；A. 斯坦因：《西域考古记》，第74页。

④ A. 格林威德尔：《古佛教》，柏林，1920年，第42、43页。

了以佛传图为主题的本行经变、降魔变、八王与舍利、涅槃变等。可以想象这些壁画不是像古老绘画式的画卷或者画幡式的，而是大幅的画面。这样，佛传图只能选择佛传中极少数的场面。其中特别是降魔变、涅槃变常被采用，也表明了当时佛传图的一种倾向。下面列举出有关这些壁画的所在地及作者（表一）。

表一 《历代名画记》所载长安、洛阳寺观佛传图壁画情况

主题	画家	地点	寺名
本行经变	董 谔	长安	菩提寺佛殿
	杨廷光 杨仙乔	长安	化度寺
	杨契丹	长安	大云寺塔外四面
	程 逊	洛阳	圣慈寺西北禅院
降魔变	尉迟乙僧	长安	光宅寺东菩提院
	尉迟乙僧	长安	光宅寺七宝台后面[①]
	吴道立	长安	慈恩寺塔西面
涅槃变相	杨契丹	长安	宝刹寺佛殿
	杨廷光	长安	安国寺大佛殿
	杨惠之	长安	千福寺东塔院
	庐稜伽	长安	褒义寺佛殿
	郑法士	长安	永泰寺东精舍
八王分舍利	展子虔	洛阳	龙兴寺西禅院

这些隋唐时期一流的画家们，在壁画上绘制佛传故事有着极深刻的意义，可是现在连追忆的线索都没有了。只在甘肃省敦煌千佛窟多少保留一些这样的壁画。当然那些应该是无名的边陲画工的手笔，在艺术评价方面，不能和帝都一流画家的作品相提并论。尽管如此，恐怕还得从这里探寻唐代壁画的形式[②]。

敦煌的第102窟、第117窟、第146窟有佛传的多个场面，第17B窟、第135窟有降魔图，第126B窟、第135窟有涅槃图。表现形式大致区别为两种，一个是属于唐画系统的，即后来唐末五代的繁琐描法；另一个是属于西域画系统的，采用凹凸与明暗手法，表现的是南北朝时期的样式。因为此地可见的佛传图数量有限，无法表明其一贯的特色。其场面的排列与当时的各种绢本画一样，其中降魔和涅槃常常作为独立的画题颇受青睐。

① 张彦远：《历代名画记》卷三。还有尉迟乙僧画的降魔变据朱景玄的《唐朝名画录》载在七宝台后面。已不明白它与张彦远所说的东菩提院有什么关系。

② P. 伯希和：《敦煌》6卷，巴黎，1920年；松本荣一：《敦煌画的研究》，东京，1937年，第213～249页。

三

各类佛传图在隋唐和唐末的壁画或绢本画中已全面发展。现暂时把目光转向中亚及印度的壁画。在中亚北道的克孜尔石窟群有许多佛传图。石窟的壁画主要是约从公元500年前后到650年制作的，最初犍陀罗模式的色彩浓厚，逐渐变化为当地土著的样式①。其中应特别注目的是孔雀窟、财宝窟、第二期的第二群摩耶窟（第19窟）等的佛传图。例如，孔雀窟②分前室和后室，两室的前壁和左右侧壁，还有后壁的壁画全部以佛传为主题。前室的左右壁是降魔和初转法轮。后室的左右壁分三层，每层描绘四个场面。上层：①蓝毗尼园佛诞生，②出游四门，③④降魔图；中层：⑤~⑧在各地说法，⑨调伏三迦叶兄弟；下层：⑩涅槃图，⑪⑫涅槃后的事迹。即分十二个场面，连续表现佛尊一代的事迹。第二期的摩耶窟③后室的左右壁各分二层，每层各有四个画面，总共十六个场面，全部是说法图。后壁表现涅槃图及涅槃以后的事迹，即火葬、舍利分配等。特别有趣的是佛涅槃后，阿闍世王从婆罗门禹舍那里得知佛涅槃的场面。图中的禹舍手执描绘佛的四大事的帛画向阿闍世王显示，即降诞、降魔、初转法轮、涅槃四大事④，此图因把佛传图中最重要的场面成体系表现而有名。总之，克孜尔石窟在一个石窟内绘制了从始到终的佛传图，无论谁进入窟内，佛尊一代的景象便呈现在眼前。即使是敦煌石窟的古西域画风的壁画，大概仍沿袭了中亚的壁画，窟内成体系排列描绘佛传。当然仅以现在所报告的敦煌图录不能明了全部情况。西方常常以佛尊的一生呈系列描述。中国早期的佛传图也可看出有这样倾向。隋唐时期的壁画却未必这样。常常把降魔图、涅槃图作为单独题材而采用。但隋代杨契丹在长安大云寺外四面绘的本行经变可以看作例外。其在塔四面壁上绘的佛传图可以说是成系统的（P. 3）。如果确实的话，隋代杨契丹可以看作是旧式的或者是描绘西方系统佛传图的作者。

四

以上所述全是绘画方面的佛传图。那么在雕刻方面是如何表现呢？云冈石窟石雕的佛传图与以上所列举的绘画形式有什么关系呢？佛传图本生图的故事类题材，由于描写情景的必要性，场面连续性，因此在处理方法上，常常要借助绘画的手法。因此

① E. 瓦德斯米特：Beschreibender（中亚晚期古佛教艺术，7卷），柏林，1933年，第27~30页。

② A. 格林威德尔：《新疆的古佛教寺院》，柏林，1921年，第87~91页。

③ A. 格林威德尔：《新疆的古佛教寺院》，第162~168页。

④ A. 格林威德尔：《古佛教》，柏林，1920年，第42、43页。

佛传图、本生图也不可能摆脱绘画的样式。更进一步讲，云冈石窟作为石窟美术，还要从西方各地的石窟学来更多的东西。石窟的佛传图不论在石雕方面还是在塑像、塑壁方面、添加壁画方面，都要据岩质的状态临机决定。可以想象云冈石窟的浮雕佛传图不仅受西方各地的石雕影响，也受塑造、壁画等影响。

而且古印度在很早以前就制作浮雕佛传图了。公元前2世纪的巴尔胡特（Bhārhūt）的石栏楯上浮雕着许多佛传图，虽还没有出现佛尊的像。在圆形中各自表现每一个场面。然而，在古代美术中犍陀罗的作用是最大的，其影响力极强。法国的A. 富歇尔曾对此地佛传图作过详细的研究，其著作《犍陀罗的希腊式佛教艺术》（巴黎，1905年），图示了约140个犍陀罗派的浮雕残片，列举了从摩耶夫人的灵梦托胎到佛尊入灭前后的所有事迹，并主要依据因缘故事、大事、天比喻、普曜经、佛所行赞做了解释。

其研究的显著成果是犍陀罗浮雕佛传网罗了很多的场面。当然，不只是一个遗迹的雕刻，其时代、场所各不相同。可见在犍陀罗美术的文化圈中，石雕如此丰富地表现佛传图是事实。那么，这些犍陀罗石雕在表现上有何特色呢？同中印度古代派雕刻相比较，其浮雕显得格外优秀。可以列举诸多方面，如凹凸的浮雕、微妙的深度、人物相互比例适当、自由的表情和姿态、自然的衣纹、头发颜貌的周到表现等。这是由于犍陀罗美术是从古希腊文化样式产生而来的。因此犍陀罗将中印度古代派中圆形的框架、栏楯里只表现一个场面形式变化成古希腊文化美术式的横带样式。浮雕的横带，确实就像古希腊文化神殿檐头的排档间饰，在三角槽排档间用圆柱、角柱饰隔开，浮雕的横带有时以树木起分界作用。因而，不会发生没有间隔的连续，或者从一个场面侵入到下一个场面的例子。

然而，犍陀罗石雕不能完全无视来自古代印度派美术的影响。正如，富歇尔所指出的①，其影响的一方面，就是古代印度派固有的同一像反复出现。在山奇的栏楯、巴尔胡特的圆幅画面里，连续的场面与场面间同时堆积在一个浮雕上，同一像反复出现。犍陀罗石雕也有这种情况。例如，同样的金刚力士出现两次、同一猿像雕了两回等②。西克里（Sikri）第二塔发现的儒童本生浮雕中儒童像反复了三次③。而古希腊文化美术似乎没有类似的构图。

在印度通过摩菟罗派、阿马拉瓦提派、笈多派表现石雕浮雕。这些则脱离犍陀罗式，成为纯印度样式，不怎么用横带表现佛传，其表现的重点转向尊像。最终，和犍陀罗雕刻一样弱化了古希腊文化横带浮雕的巧妙，直接向创造礼拜佛的方向发展。阿

① A. 富歇尔：《犍陀罗的希腊式佛教艺术》卷1，巴黎，1905年，第280页。

② A. 富歇尔：《犍陀罗的希腊式佛教艺术》卷1，图254，第514页；图274，第553页。

③ A. 富歇尔：《犍陀罗的希腊式佛教艺术》卷1，图139。

马拉瓦提的石雕还受古代印度流派的影响，集中多个场面于一个浮雕中。

正如劳伦斯·宾戎评论说，这种混淆的表现，当然胜任“丰饶美丽（Exuberance is beauty）”（W. Blake）[①]一词。此语用在阿旃陀石窟的第16窟、第17窟等所绘的壁画佛传图也十分恰当[②]。完全是基于印度精神的佛传表现。

五

那么，云冈石窟的佛传浮雕是以什么形式表现的呢？整个石窟有超过八十多处的佛传雕刻。可以看到从幢英菩萨变成六牙白象，下到兜率天，进入摩耶夫人腹内，到沙罗双树下静静地、熟睡般涅槃，合计约三十个场面。虽与富歇尔所列举的犍陀罗石雕，种类上远不及，但一处遗迹内拥有如此丰富的佛传浮雕是罕见的。其中包括像阿育王的因缘像等，在犍陀罗几乎不见。现把云冈的佛传雕刻全部列举出来，各场面如下（表二）。

表二　云冈石窟的佛传图

<table>
<tr><th></th><th colspan="2">位置</th><th>内容</th></tr>
<tr><td rowspan="4">第2窟</td><td colspan="2">东壁腰壁浮雕北端</td><td>太子，比赛射艺</td></tr>
<tr><td colspan="2">方柱北面第一层</td><td>降魔成道</td></tr>
<tr><td colspan="2">方柱西面第二层南龛</td><td>与白马从者分别</td></tr>
<tr><td colspan="2">方柱西面第二层北龛</td><td>与白马分别</td></tr>
<tr><td rowspan="2">第5A窟</td><td colspan="2">南壁西部上层</td><td>踰城出家</td></tr>
<tr><td colspan="2">南壁东部</td><td>阿育王献土</td></tr>
<tr><td rowspan="11">第6窟</td><td rowspan="2">方柱下层南面龛侧</td><td>1、2</td><td>树神现身</td></tr>
<tr><td>3、4</td><td>国王与王妃（未定）</td></tr>
<tr><td rowspan="4">方柱下层西面龛侧</td><td>5</td><td>降诞</td></tr>
<tr><td>6</td><td>狮子吼</td></tr>
<tr><td>7</td><td>九龙灌顶</td></tr>
<tr><td>8</td><td>骑象入城</td></tr>
<tr><td rowspan="2">方柱下层北面龛侧</td><td>9、10</td><td>阿私陀仙占相</td></tr>
<tr><td>11、12</td><td>骑象游行</td></tr>
<tr><td rowspan="3">方柱下层东面龛侧</td><td>13</td><td>国王和王妃（未定）</td></tr>
<tr><td>14</td><td>出宫门（未定）</td></tr>
<tr><td>15、16</td><td>纳妃</td></tr>
</table>

---

① L. 宾戎：《亚洲人的艺术精神》，伦敦，1936年，第78页。

② J. 格利菲思：《阿旃陀的佛教石窟寺绘画》卷1，伦敦，1896年，第45～52、58～60页。

续表

	位置		内容
第6窟	东壁下层腰壁	1	太子竟射
		2	宫中欢乐
		3	父子面谈
		4～6	出游四门
	东壁下层北龛		调伏三迦叶
	东壁下层南龛		初转法轮（图六）
	南壁下层腰壁东	7、8	出游四门
		9	夜半思惟
		10	踰城出家
	南壁下层腰壁西	11～13	进入山林
	南壁下层东龛		说法
	南壁下层西龛		说法
	明窗西侧		与白马分别（图一）
	明窗东侧		太子思惟
	西壁下层中龛		降魔成道（图三）
第7窟	主室东壁第二层南龛		商主献蜜（？）
	主室东壁第二层北龛		调伏三迦叶（？）（图七）
	主室西壁第二层南龛		商主，献蜜（？）
	主室西壁第二层北龛		耶舍归依
	主室西壁第一层南龛		调伏三迦叶（？）
	主室西壁第一层北龛		五比丘听法（？）
第8窟	主室东壁第二层南龛		四天王奉钵（图四）
	主室东壁第二层北龛		商主献蜜
	主室东壁第一层南龛		降魔成道
	主室东壁第二层北部		夜半思惟
	主室东壁第二层北部		踰城出家
第9窟	前室东壁上层左右		树下思惟
	前室西壁下层北龛		与罗睺罗对面
第10窟	前室西壁一层左右		树下思惟
	主室南壁西部第三层		降魔成道
第11窟	西壁上部小龛宝台		涅槃

续表

	位置	内容
第12窟	前室西壁下层北龛	火龙入钵
	前室西壁下层南龛	调伏三迦叶
	前室北壁上层东龛	初转法轮
第12窟	前室北壁上层西龛	四天王奉钵
	前室天井南侧折上部	苦行（图二）
	前室天井西侧折上北	阿育王施土
	前室天井东侧折上南	降魔成道
	主室南壁下层东龛	商主献蜜（图五）
	主室东壁下层西龛	说法
第14A窟	西壁上层龛	商主献蜜
第18窟	南壁西部	阿育王施土
第19窟	南壁西方上部	与罗睺罗对面（图八）
	南壁东方上部小龛	与罗睺罗对面
第28窟	南壁东部	阿育王施土
第29窟	南壁西部上层	降魔成道
	南壁西部下层	与白马从者分别
第33窟	西壁左厢	阿育王施土
第34窟	西壁左厢	与罗睺罗对面
第35窟	南壁东龛	调伏三迦叶
	南壁西龛	降魔成道
	东壁楣拱上部	涅槃
第37窟	南壁西部	涅槃
	北壁（？）拱额上部	乘象投胎
第38窟	天井	乘象投胎
第41窟	北壁西部1	降魔成道
	北壁西部中2	狮子吼
	北壁西部下3	破损
	北壁东部上7	？
	北壁东部中6	白马别离
	北壁东部下5	踰城出家
	北壁东部最下4	夜半思惟

图一　白马别离（第6窟）

图二　苦行释迦（第12窟）

图三　降魔成道（第6窟）

图四　四天王奉钵（第8窟）

图五　商主献蜜（第12窟）

图六　初转法轮（第6窟）

图七　三迦叶调伏（第7窟）

云冈早期的昙曜五窟（从第16窟到第20窟）仅仅只表现出罗睺罗因缘和阿育王因缘（第18窟、第19窟），第7窟和第8窟有降魔、四天王奉钵、二商主献蜜、鹿野苑说法、调伏火龙。之后，第6窟从蓝毗尼园太子诞生开始，经降魔成道，从鹿野苑的初转法轮到调伏火龙的详细表现，仅仅遗留到现在的场面也达36个之多。其顺序从主室中央的方柱南面起，向右绕方柱转移到东壁的腰壁，再到南壁的腰壁，转到明窗的白马

图八　父子对面（第19窟）

别离，大概还要从南壁腰壁转到西壁的腰壁。而且达及周壁的中段，到东壁中段火龙调伏结束。佛传雕刻在整个石窟内展开，但奇怪的是没有此后的事迹场面，特别不可理解的是没有涅槃的场面。

其表现方式既有犍陀罗式的横带，也有限定在方形的画面内，或者如降魔或初转法轮采用佛龛形式。总之，不论是石窟内平坦的壁面还是凹进去的佛龛，都是随机利用。但这两种形式都不是从第6窟开始的。横带先驱形式出现在第7窟、第8窟前室、第9窟、第10窟前室的本生图。而且在第7、第8窟已可见降魔的佛龛形式。处在早期和晚期之间的第9窟、第10窟、第12窟、第1窟、第2窟内，也把佛传的雕刻看作是佛龛的形式。云冈的第三期，即西端诸窟现存的已不多，但显然还有能引起雕刻家兴趣的题材。这一带石窟的规模小没有出现大场面。没有采用横带的形式，而是用佛龛的形式，往往安置在小型的方形里，上下并列雕刻。在第一、第二期的大窟内找不到的涅槃像，却出现在晚期的第11窟、第35窟、第37窟诸窟中。当然，石窟壁面多被破坏，因其现状，认为全是北魏时期的是有些不妥的。

云冈佛传的表现，不用说是模仿了西方样式。但犍陀罗繁盛期栩栩如生的人物的容貌、身体的姿态、自然的衣纹、微妙的浮雕深度等，在此已经变得非常钝化、粗杂。可以说，云冈在人物的动作上、态度上是独有的粗野的表现，好像把精力掩藏在内一样，在佛传雕刻中暴露出豪放的雕刻方法。而且比起横带形式，像初转法轮、降魔的佛龛形式更加礼节性，与其说是表现故事，还不如说是暗示着什么。

到云冈第三期，随着雕刻样式整个大变化。佛传图的表现自然也变了。云冈第一期，第二期的第7窟、第8窟、第6窟，仍留意人物的肉体，衣纹也是有肉体的衣纹，而且浮雕凹凸的变化仍有力。但云冈第三期人物肉体变得瘦弱，衣纹显得特别夸张，浮雕只有单纯的凹凸，而且其表现的场面局限在极小的框架内。构图也已限于朴素、省略的说明。原本故事类（行动与环境的描写）的佛传故事，抛弃了应具体描写的表现方式，进一步发展，连佛传图的成立都会变得岌岌可危。所以，可以想象云冈第三期雕刻，即龙门样式的雕刻，或者说接近此类的样式，已经变得没有出色的佛传图例子了。事实上，从北魏晚期到北齐、北周，即使尊像雕刻旺盛，但没有出现出色的石雕佛传作品。当然，不可忽视当时此地背后信仰上的大变化。

移民、骑兵与王朝

——八王之乱时期刘渊集团历史抉择的考察

张　晋

（上海大学社会学院　上海　200444）

匈奴是传统中国历史上，第一个统一蒙古草原的政治军事共同体，代表着草原游牧文化正式成为中华文明形成来源中的重要文化之一。因此，其在中国历史上的地位非常重要。故此学界关于匈奴的论著中佳作非常之多①。从史书上记载匈奴的传记来看，冒顿无疑是使匈奴走进中国王朝正史的标杆性人物。那么匈奴历史人物中堪与冒顿相媲美的另一个杰出人物，应该是刘渊。刘渊是中国王朝正史给予书写立传的第一个匈奴人。刘渊著名于史的事件，是建立了具有开创性的政权“汉”国，这一创举拉开了北方民族入主中原建立王朝政权的序幕。刘渊作为南匈奴单于一族的后裔②，在起兵反晋之时，并没有把恢复匈奴政权模式作为目标，反而以复兴汉王朝为目标，选择建立中原王朝政治体系。通过传世的历史文献，查询其原因，显然不只是因为汉王朝国祚长久，天下民人心向往之这么简单。“汉”国号可以招揽人心自然是历史事实，但这也只是历史表象。刘渊宗汉立国实质上是政治文化认同下，构建政治秩序行为正当性的显现。因为在不同地域下，政治文化氛围下的政治秩序形态是不同的。跨越地域边界之后，政治文化会发生交汇融合。正如，拉铁摩尔所言，游牧民族深入中原之后，社会结构会向非游牧化转型③。而在社会结构转型之后，不可能不影响到政治文化的认同，进而影响到政体的建设。这涉及南单于一族在南迁中原后，融入中原王朝政治秩序后的政治身份变化；刘渊本人的成长历程以及其的学识与交友圈；匈奴族裔对中原传统文化的吸收、借鉴等诸多因素。因此，刘渊借乱世以兴汉为名建立政权的动因是有研究价值的。所以，本文拟在充分借鉴前辈学人成果的基础上，以传统中国时代移民政治文化为视角，通过分析梳理史料，来探讨刘渊在八王之乱时期做出兴汉抉择的历史事实。

---

① 马长寿：《北狄与匈奴》，广西师范大学出版社，2006年；林幹：《匈奴史》，内蒙古人民出版社，2007年；陈序经：《匈奴史稿》，中国人民大学出版社，2007年；周伟洲：《汉赵国史》，广西师范大学出版社，2006年；陈琳国：《中古北方民族史探》，商务印书馆，2010年；陈勇：《汉赵史论稿》，商务印书馆，2009年；武沐：《匈奴史研究》，民族出版社，2005年，等等。

② 关于刘渊的身世，学界尚无定论。本文采用刘渊为南匈奴单于后裔说。

③ 拉铁摩尔著，唐晓峰译：《中国的亚洲内陆边疆》，江苏人民出版社，2010年，第349页。

一、超凡魅力型首领的多重政治身份

历史研究的主要对象是人，刘渊作为本文主要的研究对象，其本人的出身、经历及所处的时代背景，无疑对本文的书写逻辑展开是至关重要的。同为南匈奴单于后裔的刘宣对刘渊的评价极高，将其品评为具有超凡魅力的首领。刘渊“姿器绝人，榦宇超世”[①]，是常人所远远不及的，在匈奴上层贵族中，无人能出其右，故而其是复兴匈奴霸业的希望所在。

在本文中的“‘超凡魅力’将用于指称个人的某种品质，而这是由于这种品质，他被看作不同寻常的人物，被认为具有超自然或超人的、至少是特别罕见的力量和素质。这些力量和素质为普通人不可企及，而且被认为出自神圣来源或者被当做楷模，在此基础上，有关的个人则被视为‘领袖’”[②]。传统中国的正史中，具有超凡魅力的领袖（皇帝），为数并不少。西汉王朝的创立者刘邦无疑是其中之一。刘邦从出生之前起，就笼罩着神圣性，其母“刘媪尝息大泽之陂，梦与神遇。是时雷电晦冥，太公往视，则见蛟龙于其上。已而有身，遂产高祖”[③]。无独有偶，数百年后，宣称要兴复汉王朝的刘渊，其出生之前的神迹与刘邦出生前的神迹颇为相近。只是更加详细、丰富、精彩。

> “豹妻呼延氏，魏嘉平中祈子于龙门，俄而有一大鱼，顶有二角轩髻跃鳞而至祭所，久之乃去。巫觋皆异之，曰：‘嘉祥也。’其夜梦旦所见鱼变为人，左手把一物，大如半鸡子，光景非常，授呼延氏，曰：‘此是日精，服之生贵子。’寤而告豹，豹曰：‘吉徵也。吾昔从邯郸张冏母司徒氏相，云吾当有贵子孙，三世必大昌，仿像相符矣。’自是十三月而生元海，左手文有其名，遂以名焉。”[④]

上述记载刘渊神迹的史料来源于大唐宰相房玄龄与中书侍郎褚遂良监修的《晋书》中。当时的皇帝唐太宗李世民亲自参与《晋书》的编撰工作，曾“自著宣、武二帝及陆机、王羲之四论，于是总题云御撰”[⑤]。由此可知，《晋书》是可以代表唐太宗李世民的史观与价值评判尺度的。而刘渊出生前的神迹作为一种历史记忆被以书面化的形式呈现出来，不可能没有得到李世民的同意。在《晋书》中，刘渊因为“名犯高

---

① 《晋书》卷一百一《刘元海载记》，中华书局，1974年，第2647页。

② 马克斯·韦伯著，阎克文译：《经济与社会》，上海世纪出版集团，2010年，第351页。

③ 《史记》卷八《高祖纪》，中华书局，2014年，第436页。

④ 《晋书》卷一百一《刘元海载记》，第2645页。

⑤ 《旧唐书》卷六六《房玄龄传》，中华书局，1975年，第2463页。

祖庙讳，故称其字焉。”①因此，如果李世民不同意，关于刘渊出生神迹的历史记忆显然不会出现在《晋书》中。那么这段史料显然有其特殊的历史意义。与刘邦相对比，关于刘渊出生神迹的这段史料描述，是很典型的中原王朝创始之君受命于天的传说叙事模式。陈序经认为：“《史记》《汉书》《后汉书》记载匈奴风俗，没有述及匈奴妇女拜神祈子。这种传说当然是受汉族文化影响的结果。”②刘母呼延氏一族是匈奴族群中仅次于单于挛鞮氏的贵族。而且“挛鞮氏单于世娶呼延等氏女为‘阏氏’”③。而祈求神灵赐子是中原习俗，这意味着刘母呼延氏日常生活行为中已经融入了很深的中原文化烙印。刘父豹是南匈奴单于于扶罗之子。而刘豹言，有卦师给他算出，其当有优秀杰出的子孙，三代之内，必然会使刘家发达昌盛。这番言语，与中原的官宦之人已经没什么差别了。从春秋至汉魏，相人术已经成为构成社会精英文化的一部分④，不只是问吉凶，对社会精英们来说，更关注的是前程如何？《三国志》转引《魏书》记载了，魏武帝曹操少年时，被当时名士桥玄预测前程的往事。“太尉桥玄，世名知人，睹太祖而异之，曰：‘吾见天下名士多矣，未有若君者也！君善自持。吾老矣！愿以妻子为托。’由是声名益重。”⑤曹操先祖父是宦官曹腾，而东汉王朝在经历党锢之祸后，宦官群体深受天下士人的鄙视。桥玄是当时名士，由其以善识人而誉满天下。因此，桥玄之言辞对曹操个人的发展前途影响极大。众所周知，于扶罗故去后，南单于位并非由其子继承。这样，刘豹看相的原因中，自然有其对前程忧虑感的存在。而相师之言，给出了刘豹的希望在未来。那么，从出生之前起，刘渊身上就潜藏着多重文化的基因。而刘渊所属的南匈奴单于家族，在其出生前，由于不断地南迁，政治身份已然发生了大转变。

汉宣帝时期，匈奴政权五单于并立，相互厮杀。呼韩邪单于被其兄郅支单于击败。左伊秩訾王建议呼韩邪向汉王朝求助，“称臣入朝事汉”⑥，只有这样才可以生存。呼韩邪思量再三，决定采纳左伊秩訾王的建议。汉宣帝大喜，对呼韩邪单于“宠以殊礼，位在诸侯王上，赞谒称臣而不名”⑦。有了西汉王朝这样强大的后援，呼韩邪最终战胜了郅支单于，成为匈奴唯一的单于。汉元帝初年，在匈奴发生饥荒时，“汉诏云中、五原郡转谷二万斛以给焉”⑧。此时，汉王朝与匈奴的关系由两强并立，转

---

① 《晋书》卷一百一《刘元海载记》，第2644页。

② 陈序经：《匈奴史稿》，第424页。

③ 马长寿：《北狄与匈奴》，第54页。

④ 祝一平：《汉代的相人术》，台湾学生书局，1990年。

⑤ 《三国志》卷一《魏书一·武帝纪》，中华书局，1964年，第2页。

⑥ 《汉书》卷九四下《匈奴传下》，中华书局，1964年，第3797页。

⑦ 《汉书》卷九四下《匈奴传下》，第3798页。

⑧ 《汉书》卷九四上《匈奴传上》，第3700页。

变为匈奴向汉王朝表示臣服。这样，匈奴单于的政治身份多了一重含义，汉王朝的属臣。在表示臣服后，匈奴单于往往会将自己的儿子送来做人质。纳质成为“边疆民族政权和西汉王朝保持藩属关系的重要保证之一”[①]。

东汉王朝时期，匈奴彻底分为南、北两部分。建武二十五年（49年），匈奴“南单于复遣使诣阙，奉藩称臣，献国珍宝，求使者监护，遣侍卫子，修旧约”[②]。建武二十六年（50年），东汉王朝派遣中郎将段彬、副校尉王郁帮助南单于在五原郡西部塞八十里处，设立了单于庭。而这一行动正是应南单于请求“使者监护”而为之的。南单于庭在汉郡的设置，使得东汉王朝对匈奴南单于具有了实质性的控制与管理。匈奴南单于的政治身份也从实际意义上变成为东汉王朝的臣子，同时匈奴最高统治者的政治身份依然存在。此时，南单于的政治身份具有了双重性。

南匈奴内附后，东汉王朝掌控了南单于继任的话语权。中平五年（188年），南匈奴内讧，羌渠单于被杀，匈奴国人不认同，羌渠单于之子于扶罗继任单于位，另立单于。于扶罗赶到洛阳，向当时的皇帝汉灵帝申诉，请求得到支持与认可。此时的南单于几乎等同于，中原王朝政府委任的封疆大吏，而这一现象有助于，具备继承南单于资格者，很好地融入王朝政府官僚群体之中。曹魏时期，刘豹被册封为匈奴左部帅之职。这一任命可以看作是，匈奴贵族正式融入中原政权体制。与此同时，南单于一族改姓刘氏，“大约始于曹魏时期”[③]。而匈奴贵族要真正融入中原政治秩序中，离不开学习中原的主流文化。据《后汉书·儒林列传》记载：“建武五年，乃修起太学……悉令通孝经章句，匈奴亦遣子入学。”[④]由此可知，早在汉光武帝时期，匈奴贵族子弟便已进入东汉王朝的最高学府太学学习儒家经典。所以，《晋书》中，记载匈奴贵族大多通晓儒学，是可信的。毕竟他们接触儒家经典有近二百年的历史了。此时在魏晋做官的匈奴贵族已经深受政治精英文化的熏陶，故而会有刘豹找相师预测前程之事。

汉王朝自从汉武帝时起，便以儒家经典为主要意识形态来指导政府如何治理国家。孝道是儒家思想的核心，东汉进入仕途的主要方式便是举孝廉。刘母亡故时，刘渊年方七岁，顿足捶胸，嚎啕大哭，“哀感旁邻，宗族部落咸共叹赏”[⑤]。年纪幼小的刘渊便是至情至孝之人。此事，使得刘渊初次闻名于以司空太原王昶为首的一众名士圈中。刘渊自小好学，跟随上党崔游学习期间，于诗书经传，孙吴兵法，皆有所涉略。其成年之后，文武双全，尤其武艺，“妙绝于众”[⑥]。当时，“有屯留崔懿之、襄

---

① 李大龙：《汉代中国边疆史》，黑龙江教育出版社，2014年，第50页。

② 《后汉书》卷八九《南匈奴传》，中华书局，1965年，第2943页。

③ 周伟洲：《汉赵国史》，第2页。

④ 《后汉书》卷七九上《儒林传上》，第2545、2546页。

⑤ 《晋书》卷一百一《刘元海载记》，第2645页。

⑥ 《晋书》卷一百一《刘元海载记》，第2646页。

陵公师彧等，皆善相人，及见元海，惊而相谓曰：‘此人形貌非常，吾所未见也。’于是深相崇敬，推分结恩。太原王浑虚襟友之，命子济拜焉”①。从这些史料记载的事件来看，青少年时期的刘渊便已经融入了并州士人圈之中，而且颇具影响力，成为当时公认的、颇具潜力的政治精英。

因此，对于南迁中原的南匈奴单于一族来说，到了超凡魅力型首领刘渊的时代，他不再是具有，自南匈奴单于因为移民中原，融入中原王朝政治秩序中，所具有的双重性政治身份；而是具有了多重政治身份。刘渊的多重政治身份中，其一为继承南匈奴单于资格者；其二接任其父曾经担任的左部帅之职，为晋室臣子；其三士人群体中的政治精英。

二、支配权力角逐下的移民骑兵

魏元帝咸熙年间，刘渊以任子身份居住在京师洛阳。受到实际上掌控支配权力者晋王司马昭的赏识与优待。魏晋禅让之后，王浑多次向晋武帝司马炎极力推荐刘渊。

“帝召与语，大悦之，谓王济曰：‘刘元海容仪机鉴，虽由余、日磾无以加也。’济对曰：‘元海仪容机鉴，实如圣旨，然其文武才干贤于二子远矣。陛下若任之以东南之事，吴会不足平也。’帝称善。孔恂、杨珧进曰：‘臣观元海之才，当今惧其无比，陛下若轻其众，不足以成事；若假之权威，平吴之后，恐其不复北渡也。非我族类，其心必异。任之以本部，臣窃为陛下寒心。若举天阻之固以资之，无乃不可乎！’帝默然。”②

通过这段史料可以得出，晋武帝司马炎很是赏识刘渊，认为其可以做晋室的由余与金日磾。与刘渊交好的王济认为，刘渊才华盖世，是不可多得的栋梁之臣。希望朝廷可以委以其重任。而在孔恂与杨珧看来，刘渊除了才华之外，还有一个隐藏着的政治身份，即潜在的支配权力竞争者。这一政治身份，对刘渊今后的个人发展以及传统中国历史的发展都是至关重要的。

“后秦凉覆没，帝畴咨将帅”③，上党李憙时任司隶校尉乘此良机，继王济之后再次向司马炎推荐刘渊为将率兵平叛。李憙列举刘渊军事才能出众，同时麾下又有骁勇善战的匈奴骑兵，定能一举荡平秃发树机能的叛乱。面对李憙的力荐，孔恂再次极力阻止。而在孔恂看来，刘渊的上述优势，却是对晋王朝最大的威胁。司马炎斟酌再三，决定弃用刘渊。刘渊仕途受阻，心灰意冷，对晋王朝已不抱希望。

“后王弥从洛阳东归，元海饯弥于九曲之滨，泣谓弥曰：‘王浑、李

① 《晋书》卷一百一《刘元海载记》，第2646页。

② 《晋书》卷一百一《刘元海载记》，第2646页。

③ 《晋书》卷一百一《刘元海载记》，第2646页。

憙以乡曲见知，每相称达，谗间因之而进，深非吾愿，适足为害。吾本无宦情，惟足下明之。恐死洛阳，永与子别。’因慷慨歔欷，纵酒长啸，声调亮然，坐者为之流涕。”①

晋室之齐王司马攸当时恰好在九曲，听闻刘渊与王弥及众宾客宴饮之事。派遣属下前去打探消息。并上书晋武帝司马炎，言辞间希望尽早除去刘渊，否则恐怕刘渊会割据并州一带。王浑听之进言，以己身力保刘渊。实则，司马攸的上书中，也不无合理之处。刘渊在并州一带的士人群体中，颇具威望，俨然稳居中心之位。刘渊在悲愤的自白中，也提及这一点，王浑、王济父子与李憙等人正是因为“乡曲”之谊，才力荐、力保刘渊。同时，刘渊还具有常人无法企及的杰出才干，中原世家大族所无的精锐骑兵。这几点优势确实不能不令人生畏惧之心。

众所周知，魏得国于汉，晋得国于魏。虽然，这三朝之间的轮换，形式上是以禅让制和平交接支配权力来完成的。但是，实际层面上却是由于强大武力致使支配权力发生流转的。东汉末年，曹丕如果没有手握重兵，如何能使得汉献帝禅让江山。同理，司马炎如果不是有强大的军力，如何能替换魏帝。因此，极力阻止司马氏重用刘渊的诸臣，是在担心刘渊变成另一个曹操或司马懿。而这正是，刘渊多重政治身份中，隐性的政治身份——支配权力强有力的竞争者。

晋王朝建立后，“帝惩魏氏孤立之弊，故大封宗室，授以职任”②。同时，司马炎设计司马氏宗室诸王可以有统兵权，“封诸王，以郡为国。邑二万户为大国，置上、中、下三军，兵五千人；万户为次国，置上军、下军，兵三千人；五千户为小国，置一军，兵五百人”③。想以此来护卫晋朝皇帝对支配权力的永久掌控。

可惜，天不遂人愿，正是司马炎赋予宗室诸侯王的权力，致使西晋王朝变成了传统中国历史上的短命王朝之一。“帝疾笃，未有顾命。勋旧之臣多已物故”④，当司马炎在没有安排好后事的情况下，驾崩之后，西晋王朝的政局因为外戚与宗室之间围绕谁来掌控支配权力，展开了一连串的内讧。而围绕权力的角逐离不开强大武力的支撑。

从东汉王朝中后期时起，南迁中原的游牧移民部众成为帝国骑兵的主要兵员⑤。东汉末年，政治秩序崩溃后，游牧移民骑兵更是成为军阀割据称雄的有力武器。袁绍起兵时，就把倚重游牧骑兵作为争霸天下的利器。“吾南据河，北阻燕、代，兼戎狄之

---

① 《晋书》卷一百一《刘元海载记》，第2646、2647页。

② 《资治通鉴》卷七九《晋纪一》，第2493页。

③ 《资治通鉴》卷七九《晋纪一》，第2493页。

④ 《资治通鉴》卷八二《晋纪四》，第2599页。

⑤ 陆威仪著，王兴亮译：《早期中华帝国：秦与汉》，中信出版社，2016年，第143页。

众，南向以争天下。”[①]曹操统一北方后，三郡乌桓[②]成为其麾下的天下名骑。同时，析分南匈奴为五部，任命匈奴上层贵族分别担任部帅之职，其中刘渊父刘豹“为左部帅，部族最强”[③]。这样做的目的，自然是为了好控制匈奴部众。

刘豹去世后，刘渊接任了左部帅之职。晋武帝太康末年，改任北部都尉。晋惠帝初年，再次改派，“以刘元海为离石将兵都尉”[④]。周伟洲认为：“将兵都尉一职，不见记载，其在离石，且云‘将兵’，很可能是晋朝所派至离石领兵监督匈奴五部的职官。也就是说，此职有一定的实权，掌握一定的军队，非五部都尉的虚衔可比。”[⑤]因此，史料上所说的，刘渊“明刑法，禁奸邪，轻财好施，推诚接物，五部俊杰无不至者。幽冀名儒，后门秀士，不远千里，亦皆游焉”[⑥]。这样，游牧移民部众与幽、冀地区的儒生名士纷纷前来归附的盛况，最有可能发生，刘渊担任离石将兵都尉一职时期。也就是在担任将兵都尉期间，刘渊凭借个人才干，迅速积累了雄厚的政治资本。

晋惠帝外祖父杨骏以辅政之名，掌控支配权力时，任命刘渊为建威将军、五部大都督，并册封汉光乡侯的爵位。其目的自然是想拉拢刘渊为己所用。后因，匈奴五部众中有人叛逃至塞外，被罢免官职。惠帝后贾氏联合楚王司马玮尽灭太后杨氏一族。这一宫廷政变引发了司马氏诸王内讧的八王之乱。成都王司马颖出镇邺郡，上表请封刘渊为“行宁朔将军，监五部军事”[⑦]。以此招揽刘渊至麾下。由于，刘渊文武兼备，才干冠绝于当世。因此，成都王司马颖很是器重其，委以重任。“自邺悬秉国政，事无大小，皆先关谘，以渊为太弟，屯骑校尉。”[⑧]

当时，正值八王之乱高潮期，左国城以刘宣为首的匈奴贵族密谋，推举刘渊为大单于，乘“今司马氏骨肉相残，四海鼎沸，兴邦复业，此其时矣”[⑨]。并派呼延攸人前往邺郡，禀告刘渊。司马颖军政大事皆需刘渊谋划，因此刘渊暂时无法脱身回归左国城。只得命呼延攸先行返回，并转告刘宣，以声援司马颖为名召集匈奴五部及杂胡人马。

八王之乱后期，实质上争夺王朝支配权力的双方是成都王颖与东海王司马越。由于双方为了战胜彼此，急需拥有压倒对方的武力。这样，自汉王朝时起，南迁中原的

① 《三国志》卷一《魏书一·武帝纪》，第26页。
② 本文中，乌桓与乌丸意同。
③ 《资治通鉴》卷七五《魏纪七》，中华书局，1956年，第2391页。
④ 《十六国春秋辑补》卷一《前赵录》，齐鲁书社，2000年，第4页。
⑤ 周伟洲：《汉赵国史》，第49页。
⑥ 《晋书》卷一百一《刘元海载记》，第2647页。
⑦ 《晋书》卷一百一《刘元海载记》，第2647页。
⑧ 《十六国春秋辑补》卷一《前赵录》，第4页。
⑨ 《晋书》卷一百一《刘元海载记》，第2647页。

游牧移民便成为他们急需的强大后援。

司马越的弟弟并州刺史司马腾与幽州刺史王浚联兵进攻邺郡，王浚军中的乌桓、鲜卑骑兵尤其骁勇善战。面对乌桓、鲜卑骑兵快如疾风般的进攻，司马颖心生恐惧之感，竟意欲避之锋芒，弃城而逃。苦于困在邺郡不能脱身返还左国城的刘渊紧紧地抓住了这一良机。匈奴五部的精锐骑兵成为他名正言顺脱身的借口。

> “元海说颖曰：‘今二镇跋扈，众余十万，恐非宿卫及近都士庶所能御之，请为殿下还说五部，以赴国难。’颖曰：‘五部之众可保发已不？纵能发之，鲜卑、乌丸劲速如风云，何易可挡邪？吾欲奉乘舆还洛阳，避其锋锐，徐传檄天下，以逆顺制之。君意何如？’元海曰：‘殿下武皇帝之子，有殊勋于王室，威恩光洽，四海钦风，孰不思为殿下没命投躯者哉，何难发之有乎！王浚竖子，东嬴疏属，岂能与殿下争衡邪！殿下一发邺宫，示弱于人，洛阳可复至乎？纵达洛阳，威权不复在殿下也。纸檄尺书，谁为人奉之！且东胡之悍不踰五部，愿殿下勉抚士众，靖以镇之，当为殿下以二部摧东嬴，三部枭王浚，二竖之首可指日而悬矣。’颖悦，拜元海为北单于、参丞相军事。”①

这样，刘渊口衔王命以正当身份返还了左国城。同时，通过上述史料，可以看出以下几点，司马颖与刘渊关系密切，刘渊是司马颖麾下极为重要的谋臣良将。司马氏诸王之间的内讧惨烈，兵强马壮成为掌控王朝支配权力的基础。南迁中原的游牧部族中“鲜卑、乌桓起兵，所支持的是司马越；匈奴起兵，所支持的是司马颖”②。

而这些游牧移民部族骑兵深度参与司马氏诸王之间的混战，在客观上“促进了融合着游牧族群骑兵与农业社会官僚行政体系的国家的建立”③。

三、重构政治秩序的正当性

当年正是由于，秦汉之际的中原战乱，“诸秦所徙适戍边者皆复去，于是匈奴得宽，复稍度河南与中国界于故塞”④。随后冒顿又侵入燕、代之地，诱发了西汉王朝初期的边疆危机。同样，晋室的八王之乱使得王朝政治秩序崩溃，整个北方陷入了刀兵战火之中。

刘渊回归左国城之后，在以刘宣为首的匈奴贵族的拥戴下，任匈奴大单于。在短

① 《晋书》卷一百一《刘元海载记》，第2647页。

② 田余庆：《东晋门阀政治》，北京大学出版社，1989年，第30页。

③ 陆威仪著，李磊译：《分裂的帝国：南北朝》，中信出版社，2016年，第141页。

④ 《史记》卷一百十《匈奴传》，第3492页。

短的二旬之间，“内迁匈奴及杂胡纷纷投附”[①]，五部部众发展到了五万人。此时，王浚部将祁弘率领鲜卑骑兵进攻邺城，司马颖不敌，弃城南逃洛阳。刘渊以“吾与其有言矣”[②]，决定派兵阻击鲜卑骑兵，以救司马颖。刘宣极力劝阻，并进言刘渊，“今司马氏父子兄弟自相鱼肉，此天厌晋德，授之于我”[③]。此时起兵应该建立什么样的政治秩序模式，成为亟须解决的问题。而政治秩序的重建必须有合理的正当性，这样才能国运长久。

刘宣等人认为，方今天下大乱，又有刘渊这样才德盖世的英雄，正是上天要让匈奴复兴之时，所以应该“复呼韩邪之业”，同时联合鲜卑、乌丸诸部为盟军。实际上刘宣的主张，在当时的历史情境几乎不具有可行性。首先，来看刘宣口中的呼韩邪单于，匈奴历史上的呼韩邪单于一共有两位。而如本文前述，这两位单于无疑都是在身处困境之时，请求归附汉王朝，以求获得资源来自保与发展。因此，两位呼韩邪单于执政时期的匈奴无论在形式上或者是实际层面上，已经不是曾经与中原王朝对等的政治体，而是转型为汉王朝藩属。如果要恢复冒顿时代的草原帝国，则需出塞返回草原。在长城以南的并州建立冒顿时代的政权形态，显然的不可行的。因为，游牧民族在内迁中原后，会不可避免地发生社会转型，生活习俗与行为趋同于中原民众[④]。其次，再看以鲜卑、乌丸为援说。秦王朝建立之初，“东胡强而月氏盛。匈奴单于曰头曼，头曼不胜秦，北徙”[⑤]。此时，东胡实力强于匈奴，冒顿曾为质于东胡。冒顿成为单于时，故意示弱，使得“东胡初轻冒顿，不为备。及冒顿以兵至，击，大破灭东胡王，而虏其民人及畜产”[⑥]。东胡彻底被击溃，余部潜逃化为乌桓与鲜卑二部。乌桓以山为族名，“俗善骑射，随水草放牧”[⑦]。乌桓与匈奴生活习性相同，但灭国之仇，却不可不报。乌桓实力转强时，曾“发掘匈奴单于冢，将以报冒顿所破之耻”[⑧]。而鲜卑拓跋部常常协助司马腾、刘琨等与刘渊部作战。因此，匈奴与乌桓、鲜卑二部相互为敌的历史颇为久远，相生相杀数百年，在草原游牧空间中是竞争对手，同样融入中原王朝政治秩序之后依然如此。由此，可见刘宣的政治主张在当时注定是无法现实的图景。

刘渊面对晋王朝政治秩序崩溃后的天下乱象，赞同刘宣起兵割据的主张，但在政

① 周伟洲：《汉赵国史》，第51页。
② 《晋书》卷一百一《刘元海载记》，第2648页。
③ 《晋书》卷一百一《刘元海载记》，第2648页。
④ ［美］拉铁摩尔著，唐晓峰译：《中国的亚洲内陆边疆》，第322页。
⑤ 《史记》卷一百十《匈奴传》，第3492页。
⑥ 《史记》卷一百十《匈奴传》，第3494页。
⑦ 《三国志》卷三十《魏书三十 · 乌丸传》，第832页。
⑧ 《三国志》卷三十《魏书三十 · 乌丸传》，第833页。

权形态方面，则认为应该建立中原王朝式的政治秩序。

> “当为崇冈峻阜，何能为培塿乎！夫帝王岂有常哉！大禹出于西戎，文王生于东夷，顾惟德所授耳！今见众十余万，皆一当晋十，鼓行而摧乱晋，犹拉枯耳。上可成汉高之业，下不失为魏氏。虽然，晋人未必同我。汉有天下世长，恩德结于人心，是昭烈崎岖于一州之地，而能抗衡于天下。吾又汉氏之甥，约为兄弟，兄亡弟绍，不亦可乎！且可称汉。追尊后主，以怀人望。”①

这段史料清晰地再现了刘渊当时的政治意图。夏之大禹、周之文王均不是中原人士。建功立业，帝王无问出处，有德之君居之中原是天意。而精兵锐骑在刀兵四起的乱世中，是建功立业的基础。今，这两者齐聚于刘渊之身，正是大显神威，开创万世基业之时。那么，刘渊何以要延续汉祚，以兴汉为政治旗帜！

在匈奴单于向汉王朝皇帝形式上奉藩称臣之后，“有威名于百蛮”②的草原霸主的权威已然在逐渐消退。“匈奴日削，不能取复”③是当时的历史事实。到东汉末年，“2世纪后期，南单于丧失其权威的事态是越来越深刻而严重的”④。刘渊作为“超凡魅力”型首领的存在，匈奴以刘宣为首的上层贵族认为是，上天要匈奴中兴的预设。而匈奴中兴要实现什么，对此刘宣是有期望的。乘乱起兵是为了摆脱“晋为无道，奴隶御我”⑤的悲惨境地。而之后怎么做，刘宣也只是提出“复呼韩邪之业”。但令刘宣等人怀念的是“昔我先人与汉约为兄弟，忧泰同之”⑥的地位。而要实现刘宣等人的期望，必须制定符合当时形势的路线与方针。

因此，刘渊在深思熟虑、审时度势之后，做出了“追尊后主”，以“兴汉”为旗帜的历史抉择。刘渊的成长环境以及他的人生经历，无可辩驳地已经使得中原王朝的政治文化融入了他的意识之中。所以，起兵割据必须要有正当的理由，接下来建立的政权才会有正当性。在起兵前，刘渊在晋王朝的政治秩序中拥有重要的政治身份。故而，他起兵绝不是要做晋王朝的叛臣，而是要成为中兴汉王朝的功臣。汉魏禅让背后是强大武力的胁迫，魏晋禅让也是如此。刘渊以兴汉来对抗晋室，自然在道德方面已居于有利位置。刘渊决定以兴汉为旗帜后，从离石迁居左国城，返回左国城对刘渊来说是意义重大的。东汉中期以后，在南单于任免的问题上，汉帝很有话语权。南单于在某种意义上是汉王朝政治秩序中地位很高的藩王身份。刘渊返回左国城后，据史料

---

① 《晋书》卷一百一《刘元海载记》，第2649页。
② 《汉书》卷九四下《匈奴传下》，第3797页。
③ 《汉书》卷九四下《匈奴传下》，第3797页。
④ 谷川道雄著，李济沧译：《隋唐帝国形成史论》，上海古籍出版社，2011年，第27页。
⑤ 《晋书》卷一百一《刘元海载记》，第2648页。
⑥ 《晋书》卷一百一《刘元海载记》，第2647页。

记载“远人归附者数万”[①]。这些“远人”自然不是“晋人”，而是心怀汉室者。而这，正印证了刘渊前面所说的，汉室国运长久，恩德广播于天下的论断。刘渊在左国城称汉王与刘备在成都称汉中王，实质上是相同的。刘备属汉室宗亲疏枝。刘渊只是“汉室之甥”。同时，二人均是在国家社稷蒙尘，不得不挺身而出的形势下称王的。刘渊祭天文书，言辞恳切，动容处不禁潸然泪下，称汉王绝非为一己之私，而是“大耻未雪，社稷无主，衔胆栖冰，勉从群议”[②]的壮举。刘渊冠冕堂皇的言辞行为背后是，对中原王朝政治文化的认同以及为即将建立的政治秩序谋求正当性的行为。

刘渊在左国城南郊设坛祭天，并“立汉高祖以下三祖五宗神主而祭之”[③]。通过郊祀与宗庙来昭告天下，汉王朝将再次中兴。刘渊的这一系列举动，震惊了晋王朝。在当时的中原政治文化中，郊祀对王朝的正当性有着无可替代的功效。因为，祭天礼仪是皇帝与上天之间的对话，以此仪式来证明，皇帝是受上天委任而具有统治天下与民众的权力[④]。魏晋时期，有一段时间皇帝是不亲自执行郊祀仪式的[⑤]。在刘渊称汉王之后，晋室怀帝亲自执行郊祀活动，这无疑是对刘渊汉国建立的回应[⑥]。以此来昭告天下，司马氏依然是秉天承命的拥有者。在有君主的社会中，仪式彰显君主本人具有超自然地位，以此来证明其政权具有的正当性[⑦]。这样，汉与晋都宣称各自的政权拥有来自上天所授予的统治权力，展开了对王朝政治秩序正当性的竞争。此时，任何一件无意中出现的偶然事件都可以成为印证构建政治秩序正当性、天命所归的例证。比如“永嘉三年，刘渊徙平阳，于汾水得白玉印，方四寸，高二寸二分，龙纽。其文曰：有新宝之印，王莽所造也。渊以为天授，改永凤二年为河瑞元年”[⑧]。从历史事实来讲，刘渊宗汉立国是南迁中原的游牧移民第一次将中原王朝式政治秩序作为建立政权的模式。这表明，当时无论是中原人士还是游牧移民，如果要逐鹿中原，取得支配天下的权力。必须认同中原王朝政治文化，以建立中原王朝式的政治秩序为建立政权的模式。只有这样才能获得建立王朝政治秩序的正当性。

当然刘渊的汉国政权，有着为数不少的游牧文化的印记。其中以游牧民众组成的骑兵为征战、角逐天下的主力军队。统治集团的核心成员大都也是游牧移民出身的

---

① 《晋书》卷一百一《刘元海载记》，第2647页。

② 《晋书》卷一百一《刘元海载记》，第2650页。

③ 《晋书》卷一百一《刘元海载记》，第2650页。

④ 渡边信一郎著，徐冲译：《中国古代的王权与天下秩序——从日中比较史的视角出发》，中华书局，2008年，第82页。

⑤ 金子修一著，肖圣中等译：《古代中国与皇帝祭祀》，复旦大学出版社，2017年，第108页。

⑥ 金子修一著，肖圣中等译：《古代中国与皇帝祭祀》，第109页。

⑦ 大卫·科泽著，王海洲译：《仪式、政治与权力》，江苏人民出版社，2015年，第63页。

⑧ 《水经注校证》，中华书局，2007年，第162页。

人。同时，设有不同于中原官僚体系管理游牧民众的机构[①]。而这些，也已经不同于游牧民在草原空间中所设立的机构，其是在移民政治文化下，出现的融合着不同文化因素的管理机构。

综上所述，八王之乱时期刘渊以兴汉为名建立政权立国的重要历史事件，究其原因绝不仅仅是刘渊为了招揽人心的权宜之举。这一历史抉择是多重原因促成的。首先，是刘渊本人文武兼备，傲视群雄的杰出才华。其次，是南单于家族南迁中原后，在王朝政治秩序中，有了新的不同于草原空间中的政治身份，到刘渊这一辈更是具有了多重政治身份。再次，是匈奴部众强悍的骑兵部队，使得刘渊集团有了乘势起兵的机会。此外，还有一个非常重要的原因就是刘渊认同中原王朝的政治文化，并获得了当时部分士族人物的支持与拥戴。与此同时，刘渊建立的汉国政权中依然会保存有大量的草原政治文化的因素。这是南匈奴族裔移民中原后，形成的独特的移民政治文化。其包含融合了中原政治文化与草原政治文化中的诸多因素。而这正是中华民族文明一体多元性的历史显现。

① 周伟洲：《汉赵国史》，第165～169页。

北魏平城墓葬的灰枕葬俗探析

倪润安

（北京大学考古文博学院　北京　100871）

北魏定都平城后，随着统一战争的进行，各路移民纷至沓来，各地葬俗也一同传入，共同融汇成多彩缤纷的平城墓葬文化。其中，使用灰枕是平城墓葬中不是特别显眼却值得关注的一种葬俗现象。此葬俗的表现形式、内涵及来源都有系统梳理的必要。

一、平城墓葬出土灰枕的类型与特征

根据形状不同，北魏平城墓葬出土灰枕可分为三型。

A型　元宝形，平面略呈椭圆形，两端尖翘。这种类型的灰枕既在长斜坡墓道土洞墓中出土，也在长斜坡墓道砖室墓中出土。根据墓葬形制的不同，可将A型灰枕出土的墓葬分为六种情况。

第一种　出土于长斜坡墓道土洞墓，墓室平面接近纵长直角梯形。如大同南郊电焊器材厂M140①，坐东朝西，葬具为一棺，棺内西端头骨下出土1件元宝形石灰枕（图一，1、2）。又如大同南郊电焊器材厂M82②，坐东朝西，葬具为一棺，棺内西端出土1件元宝形石灰枕，长44、宽16厘米（图一，3）。

第二种　出土于长斜坡墓道土洞墓，墓室平面呈纵长等腰梯形。如大同南郊电焊器材厂M22③，坐东朝西，葬具为一棺，西南角出土1件元宝形石灰枕（图二，1）。又如大同七里村M28④，坐北朝南，棺木保存较好，棺内南端出有1件元宝形石灰枕（图二，2）。

第三种　出土于长斜坡墓道土洞墓，墓室平面呈纵长方形。如大同南郊电焊器材厂M77⑤，坐北朝南，葬具为一棺，棺内南端出土1件元宝形石灰枕，长约28、宽16、厚10厘米（图三，1、2）。

---

① 山西大学历史文化学院、山西省考古研究所、大同市博物馆：《大同南郊北魏墓群》，科学出版社，2006年，第265～267页。

② 《大同南郊北魏墓群》，第185～187页。

③ 《大同南郊北魏墓群》，第152～155页。

④ 大同市考古研究所：《山西大同七里村北魏墓群发掘简报》，《文物》2006年第10期，第25～49页。

⑤ 《大同南郊北魏墓群》，第342～344页。

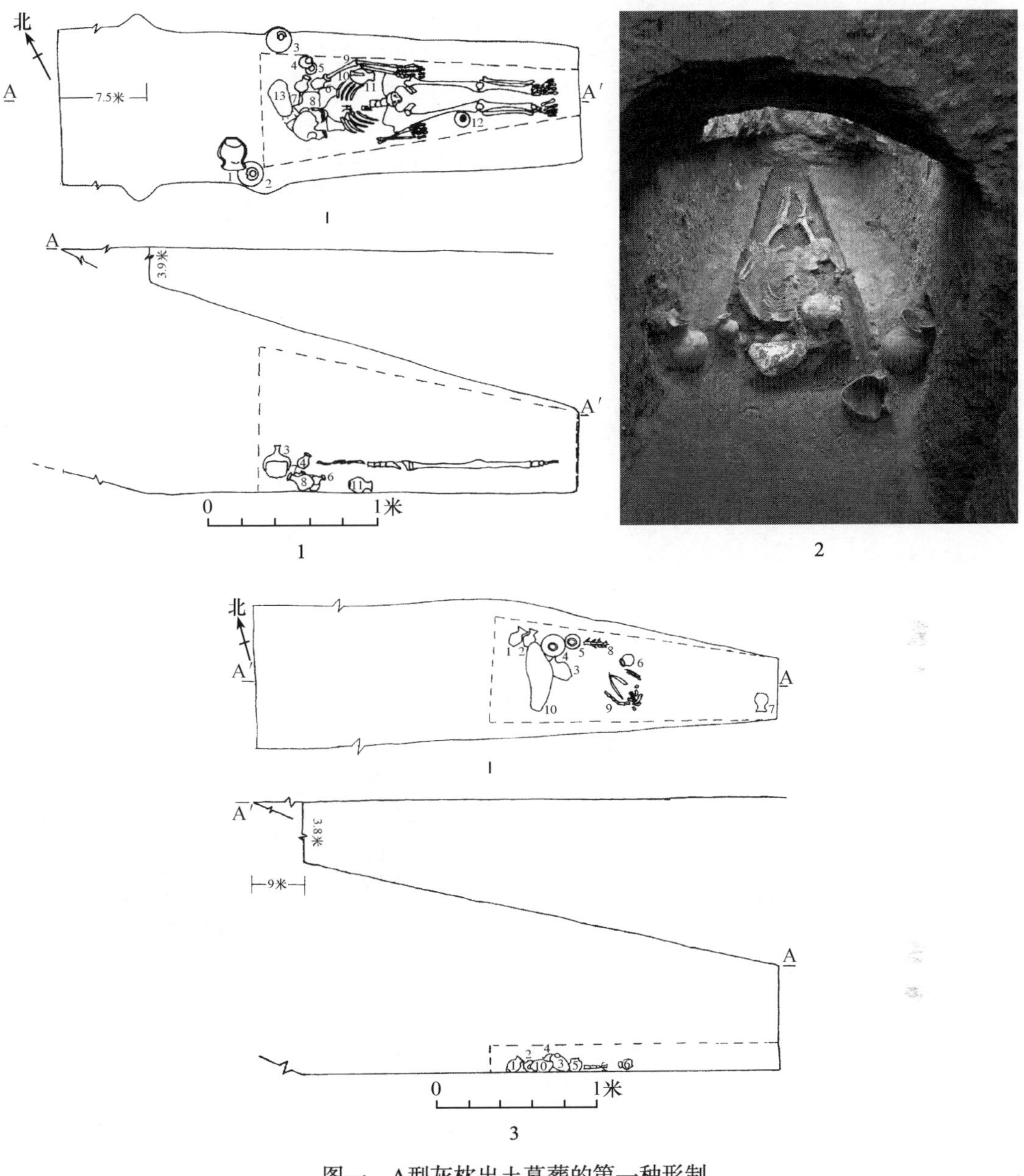

图一　A型灰枕出土墓葬的第一种形制

1、2. 大同南郊电焊器材厂M140　3. 大同南郊电焊器材厂M82

第四种　出土于长斜坡墓道长方形单室砖墓。如太延元年（435年）大同沙岭北魏壁画墓[①]，坐东朝西，在墓室的西北角保存1件元宝形石灰枕，棺底有一些木炭（图四）。

第五种　出土于长斜坡墓道方形单室砖墓。如阳高县太安三年（457年）尉迟定

① 大同市考古研究所：《山西大同沙岭北魏壁画墓发掘简报》，《文物》2006年第10期，第4～24页。

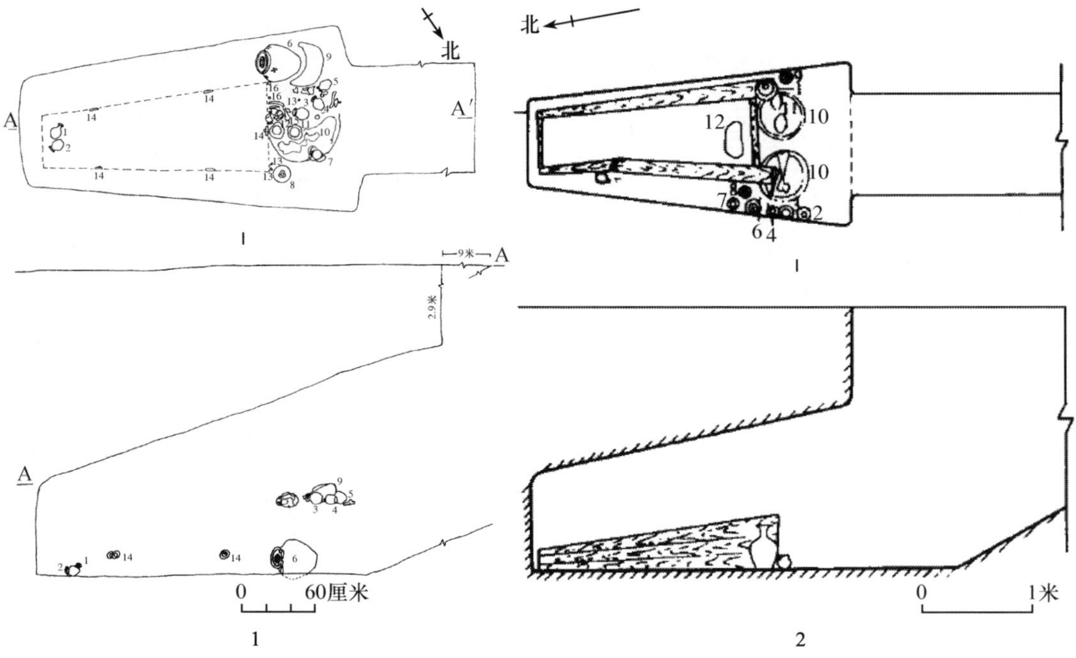

图二　A型灰枕出土墓葬的第二种形制

1. 大同南郊电焊器材厂M22　2. 大同七里村M28

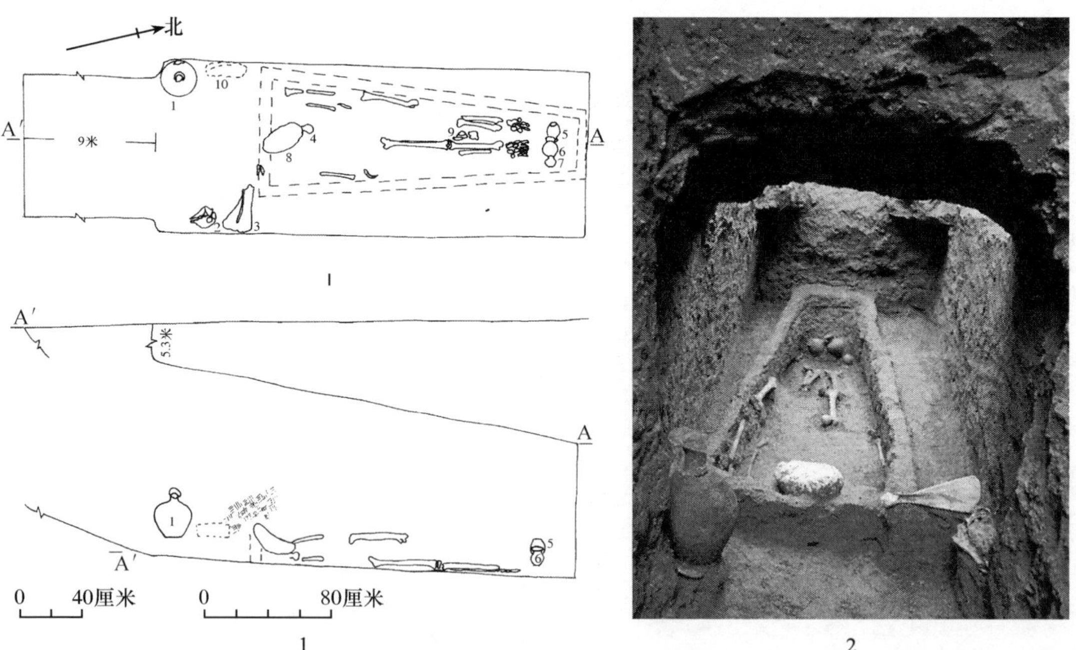

图三　A型灰枕出土墓葬的第三种形制

1、2. 大同南郊电焊器材厂M77

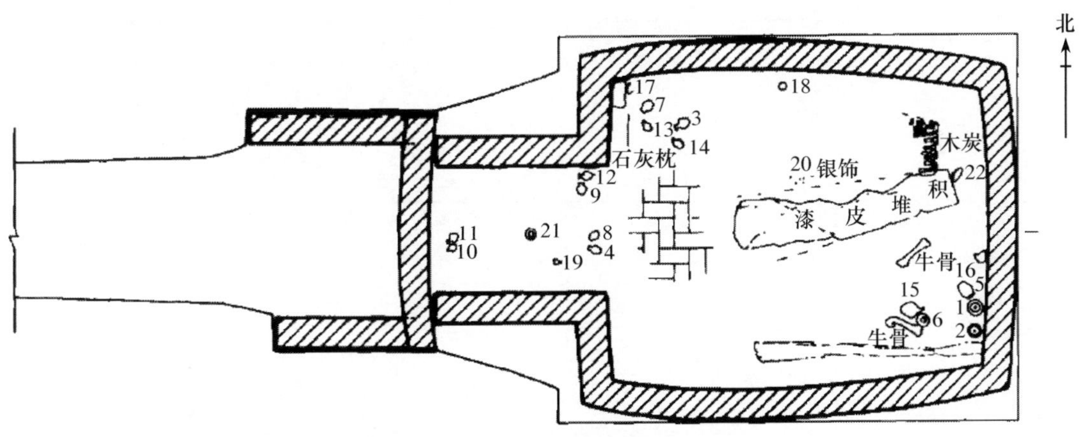

图四 A型灰枕出土墓葬的第四种形制

州墓[①]，坐东朝西（图五，1），在石棺床西侧出土1件元宝形石灰枕（图五，2），长29、宽13.5、高16.5厘米（图五，3）。又如大同南郊田村北魏墓[②]，坐东朝西，墓室北侧置一石棺床，其上西侧置1件元宝形石灰枕。又如大同南郊仝家湾M9，即和平二年（461年）梁拔胡墓[③]，坐北朝南，墓室东侧随葬1件元宝形石灰枕（图六，1）。再如雁北师院M5，即太和元年（477年）宋绍祖墓[④]，坐北朝南，墓室中央为一殿堂式石椁，椁室内石棺床上无木质葬具，石棺床西端放置两件白色石灰枕，北边的1件为元宝形，长30、宽16厘米（图五，4；图六，2）。

第六种　出土于长斜坡墓道前、后双室方形砖室墓。如大同县陈庄北魏墓[⑤]，坐北朝南，后室东南角出土1件元宝形石灰枕。

B型　平面呈长方形，大多为圆角。这种类型的灰枕既在长斜坡墓道土洞墓中出土，也在长斜坡墓道砖室墓中出土。根据墓葬形制的不同，可将B型灰枕出土的墓葬分为六种情况。

① 大同市考古研究所：《山西大同阳高北魏尉迟定州墓发掘简报》，《文物》2011年第12期，第4～12、51页。

② 大同市考古研究所：《山西大同南郊区田村北魏墓发掘简报》，《文物》2010年第5期，第4～18页。

③ 山西省考古研究所、大同市考古研究所：《山西大同南郊仝家湾北魏墓（M7、M9）发掘简报》，《文物》2015年第12期，第4～22页。

④ 大同市考古研究所、刘俊喜主编：《大同雁北师院北魏墓群》，文物出版社，2008年，第71～76、162页；山西省考古研究所、大同市考古研究所：《大同市北魏宋绍祖墓发掘简报》，《文物》2001年第7期，第19～39页。

⑤ 山西省考古研究所、大同市考古研究所：《山西大同市大同县陈庄北魏墓发掘简报》，《文物》2011年第12期，第37～46页。

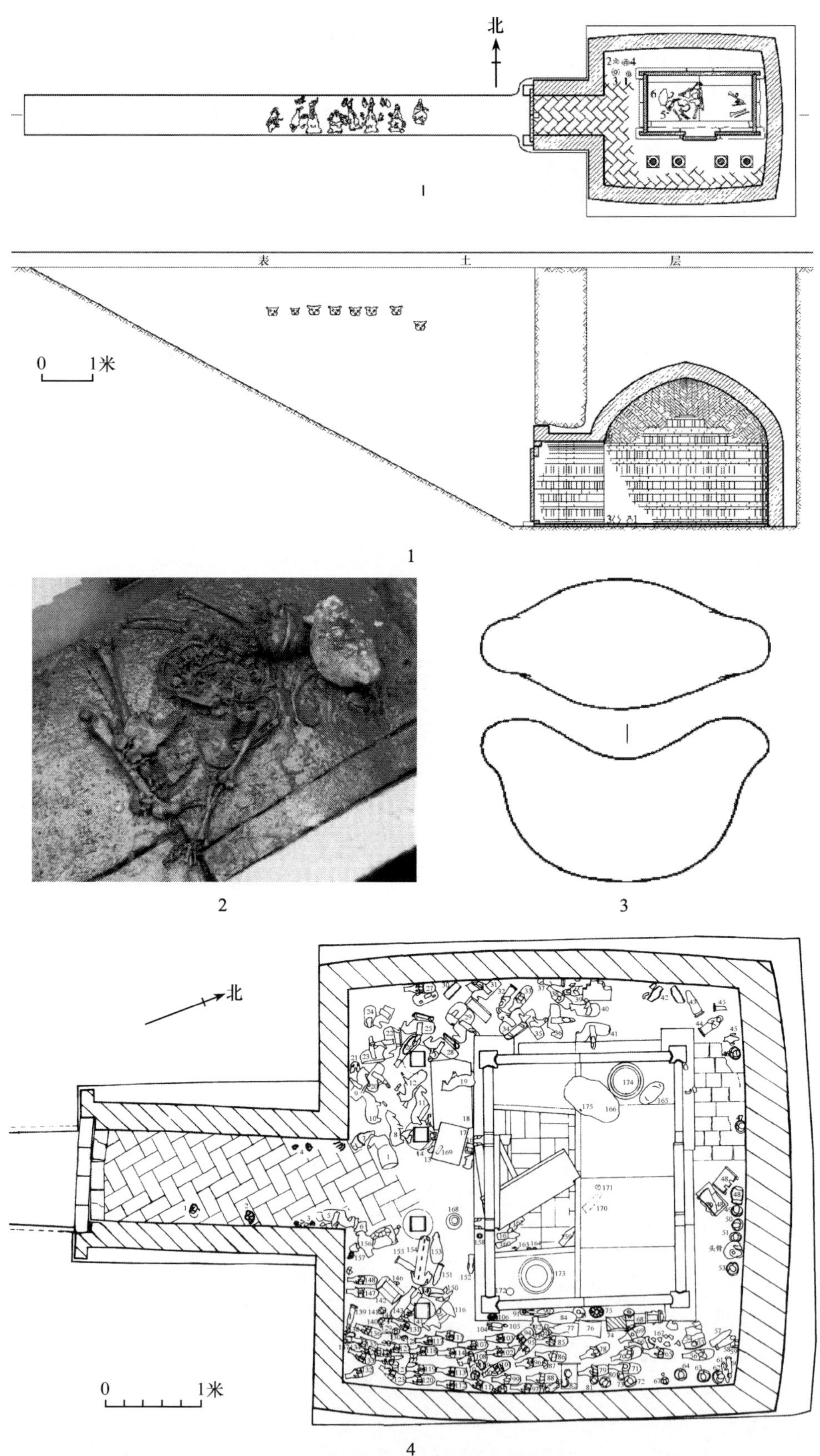

图五　A型灰枕出土墓葬的第五种形制

1～3. 尉迟定州墓　4. 宋绍祖墓

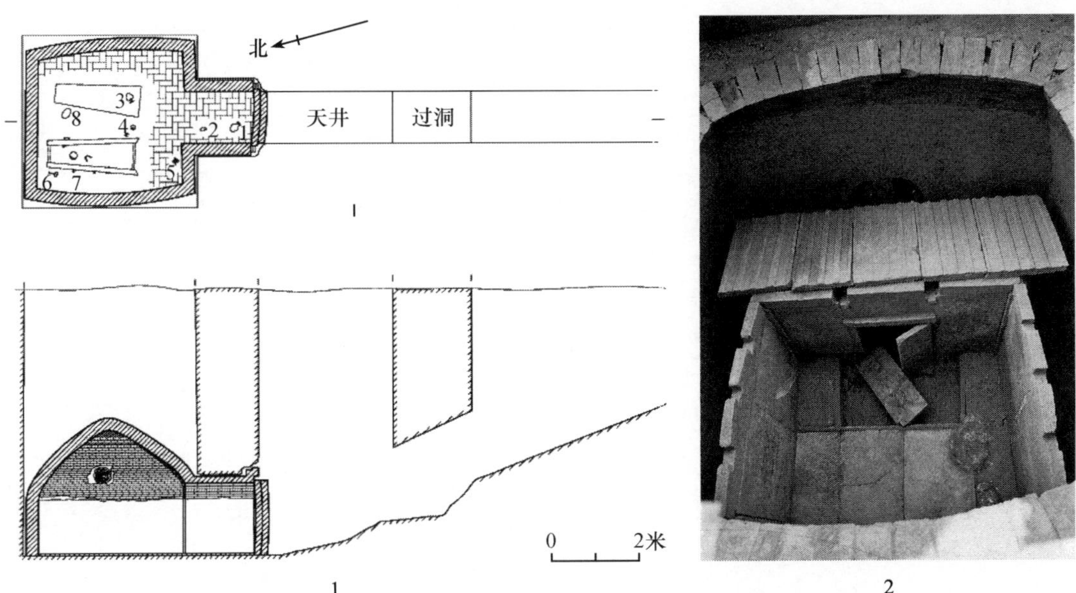

图六 A型灰枕出土墓葬的第五种形制
1. 梁拔胡墓 2. 宋绍祖墓

第一种 出土于长斜坡墓道土洞墓，墓室平面呈纵长直角梯形。如大同迎宾大道M53[①]，坐北朝南，单棺双人合葬，棺内南端头骨下有1件圆角长方形石灰枕（图七）。

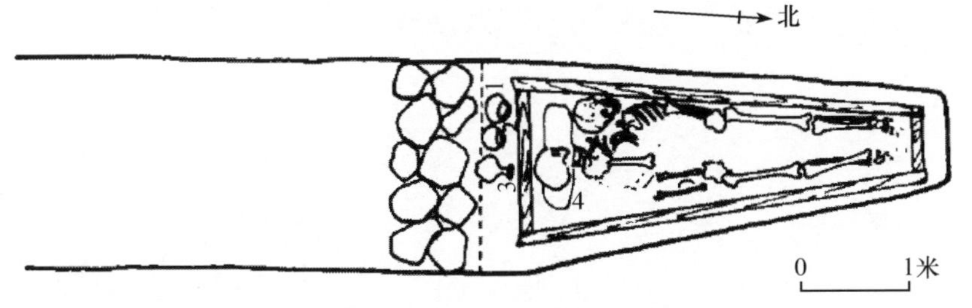

图七 B型灰枕出土墓葬的第一种形制

第二种 出土于长斜坡墓道土洞墓，墓室平面呈纵长等腰梯形。如大同南郊电焊器材厂M92[②]，坐北朝南，葬具为一棺，墓主人为女性，南端头骨下枕1件圆角长方形灰枕，外表呈黑色，长33、宽17、厚6厘米（图八）。

第三种 出土于长斜坡墓道土洞墓，墓室平面呈纵长方形。如雁北师院M12[③]，坐北朝南，葬具为一木棺，棺内有女性人骨一具，南端头骨下有1件长方形灰枕，长约50、宽约26厘米（图九）。

① 大同市考古研究所：《山西大同迎宾大道北魏墓群》，《文物》2006年第10期，第50～71页。

② 《大同南郊北魏墓群》，第202～205页。

③ 大同市考古研究所、刘俊喜主编：《大同雁北师院北魏墓群》，第11～13页。

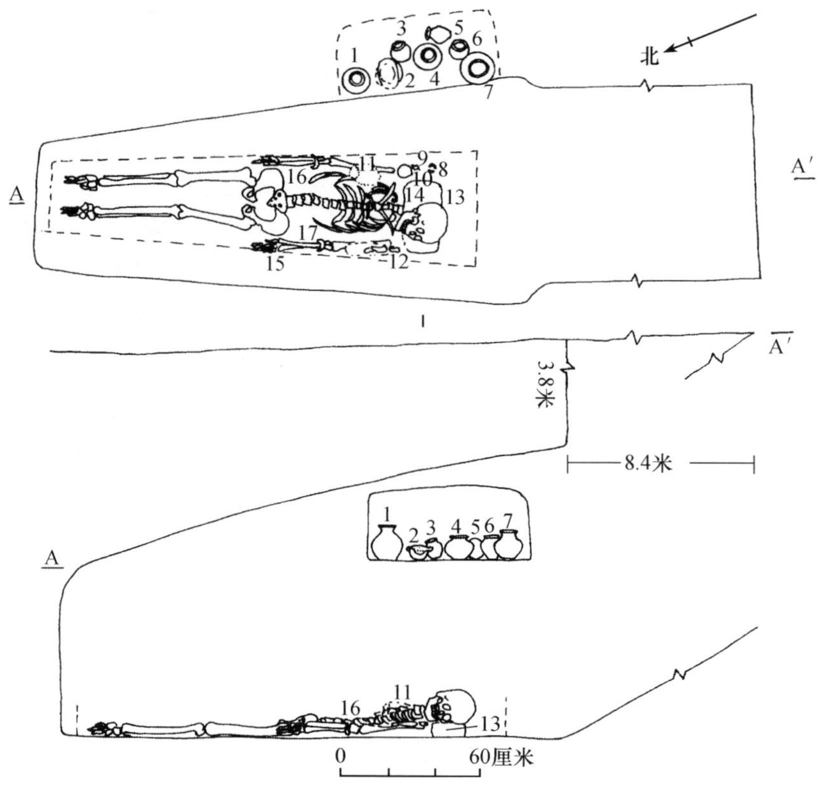

图八　B型灰枕出土墓葬的第二种形制

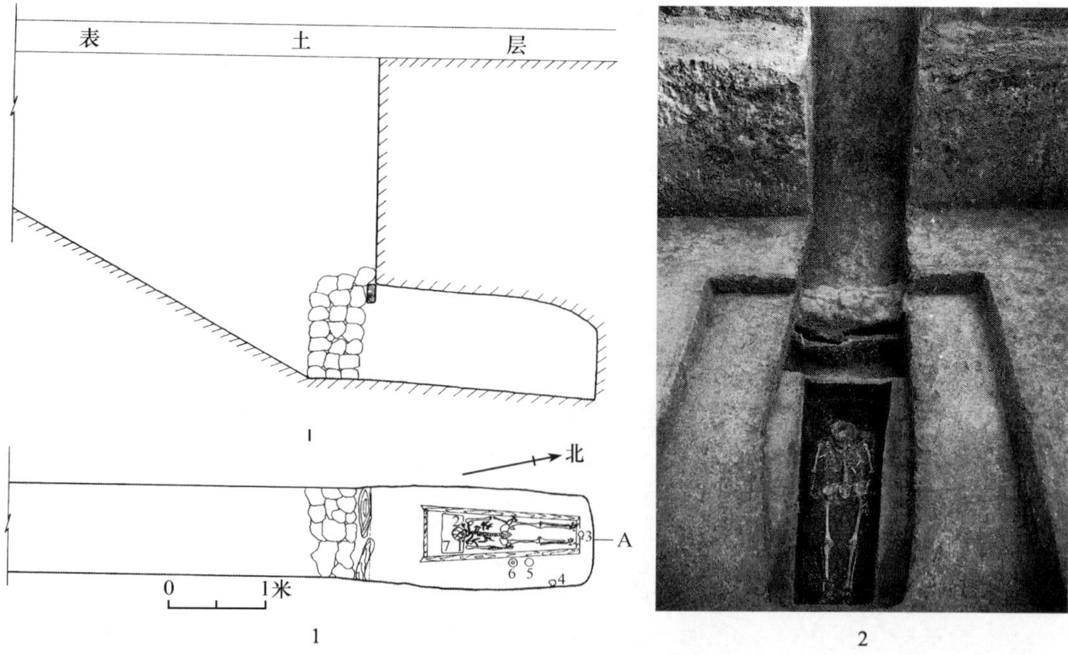

图九　B型灰枕出土墓葬的第三种形制

1、2. 雁北师院M12

第四种　出土于长斜坡墓道土洞墓，墓室平面呈刀形。如大同七里村M19①，坐北朝南，墓室西侧的棺木已朽，人骨架保存较好，棺内南端头骨下置1件圆角长方形石灰枕（图一〇，1）。又如大同恒安街北魏墓（11DHAM13）韩法容墓②，坐北朝南，葬具为一棺，紧靠墓室西壁，棺内有人骨一具，南端头骨下有1件圆角长方形石灰枕（图一〇，2、3），枕内包有绳纹砖两块（图一〇，4）；人骨之下铺一层厚8厘米的石灰，石灰之下铺一层厚8～10厘米的炭末。再如雁北师院M7③，坐北朝南，葬具木棺位于墓室西侧，棺内有两具人骨，南端头骨下有1件长方形灰枕，残长26、残宽14厘米。还如雁北师院M9④，坐北朝南，葬具为双木棺，位于墓室中西侧，男墓主人居东，女墓主人居西，棺内南端头骨下各有1件圆角长方形灰枕，西棺内灰枕长约48、宽约20厘米，东棺内灰枕长约47、宽约18厘米（图一〇，5、6）。

第五种　出土于长斜坡墓道方形单主室砖墓，带一耳室。如七里村M14⑤，坐北朝南，耳室在东侧，主室西、北侧各置有石质棺床一具，耳室的北侧置一具石棺床，主室西棺床南端出土1件圆角长方形石灰枕（图一一，1、2）。

第六种　出土于长斜坡墓道方形单室砖墓。如雁北师院M3⑥，坐北朝南，葬具为一木棺，棺内有女性人骨一具，西端头部位置有1件长方形灰枕，长27、宽16厘米（图一二，1）。又如雁北师院M2⑦，坐北朝南，葬具为四木棺，南侧大棺墓主人为大于50岁的成年男性，北侧大棺墓主人为大于50岁的成年女性，南、北侧小棺的死者为幼儿；北侧大棺的西端、北侧小棺的南端、南侧小棺的南端各出1件圆角长方形灰枕，南侧大棺未出灰枕，各棺底部均铺设一层木炭防潮；北侧大棺灰枕长约40、宽约20厘米，北侧小棺灰枕长36、宽15厘米，南侧小棺灰枕长34、宽16厘米（图一二，2）。

C型　平面呈椭圆形，两端钝圆，不上翘。这种类型的灰枕既在长斜坡或竖井墓道土洞墓中出土，也在长斜坡墓道砖室墓中出土。根据墓葬形制的不同，可将C型灰枕出土的墓葬分为五种情况。

第一种　出土于长斜坡墓道土洞墓，墓室平面呈纵长等腰梯形。如大同南郊电

---

① 大同市考古研究所：《山西大同七里村北魏墓群发掘简报》，《文物》2006年第10期，第25～49页。

② 大同市考古研究所：《山西大同恒安街北魏墓（11DHAM13）发掘简报》，《文物》2015年第1期，第13～21页。

③ 大同市考古研究所、刘俊喜主编：《大同雁北师院北魏墓群》，第5～8页。

④ 大同市考古研究所、刘俊喜主编：《大同雁北师院北魏墓群》，第8～11页。

⑤ 大同市考古研究所：《山西大同七里村北魏墓群发掘简报》，《文物》2006年第10期，第25～49页。

⑥ 大同市考古研究所、刘俊喜主编：《大同雁北师院北魏墓群》，第24～27页。

⑦ 大同市考古研究所、刘俊喜主编：《大同雁北师院北魏墓群》，第40～44、70页。

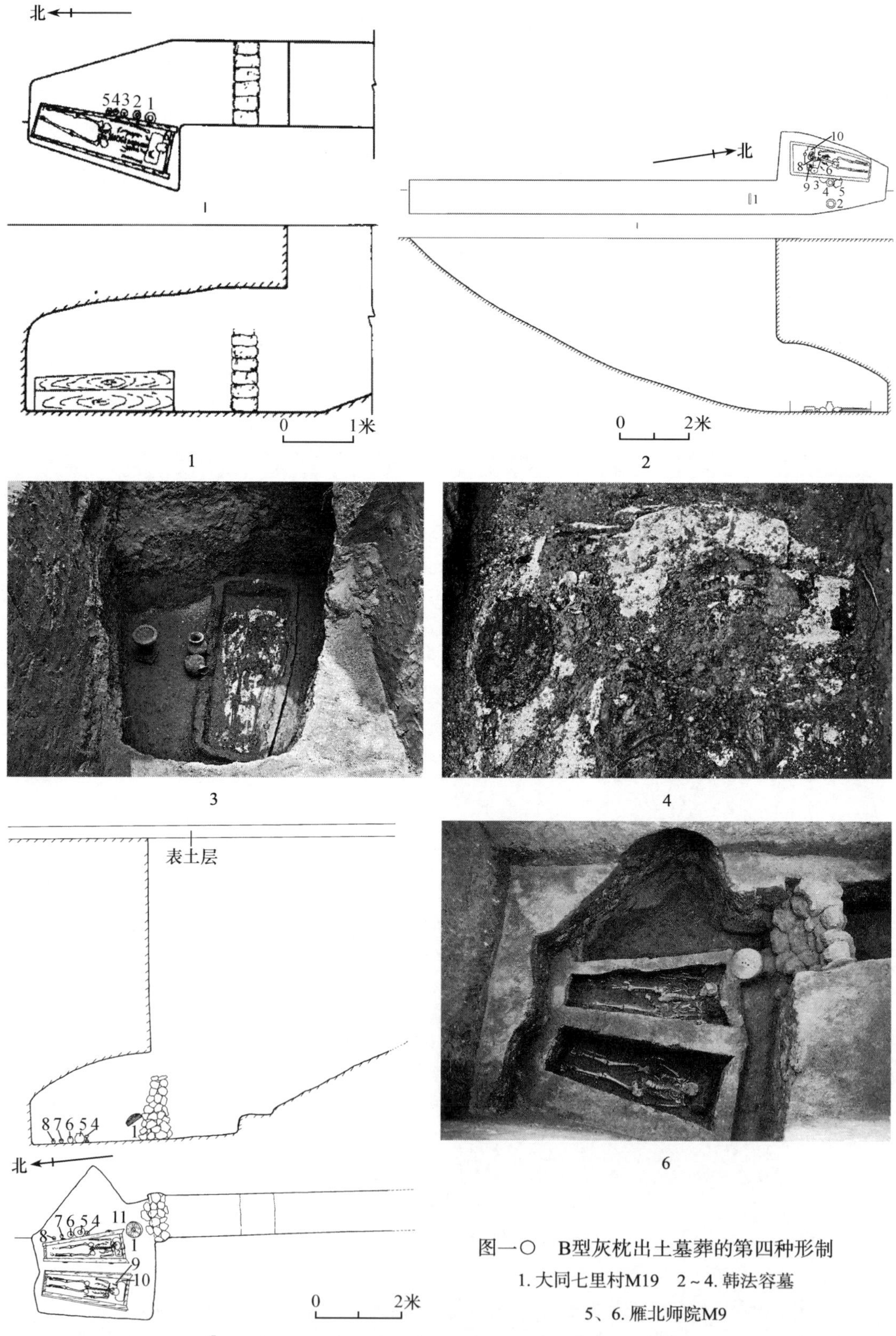

图一〇　B型灰枕出土墓葬的第四种形制

1. 大同七里村M19　2～4. 韩法容墓

5、6. 雁北师院M9

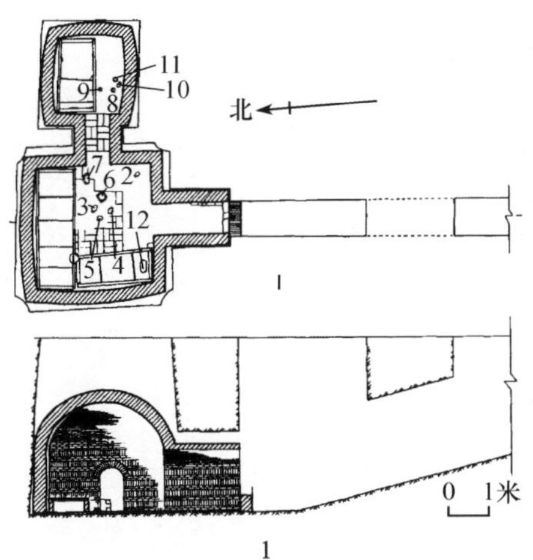

1

2

图一一　B型灰枕出土墓葬的第五种形制

1、2. 大同七里村M14

焊器材厂M41[①]，坐东朝西，葬具为一棺，棺内中部偏西出土1件椭圆形石灰枕，长约22、宽约10厘米（图一三，1）。如大同南郊电焊器材厂M14[②]，坐东朝西，葬具为一棺，棺内西端出土1件椭圆形石灰枕。再如大同南郊电焊器材厂M65[③]，坐北朝南，葬具为一棺，棺内南端出土1件椭圆形石灰枕，长约20、宽约11厘米（图一三，2）。还如大同南郊电焊器材厂M72[④]，坐北朝南，葬具为一棺，人头骨和上身骨骼不存，棺内西侧出土1件椭圆形石灰枕，疑遭移动（图一三，3、4）。

第二种　出土于竖井墓道土洞墓，墓室平面呈纵长等腰梯形。如大同南郊电焊器材厂M135[⑤]，坐东朝西，葬具为一棺，棺内西端出土1件近似椭圆形的石灰枕，长约44、宽约20、厚约12厘米（图一四）。

第三种　出土于长斜坡墓道土洞墓，墓室平面呈刀形。如大同迎宾大道M69[⑥]，坐北朝南，单棺，棺内铺0.1米厚土灰，南端人头骨下有1件椭圆形灰枕（图一五）。

第四种　出土于长斜坡墓道方形单主室砖墓，带一耳室。如大同七里村M1[⑦]，坐北朝南，耳室在东侧，墓室中部残存一座前廊式木质帷榻，平面为长方形，南部为前廊，帷榻进深2.03米。帷榻西部为一长方形木榻，南端有1件可能是椭圆形的石灰枕（图一六）。

---

① 《大同南郊北魏墓群》，第167～169页。

② 《大同南郊北魏墓群》，第137～142页。

③ 《大同南郊北魏墓群》，第177～179页。

④ 《大同南郊北魏墓群》，第179～182页。

⑤ 《大同南郊北魏墓群》，第76、77页。

⑥ 大同市考古研究所：《山西大同迎宾大道北魏墓群》，《文物》2006年第10期，第50～71页。

⑦ 大同市考古研究所：《山西大同七里村北魏墓群发掘简报》，《文物》2006年第10期，第25～49页。

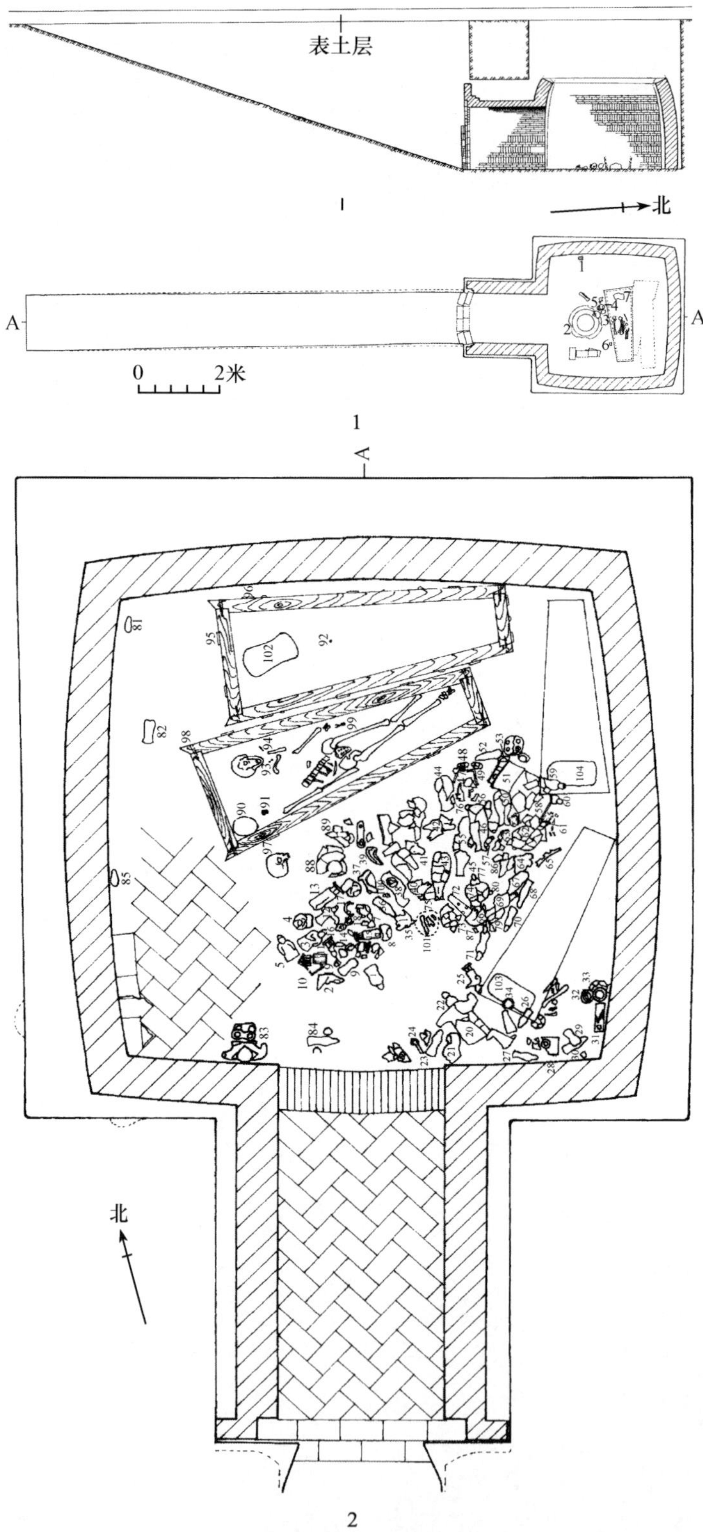

图一二　B型灰枕出土墓葬的第六种形制

1. 雁北师院M3　2. 雁北师院M2

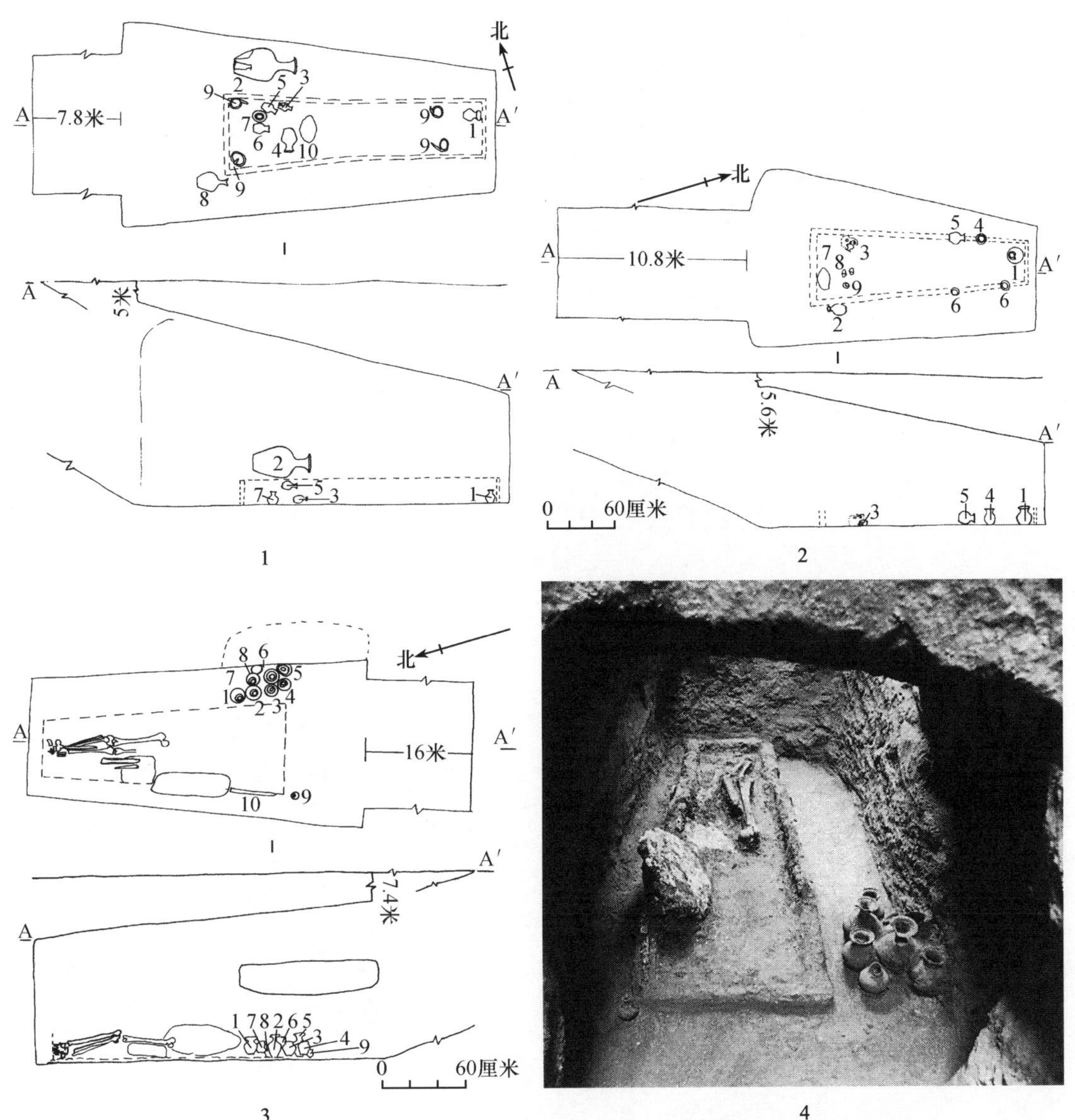

图一三　C型灰枕出土墓葬的第一种形制

1. 大同南郊电焊器材厂M41　2. 大同南郊电焊器材厂M65　3、4. 大同南郊电焊器材厂M72

第五种　出土于长斜坡墓道方形单室砖墓。如大同七里村M37①，坐北朝南，墓室中央设一方形木榻，中部偏西砌一长方形砖台；东部中间有横向作撑挡的木痕，东南角放一石质帐础，一男一女骨架凌乱弃于木榻之上；西部放置女性人骨架一副，仰身直肢，南端头部处有1件椭圆形石灰枕（图一七，1、2）。又如大同迎宾大道M78②，坐北朝南，北侧棺床东端的男性头骨下置1件椭圆形灰枕（图一七，3）。再如太和元

① 大同市考古研究所：《山西大同七里村北魏墓群发掘简报》，《文物》2006年第10期，第25～49页。

② 大同市考古研究所：《山西大同迎宾大道北魏墓群》，《文物》2006年第10期，第50～71页。

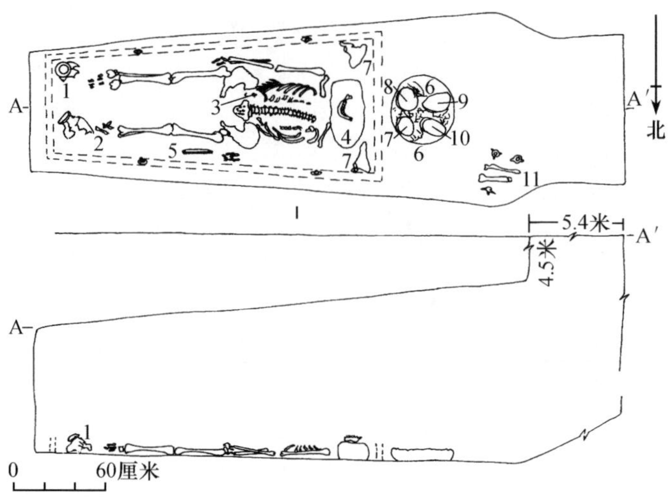

图一四　C型灰枕出土墓葬的第二种形制

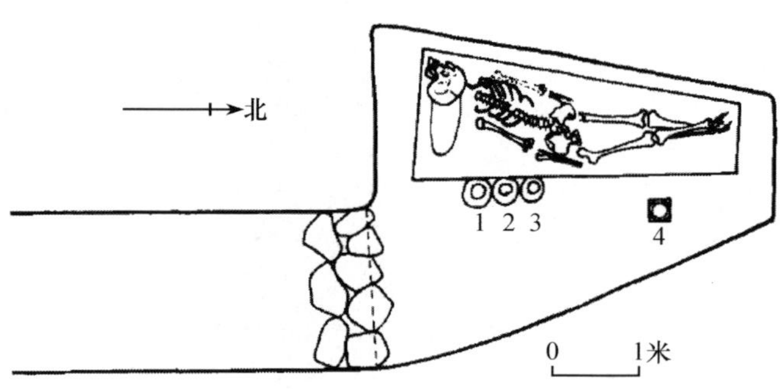

图一五　C型灰枕出土墓葬的第三种形制

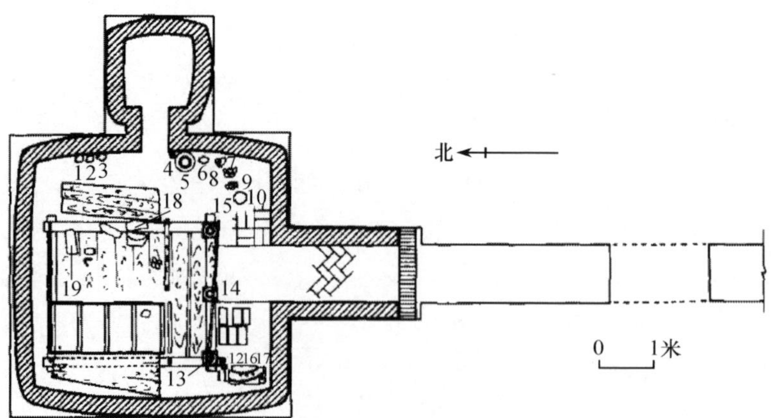

图一六　C型灰枕出土墓葬的第四种形制

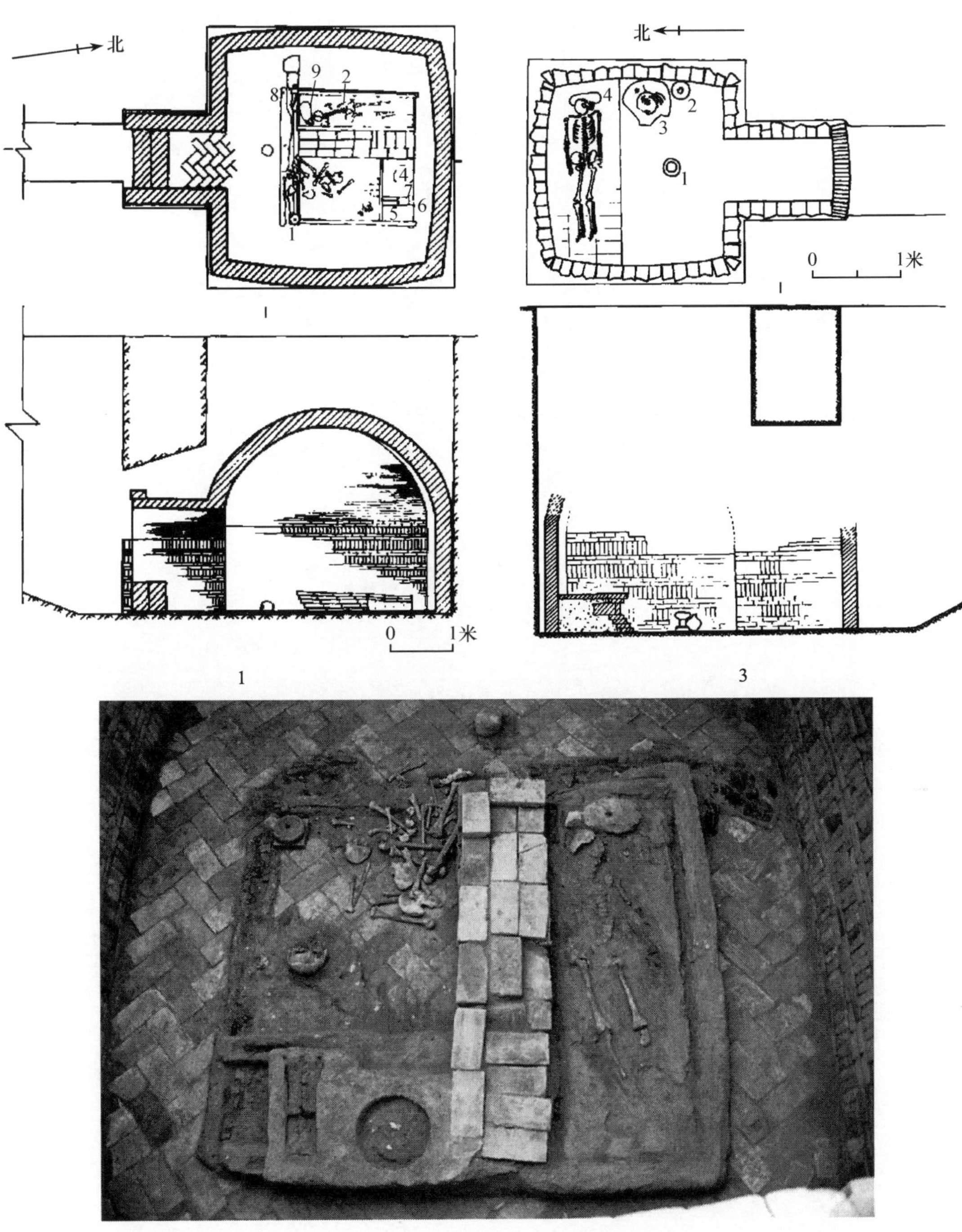

图一七　C型灰枕出土墓葬的第五种形制

1、2. 大同七里村M37　3. 大同迎宾大道M78

年（477年）宋绍祖墓[①]，坐北朝南，石棺床西端南边的1件白色灰枕呈椭圆形，长62、宽38厘米（图五，5；图六，2）。

综合上述形制分析和出土墓葬情况，可对三型灰枕的相关文化特征进行对比（表一）。从流行程度上看，A型元宝形灰枕出现在6种形制的墓葬中，B型长方形灰枕出现在6种形制的墓葬中，C型椭圆形灰枕出现在5种形制的墓葬中，都比较常见。从出土位置看，在东西向的墓葬中，无论土洞墓，还是砖室墓，葬具一般都是东西向放置，各型灰枕基本上出在棺内的西端或墓室的西部；在南北向的墓葬中，土洞墓内的木棺是南北向放置，灰枕会出在棺内的南端，而砖室墓的情况略复杂，葬具有东西向的，也有南北向的，灰枕出土位置或在葬具西端，或在南端，偶见在东端。从时代演变上看，北魏平城墓葬的分期演变虽然还有待于进一步完善，但可看出的一条早晚变化规律是墓葬朝向由坐东朝西向坐北朝南转变[②]。东西向墓葬的年代大致由5世纪50年代往前，属于早期阶段；南北向墓葬的年代大致由5世纪60年代往后，属于晚期阶段。这样看来，平城地区墓葬的灰枕从早期到晚期都在出现，相比之下，A型灰枕早、晚阶段的流行状况比较均衡，C型灰枕在晚期阶段更为多见，而B型灰枕目前只见于晚期阶段。

表一　三型灰枕文化特征对比表

灰枕类型 / 墓葬形制	A型	B型	C型
长斜坡墓道纵长直角梯形土洞墓	早	晚	
长斜坡墓道纵长等腰梯形土洞墓	早、晚	晚	早、晚
竖井墓道纵长等腰梯形土洞墓			早
长斜坡墓道纵长方形土洞墓	晚	晚	
长斜坡墓道刀形土洞墓		晚	晚
长斜坡墓道长方形单室砖墓	早		
长斜坡墓道方形单室砖墓	早、晚	晚	晚
长斜坡墓道方形单主室带一耳室砖墓		晚	晚
长斜坡墓道前、后方形双室砖墓	晚		

二、平城墓葬中石灰应用的历史渊源

平城墓葬的灰枕大多用石灰制成，也有少部分灰黑色的枕是以草木灰为材质。草木灰与石灰一样具有吸湿杀菌的作用，却比石灰易得，因而可用作石灰的替代品。本

① 大同市考古研究所、刘俊喜主编：《大同雁北师院北魏墓群》，第71～76、162页；山西省考古研究所、大同市考古研究所：《大同市北魏宋绍祖墓发掘简报》，《文物》2001年第7期，第19～39页。

② 倪润安：《北魏平城时代平城墓葬的文化转型》，《考古学报》2014年第1期，第33～66页。

节着重讨论石灰在墓葬中应用与普及的过程。石灰之所以会被应用到墓葬中，是与人们对石灰功用的认知进展有着密切关系的。

考古发掘表明，早在仰韶文化晚期，就出现了建筑遗存的居住面施石灰质面层的做法[①]。到龙山时代，石灰被更广泛地用作建筑材料，抹在房屋建筑的地面或墙壁上，使其表面光滑平整、质地坚硬、颜色净白[②]，这种应用一直延续至今。两周时期，石灰的用途趋向多样化。《周礼·秋官司寇》记载："赤犮氏，掌除墙屋，以蜃炭攻之，以灰洒毒之。凡隙屋，除其狸虫。"郑玄注："除墙屋者，除虫豸藏逃其中者。蜃，大蛤也，擣其炭以坋之则走。"[③]可知"蜃炭"就是以蛤壳燔烧的石灰。当时人们已认识到石灰的杀虫消毒作用，周王室设有专门以石灰对房屋虫害进行清除的官员。另一方面，石灰的应用扩展到墓葬。《周礼·地官司徒》云："掌蜃，掌敛互物蜃物，以共闉圹之蜃。"郑玄注："互物，蚌蛤之属。闉，犹塞也。将井椁，先塞下以蜃御湿也。"贾公彦疏："是未葬前井椁材乃往施之圹中，则未施椁前，已施蜃灰于椁下，以拟御湿也。"[④]"掌蜃"官的职责之一是将蛤壳烧成的石灰垫于棺椁之下，主要是利用其吸湿干燥的特性。《左传》成公二年（前589年）载："八月，宋文公卒。始厚葬，用蜃炭，益车马，始用殉，重器备。"杜预注："烧蛤为炭以瘗圹，多埋车马，用人从葬。"[⑤]诸侯王墓的防护通常采用积石积炭[⑥]，蜃炭则为周天子陵墓所用[⑦]。宋文公厚葬，僭越天子之礼而用蜃炭。可见至春秋时期，石灰还是在极高等级的墓葬中使用，其他墓葬中十分少见。

战国时期至西汉早、中期，应是墓葬中石灰应用逐渐破除限制、趋向常见化的过渡阶段。在南、北方地区，均可见到墓底铺石灰的现象，使用者的身份已覆及平民。在北方地区，墓例如陕西杨陵区西北林学院战国晚期秦墓M15，为竖穴墓道土洞墓，

---

① 卢连成：《关于我国新石器时代"白灰面"建筑性质的探讨——论原始社会时期石灰的烧制及使用》，见自然科学史研究所主编：《科技史文集》（第14辑），上海科学技术出版社，1985年，第107～120页。

② 苏秉琦主编，张忠培、严文明著：《中国远古时代》，上海人民出版社，2010年，第211～212页。

③ （汉）郑玄注，（唐）贾公彦疏，彭林整理：《周礼注疏》卷第四十三《秋官司寇下》，上海古籍出版社，2010年，第1429页。

④ （汉）郑玄注，（唐）贾公彦疏，彭林整理：《周礼注疏》卷第十七《地官司徒下》，第600、601页。

⑤ （周）左丘明传，（晋）杜预注，（唐）孔颖达正义，浦卫忠等整理：《春秋左传正义（中）》，李学勤主编十三经注疏标点本，北京大学出版社，1999年，第701、702页。

⑥ 田伟：《试论两周时期的积石积炭墓》，《中国历史文物》2009年第2期，第59～67页。

⑦ （汉）郑玄注，（唐）贾公彦疏，彭林整理：《周礼注疏》卷第十七《地官司徒下》，第600、601页。

在棺下铺有一层薄石灰①。耀县西汉初期墓M8，为长方形竖穴土坑墓，墓底中部有人骨架、石灰和棺木的遗痕②。安徽淮北市人民医院改造工程工地M1，年代为西汉早中期，为竖穴土坑墓，墓底铺有草木灰和石灰；M3年代为西汉中期，为长方形竖穴土洞墓，室内东西并置双棺，棺木底部有厚3厘米的石灰铺垫③。河南洛阳烧沟汉墓M180，年代为西汉中期，为竖井墓道土圹墓，棺木中伴出白灰④。在南方地区，同样的现象出现在长江沿线。如重庆巫山麦沱墓地西汉中期M31，为长方形竖穴土坑墓，墓底距周边0.3～0.4米的中部铺垫有约10厘米厚的石灰⑤。

从考古资料看，西汉晚期至东汉时期，石灰在墓葬中的应用明显多见起来，分布范围进一步向南扩展。北方地区可见的墓例较多。河南洛阳烧沟汉墓的225座墓葬中，有48座年代为西汉晚期至东汉晚期的墓葬，棺木伴出白灰⑥。河南永城前窑一号墓，年代可能为西汉晚期，为竖穴岩坑石室墓，平面呈长方形，几乎所有的遗物都包含在底部一层含石灰、炭粒的灰土内；此墓虽屡经盗扰，但出土了玉衣片和一些玉璧残片，推测墓主人应为有封地的皇亲国戚或郡国豪族⑦。河南淅川县泉眼沟西汉晚期至东汉晚期的一批砖室墓内，在棺木附近常见有较多石灰类的白灰，可能原放存在棺内；入葬者财力十分有限，身份较低，基本为普通平民⑧。河南禹县白沙汉墓中，颖东M116为长方形券顶砖室墓，墓内铺有石灰⑨。河南洛阳市南昌路东汉晚期墓92CM1151，为前、中、后三主室墓，在后室东部发现大面积的石灰铺地及棺灰痕迹⑩。河南密县后士

---

① 咸阳文物考古研究所　孙德润、贺雅宜：《咸阳市杨陵区秦、汉墓葬清理简报》，《考古与文物》1996年第2期，第1～12页。

② 马建熙：《陕西耀县战国、西汉墓葬清理简报》，《考古》1959年第3期，第147～149页。

③ 安徽省淮北市博物馆、王玲玲：《安徽淮北发现战国至东汉时期墓葬群》，《中国文物报》2014年8月15日第8版。

④ 洛阳区考古发掘队：《洛阳烧沟汉墓》，科学出版社，1959年，表二、表六七，第239页。

⑤ 重庆市文化局、湖南省文物考古研究所、巫山县文物管理所：《重庆巫山麦沱汉墓群发掘报告》，《考古学报》1999年第2期，第153～178页。

⑥ 洛阳区考古发掘队：《洛阳烧沟汉墓》，表二～表六、表六七，第239页。

⑦ 商丘地区文化局、永城县文化馆：《河南永城前窑汉代石室墓》，《中原文物》1990年第1期，第7～12、42页。

⑧ 四川大学历史文化学院考古系、上海大学艺术研究院美术考古研究中心、河南省文物局、南阳市文物局、淅川县文物局：《河南淅川泉眼沟汉代墓葬发掘报告》，《考古学报》2014年第3期，第391～442页。

⑨ 河南省文化局文物工作队：《河南禹县白沙汉墓发掘报告》，《考古学报》1959年第1期，第61～84页。

⑩ 洛阳市第二文物工作队：《洛阳市南昌路东汉墓发掘简报》，《中原文物》1995年第4期，第17～27页。

郭东汉晚期汉画像石墓M1，在后室发现棺下铺有石灰等物[①]。河南郑州市碧沙岗公园东汉晚期墓，为长方形砖室墓，墓室两侧壁中部略向外凸，棺底部铺有一层厚2～3厘米的白石灰[②]。山东济南华信路新莽时期墓葬，为竖穴砖室墓，墓室内未见葬具，墓主人身下铺有石灰[③]。山东苍山县汉代石棺墓M1，时代应属新莽时期或稍后，在尸骨两侧肩至脚部发现宽约15厘米的石灰泥[④]。山东章丘普集镇东汉墓M1，为前、后双主室墓，在前室棺的左右都铺有厚2厘米左右的石灰[⑤]。山东梁山东汉永康元年（167年）墓，为斜坡墓道前、后双主室石室墓，在后室底部见到许多三角形楔状、长方形条状石灰块，应垫在棺下[⑥]。江苏徐州拖龙山西汉中晚期M6，为长方形石坑竖穴墓，竖穴底部葬一人骨，下铺石灰[⑦]。陕西华县梓里村西汉晚期M17，为长方形券顶砖室墓，葬具已腐朽，有黑灰色板灰痕迹，还有一层石灰，厚度约2厘米[⑧]。宁夏吴忠关马湖汉墓M23，年代为西汉末至东汉初期，为前、后双室砖墓，棺底铺厚约3厘米的石灰[⑨]。在南方地区，同样的现象不仅限于长江沿线，还传播到了长江以南地区。如重庆巫山麦沱墓地西汉晚期M40，均为长方形竖穴土坑墓，墓底铺有少量石灰[⑩]。湖南资兴东汉“阳嘉二年”（133年）M314，为前、后室砖室墓，前室平面呈横长方形，两个纵长方形后室并列一排，右后室铺地砖上有一层厚1.5厘米的石灰[⑪]。湖南临武县东汉晚期M1，为小型长方形券顶砖室墓，墓室底部后部铺垫一层厚3厘米的白石灰[⑫]。

西汉晚期至东汉时期，石灰在墓葬中的应用普及，与两个方面的促进因素有关。

---

① 河南省文物研究所：《密县后士郭汉画像石墓发掘报告》，《华夏考古》1987年第2期，第96～159页。

② 郑州市博物馆：《河南郑州市碧沙岗公园东汉墓》，《考古》1966年第5期，第264～267页。

③ 济南市考古研究所：《山东济南华信路新莽时期墓葬发掘简报》，《文物》2011年第3期，第32～35页。

④ 林茂法、金爱民：《山东苍山县发现汉代石棺墓》，《考古》1992年第6期，第518～521页。

⑤ 王思礼：《山东章邱县普集镇汉墓清理简报》，《考古通讯》1955年第6期，第33～39页。

⑥ 菏泽地区博物馆、梁山县文化馆：《山东梁山东汉纪年墓》，《考古》1988年第11期，第975～982页。

⑦ 徐州博物馆：《徐州拖龙山五座西汉墓的发掘》，《考古学报》2010年第1期，第101～132页。

⑧ 西北大学历史系考古专业77级实习队：《陕西华县梓里村汉墓清理记》，《文博》1989年第2期，第13～21页。

⑨ 宁夏博物馆关马湖汉墓发掘组：《宁夏吴忠县关马湖汉墓》，《考古与文物》1984年第3期，第24、28～35页。

⑩ 重庆市文化局、湖南省文物考古研究所、巫山县文物管理所：《重庆巫山麦沱汉墓群发掘报告》，《考古学报》1999年第2期，第153～178页。

⑪ 湖南省博物馆：《湖南资兴东汉墓》，《考古学报》1984年第1期，第53～120页。

⑫ 郴州市文物处、昆明市博物馆：《湖南省临武县东汉墓清理简报》，《草原文物》2014年第2期，第16～20页。

一方面是自战国秦汉以来的皇帝、诸侯王的求仙活动，加深了方士对石灰药理作用的认识，并将其作为求仙的辅助手段之一。一般认为成书于汉代[①]的《神农本草经》，就应受到方士炼丹实践的影响[②]。该书记载："石灰，味辛温。主疽疡，疥搔，热气，恶创，癞疾，死肌，堕眉，杀痔虫，去黑子息肉。一名恶灰。生山谷。"[③]南朝梁代人陶弘景在《本草经集注》中对石灰的药性有进一步的解释："今近山生石，青白色，作灶烧竟，以水沃之，则热蒸而解末矣。性至烈，人以度酒饮之，则腹痛下痢。治金疮亦甚良。世名石垩。古今多以构冢，用捍水而辟虫。故古冢中水，以洗诸恶疮。"[④]所谓"捍水而辟虫"正是石灰的两大特性。在《神农本草经》中，石灰被列入"玉石"类药物（即各类矿物）的下品，丹砂、云母、玉泉、石钟乳等十八种则为玉石上品。上品玉石通常用于食用，《神农本草经》认为它们"无毒，多服、久服不伤人"，故被方士广泛用于活人求仙。例如玉泉，又名玉屑，"味甘平，主五藏百病，柔筋强骨，安魂魄，长肌肉，益气，久服耐寒暑，不饥渴，不老神仙。人临死服五斤，死三年色不变"[⑤]。但由于活人成仙是不可能实现的，死后成仙日渐成为汉代方士施展的主要领域。考古发现中尚未见到人临死时大量服食玉屑的情况，不过汉代诸侯王墓中墓主人身着玉衣却是常见的。这似是一种变通，目的在于保护尸体不腐，以备升仙。而石灰作为玉石下品，《神农本草经》认为其"多毒，不可久服"，因而不会被汉代贵族当作药物长期食用。但是，石灰吸水杀虫，也能一定程度上起到保护尸体的作用，加上求仙活动将其列入"玉石"类，使其兼具有辟邪的意义，都推动了墓葬中铺垫石灰的做法。而西汉晚期，正是求仙活动由皇帝、诸侯王、高官向中下级官吏扩展的时期，石灰作为一种成本较低的求仙辅助措施便得到较多的应用。另一方面的因素是东汉时期以石灰岩燔烧石灰的技术得到普及使用[⑥]，为墓葬中更广泛地应用石灰提供了便

---

① 贾以仁：《论〈神农本草经〉的成书年代》，《中医药学报》1989年第6期，第7～9页；王家葵：《〈神农本草经〉成书年代新证》，《中医药学报》1990年第3期，第48～51页；尚志钧：《〈神农本草经〉书名出现时代的讨论》，《中华医史杂志》1999年第3期，第135～138页；张登本、孙理军、汪丹：《〈神农本草经〉的成书与沿革——〈神农本草经〉研究述评之一》，《中华中医药学刊》2010年第5期，第924～927页。

② 尚志钧：《〈神农本草经〉与古代方士存在历史渊源关系》，《北京中医药大学学报》2002年第1期，第11～12页。

③ 《神农本草经》卷三下经，王云五主编：《丛书集成初编》第1429册，商务印书馆，1937年，第97页。

④ （梁）陶弘景编，尚志均、尚元胜辑校：《本草经集注》（辑校本），人民卫生出版社，1994年，第180页。

⑤ 《神农本草经》卷一上经，王云五主编：《丛书集成初编》第1428册，第1、4页。

⑥ 容志毅：《中国古代石灰的燔烧及应用论略》，《自然科学史研究》2011年第1期，第45～54页。

利条件。这样平民墓葬中，使用石灰铺垫于棺底之下的做法也就较多见起来。

石灰枕作为墓葬中应用石灰的一种变化形态，出现的时间并不很晚，约在西汉中晚期，与墓底铺垫石灰的做法普及的时间差不多，只是这种做法在当时非常少见。湖南桑植朱家台西汉中晚期M11，东端墓底中部有白岩灰枕一层，呈石灰状[①]。这应该是目前考古资料所见最早的石灰枕。

北魏平城墓葬中，除了出现石灰枕，仍可见到棺底下铺垫石灰的现象。如大同南郊电焊器材厂M83[②]、M129[③]、M132[④]，均为长斜坡墓道偏室土洞墓，葬具棺底下铺有石灰层。大同南郊电焊器材厂M33[⑤]，为长斜坡墓道偏室土洞墓，葬具棺底下铺有大量的木炭和石灰。大同雁北师院M52[⑥]，为长斜坡墓道弧方形单主室砖墓，带一东耳室，主墓室有葬具双木棺，棺底铺大量木炭和石灰。大同东郊北魏永平元年（508年）元淑墓[⑦]，为长斜坡墓道弧方形单室砖墓，墓室西侧有砖砌棺床，棺床上撒一层1厘米厚的白灰，上置一椁二棺。

三、平城地区灰枕葬俗的直接来源

东汉魏晋十六国时期，灰枕已出现在中原地区，但不流行。如山西原平北贾铺村M4、M17、M15，均发现墓主头枕灰泥枕[⑧]，这几座墓的年代不早于东汉晚期，可晚至魏晋时期[⑨]。河南巩县石家庄西晋墓M11[⑩]，为前、后双主室墓，前室两侧各有一耳室，后室有二棺，棺底铺厚3-5厘米白石灰；二骨架各枕一石灰枕，状如菱角，两端有尖，向上翘，即所谓元宝形。这一时期，灰枕获得较好发展的主要地区是在东北和河西地区。

---

① 桑植县文物管理所：《湖南桑植朱家台西汉墓》，《江汉考古》1995年第4期，第18～31页。

② 《大同南郊北魏墓群》，第187～191页。

③ 《大同南郊北魏墓群》，第372～375页。

④ 《大同南郊北魏墓群》，第375～377页。

⑤ 《大同南郊北魏墓群》，第360～361页。

⑥ 大同市考古研究所、刘俊喜主编：《大同雁北师院北魏墓群》，第27～30页。

⑦ 大同市博物馆：《大同东郊北魏元淑墓》，《文物》1989年第8期，第57～65页。

⑧ 山西省考古研究所、忻州市文物管理处、原平市博物馆：《原平北贾铺东汉墓葬发掘简报》，山西省考古研究所、山西省考古学会编：《三晋考古》（第三辑），山西人民出版社，2006年，第262～285页。

⑨ 乔梁：《山西原平北贾铺东汉墓葬所见的北方草原文化因素——附汉鲜卑遗存的发现与辨识》，《考古与文物》2015年第2期，第91～96页。

⑩ 河南省文化局文物工作队：《河南巩县石家庄古墓葬发掘简报》，《考古》1963年第2期，第71～79页。

在东北地区，灰枕葬俗集中流行于辽宁辽阳地区，如旧城东门里东汉壁画墓[①]、河东新城东汉壁画墓[②]、南环街壁画墓[③]、南雪梅村2号墓[④]、三道壕1号壁画墓[⑤]、三道壕3号墓[⑥]、三道壕令支令张君墓[⑦]、三道壕晋墓M7[⑧]、三道壕西晋太康年间墓葬[⑨]、上王家村晋代壁画墓[⑩]等；在沈阳地区也有发现，如伯官屯M4、M5、M6[⑪]。这些墓葬所出灰枕都是石灰质的。其中，河东新城东汉壁画墓（图一八，1～3）、上王家村晋代壁画墓（图一八，4）、三道壕西晋太康年间墓葬（图一八，5）、三道壕令支令张君墓、三道壕1号壁画墓、南环街壁画墓（图一八，6）所出石灰枕为元宝形，三道壕晋墓M7（图一九，1）所出石灰枕呈椭圆形，伯官屯M4、M5、M6所出石灰枕为长方形（图一九，2）。显然，东北地区是以元宝形石灰枕最常见和具有地方特色。这一葬俗在慕容鲜卑建立政权的十六国时期继续传承。辽宁朝阳后燕崔遹墓，在石椁内木棺中葬一人，头下枕一石灰枕，椭圆形体，两端尖，微上翘，为元宝形（图一九，3）[⑫]。北票北燕冯素弗夫人墓，在石椁室南壁下出土白灰枕1件，椭圆形，两端略尖，原应在棺中[⑬]。朝阳八宝村北燕M1，在石椁内木棺中人骨头侧出有一件石灰枕，残迹似圆角长方形（图一九，4）[⑭]。

在河西地区，甘肃嘉峪关魏晋之际观蒲M9武乡亭侯墓[⑮]、敦煌佛爷庙湾西晋画像

① 辽宁省博物馆、辽阳博物馆：《辽阳旧城东门里东汉壁画墓发掘报告》，《文物》1985年第6期，第25～42页。

② 李龙彬、马鑫、王爽：《新发现的辽阳河东新城东汉壁画墓》，《东北史地》2016年第1期，第29～32页。

③ 辽宁省文物考古研究所：《辽宁辽阳南环街壁画墓》，《北方文物》1998年第3期，第22～25页。

④ 王增新：《辽宁辽阳县南雪梅村壁画墓及石墓》，《考古》1960年第1期，第16～19页。

⑤ 东北博物馆：《辽阳三道壕两座壁画墓的清理工作简报》，《文物参考资料》1955年第12期，第49～58页。

⑥ 辽阳市文物管理所：《辽阳发现三座壁画墓》，《考古》1980年第1期，第56～58、65页。

⑦ 李文信：《辽阳发现的三座壁画古墓》，《文物参考资料》1955年第5期，第15～25页。

⑧ 王增新：《辽阳三道壕发现的晋代墓葬》，《文物参考资料》1955年第11期，第37～46页。

⑨ 辽阳博物馆：《辽阳市三道壕西晋墓清理简报》，《考古》1990年第4期，第333～336、374页。

⑩ 李庆发：《辽阳上王家村晋代壁画墓清理简报》，《文物》1959年第7期，第60～62页。

⑪ 沈阳市文物工作组：《沈阳伯官屯汉魏墓葬》，《考古》1964年第11期，第553～557页。

⑫ 陈大为、李宇峰：《辽宁朝阳后燕崔遹墓的发现》，《考古》1982年第3期，第270～274页。

⑬ 辽宁省博物馆：《北燕冯素弗墓》，文物出版社，2015年，第95页。

⑭ 朝阳地区博物馆、朝阳县文化馆：《辽宁朝阳发现北燕、北魏墓》，《考古》1985年第10期，第915～929页。

⑮ 甘肃省博物馆：《酒泉、嘉峪关晋墓的发掘》，《文物》1979年第6期，第1～17页。

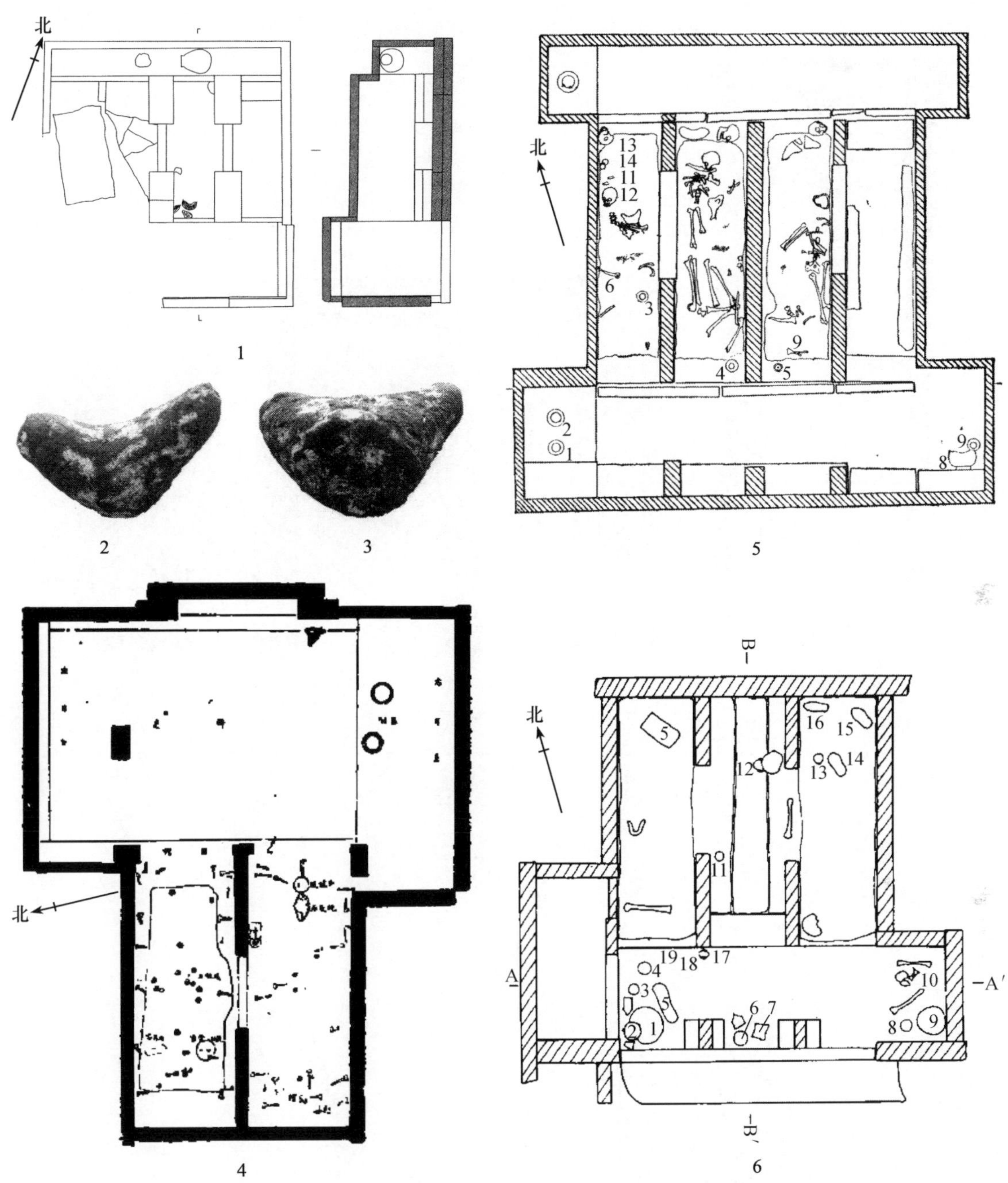

图一八　东北地区东汉魏晋十六国时期的灰枕

1～3. 辽阳河东新城东汉壁画墓　4. 辽阳上王家村晋代壁画墓

5. 辽阳三道壕西晋太康年间墓葬　6. 辽阳南环街壁画墓

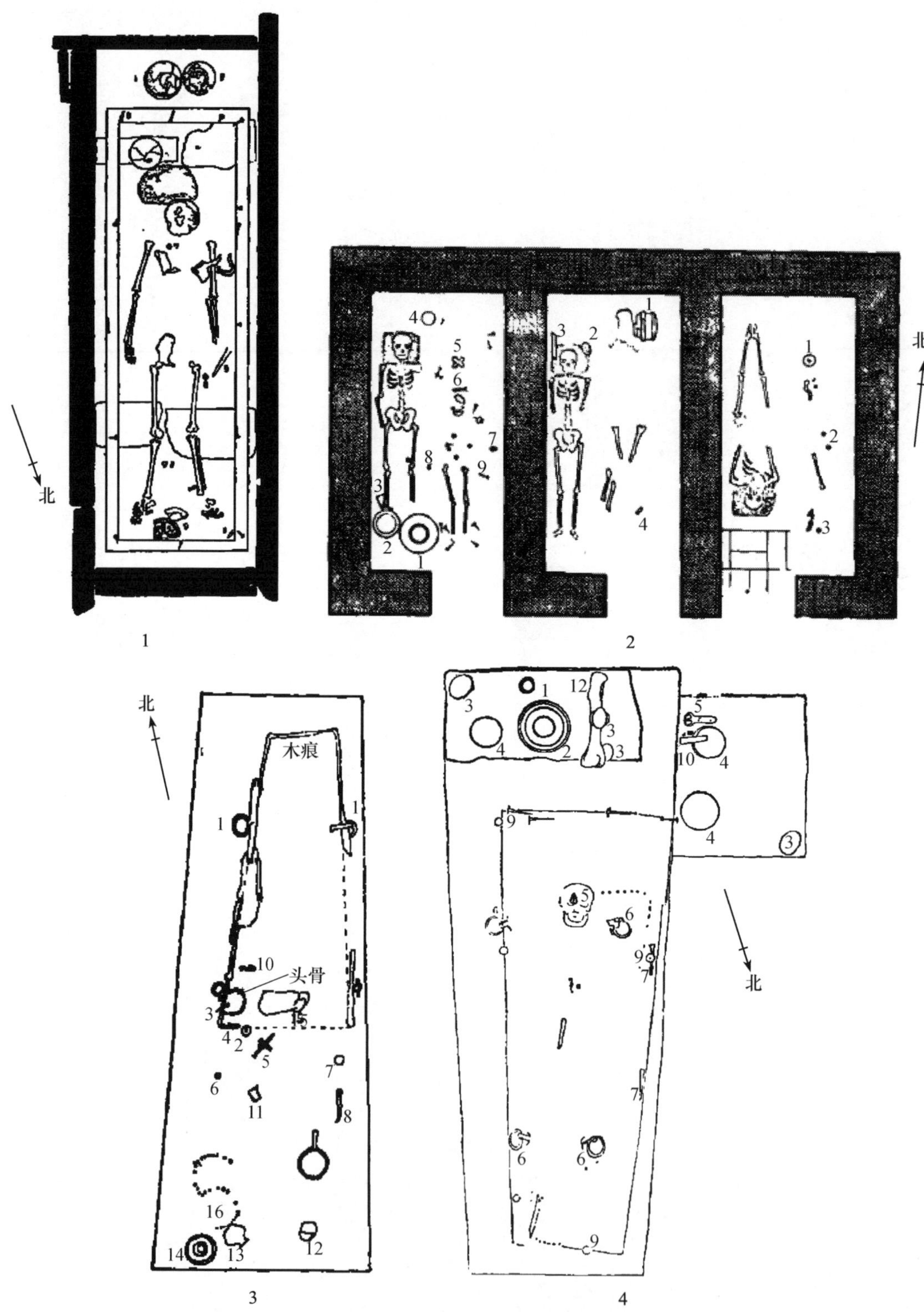

图一九　东北地区东汉魏晋十六国时期的灰枕

1. 辽阳三道壕晋墓M7　2. 沈阳伯官屯M4、M5、M6　3. 朝阳后燕崔遹墓　4. 朝阳八宝村北燕M1

砖墓M118[①]、敦煌祁家湾西晋十六国墓葬[②]、武威旱滩坡、五坝山西晋十六国墓[③]、玉门官庄西晋晚期至十六国时期2003GYGM1[④]、玉门金鸡梁十六国墓葬[⑤]、酒泉丁家闸十六国时期M1镇军梁府君墓[⑥]、敦煌佛爷庙湾十六国时期张辅夫妇墓[⑦]等出有灰枕或泥枕。这一地区灰枕或泥枕的常见形制是长方形。敦煌佛爷庙湾M118为前、后双室土洞墓，前室两侧壁下各有一棺床，头部设有泥枕，北侧为长方形，南侧为圆角长方形（图二〇，1）。敦煌祁家湾西晋十六国墓均为斜坡墓道土洞墓，其中M210（图二〇，2）、M213、M362、M319、M208、M322、M351上层、M371、M310（图二〇，3）、M312出有草木灰枕或泥枕，多数为泥枕，少数为草木灰枕，形制为长方形或圆角长方形[⑧]。这些墓葬大多有斗瓶纪年，M210为西晋元康六年（296年）、M319为西晋建兴二年（314年）、M208为前凉张茂建兴九年（321年）、M351上层为前凉张重华卅七年（349年）、M371为前秦建元六年（370年）、M310为北凉神玺二年（398年）、M312为北凉玄始九年（420年）[⑨]。另外，该墓地有少数墓葬的灰枕或泥枕形制是在长方形基础上发生变形。如M307（图二一，1）、M351下层、M206所出为扇形，M313所出为半椭圆形（图二一，2），这几座墓的年代都在十六国时期[⑩]。武威旱滩坡、五坝山西晋十六国墓流行草木灰枕，尚明显可知是用布袋包裹的。张辅夫妇墓为斜坡墓道单室土洞墓，墓室南北两侧各置一棺，南棺为男墓主张辅，葬于西凉建初元年（405年），北棺为女墓主张辅妻，葬于北凉玄始十年（421年）；死者头部均垫有一长方形枕，枕外有蓝色丝绸痕迹，枕内原填白灰和粮食（已朽），南棺尸骨脚部还有长方形泥枕（图二一，3）。嘉峪关观蒲M9为斜坡墓道前、后双室方形砖墓，棺木在后室，棺内前、后有白灰枕；玉门官庄2003GYGM1为斜坡墓道单室土洞墓，墓

① 甘肃省文物考古研究所：《敦煌佛爷庙湾西晋画像砖墓》，文物出版社，1998年，第28～31页。

② 甘肃省文物考古研究所：《敦煌祁家湾——西晋十六国墓葬发掘报告》，文物出版社，1994年。

③ 甘肃省文物考古研究所：《敦煌祁家湾——西晋十六国墓葬发掘报告》，第174页。

④ 甘肃省文物考古研究所：《甘肃玉门官庄魏晋墓葬发掘简报》，《考古与文物》2005年第6期，第8～13页。

⑤ 文物考古研究所：《甘肃玉门金鸡梁十六国墓葬发掘简报》，《文物》2011年第2期，第26～39页。

⑥ 甘肃省博物馆：《酒泉、嘉峪关晋墓的发掘》，《文物》1979年第6期，第1～17页。

⑦ 甘肃省敦煌县博物馆：《敦煌佛爷庙湾五凉时期墓葬发掘简报》，《文物》1983年第10期，第51～60页。

⑧ 甘肃省敦煌县博物馆：《敦煌佛爷庙湾五凉时期墓葬发掘简报》，《文物》1983年第10期，第51～60页。

⑨ 甘肃省文物考古研究所：《敦煌祁家湾——西晋十六国墓葬发掘报告》，第149页。

⑩ 甘肃省文物考古研究所：《敦煌祁家湾——西晋十六国墓葬发掘报告》，第9、17、50、51、20、158～160页。

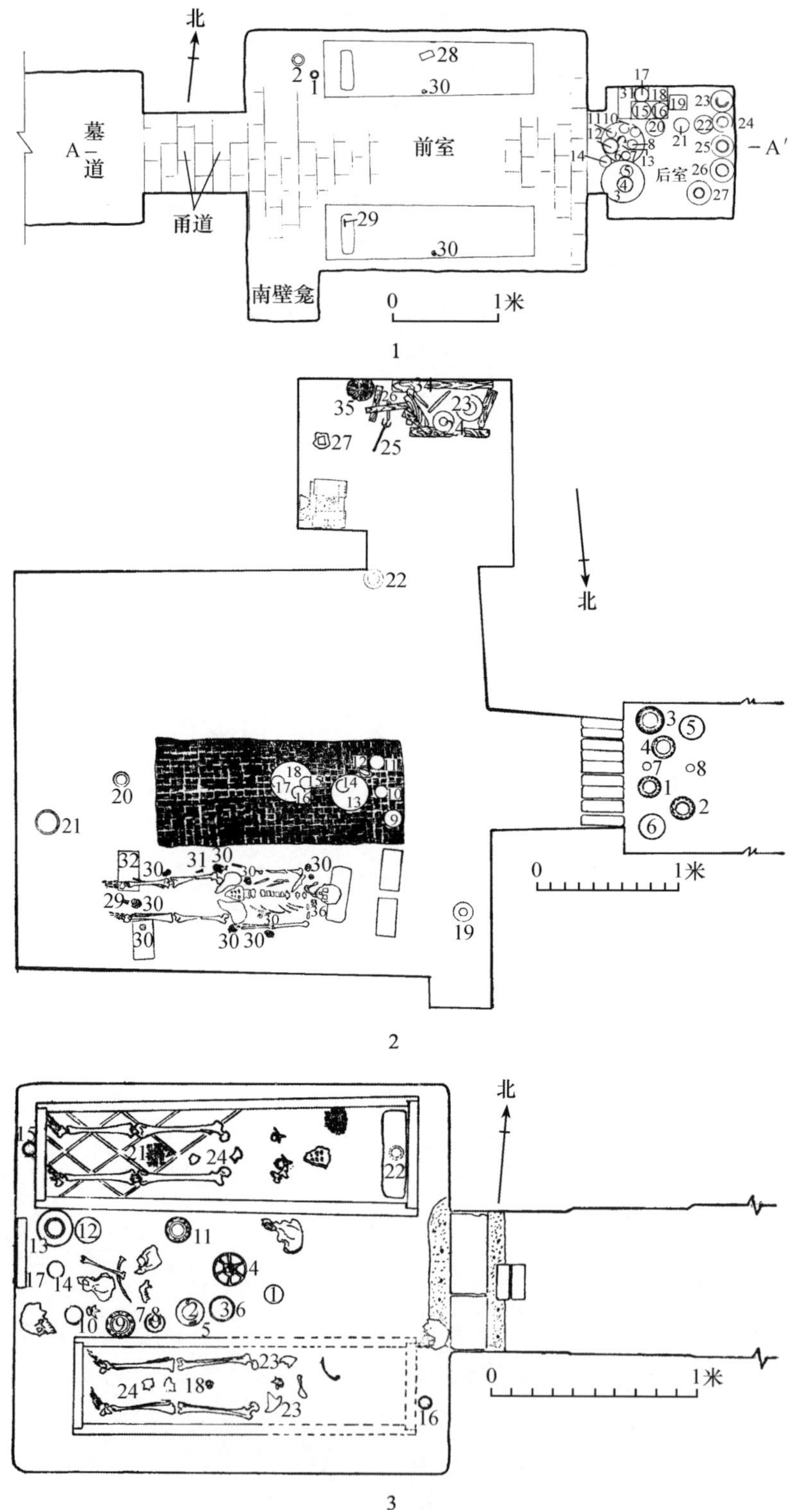

图二〇　河西地区魏晋十六国时期的灰枕或泥枕

1. 敦煌佛爷庙湾M118　2. 敦煌祁家湾M210　3. 敦煌祁家湾M310

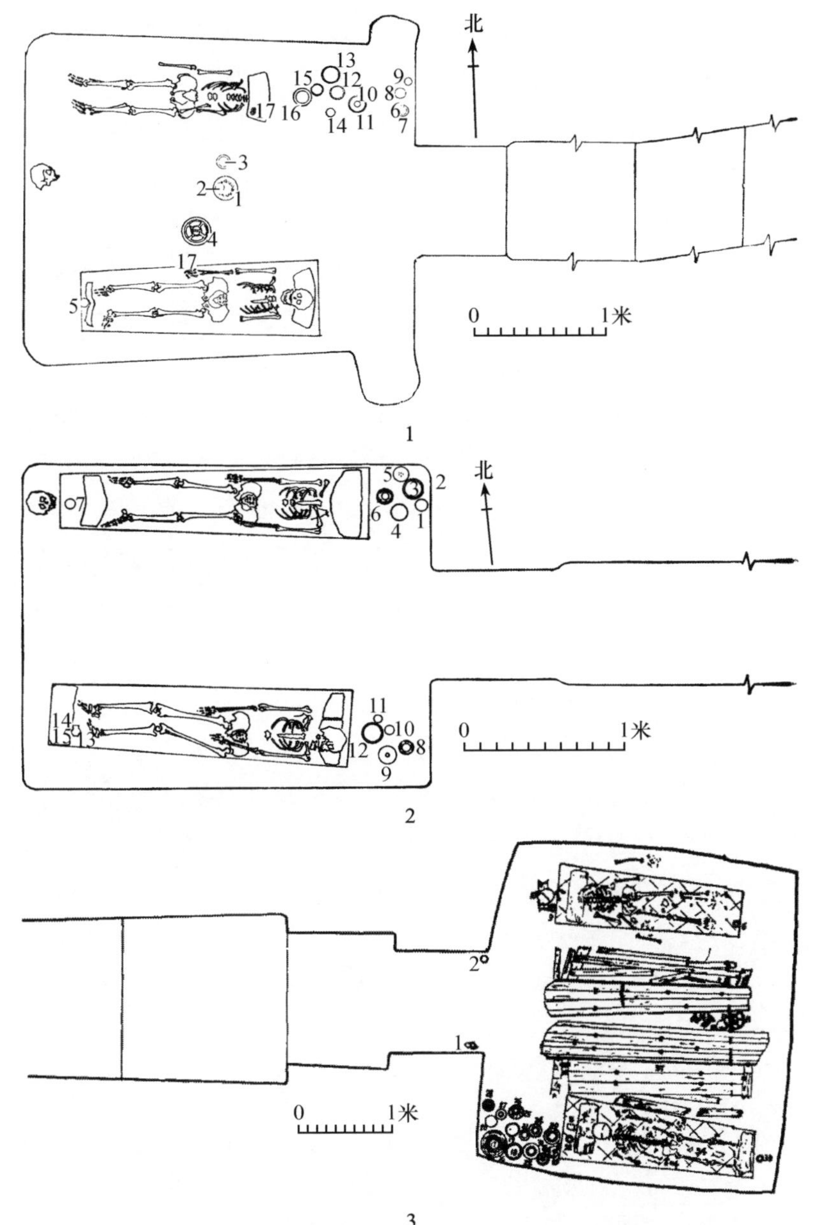

图二一　河西地区魏晋十六国时期的灰枕或泥枕

1. 敦煌祁家湾M307　2. 敦煌祁家湾M313　3. 敦煌佛爷庙湾张辅夫妇墓

室南北两壁下各葬一人，北侧为男墓主人，头垫灰枕；玉门金鸡梁十六国墓葬，砾石洞室墓M19、M21和少数砖室墓中见有灰枕。这些墓葬的灰枕形制报道不详。在酒泉丁家闸M1中，出土了本地区少见的元宝形石灰枕。该墓为斜坡墓道方形单室砖墓，棺木横置于棺床上，棺内前、后有元宝形白灰枕。

比较东北、河西，两地区的灰枕都能找到元宝形、长方形、椭圆形三种形制，但侧重点却有明显不同。东北地区常见元宝形灰枕，长方形、椭圆形少见；河西地区常见长方形灰枕，元宝形、椭圆形少见，亦少见扇形。长方形、椭圆形是枕的常规形状，元宝形做法的来历及其用意则有待探讨。我们注意到汉晋十六国时期，在新疆地区可见一种被称为“鸡鸣枕”的枕形。这种枕较早出现于环塔里木盆地周缘。如1959年发掘的民丰尼雅东汉墓葬中，男女墓主人合葬于木板棺内，各有一个鸡鸣枕，由“延年益寿宜子孙”锦制成[①]。塔里木盆地东北部的尉犁县营盘墓地也是一个重要的出土地点。1989年，清理了9座汉晋时期的墓葬，其中M1、M10各出土鸡鸣枕1件[②]。1995年，发掘墓葬32座，其中M15年代为东汉中晚期，墓主人头枕鸡鸣枕，枕面两侧缝有绢带，系扎在死者前额上[③]。1999年，又发掘墓葬80座，多座墓葬出有绢枕，其中M7明确报道有1件鸡鸣枕出土，年代为东汉魏晋时期[④]。十六国时期，鸡鸣枕集中见于吐鲁番盆地。如北凉承平十六年（458年）沮渠蒙逊夫人彭氏墓，出土1件鸡鸣枕，残长45厘米[⑤]。又如阿斯塔那北凉时期382号墓，出土鸡鸣枕一件，已残破，枕面为蓝底白花绢，两端是剪成三角形的兽纹锦[⑥]。这种鸡鸣枕两端翘起，一端如鸡头，一端如鸡尾，枕套多用褐或绢制成，枕芯为绵丝或草。从其形制看，恰如元宝形，因此颇疑元宝形灰枕就是鸡鸣枕的另一种表现形式，或者说是以用作明器的灰枕代替实用的织物鸡鸣枕。以鸡形为枕，既有唤人早起，开始一天生活的现实意义，也包含着驱邪禳恶的求吉祈望。《礼记・内则》曰：“凡内外，鸡初鸣，咸盥、漱、衣服，敛枕簟，洒扫室堂及庭，布席，各从其事。”[⑦]《周礼・春官宗伯》曰：“鸡人，掌共鸡牲，辨其物。大祭祀，夜嘑旦以嘂百官。凡国之大宾客、会同、军旅、丧纪，亦如之。凡国事为期，则告之时。凡祭祀，面禳，釁，共其鸡牲。”[⑧]

通过以上追溯，可知东汉魏晋十六国时期灰枕在东北、河西地区较为常见，时代也与北魏相衔接，应是平城灰枕葬俗的直接来源。

---

① 新疆维吾尔自治区博物馆：《新疆民丰县北大沙漠中古遗址墓葬区东汉合葬墓清理简报》，《文物》1960年第6期，第9～12页。

② 新疆文物考古研究所：《新疆尉犁县因半古墓调查》，《文物》1994年第10期，第19～30页。

③ 新疆文物考古研究所：《新疆尉犁县营盘墓地15号墓发掘简报》，《文物》1999年第1期，第4～16页。

④ 新疆文物考古研究所：《新疆尉犁县营盘墓地1999年发掘简报》，《考古》2002年第6期，第58～74页。

⑤ 吐鲁番地区文物保管所：《吐鲁番北凉武宣王沮渠蒙逊夫人彭氏墓》，《文物》1994年第9期，第75～81页。

⑥ 新疆吐鲁番地区文管所：《吐鲁番出土十六国时期的文书——吐鲁番阿斯塔那382号墓清理简报》，《文物》1983年第1期，第19～25页。

⑦ （汉）郑玄注，（唐）孔颖达疏，龚抗云整理：《礼记正义》（中），李学勤主编十三经注疏标点本，北京大学出版社，1999年，第833页。

⑧ （汉）郑玄注，（唐）贾公彦疏，彭林整理：《周礼注疏》卷第二十一《春官宗伯第三》，第738～739页。

四、平城灰枕葬俗的发展与北魏早期的礼制整合

东北地区常见的元宝形灰枕、河西地区常见的长方形灰枕等进入北魏平城地区后，呈现出融合混同的发展状态。其表现特征如下。

第一，不同类型的灰枕在各种墓葬形制中出现的概率接近。平城地区的9种墓葬形制中，有6种形制出现A型元宝形灰枕，有6种形制出现B型长方形灰枕，有5种墓葬形制出现C型椭圆形灰枕。可见，各类型的灰枕在各类墓葬中出现的概率相差不大，并没有因为灰枕的来源地区不同，而使对应的墓葬形制呈现出明显的分野情况。

第二，不同类型的灰枕在墓地中分布比较均匀。以大同南郊电焊器材厂墓地为例，出有A型灰枕的M140、M82、M22、M77分别位于墓地的北部、东部、西部、中部的位置，出有B型灰枕的M135、M92分别位于墓地的北部、南部的位置，分布相当均匀。出有C型灰枕的M41、M14、M65、M72，集中在墓地的西南部，貌似分布不均。然而M41靠近M17、M20、M22等，M14靠近M13、M15，M65靠近M43、M66等，M72靠近M68、M87、M86等（图二二），也就是说这四座墓并非集中在一组之内，而是在墓地西南部这一较小区域内呈现出均匀分布的状态。

第三，灰枕的使用者并不必然与灰枕的地域来源对应。太延元年（435年）沙岭北魏壁画墓中，墓主人是破多罗太夫人，原居地在安定高平（今宁夏固原）。和平二年（461年）梁拔胡墓中，墓主人属匈奴休屠种之安定高平梁氏，与破多罗氏同乡。这二人应是在北魏统一关陇的过程中来自后秦或赫连夏的移民。太安三年（457年）尉迟定州墓中，墓主人祖居大非川，系吐谷浑所属部落之一，乃西部鲜卑族。太和元年（477年）宋绍祖墓中，墓主人出自敦煌宋氏。有人考证宋绍祖即史籍所载宋繇之子宋严，在439年太武帝平凉州、灭北凉时被迁入平城[①]。这几座墓的墓主人或出自河西，或原居河西邻近的青海、宁夏，按说所出灰枕形制应是河西地区常见的长方形，可事实并非如此。除宋绍祖墓元宝形和椭圆形石灰枕同出外，其他墓葬所见的均只是元宝形石灰枕。恒安街韩法容墓中，墓主人很可能出自昌黎韩氏。而昌黎韩氏是五燕政权中占有重要政治地位的华北士族之一[②]。如果韩法容按照东北地区灰枕的流行做法，应该选用元宝形的，但其所用石灰枕大体呈圆角长方形，枕内包有绳纹砖两块。这些例子使我们相信，平城地区灰枕的使用与其地域背景是不相关联的。什么样的人使用什么样的灰枕，或许另有一套新的规则。前举几座使用元宝形石灰枕的墓葬，墓主人都是高官或其家属，地位较高，而使用长方形石灰枕的韩法容则是平民。

① 张海啸：《北魏宋绍祖石室研究》，《文物世界》2005年第1期，第33～40页。

② 罗新：《五燕政权下的华北士族》，《国学研究》（第四卷），北京大学出版社，1997年，第133～135页。

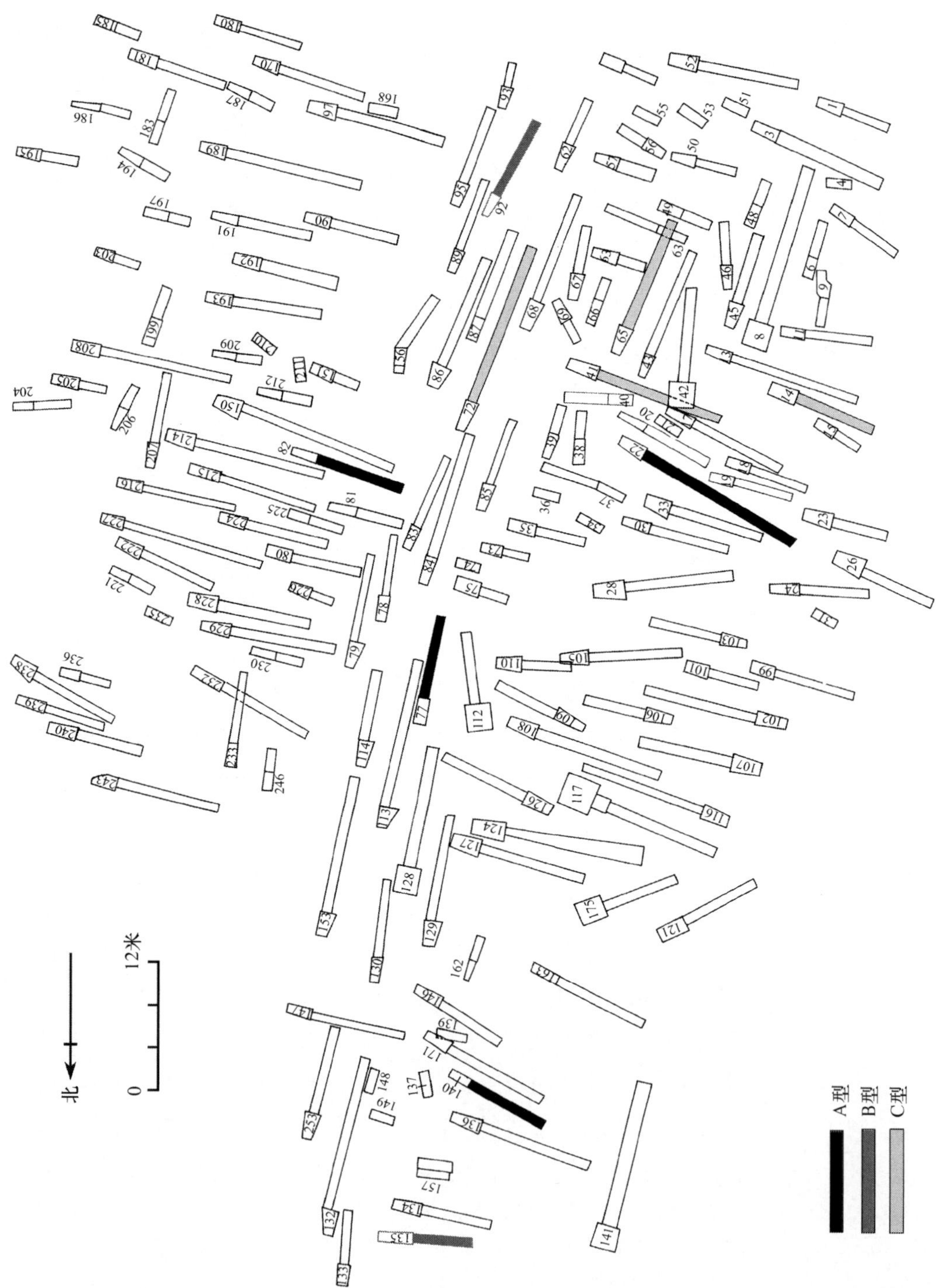

图二二　大同南郊电焊器材厂墓地灰枕出土分布图

这也许暗示着平城地区灰枕的使用已具有等级区别。

灰枕在平城呈现出脱离地域背景的均衡发展状态，表明平城葬俗曾经历过相应的礼制整合和安排。北魏早期，随着北魏入主中原和统一北方，先后进行了两次大的礼制整合。第一次是在道武帝拓跋珪时期。天兴元年（398年）六月，拓跋珪在国号问题上，决定“宜仍先号，以为魏焉”①。七月，“迁都平城，始营宫室，建宗庙，立社稷”②。“八月，诏有司正封畿，制郊甸，端径术，标道里，平五权，较五量，定五度。”③十一月，“诏尚书吏部郎中邓渊典官制，立爵品，定律吕，协音乐；仪曹郎中董谧撰郊庙、社稷、朝觐、飨宴之仪；三公郎中王德定律令，申科禁；太史令晁崇造浑仪，考天象；吏部尚书崔玄伯总而裁之”④。天兴二年八月，“诏礼官备撰众仪，著于新令”⑤。天兴年间新礼制的设计者，主要是以慕容氏旧臣及其子孙为代表。邓渊、晁崇、崔玄伯等人，都与慕容鲜卑政权甚有渊源⑥。因此，北魏初期的礼制建设受后燕文化制度的影响颇多。而后燕文化中除了慕容鲜卑的旧俗，更多的是吸纳自汉晋的中原文化因素。天兴新制的确立，使汉晋文化成为北魏礼制的主体，一些鲜卑旧俗相应地被抛弃了。这对鲜卑贵族的利益产生很大冲击，遭到他们的反对和制约，最终迫使拓跋珪放弃利用汉族文人创立的制度，恢复旧俗，天赐二年（405年）天兴新制遭到废除，重新被鲜卑旧俗所取代⑦。这一次的礼制整合实际上包括了天兴新制与鲜卑旧俗交替掌控两个阶段。元宝形灰枕葬俗应在天兴新制确立时期进入平城，但在天赐二年后仍得到保留，或许表明天兴新制的废除仅止于让出礼制主导权，而没有在社会文化层面被猛烈清洗。第二次是在太武帝拓跋焘时期。延和元年（432年），诏曰：“自始光至今，九年之间，戎车十举。……兵不极武，而二寇俱灭。师不违律，而遐方以宁。……修废官，举俊逸，蠲除烦苛，更定科制，务从轻约，除故革新，以正一统。”⑧这次礼制调整的推动者当为崔浩，史载崔浩辅佐太武帝时，“朝廷礼仪，优文策诏，军国书记，尽关于浩”⑨。其背景是太武帝自即位以来，为了实现统一，屡兴战事，延和元年（432年）以前已击败柔然、灭亡大夏，即所谓“二寇俱灭”，大量的人

---

① 《魏书》卷二《太祖纪》，中华书局，1974年，第32页。

② 《魏书》卷二《太祖纪》，第33页。

③ 《魏书》卷二《太祖纪》，第33页。

④ 《魏书》卷二《太祖纪》，第33页。

⑤ 《魏书》卷二《太祖纪》，第35页。

⑥ 潘忠伟：《北魏前期汉化的渊源——对陈寅恪旧说的补正》，《西南民族大学学报》（人文社会科学版）2012年第1期，第222～226页。

⑦ 何德章：《北魏初年的汉化制度与天赐二年的倒退》，《中国史研究》2001年第2期，第29～38页。

⑧ 《魏书》卷四《世祖纪》，第80页。

⑨ 《魏书》卷三五《崔浩传》，第812页。

口和财富由此汇聚到平城及其附近。平城又一次面临不同文化因素注入的新局面，需要有相适应的礼制来应对。随后数年，北魏又先后灭亡北燕、北凉，新的文化因素不断涌入平城。唯有除繁就简、革故迎新，才能为平城包容新因素以进一步重组整合拓展出回旋的空间。从目前所知资料看，河西地区的长方形灰枕出现在平城的时间要从5世纪60年代往后，是河西地区较晚进入平城的因素。但它一旦到来，就与此前东北地区的元宝形灰枕整合到一起，形成一种均衡发展的状态。当然，元宝形灰枕传入早，使用的时间要较长久些。

北魏早期的礼制整合，影响所及不只见于灰枕等随葬品，在墓葬形制和墓室壁画方面均有体现。墓葬形制中的墓向在北魏早期呈现出整齐划一的坐东朝西布局，就应是礼制整合的结果。平城地区墓地中，通常东西向的墓葬与南北向的墓葬各自集中分布，分区明显。大同南郊电焊器材厂墓地虽然墓葬达数百座，但东西向和南北向的墓葬分布并不混乱。其东、西两区是东西向墓葬的分布区，中间本有狭长的空地分隔；后来，南北向的墓葬埋进来，主要占据了中间的空地，另有少量墓葬埋入东、西区墓葬的间隙，有几座墓对东西向墓葬产生打破关系（图二二）。沙岭墓地中，东西向墓葬分布在东北部，南北向墓葬分布在西南部（图二三，1），其中东西向的M7就是太延元年（435年）的壁画墓①。沙岭新村墓地中，东西向墓葬仅有一座，即M19（图二三，2）②。这里应该在北魏早期未及形成集中的墓地，到北魏中期逐渐成为南北向墓葬的集中地。迎宾大道墓地中，南北向墓葬集中分布在多片，东、中、西三区都有，东西向墓葬则基本集中在西区，夹在两片南北向墓葬之间（图二三，3）③。而追溯以往鲜卑墓葬的朝向，我们知道西向并非其唯一，也非最主流的朝向。在拓跋兴起的呼伦贝尔地区，墓葬的主流朝向是北向，其次是西向，东向仅有1例，没有南向；西向墓葬集中在七卡墓葬④和团结墓地⑤两处。在中原王朝北部边疆地带的鲜卑相关墓葬中，北向墓葬仍是主流，但西向墓葬的比例和出现墓地的数量大大增加，东向、南向墓葬只占少数；西向墓葬所占比

① 大同市考古研究所：《山西大同沙岭北魏壁画墓发掘简报》，《文物》2006年第10期，第4～24页。

② 大同市考古研究所：《山西大同沙岭新村北魏墓地发掘简报》，《文物》2014年第4期，第4～15页。

③ 大同市考古研究所：《山西大同迎宾大道北魏墓群》，《文物》2006年第10期，第50～71页。

④ 呼伦贝尔盟文物管理站、额尔古纳右旗文物管理所：《额尔古纳右旗七卡鲜卑墓清理简报》，内蒙古文物考古研究所编：《内蒙古文物考古文集》（第二辑），中国大百科全书出版社，1997年，第457～460页。

⑤ 陈凤山、殷焕良、白劲松、李明忠：《呼伦贝尔市团结墓地》，内蒙古自治区文物考古研究所编：《内蒙古地区鲜卑墓葬的发现与研究》第一章，科学出版社，2004年，第3～15页。

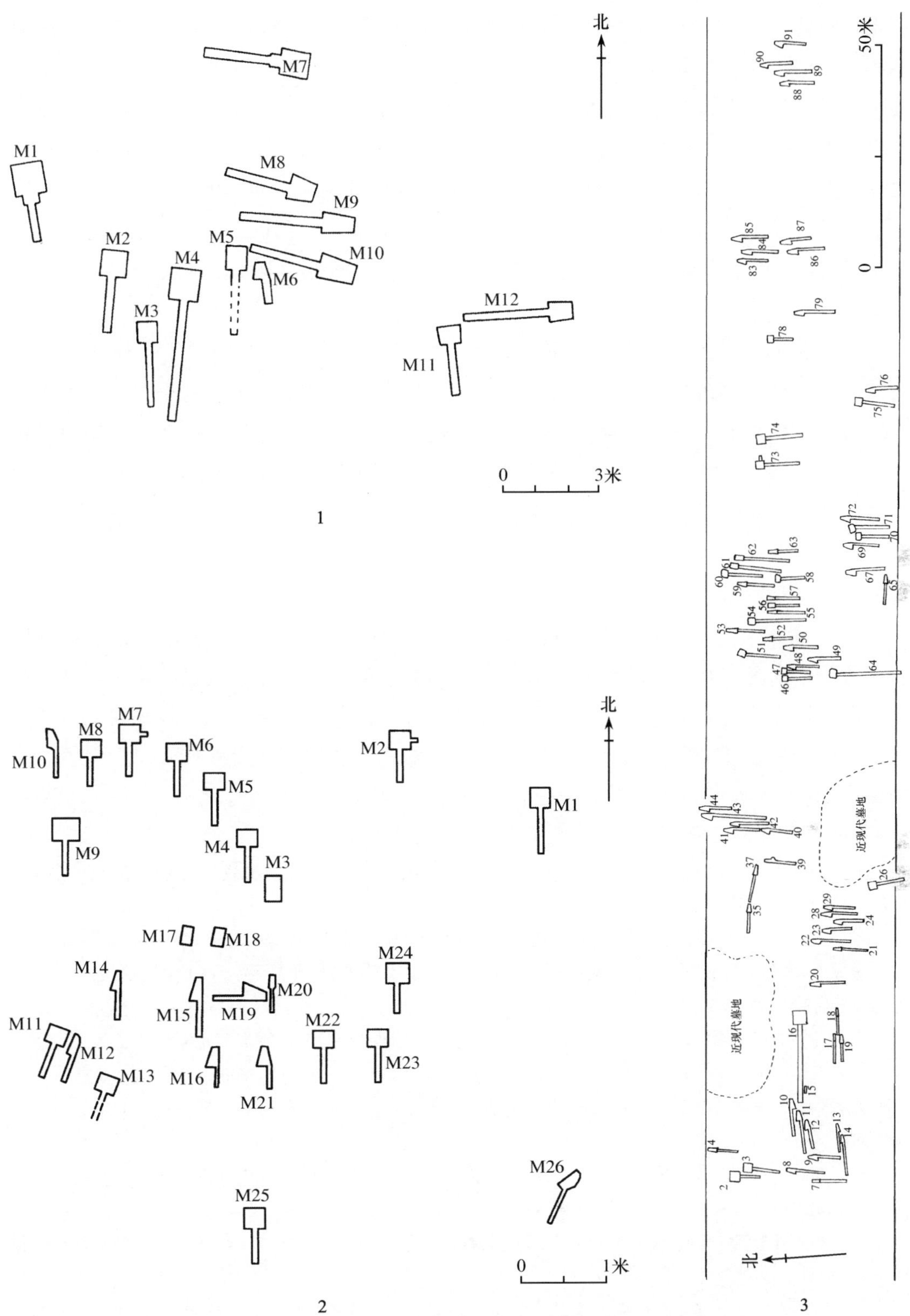

图二三　北魏平城墓地分布图

1. 沙岭墓地　2. 沙岭新村墓地　3. 迎宾大道墓地

例很高的墓地有大安渔场墓地[①]、皮条沟墓地[②]、东大井墓地[③]、三道湾墓地[④]、下黑沟墓葬[⑤]、郝家窑墓葬[⑥]等。这些西向为主的墓地中，前二者由东汉平洋文化因素占主导地位，后四者由檀石槐鲜卑文化因素占主导地位，而东汉平洋文化因素很可能是檀石槐鲜卑文化因素的一个主要来源。因此，在檀石槐鲜卑文化系统中，墓葬西向是葬俗特色之一。拓跋南迁匈奴故地后，是在檀石槐发迹的故地成长起来的，很大程度上依靠了檀石槐遗部的力量。檀石槐鲜卑文化因素由此进入拓跋习俗。因此，北魏早期墓葬朝向统一要求为西向，是服从鲜卑旧俗的一种整合，或是天兴新制失败后，恢复鲜卑旧俗时的结果。

另一种明显的整合是墓葬壁画，形成了以墓主人为中心的图像组合模式。这套模式的核心是出现在墓室后壁正中的墓主夫妇并坐或男墓主人正坐宴乐图，墓主人坐于建筑物帷幔之下的榻上，背后设有屏风，榻前设案及食具，旁有侍者，两侧绘有鞍马、侍从、杂耍乐舞；墓室两侧壁的画面也是围绕墓主人的活动展开，一侧壁绘庄园生活图，另一侧壁绘车马出行图或山林狩猎图；墓室的前壁绘门吏或门神；甬道不定型，绘有伏羲、女娲、青龙、白虎、侍女等题材。其壁画题材的来源主要整合自东北地区和河西地区[⑦]。

从灰枕、墓向、墓葬壁画等在平城的发展情况看，北魏早期的礼制建设虽有反复，却终于在统一北方的政治导向下，在太武帝时期呈现出开放包容的状态。这使得北魏政权较好地处理了多元文化汇聚平城的局面，没有因文化冲突导致政权从内部崩溃。北魏也因整合了来自东北、河西十六国边疆地区的文化因素而充实、壮大了自己的文化体系。如果仅凭鲜卑旧俗，北魏与南朝的文化抗衡必将处于劣势。

---

① 吉林省博物馆文物队、吉林大学历史系考古专业：《吉林大安渔场古代墓地》，《考古》1975年第6期，第356～362页。

② 金学山：《内蒙古托克托县皮条沟发现三座鲜卑墓》，《考古》1991年第5期，第426～428页。

③ 李兴盛：《商都县东大井墓地》，内蒙古自治区文物考古研究所编：《内蒙古地区鲜卑墓葬的发现与研究》第三章，第55～102页。

④ 乌兰察布博物馆：《察右后旗三道湾墓地》，内蒙古文物考古研究所编：《内蒙古文物考古文集》（第一辑），中国大百科书出版社，1994年，第407～433页；杜承武、李兴盛：《察右后旗三道湾墓地》，内蒙古自治区文物考古研究所编：《内蒙古地区鲜卑墓葬的发现与研究》第二章，第16～54页。

⑤ 郭治中、魏坚：《察右前旗下黑沟鲜卑墓及其文化性质初论》，内蒙古文物考古研究所编：《内蒙古文物考古文集》（第一辑），第434～437页。

⑥ 托克托县博物馆：《呼和浩特托克托县郝家窑鲜卑墓葬的清理》，《草原文物》2014年第2期，第36、37页。

⑦ 倪润安：《北魏平城时代平城墓葬的文化转型》，《考古学报》2014年第1期，第33～66页；倪润安：《北朝墓主人图像的显与隐》，北京大学中国考古学研究中心编：《两个世界的徘徊——中古时期丧葬观念风俗与礼仪制度学术研讨会论文集》，科学出版社，2016年，第250～281页。

论河西魏晋十六国墓葬壁画中的“帷帐图”*

贾小军

（河西学院河西史地与文化研究中心　张掖　734034）

河西地区出土的魏晋十六国墓葬壁画中有较多的“帷帐图”，也有墓内帷帐实物出土，是表现时人丧葬观念的重要方式。学界以往的研究对此虽有涉及，如卢兆荫曾对甘肃酒泉晋墓出土的龙首形帐构予以关注，巫鸿、郑岩、程酩茜将敦煌佛爷庙湾M133前室壁龛内或M37墓室东壁正中所绘帷帐图与墓主人、灵座等联系起来进行讨论①，等等。但缺少专门的研究，因此有必要对河西地区魏晋十六国墓中的帷帐图进行较为系统的梳理，寻找其中的学术信息，藉此深入理解该时期河西地区的丧葬习俗及民众的丧葬观念。

一、河西魏晋十六国墓葬壁画中的“帷帐图”

河西地区的墓葬壁画主要集中于魏晋十六国时期，以下根据考古资料，以考古报告、简报判断的墓葬时代先后为序，对其中的“帷帐图”进行介绍。

酒泉下河清1号汉墓为三室砖砌墓，其前室南北两壁各有壁画六层，“第四层画帷幔人物……第六层画帷幔、人物和动物等”②，北壁第六层的“做饭人”图（图一）“上悬帷幔，下有锅灶，一位女子跪于灶前，双目注视灶门，左手扶在灶台上”③，

* 国家社会科学基金项目“汉唐时期河西走廊墓葬壁画整理研究”（14XZS014）。

① 卢兆荫：《略论两汉魏晋的帷帐》，《考古》1984年第5期；〔美〕巫鸿著，施杰译：《黄泉下的美术：宏观中国古代墓葬》，生活·读书·新知三联书店，2010年；郑岩：《墓主画像的传承与转变——以北齐徐显秀墓为中心》，《逝者的面具：汉唐墓葬艺术研究》，北京大学出版社，2013年，第195～218页；程酩茜：《汉唐墓葬中的施帐现象研究》，南京大学研究生毕业论文，2018年。与该主题相关的研究成果还有：劳榦：《汉晋时期的帷帐》，《台湾大学文史哲学报》1951年第2期；扬之水：《说帷幄》，《中国文化》2002年第1期；郑以墨、习化娜：《两汉魏晋南北朝墓葬中的帷幔图像研究》，《装饰》2017年第2期；刘振东：《新见汉晋南北朝时期的帷帐》，《文物》2018年第3期；权弼成：《从“遮蔽”到“环绕”：公元3～5世纪北方地区墓葬帷帐的空间位移》，《文博》2019年第6期；付丁涛、赵慧：《魏晋南北朝时期墓葬壁画中的帷帐》，《艺海》2020年第3期，等等。

② 甘肃省文物管理委员会：《酒泉下河清第1号墓和第18号墓发掘简报》，《文物》1959年第10期。

③ 甘肃省文物管理委员会：《酒泉下河清第1号墓和第18号墓发掘简报》，《文物》1959年第10期。

图一　做饭人（摹本）[①]

这几幅“帷帐图”当属河西地区同类题材中较早者，可惜这几幅图中见诸简报者仅一幅，其余几例“帷帐图”已难知究竟。

曹魏甘露二年（257年）嘉峪关新城一号墓前室西壁029号“宴居图”画砖，左侧绘一帷帐，帷帐内侍女为墓主人搧凉，帐外两旁各立侍女一人，右侧榻上亦坐一贵妇，身后一侍女为之搧凉，榻前置有斛、鏇、檠和箸（图二）[②]。

西晋早期的敦煌佛爷庙湾M37（早于290年）[③]墓室东壁正中涂垩彩绘帷幔及垂幛，画幅距墓室底部0.16～1.05米，宽1米。上部呈房顶状，屋脊之两端绘相向鹦鹉，其下檐之两端绘昂起的龙首，画幅正面涂垩素面。其下设一宽与帷幔相同，长0.7、高0.16米的供台（图三、图四）[④]。

时代略晚于M37、同属西晋早期的敦煌佛爷庙湾M133[⑤]前室北壁前部壁龛进深0.64、宽1.3、高1.16米，龛之后壁正中涂敷草拌泥，表面涂垩，上为彩绘帷帐。其屋脊之两端绘相向鹦鹉，帷帐下端两侧为两龟（图五、图六）[⑥]。

酒泉果园乡高闸沟晋墓出土的“宴饮图”（图七），砖面彩绘两女子相对而坐。

① 甘肃省文物管理委员会：《酒泉下河清第1号墓和第18号墓发掘简报》封二下图，《文物》1959年第10期。

② 甘肃省文物队、甘肃省博物馆、嘉峪关市文物管理所：《嘉峪关壁画墓发掘报告》，文物出版社，1985年，第98页。

③ 甘肃省文物考古研究所：《敦煌佛爷庙湾西晋画像砖墓》，文物出版社，1998年，第102、103页。

④ 甘肃省文物考古研究所：《敦煌佛爷庙湾西晋画像砖墓》，第15页。

⑤ 甘肃省文物考古研究所：《敦煌佛爷庙湾西晋画像砖墓》，第102、103页。

⑥ 甘肃省文物考古研究所：《敦煌佛爷庙湾西晋画像砖墓》，第35页。

图二　宴居图[①]

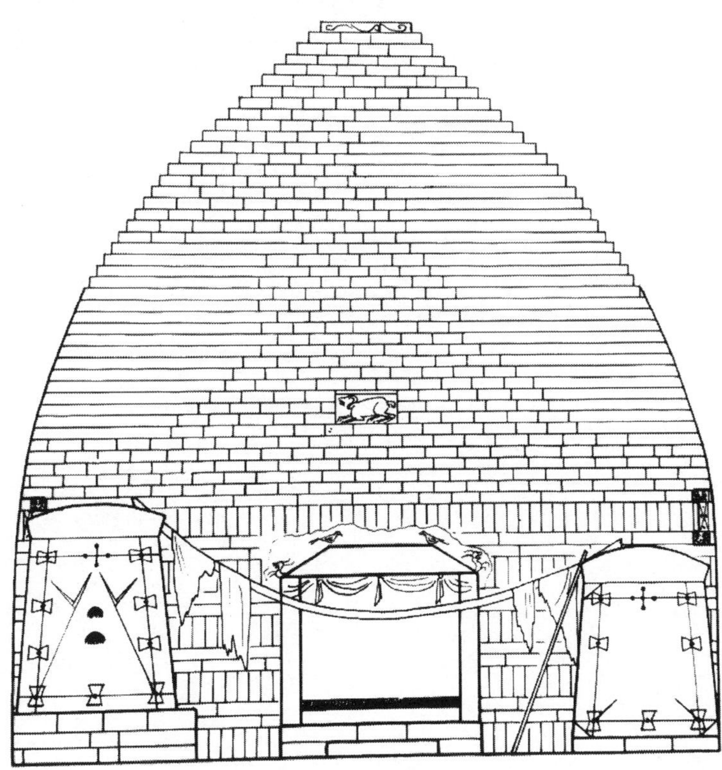

图三　敦煌佛爷庙湾西晋M37剖视图[②]

① 嘉峪关市文物局编：《嘉峪关文物图录·可移动文物卷》，三秦出版社，2014年，第114页。

② 甘肃省文物考古研究所：《敦煌佛爷庙湾西晋画像砖墓》，文物出版社，1998年，第17页，图七。

图四 敦煌佛爷庙湾西晋M37墓室①

图五 敦煌佛爷庙湾西晋M133剖视图②

① 甘肃省文物考古研究所：《敦煌佛爷庙湾西晋画像砖墓》，图版五。

② 甘肃省文物考古研究所：《敦煌佛爷庙湾西晋画像砖墓》，图二一。

图六 敦煌佛爷庙湾西晋M133前室北壁壁龛帷帐图①

图七 宴饮图②

中间置一樽、一案及羽觞。左女梳双髻，着裙；右女以巾束发，下着裙。屋顶绘帷幔画像生动表现了魏晋时期富裕阶层人们居家生活的情形③。

同样出自酒泉市果园乡高闸沟魏晋墓的“决讼断案”组图共6幅，其中5幅绘有帷帐（图八～图一二），帷帐之下有听讼、议事、申辩、行刑、结案等场景。

① 甘肃省文物考古研究所：《敦煌佛爷庙湾西晋画像砖墓》，图版一二。

② 杨永生主编：《酒泉宝鉴》，甘肃文化出版社，2012年，第172页。

③ 杨永生主编：《酒泉宝鉴》，第172页。

图八　听讼图①

图九　议事图②

图一〇　申辩图③

① 徐光冀主编：《中国出土壁画全集9甘肃·宁夏·新疆》，科学出版社，2012年，第22页。
② 酒泉市博物馆：《酒泉文物精粹》，中国青年出版社，1998年，第56页。
③ 酒泉市博物馆：《酒泉文物精粹》，第57页。

图一一　行刑图[①]

图一二　结案图[②]

高台许三湾古城遗址东南墓出土的魏晋“彩绘人物帐居图”（图一三），画面中间绘一帷帐，上部分为帐顶，以土黄色为底，上绘云气纹。帐内坐墓主人夫妇，二人对饮，中间为酒具。男墓主着红衣，坐于榻上；女墓主着石绿色襦服，席地而坐。帐外左右各立一人：左侧立一男子，头戴冠，身着素色袍服；右侧立一女子，面上点妆[③]。

玉门市金鸡梁墓群出土的一批前凉画像砖[④]中，亦有几例帷帐图（图一四～图一七）。图八～图一四“帷帐图”颇为漫漶，帷帐隐约可见，帷帐内有一长榻（几），榻（几）上摆放四件圆形物品，细节难辨。图一五“帷帐图”内容清晰可见，构图与

① 徐光冀主编：《中国出土壁画全集9甘肃·宁夏·新疆》，第23页。

② 徐光冀主编：《中国出土壁画全集9甘肃·宁夏·新疆》，第24页。

③ 俄军、郑炳林、高国祥主编：《甘肃出土魏晋唐墓壁画》，兰州大学出版社，2009年，第484页。

④ 据玉门市博物馆资料，出土这批画像砖的墓葬为前凉墓葬。

图一三　彩绘人物帐居图①

图一四　帷帐图（玉门博物馆藏）

图一五　帷帐图（玉门博物馆藏）

① 俄军、郑炳林、高国祥主编：《甘肃出土魏晋唐墓壁画》，第484页。

图一六 帷帐图（玉门博物馆藏）

图一七 帷帐图（玉门博物馆藏）

图一四相近，帷帐内有一长榻（几），上置一盘，盘内一物。图一六“帷帐图”帷帐、长榻清晰可见，但榻上左右一红一黑，似为两人形象，两人中间似有酒具之属。图一七“帷帐图”与图一六相近，帷帐内榻上左侧一人身着红衣，隐约可见，右侧图像以黑色墨线勾出，但上部漫漶，已难辨识。

敦煌祁家湾369号西凉建初十一年墓（415年）①出土的“宴乐出行图”画像砖（编号M369：12，图一八），“用粗墨线在砖面的四边画出边框，再用一道墨线从中分成上下两部分。上部分墓主人夫妇席地端坐于帷帐之内，观赏杂耍驯兽。男墓主人头戴有岐之帢，着右衽阔袖长衣；女墓主人双发髻高盘，穿圆领朱色阔袖长衣。两人皆双手掬于胸前，朱色点饰出嘴唇、脸颊。墓主人夫妇右侧放置一几，几下有一酒瓮，瓮口封盖，上系红绸带，几上置一樽，一侍女手持长勺从樽内为主人取食。下半部分一

① 甘肃省文物考古研究所、戴春阳、张珑：《敦煌祁家湾》，文物出版社，1994年，第119、122、149页。

图一八　宴乐出行图[①]

侍女赶着带棚犊车，棚上搭有三条朱红色彩带，一飞禽立于棚头。犊车前一人持鞭做赶马状，马身上备有朱红色鞍裢褶，仰头跨步做前进状。赶马人头顶上空有一大雁身披朱红色彩带，正引颈向前飞翔”[②]。

魏晋十六国时期与河西同属一个文化区的新疆吐鲁番北凉哈拉和卓97号墓、98号墓壁画中，均有帷帐图。97号墓帷帐图位于墓室北壁。画面四周用粗磨线条勾框，其内划分为六格，分成六个画面，其中第三个画面是主要画面：上边是帷幕，中间一男子，穿阔袖长袍，席地而坐，其旁略后坐一女子，也穿阔袖长袍，这男、女应是主人。墙上挂有一副弓箭，箭放在囊内。在弓箭下，有一张小桌，上插有一支笔杆及一个陶盂[③]。其余画面分别画了炊厨、弓箭、驼马、牛车和树木等形象（图一九）[④]。

98号墓帷帐图亦位于该墓墓室北壁。此图在内容、形式和表现手法上与第97号墓壁画大致相似又略有不同，它描绘了东晋十六国时期吐鲁番地区地主庄园的生活场景。图中可见，这户地主拥有自己的耕地、葡萄园、桑树园以及牛车、鞍马。庄园内可以加工粮食、烧煮食品，墓主人间或骑马出门，使用弓箭打猎（图二〇）[⑤]。

---

① 罗世平主编：《中国美术全集·墓室壁画》，黄山书社，2010年，第184页。

② 甘肃省文物考古研究所、戴春阳、张珑：《敦煌祁家湾》，第139、140页。

③ 新疆博物馆考古队：《吐鲁番哈喇和卓古墓群发掘简报》，《文物》1978年第6期。

④ 宿白主编：《中国美术全集·绘画编12·墓葬壁画》，文物出版社，1989年，图版说明第20页。

⑤ 宿白主编：《中国美术全集·绘画编12·墓葬壁画》，图版说明第21页。

图一九　庄园生活图[①]

图二〇　庄园生活图[②]

以上18幅“帷帐图”根据帷帐特点及壁画（画像砖）构图可分为五组，第一组是图二和图一三，帷帐三面闭合，区别在于图二帷帐正面约开二分之一，露出女墓主人和身后手持团扇的侍女半身，图一三帷帐正面开若舞台，露出男女墓主人，可以说这两座帷帐很好地发挥了遮蔽和阻隔的作用；第二组是敦煌佛爷庙湾西晋墓的两幅空帷帐，两幅帷帐皆三面闭合，露出正面；第三组是酒泉高闸沟晋墓男墓主“决讼断案”图与女墓主宴饮图，帷帐呈整齐的连弧形，皆绘于画砖上方，男女墓主或与情景相关

① 宿白主编：《中国美术全集·绘画编12·墓葬壁画》，第48页。

② 宿白主编：《中国美术全集·绘画编12·墓葬壁画》，第48页。

的人员绘于帷帐下方；第四组是玉门金鸡梁前凉墓中的4幅“帷帐图”，画砖上方及左右绘有帐构，帷帐悬于正上方，束系帷幔的组绶位于两个弧形的中间部位，红色的帷幔一直垂到左右两侧的底部，帷帐下面绘有长榻或长几，上坐男女墓主或置有各种供品；第五组是将帷帐图与出行图、牛耕图等题材绘制在一起的西凉敦煌祁家湾墓葬壁画和北凉吐鲁番哈拉和卓壁画墓，敦煌祁家湾M369帷帐有绶带，北凉哈拉和卓壁画墓帷帐无绶带；另外酒泉下河清一号墓的“做饭人”图中亦有帷幔，汪小洋认为：“汉墓壁画中的宴饮图应当包含乐舞图和庖厨图。”[①]因此，可以将这幅“帷帐图”归于第五组。根据“帷帐图”的内容，可以将这五组“帷帐图”中的帷帐分为两类，即家居的坐帐（床帐）、与用于飨神和丧葬的帐，第一组、第三组、第五组及第四组中的图一六属于家居之坐帐，第二组与第四组其他帷帐是用于飨神和丧葬的帐。

二、河西魏晋十六国“帷帐图”的特点

我们发现，以上18幅“帷帐图”具有如下特点。

第一，从地域分布上讲，在以上18幅“帷帐图”中，出土于河西走廊及吐鲁番地区的10座墓葬，属于河西走廊墓葬壁画者有16幅，其余2幅属于北凉时期的新疆吐鲁番地区，因此可以与河西地区的“帷帐图”视作同一时期同一文化区内的丧葬现象。河西地区的16幅“帷帐图”均出自魏晋十六国时期的敦煌郡和酒泉郡所属区域的墓葬，而在今武威市、张掖市东部地区即魏晋十六国时期的武威郡、张掖郡所属区域的墓葬中尚未发现“帷帐图”。

第二，从墓葬时代上讲，从东汉、曹魏甘露二年（257年）经西晋、前凉，直到西凉建初十一年（415年）和北凉时期，“帷帐图”均有出现，这表明“帷帐图”是东汉、魏晋十六国时期河西文化区内墓葬壁画中较为稳定的题材。

第三，就上述“帷帐图”在具体墓葬中的位置而言，图二位于嘉峪关新城一号墓前室西壁靠近耳室处；图三、图四所示“帷帐图”位于敦煌佛爷庙湾M37墓室东壁正中；图五、图六所示“帷帐图”位于敦煌佛爷庙湾M133前室北壁前部壁龛后壁正中；图七～图一二所示酒泉高闸沟晋墓种的几幅“帷帐图”具体位置不详[②]；图一三所示高台许三湾古城遗址东南墓出土的魏晋“彩绘人物帐居图”具体位置不详[③]；图一四～

① 汪小洋：《汉墓壁画的宗教信仰与图像表现》，上海古籍出版社，2012年，第97页。

② 岳邦湖、田晓、杜思平、张军武：《岩画及墓葬壁画》（敦煌文艺出版社，2004年，第64、65、73～75页），张金莲、许晶：《酒泉高闸沟魏晋墓出土的画像砖浅论》（《陇右文博》2011年第2期），马军强：《酒泉高闸沟砖厂墓出土壁画砖及墓葬时代浅析》（《丝绸之路》2016年第16期）等先后介绍该墓，但均未介绍画像砖具体分布位置。

③ 该墓详细情况尚未公布。

图一七为玉门金鸡梁前凉墓中出土的“帷帐图”，据玉门市博物馆陈列资料可知，该墓为前室双后室砖室墓，图一四位于前室（即玉门博物馆称之为“墓厅”）东壁第三层，图一五位于墓葬西后室北壁，图一六、图一七位于前室西壁第二层；图一八所示敦煌祁家湾369号西凉建初十一年墓“宴乐出行图”画像砖立于墓室后壁下；新疆吐鲁番北凉哈拉和卓97号墓、98号墓壁画“帷帐图”均位于所在墓室北壁。图三、图一八、图一九、图二〇等4幅“帷帐图”，均位于所在墓葬内部非常显眼的位置，图五之“帷帐图”亦为学界认为墓主“灵座”所在，因此强调的意义非常明显。4幅玉门金鸡梁前凉墓中的“帷帐图”位置与敦煌佛爷庙湾M37、M133相近，区别在于双后室均有棺木。

第四，就“帷帐图”内容而言，在18幅“帷帐图”中，11幅有男、女墓主人同时或单独出现；2幅即图一〇“申辩图”、图一一“行刑图”虽无墓主人出现，但因这两幅图与其他几幅共同组成一组“决讼断案”，“申辩”与“行刑”使作为主审的男墓主亦在现场，另有2幅空帷帐（佛爷庙湾M37、M133，图三～图六）被学界视作墓主灵座所在，因此这4幅可以视作有墓主的“帷帐图”。其余2幅为出自玉门金鸡梁前凉墓的“帷帐图”，虽无墓主人形象出现，但有类似供品的物品出现在帷帐中，与该墓大约同一时代（东晋的4世纪初至4世纪中叶）的辽宁朝阳县袁台子东晋墓中出土的帷帐实物及其复原情景[①]，与此颇为类似（图二一）。因此可以认为，这些帷帐图始终与墓主人直接联系在一起，可以说，绘制帷帐图的目的，就是表达墓主人或其灵座所在。

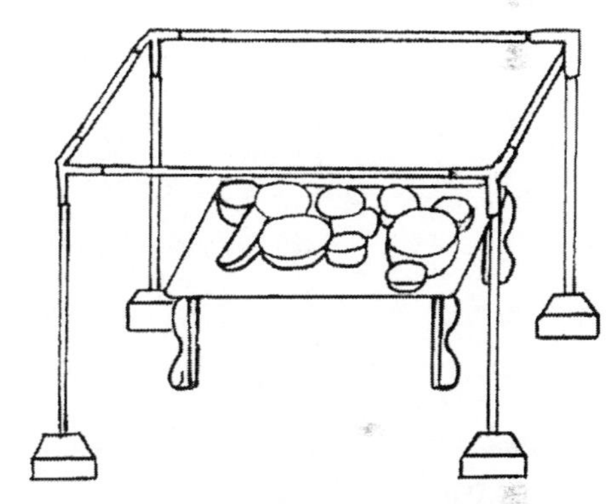

图二一　东晋袁台子墓帐架及漆案复原图[②]

第五，出自玉门金鸡梁前凉墓的4幅“帷帐图”与同时期辽宁朝阳县袁台子东晋墓中出土的帷帐实物风格接近，吐鲁番北凉时期的“帷帐图”（图一九、图二〇）与牛耕、炊厨、驼马等题材绘制在一起，这与西凉建初十一年（415年）敦煌祁家湾M369“帷帐图”同出行图绘制在一起的风格亦颇为接近，这在一定程度上说明，“帷帐图”题材在同一时期的不同区域具有较为接近的表现方式。

第六，“帷帐在魏晋北朝时期的流行体现了封建王朝的等级制度。……无论臣子

① 辽宁省博物馆文物队、朝阳地区博物馆文物队、朝阳县文化馆：《朝阳袁台子东晋壁画墓》，《文物》1984年第6期。

② 辽宁省博物馆文物队、朝阳地区博物馆文物队、朝阳县文化馆：《朝阳袁台子东晋壁画墓》，图三四，《文物》1984年第6期。

生前死后，使用帷帐都体现了墓主人非同一般的身份。”[①]据考古报告，图二新城一号墓“宴居图”的男墓主段清，是河西的世家豪族，还是地方政府属佐[②]；图三～图六“帷帐图”所在的敦煌佛爷庙湾西晋M37、M133的墓主人均非品官，都应是具有相当经济实力的豪族地主[③]；图七～图一二的墓主人应为河西地方郡守[④]；图一三～图一七缺详细的考古信息，但能够修建壁画墓，墓主生前经济实力不弱，因此该墓墓主起码也应为地方豪族地主；图一八“宴乐出行图”所在的敦煌祁家湾369号西凉墓为乙C型墓[⑤]，墓主约为一般中、小地主[⑥]；吐鲁番哈拉和卓97号墓、98号墓墓主人也应是当地豪族地主。报告虽未说明酒泉下河清一号墓墓主身份，但从该墓规模及出土的弩机等兵器随葬品判断，墓主人起码应是豪族地主。这说明，“尽管帷帐仍然作为一种等级身份的象征，但是魏晋以来可能已不具有那么严格的界限”。“随着政治环境不断动荡，它所具有的等级意义似乎受到了一定冲击。”[⑦]在河西地区表现得尤为明显。

三、墓内祭奠及其场景的变化

帷帐及帷帐内墓主画像的存在，说明魏晋十六国时期河西墓内祭奠的存在。墓葬壁画说到底只是古人为奉死送终、纪念死者而营建的壁画墓的有机组成部分，因此其内容在一定程度上就是墓主人的“陪葬品”，而“帷帐图”独特的性质及作用，“彰显了主人身份，并塑造所谓身份的‘内’与‘外’，在墓中则表现了生者死者、亲属之间所受的阻隔”[⑧]。因此直接绘制墓主图像于其中并予以强调，或者将空帷帐视作墓主“灵座”所在，最宜表达墓主在世的亲人对逝者的追思。这应是河西地区魏晋十六国墓葬壁画中绘制“帷帐图”的直接原因。

除了通过“帷帐图”直接表达男女墓主人的形象或其“灵座”之外，河西魏晋

---

① 权弼成：《从“遮蔽”到“环绕”：公元3～5世纪北方地区墓葬帷帐的空间位移》，《文博》2019年第6期。

② 甘肃省文物队、甘肃省博物馆、嘉峪关市文物管理所：《嘉峪关壁画墓发掘报告》，第74、75页。

③ 甘肃省文物考古研究所：《敦煌佛爷庙湾西晋画像砖墓》，第106页。

④ 岳邦湖、田晓、杜思平、张军武：《岩画及墓葬壁画》，第64、65页。

⑤ 甘肃省文物考古研究所：《敦煌祁家湾西晋十六国墓葬发掘报告》，文物出版社，1994年，第42～44页。

⑥ 甘肃省文物考古研究所：《敦煌祁家湾西晋十六国墓葬发掘报告》，第171页。

⑦ 权弼成：《从“遮蔽”到“环绕”：公元3～5世纪北方地区墓葬帷帐的空间位移》，《文博》2019年第6期。

⑧ 权弼成：《从“遮蔽”到“环绕”：公元3～5世纪北方地区墓葬帷帐的空间位移》，《文博》2019年第6期。

十六国墓葬壁画常常以宴饮图为中心来表达墓主人的身份。汪小洋在论及汉代宴饮图礼仪内容时指出：“汉代的礼仪规定了宴饮图的内容，尊老、祭祀、乐舞和庖厨等都是被礼仪规定而产生的情节，所以汉墓壁画中的宴饮图应当包含乐舞图和庖厨图。”“在汉画的各种图像题材中，宴饮图因为包含着礼仪的内容而成为国家宗教在汉代最通俗的绘画表现，也是被普遍反映的题材。”①河西魏晋十六国墓葬壁画的题材与内容，承袭中原地区汉代墓葬壁画传统，因此可以说上述判断基本也适用于河西地区。帷帐及帷帐内的墓主人像，成为墓主后人进行墓内祭奠的对象。

河西地区魏晋十六国墓葬壁画中最具代表性的墓主人宴饮图，当数绘制于丁家闸五号墓前室西壁第三层的墓主人“燕居行乐图”（图二二）：北侧绘一单间单檐顶轩，青瓦、正脊，有柱无墙。轩内为墓主人，头戴三梁进贤冠，蓄长发，身着朱砂间石黄色袍，跪坐于榻上。身后立一男侍和一女侍。女侍……手持方形曲柄华盖。柄上系青缯囊。男侍……手持圆顶黑帽。西壁中部（通后室过道门上），绘一方案。案上一樽。樽内置勺。案下有温器。温器内置一带提梁的高颈直口壶。案北侧立一男

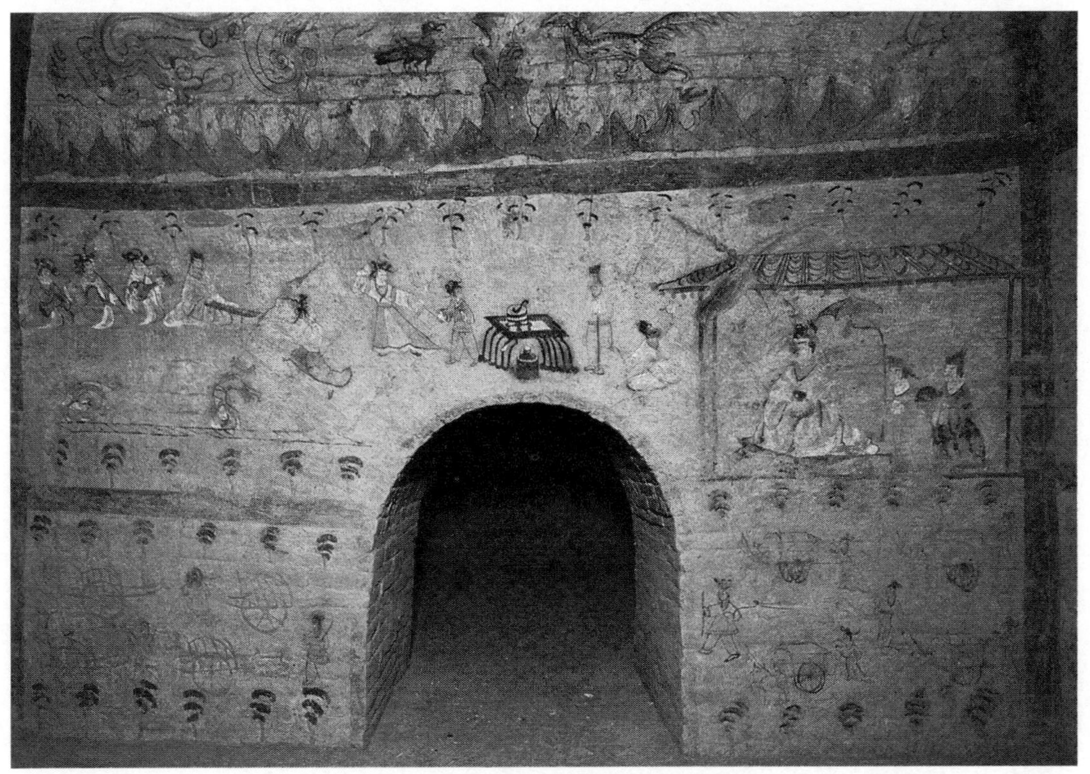

图二二　丁家闸五号墓前室西壁壁画②

① 汪小洋：《汉墓壁画的宗教信仰与图像表现》，第97页。

② 甘肃省文物考古研究所：《酒泉十六国墓壁画》，文物出版社，1989年，图版“前室壁画”之“西壁壁画”。

侍……在男侍以北，轩外，墓主人前，有一男乐伎……左手摇鼗鼓，右手执鼓槌，作下蹲跨步状，似为乐伎之指挥者。案南侧有一童仆……在童仆以南，立一女舞伎。头挽四髻，身着三色褶，五彩接袖，腰束带，两手各挥动一方扇，翩翩起舞。再往南为另一女舞伎。衣着同前，衣边飘起，下露红袴，回首踏歌舞蹈。其南上侧为乐伎。跽坐一列，其第一人为男乐伎……双手抚琴。后面三人为女乐伎，……第二人奏琵琶。第三人吹竖笛。第四人双手拍腰鼓。乐队下方为百戏。地铺席，席上有两女伎，着红裤、三色褶、腰束带，赤足，两手着地倒立①。张朋川指出：“（该图）比较注意对人物的细致刻划。作者能抓住不同人物的特征和表情，分别刻划出墓主人、伎人、舞女和乐师的形象。”②如此宏大的燕居行乐场面，其主旨自在表现墓主人生前显赫的身世及死后仍将继续生前荣华富贵的愿望，考虑到该墓壁画所营造的包括宇宙、仙境和模仿人间的“幸福家园”在内的“三重宇宙”③，该“燕居行乐图”表达墓主人身份的意图更加明显。这位坐在轩内、头戴三梁进贤冠的墓主人自然成为墓内祭奠的对象。

另外一处值得重视的是高台地埂坡四号墓宴饮图（图二三）。该宴饮图位于这座双室土洞墓的前室北壁。宴饮图位于墨绘双柱、斗拱及架梁组成的房屋之内，具有较为明显的强调意义。宴饮画面可以分为左右两部分。左边绘二男子相对而坐，似在博弈，二人均头戴尖顶帽，着圆领衣，直鼻大眼，胡须浓重，应为居于河西的少数民族（图二四）。右边二男子相对而坐，头戴双歧帽，上着交领袍服，中间置酒具，是宴饮场景，从其衣饰看，是汉族（图二五）⑤。郭永利认为，该宴饮图左侧头戴高帽的两人应为墓主人，因为“此二人形象与7～8世纪乌兹别克斯坦的片治肯特古城壁画中的粟特宴饮人物几乎完全一致，所以墓主人应为粟特人”⑥。但7～8世纪的片治肯特古城壁画晚出，以之为据判断魏晋十六国时期（220～439年）的壁画墓主人很成问题。况且该宴饮图由两组画面组成，左侧一组应为少数民族（粟特）人，右

图二三　地埂坡四号墓宴饮图④

① 甘肃省文物考古研究所：《酒泉十六国墓壁画》，第5、6页。
② 甘肃省文物考古研究所：《酒泉十六国墓壁画》，第20页。
③ 〔美〕巫鸿著，施杰译：《黄泉下的美术：宏观中国古代墓葬》，第31～35页。
④ 徐光冀主编：《中国出土壁画全集9甘肃·宁夏·新疆》，第35页。
⑤ 徐光冀主编：《中国出土壁画全集9甘肃·宁夏·新疆》，第35页。
⑥ 郭永利：《河西魏晋唐墓中的胡人形象》，《丝路文明》（第二辑），上海古籍出版社，2017年，第45～59页。

图二四　宴饮图[①]

图二五　宴饮图[②]

侧一组为汉人形象，汉人宴饮情景非常明显，而粟特人是否为宴饮尚难判断，因此很难仅凭其中一组就认定墓主人是谁，尚需进一步探讨。不过可以肯定的是，该图中粟特人、汉人的身份都不低，至于为何将这两组图像安排在一起，尚难确知。

但将这两组图并列绘制在一起，应当具有前述“墓内祭奠”的目的。由于宴饮图位于墨绘的房屋之内，该房屋在一定程度上就具有了前述“帷帐”的作用，这一点值得注意。

实际上，该房屋的“帷帐”意义解释还可以更进一步。由于地埂坡四号墓的详细资料未见公布，但与其一起发掘的一号墓给我们了解四号墓提供了参考。一号墓同样为双室土洞墓。据《甘肃高台地埂坡晋墓发掘简报》载：

（M1）前室平面长方形，长4.21、宽3.81米。南北壁及顶部用原生黄土雕出仿木结构梁架及屋顶，形成面阔一间进深三架椽的类似卷棚顶结构，残高3.72米。屋架由前后檐柱承梁，前檐梁头直接出跳，跳头施令栱承檐，后檐梁上设蜀柱承檐，梁上施大叉手，叉手上部两侧设斗承令栱，令栱上部结构未做完整。

前檐柱下设方座素面覆盆柱础，柱为梭形……柱顶施栌斗，斗口施支替承梁，梁与支替直接出头成斗口跳。支替后尾直截，跳头施斗、承令栱（北壁梁架令栱缺失）、替木、承榑，榑与墓顶相接。后檐柱位于侧壁与后壁转角处，雕出局部方形柱身，无柱础，柱头结构仅雕出里砖，做法与前檐相同，梁上贴壁雕蜀柱，施头承替木、承榑，榑以上做法同前檐。

大叉手上部前后两侧施斗承令栱、替木，替木之上榑或枋的结构与墓顶连接未做出，两榑之间墓顶近似平顶，未做出椽子。两屋架间的屋顶中央有盗洞。前、后坡顶略有弧度，前坡略长，两坡均贴壁雕出近似半圆的椽子[③]。

① 徐光冀主编：《中国出土壁画全集9甘肃·宁夏·新疆》，第36页。

② 徐光冀主编：《中国出土壁画全集9甘肃·宁夏·新疆》，第37页。

③ 甘肃省文物考古研究所、高台县博物馆：《甘肃高台地埂坡晋墓发掘简报》，《文物》2008年第9期。

这种仿木结构架梁与屋顶所形成的面阔一间进深三架椽的建筑结构（图二六），与地埂坡四号墓绘于墓室内部的房屋结构非常相似，只是形式更为简单。如此，则四号墓壁画中房屋内部的宴饮场景也应该在一号墓中出现。但据发掘简报，一号墓前室并无壁画。那么前述四号墓中能够进行的墓内祭奠如何在一号墓前室实现？显然，一号墓中的墓内祭奠场所，就是这间由原生黄土雕出的房屋之内。既然一号墓的雕刻完成了四号墓壁画所能表现的内容，并且效果较四号墓更加令人震撼，那么壁画就没必要出现在墓葬之内了。或者可以说，一号墓雕刻形成的房屋，是一种特殊意义“壁画”。由于一号墓后室平面方形覆斗顶，置棺，在顶部及四坡绘有藻井及四神图像①，这使上述判断更加坚实：雕刻出的房屋型前室，正是进行墓内祭奠的所在，而在原生黄土上完成的雕刻已经替代了类似四号墓前室壁画的功能。

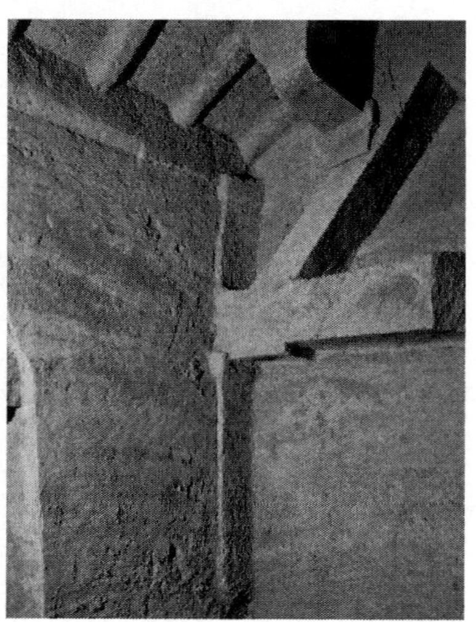

图二六　高台地埂坡M1前室结构②

高台地埂坡一号墓这样独特的造型，令人想起汉代以石材模仿当时木构建筑祠堂，或者祠堂与墓葬结合在一起的做法，如山东历城县孝里铺孝堂山石祠（图二七、图二八）③、安徽宿县褚兰汉画像石墓④、江苏徐州青山泉白集东汉画像石墓⑤、山东

① 甘肃省文物考古研究所、高台县博物馆：《甘肃高台地埂坡晋墓发掘简报》，《文物》2008年第9期。

② 甘肃省文物考古研究所、高台县博物馆：《甘肃高台地埂坡晋墓发掘简报》图九、图一〇，《文物》2008年第9期。

③ 罗哲文：《孝堂山郭氏墓石祠》，《文物》1961年第4、5期合刊。

④ 王步毅：《安徽宿县褚兰汉画像石墓》，《考古学报》1993年第4期。

⑤ 南京博物院：《徐州青山泉白集东汉画像石墓》，《考古》1981年第2期。

临淄东汉王阿命刻石[①]等。而嘉峪关新城13号墓前室结构则在一定程度上继承了这种形制：“前室平面基本上呈方形，长2.5米、宽2.52米，在后部靠近后室过道处有宽0.88米、高0.32米的一个二层台，把前室地面分为两半，形成所谓的明堂。”[②]看来，地埂坡一号墓前室是将汉代中原地区进行祭祀的石祠及此前河西地区在墓葬前室设置“明堂”等的形制搬到地下墓穴之中，以方便死者在世的亲人进行墓内祭奠的场所。而前述丁家闸五号墓墓主人像所在的那间有柱无墙、青瓦、正脊的单檐顶轩，也应该具有同样的性质。与墓葬壁画中绘制“帷帐图”相比，这样的场景无疑更加具有现场感。

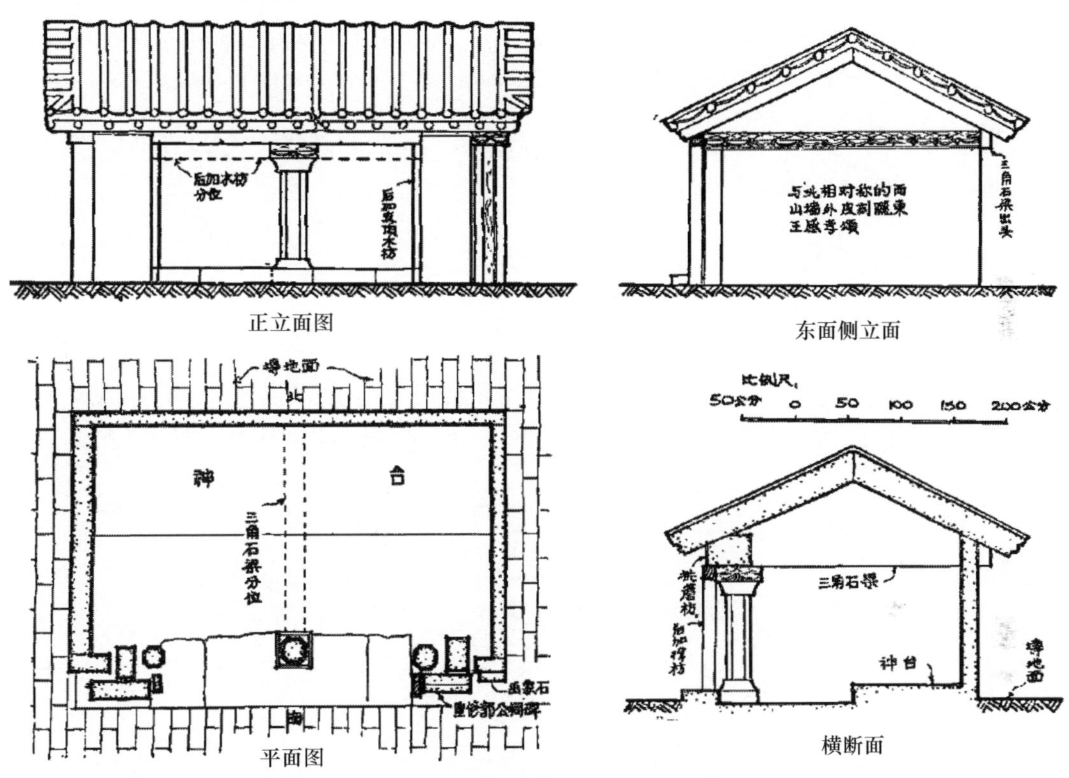

图二七　孝堂山石祠测绘简图[③]

回到地埂坡四号墓的讨论上来，我们可以想见，如此继承汉代传统并有一定创新的墓葬主人或者墓葬的营建者，究竟会是什么人。由于墓内缺乏直接的证据很难断言，但该墓所处的魏晋十六国时期，能够在河西地区营建如此规模墓葬的，或许只有

① 郑岩：《山东临淄东汉王阿命刻石的形制及其他》，《逝者的面具：汉唐墓葬艺术研究》，第98～125页。

② 嘉峪关市文物管理所：《嘉峪关新城十二、十三号画像砖墓发掘简报》，《文物》1982年第8期。

③ 罗哲文：《孝堂山郭氏墓石祠》图1，《文物》1961年第4、5期合刊。

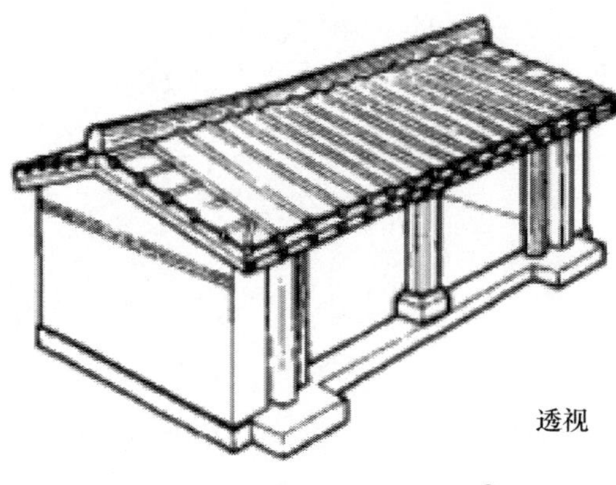

图二八　孝堂山石祠透视图[①]

汉族人。而中原在河西地区保存、传承的传统文化内容，或许就包括地埂坡四号墓这种润物无声的方式。

以上对河西地区魏晋十六国时期墓葬壁画中的“帷帐图”进行梳理并做了初步的探讨。根据相关“帷帐图”，我们可以进一步认识河西墓葬壁画的丰富内涵，并对深入理解魏晋隋唐河西历史变迁具有一定积极意义。显然，当下学术研究所揭示出的河西墓葬壁画所蕴含的社会历史信息，实在非常有限，更多的信息，尚待今后学界更加深入、细致地发掘。

① 刘敦桢主编：《中国古代建筑史》第二版，中国建筑工业出版社，1984年，第56页，图36。

北魏墓葬所见璜形项饰相关问题探讨

党　郁

（内蒙古自治区文物考古研究所　呼和浩特　010010）

一、引　　言

内蒙古自治区文物考古研究所于2014年对位于锡林郭勒市正白旗伊和淖尔北魏墓地进行了发掘，该墓地发现5座北魏时期墓葬，其中有2座墓葬中发现有金质璜形项饰。结合2011年发掘的乌兰察布市化德县陈武沟墓地出土的金质璜形项饰，以及由我所赴蒙古境内发掘的两座柔然时期的墓葬中发现的青铜璜形项饰。笔者觉得这种金属项饰与北方地区长城沿线地带青铜时代至早期铁器时代发现的金属项饰形制基本相同，且出土地点集中于长城沿线地带的游牧民族文化的墓地之中。

中国北方地区长城沿线地带，作为农耕与游牧文化的交错地带和文化的碰撞地带，发生着诸多的文化因素上的融合与变异，也展现出这一地带独特的文化面貌。笔者在从事北方长城沿线地带的考古发掘和研究工作中，发现了这一区域内大致从商代开始就展现出金属与美玉文化装饰的差异。在中原青铜文化时期，青铜器虽然作为国家重器，代表着这一时代人们的礼制与规矩的建立。而装饰品则以美玉类为主，项饰中以制作精良的玉组佩等为典型。而此时的北方长城沿线大众以玉、玛瑙、松石、其他美石及蚌贝、骨珠等组成。单纯使用金属作为项饰，目前除朱开沟文化所见一件铜条卷曲呈螺旋状项饰[①]外，在其他早期青铜时代遗址中基本不见。而仅在较高等级或具有一定身份地位和财富的人们的装饰品种，发现金属的项饰。最早可见于晋陕高原时代为商末的李家崖文化，发现有制作成璜形的金项饰。至两周时期，尤其是东周时期，从长城沿线地带的西段到东段都有发现。如西段的卡约文化、沙井文化及近年来新发现的甘肃马家塬西戎类型墓地，中段内蒙古中南部地区的西园、新店子、小双古城等墓地，东段的燕山南麓的玉皇庙文化的相关墓地等。

但与此临近的陕北神木新华遗址出现的以玉璜为项饰[②]的装饰习俗则表明从这一阶段始，中原农耕经济与北方游牧经济的差异，且体现在装饰习俗上则表现出尚金与尚

---

① 内蒙古自治区文物考古研究所、鄂尔多斯博物馆：《朱开沟——青铜时代早期遗址发掘报告》，文物出版社，2000年。

② 陕西省考古研究所、榆林市文物保护研究所：《神木新华》，科学出版社，2005年。

玉的特点。通过这些收集的材料发现，金属项饰作为长城沿线北方民族项饰制品的一大特色，早在青铜时代早期即已出现端倪，最晚自商代末期始，金属制作的璜形项饰便开始出现于长城沿线不同地域、不同族属的文化之中。

总体而言，璜形项饰虽然出土的数量不多且在时间、文化内涵和器物特征上略有差异，但却与中国北方长城沿线不同地域、不同民族间的文化密切相关，成为长城沿线乃至长城以北地区各类人群的共同喜好。本文拟从北方长城沿线出土的璜形项饰的形制入手，通过考古学分析，借以对其源流和文化因素进行简要分析。

二、长城沿线地带璜形项饰的发现情况

考古最新资料表明，目前所见最早的璜形项饰为发现于甘肃临潭县磨沟齐家文化墓地的一件青铜璜形项饰。之后在晋陕高原的一些窖藏和墓葬中发现相近的器物，其时代相当于商代晚期，该考古学文化金属器物的文化因素构成较为复杂，其中以一批极具地域特色的土著容器、耳饰和项饰最具代表性，使之成为晋陕高原地区一支特征明显的考古学文化，目前被归为李家崖文化。出土的璜形项饰早年曾被学界称之为“弓形饰”，后续研究者也多以“弓形饰”为这类项饰命名①。其基本形制虽多呈弯月形，但细部特征仍略有差异。目前，李家崖文化出土的璜形项饰见于山西保德林遮峪②，石楼后兰家沟③、曹家垣④、桃花庄⑤及陕西淳化黑豆嘴⑥等地点。至西周晚期，属甘青地区卡约文化中期的青海大通上孙家寨墓地M14、化隆县下班主洼村墓地M21和M42⑦均出土有金质璜形项饰且形制相近。

除此之外，在新疆阿勒泰市切木切克乡阿克土白的1座石人雕像，面部模糊，有圆窝状眼睛和浅浮雕的类似璜形项饰的装饰⑧。该石雕文化面貌被认为属于新疆地区公元前1000年左右的切木切克文化（图一，2）。

进入春秋战国时期，长城沿线出土璜形项饰的地点陡增，涵盖地域虽包括新疆地

① 梅建军、李明华：《关于我国北方商周墓葬所出“弓形饰”的若干问题》，《西域研究》2007年第3期；乔梁：《中国北方的弓形金属项饰》，《新果集——庆祝林沄先生七十华诞论文集》，科学出版社，2009年；洪猛：《中国北方商周时期“弓形饰”再探》，《西域研究》2011年第1期。

② 吴振录：《保德县新发现的殷代青铜器》，《文物》1972年第4期。

③ 郭勇：《石楼后兰家沟发现商代青铜器简报》，《文物》1962年第4、5期。

④ 杨绍舜：《保德县林遮峪、曹家垣发现商代青铜器》，《文物》1981年第8期。

⑤ 谢青山、杨绍舜：《山西吕梁县石楼镇又发现铜器》，《文物》1960年第7期。

⑥ 姚生民：《陕西淳化县出土的商周青铜器》，《考古与文物》1986年第5期。

⑦ 王国道、崔兆年：《青海卡约文化出土的金器》，《故宫博物院院刊》2003年第5期。

⑧ 新疆维吾尔自治区文物局：《新疆草原石人与鹿石》，科学出版社，2011年，第31页。

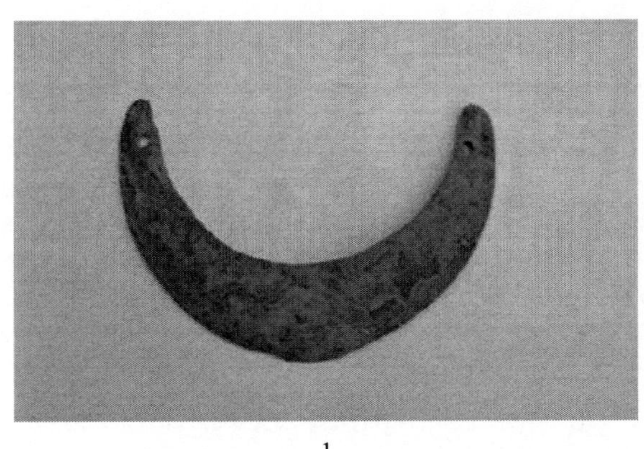

1

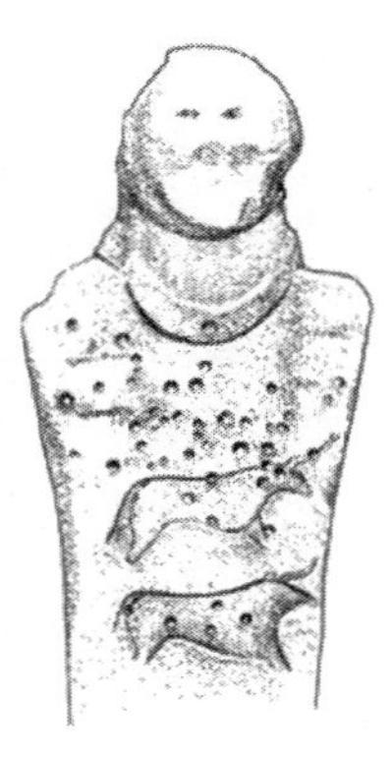

2

图一 中国北方地区发现时代较早的璜形项饰

1. 齐家文化甘肃临潭磨沟墓地 2. 新疆阿勒泰发现切木切克文化

区、甘青地区、内蒙古中南部地区、燕山南麓地区及东北的辽宁一带，但整体而言出土数量不多。主要见于新疆哈密盆地焉不拉克文化，甘宁地区沙井文化、西戎文化和杨郎类型，内蒙古中南部地区毛庆沟文化及燕山地区的玉皇庙类型等。其中新疆哈密盆地黄田上庙尔沟焉不拉克文化中出土的一段上存穿孔的长条形金片，一侧较短一侧略长应属璜形项饰的变体①；甘肃永昌西岗沙井文化墓地M26出土一件金质璜形项饰，整体呈半圆形，截面较窄，做工较为粗糙，边缘存较多凹凸不平的毛刺②；宁夏固原西郊出土一件杨郎类型的银质璜形项饰，整体呈半圆形，截面较宽，两端有穿孔，饰有漩涡纹③；甘肃马家塬战国时期西戎文化墓地M13、M15、M16出土有金、银质的璜形项饰，墓主均为男性，且共出有头饰、耳环、臂钏、腰带、带钩等金器及银质鞋底、银腰带或鹤嘴斧、斧、戈等铜器④；位于长城沿线中段的内蒙古中南部地区出土的璜形项饰形制虽大体相近，但材质不一。其中包头西园墓地M5⑤、凉城县小双古城墓地M6⑥均出土一件青铜质地的璜形项饰，整体弧度较小，西园墓地M5仅一端存有穿孔。而和林格尔县新店子墓地M43出土的璜形项饰则为金质，大体呈半圆形，两端皆有穿

① 哈密地区文管所：《哈密黄田庙尔沟墓地调查》，《新疆文物》1998年第1期。

② 甘肃省文物考古研究所：《永昌西岗柴湾岗—沙井文化墓葬发掘报告》，甘肃人民出版社，2001年。

③ 钟侃：《宁夏固原县出土文物》，《文物》1978年第12期。

④ 早期秦文化联合考古队、张家川回族自治县博物馆：《张家川马家塬战国墓地2007—2008年发掘简报》，《文物》2009年第10期；早期秦文化联合考古队、张家川回族自治县博物馆：《张家川马家塬战国墓地2008—2009年发掘简报》，《文物》2010年第10期。

⑤ 内蒙古文物考古研究所、包头市文物管理处：《包头西园春秋墓地》，《内蒙古文物考古》1991年第1期。

⑥ 内蒙古文物考古研究所：《内蒙古凉城县小双古城墓地发掘简报》，《考古》2009年第3期。

孔并见穿孔修补痕迹[①]；位于长城沿线东段的燕山南麓地区是璜形项饰出土的密集区域且等级较高，属玉皇庙文化东周时期墓葬的玉皇庙墓地M250、M151和M174[②]，西梁垙墓地M1[③]，怀来甘子堡M1和M2[④]，梨树沟门墓地[⑤]，涿鹿县倒拉嘴村墓葬[⑥]，阳原县九沟墓葬以及滦平县虎什哈炮台山墓地[⑦]等计出土11件金质璜形项饰，形制大体一致，多呈弯月形，两端存穿孔，素面。此外，辽西地区的辽宁省凌源县五道河子战国墓地M1亦出土1件金质璜形项饰，截面较宽，一端孔残[⑧]。

秦汉统一之后的很长一段时间内，长城沿线地区均不见璜形项饰出土。迟至鲜卑文化占据北方地区时，璜形项饰才再次出现。目前所见，内蒙古呼伦贝尔市伊和乌拉墓葬[⑨]、锡林郭勒盟正镶白旗伊和淖尔北魏墓群[⑩]和乌兰察布市化德县陈武沟鲜卑墓地[⑪]均有此类装饰品出土。北魏时期的璜形项饰多出自大型贵族墓葬之中，等级较高且多为金质，除保留前期基本形态外，这一时期的璜形项饰下端存梯形凸起，个别项饰表面甚至装饰有忍冬、下垂坠饰等佛教花纹。

三、璜形项饰的型式划分

由上可知，璜形项饰整体出土数量较少，但分布地域广袤且时间跨度较大。为了便于分析与考古学对比研究，本文将璜形项饰存在时间大体分为四段，每段内再依据其具体特征进行类型学分析。

Ⅰ段：目前仅见于齐家文化。仅见1件。为两端较窄、中间宽的弯月形（图一，1）。

---

① 内蒙古文物考古研究所：《内蒙古和林格尔县新店子墓地发掘简报》，《考古》2009年第3期。

② 北京市文物研究所：《军都山墓地：玉皇庙》，文物出版社，2007年。

③ 北京市文物研究所：《军都山墓地：葫芦沟与西梁垙》，文物出版社，2009年。

④ 贺勇、刘建中：《河北怀来甘子堡发现的春秋墓群》，《文物春秋》1993年第2期。

⑤ 承德地区文物保护管理所、滦平县文物保护管理所：《河北省滦平县梨树沟门墓群清理发掘简报》，《文物春秋》1994年第2期。

⑥ 陈信：《河北涿鹿县发现春秋晚期墓葬》，《文物春秋》1999年第6期。

⑦ 河北省文物研究所、承德地区文化局、滦平县文物管理所：《滦平县虎什哈炮台山山戎墓地的发掘》，《文物资料丛刊》（第7辑），文物出版社，1983年。

⑧ 辽宁省文物考古研究所：《辽宁凌源县五道河子战国墓发掘简报》，《文物》1989年第2期。

⑨ 呼伦贝尔盟文物管理站：《新巴尔虎左旗伊和乌拉鲜卑墓》，《内蒙古文物考古文集》（第二辑），中国大百科全书出版社，1997年。

⑩ 内蒙古自治区文物考古研究所：《内蒙古正镶白旗伊和淖尔墓群再次发现北魏贵族墓》，《中国文物报》2015年3月13日第8版。

⑪ 内蒙古自治区文物考古研究所、乌兰察布市博物馆、化德县文物管理所：《德县陈武沟鲜卑墓地发掘简报》，《草原文物》2014年第1期。

Ⅱ段：目前仅见于李家崖文化，相当于商末时期。根据出土的璜形项饰特征大体可分为两型。共5件。

A型：项饰下部存一长方形凸起。计3件，见于山西石楼县后兰家沟、桃花庄、褚家峪。均为青铜质地，形制相近，整体呈近“U”形，中部较宽，正下部存一方形凸起，至两端渐窄且向下卷曲呈鸟首状（图二，7、8）。

B型：项饰下部平滑无凸起，2件。仅见于山西保德林遮峪墓葬。黄金质地，整体略呈半圆形，饰体宽度基本一致，至两端渐窄向下卷曲呈鸟首状（图二，6）。渭南博物馆曾经发现过1件，但具体出土地点不明确。

Ⅲ段：目前仅见于甘青地区的卡约文化，相当于西周末期。根据出土的璜形项饰特征大体可分为两型。共3件。

A型：1件。项饰两端交错，端口圆弧，整体呈圆形，体略宽。青海大通上孙家寨

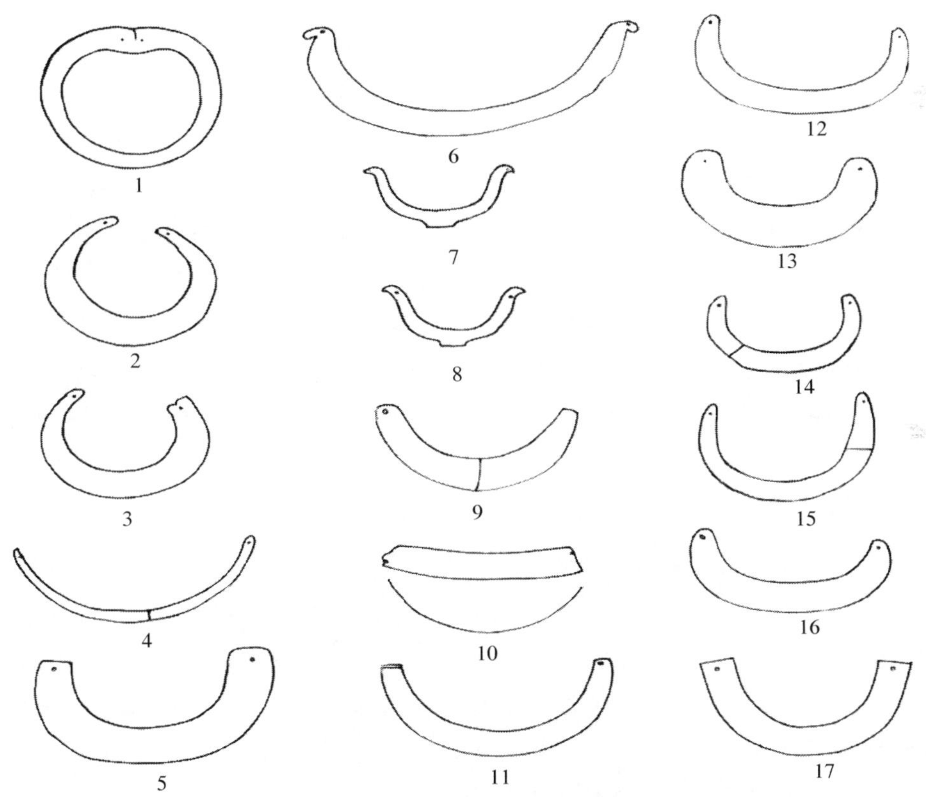

图二 长城沿线出土的璜形项饰

1. Ⅲ段A型（青海大通上孙家寨墓地M14出土） 2、3. Ⅲ段B型（化隆县下班主洼村墓地M42、M21） 4、9～16. Ⅳ段A型（永昌西岗墓地M26、西园墓地M5、新店子墓地M43、小双古城墓地M6、玉皇庙M250、阳原县九沟墓葬、涿鹿县倒拉嘴墓葬、怀来甘子堡M1、梨树沟门墓地） 5. Ⅳ段Ba型（宁夏固原西郊） 6. Ⅲ段B型（山西保德林遮峪墓葬） 7、8. Ⅱ段A型（山西石楼县后兰家沟、山西石楼县褚家峪） 17. Ⅳ段Bb型（甘肃马家塬M15）（5、17为银，9、10为铜，其余皆为金质）

墓地M14出土璜形项饰为黄金质地，两端口扁平呈弧形、略宽，各存一穿孔，端头相交，饰体整体略呈桃形，中间相对较窄（图二，1）。

B型：2件。项饰两端分开，但缺口较小，整体呈近圆形。青海化隆县下班主洼村墓地出土两件璜形项饰均为黄金质地，两端端头虽不相交，但缺口较小，整体近圆形。M42出土璜形项饰整体呈两端窄、中间宽的弯月形，两端各存一穿孔（图二，2）；M21出土璜形项饰一端窄、一端略宽，宽端可能与残断后重新穿孔使用有关，故饰体缺口略大（图二，3）。

第Ⅳ段：春秋战国时期。此段出土璜形项饰形制大体一致，但材质趋于丰富，根据出土的璜形项饰特征大体可分为两型。

A型：15件。项饰呈圆弧状，两端渐窄、中间略宽，端首存穿孔。

此类型璜形项饰出土数量较多且分布区域较广。西岗墓地M26出土一件金质璜形项饰，加工较为粗糙，整体呈半圆形，截面较窄仅0.5厘米（图二，4）；包头西园墓地M5出土的璜形项饰为青铜质地，整体略显圆润，弧度较小，一端存穿孔、一端残（图二，9）；和林格尔县新店子墓地M43出土一件金质璜形项饰，整体弧度近半圆形，两端皆存穿孔，一端略残并见修补痕迹（图二，10）；凉城县小双古城墓地M6出土一件铜质璜形项饰，整体较短、弧度较小，两端并存穿孔，一残（图二，11）。此外，河北玉皇庙墓地M250（图二，12）、M151和M174，西梁垙墓地M1，怀来甘子堡墓地M1（图二，15）、M2，梨树沟门墓地（图一，16），涿鹿县倒拉嘴村墓葬（图二，14），阳原县九沟墓葬（图一，13）及滦平县虎什哈炮台山墓地等皆有璜形项饰出土，其形制大体一致，素面，多呈弯月形，两端均存穿孔。值得注意的是，辽宁省凌源县五道河子战国墓地M1也出土一件此类形制的黄金璜形项饰，截面较宽，一端孔残。

B型：项饰通体宽度一致，两端端首近平直并有穿孔。共7件。

Ba型：2件。器身整体曲线较为圆润，两端口近平直。

见于宁夏杨郎类型。固原西郊出土的一件银质璜形项饰，整体呈半圆形，截面较宽，两端各有一穿孔，穿孔处饰漩涡纹（图二，5）；1988年西吉县新营乡陈阳川村也出土一件银质璜形项饰，器身较宽，至两端略有回收，端口较平，两端口各有两穿孔，宽约4厘米[①]。

Bb型：5件。器身整体曲线较为硬朗，两端口平直。

见于甘肃西戎文化墓地，其中马家塬墓葬M15出土一件银质璜形项饰，素面，两段各有两穿，宽20.5，半径12.7厘米（图二，17）；M16一金一银两件璜形项饰发现于墓主人遗骸颈部；M13的银质璜形项饰也在同样位置，形制相同。甘肃秦安王洼墓地

① 延世忠、李怀仁：《宁夏西吉发现一座青铜时代墓葬》，《考古》1992年第6期。

也出土一件银质璜形项饰（M2人骨：6）①。半环形，其上均匀排列7枚铜泡，两端首各有两个穿孔，端首残缺。

第Ⅴ阶段：鲜卑时期。这一阶段璜形项饰出土数量虽不多但文化内涵则比较清晰，皆为鲜卑墓葬出土。根据出土的璜形项饰特征大体可分为两型。

A型：1件。项饰下部无凸出。仅见于呼伦贝尔市伊和乌拉新巴尔虎左旗嵯岗镇墓葬出土，项饰整体弧度较大，截面较窄，至两端渐窄，端头卷曲呈鸟首状（图三，4）。

B型：5件。项饰下部存凸出状装饰，与第一段A型璜形项饰相近。根据两端端头部分特征可分为三个亚型。

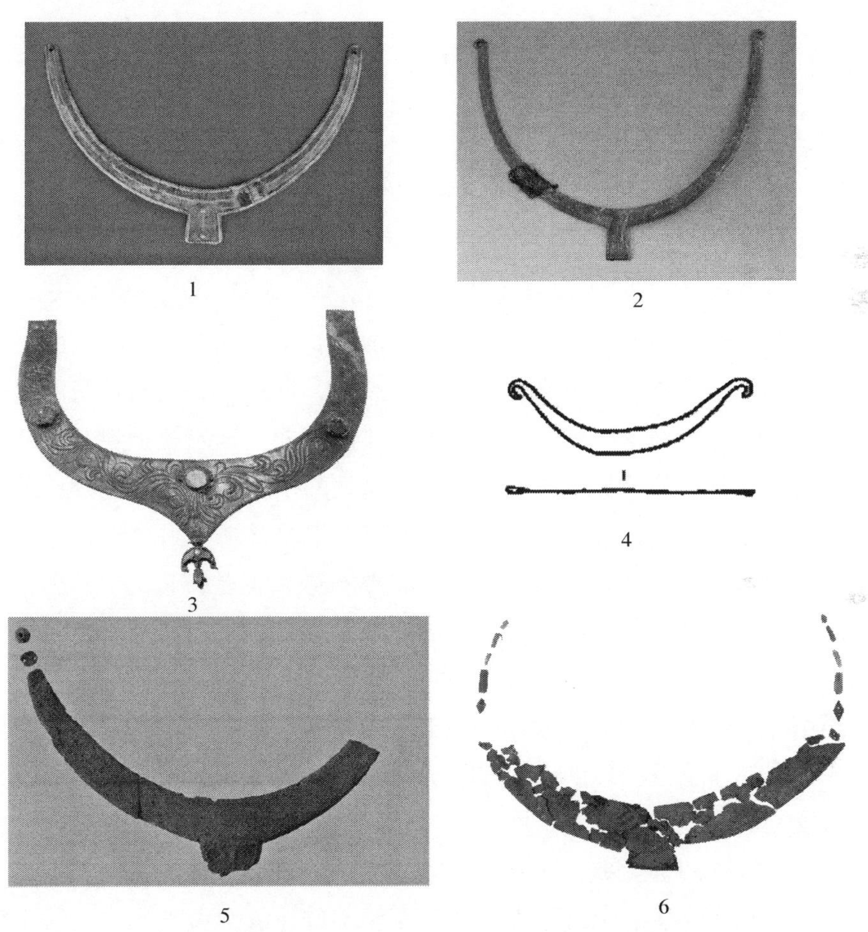

图三 内蒙古鲜卑墓葬及蒙古国柔然墓葬出土的璜形项饰

1. 化德县陈武沟M10 2. 锡林郭勒盟伊和淖尔北魏墓葬M6 3. 锡林郭勒盟伊和淖尔北魏墓葬M3 4. 新巴尔虎左旗嵯岗镇伊和乌拉墓葬 5. 蒙古国温都尔乌兰乌拉M1 6. 蒙古国后杭爱省乌贵诺尔苏木和日门塔拉城址IA-M1

① 甘肃省文物考古研究所：《甘肃秦安王洼战国墓地2009年发掘简报》，《文物》2012年第8期。

Ba型：3件。项饰两端口较为圆润并存一穿孔。整体制作较为规范，弧度较大，项饰中部向下存一近梯形凸起。见于乌兰察布市化德县陈武沟鲜卑墓地M10[①]（图三，1）及墓地征集的1件。此外山西大同的北魏墓葬中也有出土过。

Bb型：1件。项饰两端呈鸟喙状弯曲。整体弧度较小，近"U"形，截面较窄，项饰中部向下存一梯形凸起。见于锡林郭勒盟正镶白旗伊和淖尔北魏墓地M6（图三，2）。

Bc型：1件。项饰两端宽且平直。整体制作较为规范，截面宽，器身表面刻有花草纹，项饰中部向下存一月牙形凸出，其下存铃形坠饰。见于锡林郭勒盟正白旗伊和淖尔北魏墓地M3（图三，3）。

四、欧亚大陆草原地带及其他地点发现的璜形项饰

自商代晚期始，除新疆、甘青、河套及辽西地区的长城沿线地带出土形制各异的璜形项饰外，在欧亚大陆草原地带的东端的中亚地区、外贝加尔地区、蒙古国境内也发现与中国境内出土的璜形项饰形制相近，且时代也基本一致。

乌恩先生在《北方草原考古学文化比较研究》中收录了地处欧亚大陆草原腹地的蒙古、俄罗斯和图瓦地区出土的部分璜形项饰资料（图四），所收录的璜形项饰皆为黄金质地，除部分项饰饰面边缘装饰以圆点纹外，其形制大体与长城沿线同类器物趋于一致，时代多介于春秋战国之间，晚不过战国末期。因发掘资料有限，故文化内涵尚不十分清晰。其中外贝加尔奥罗维扬纳雅墓地除了出土璜形项饰外，还出土有弹簧式耳环[②]。且该墓地出土的璜形项饰与玉皇庙文化的形制最为接近，且玉皇庙文化也出土相同的弹簧式耳环。位于玉皇庙文化北部的夏家店上层文化中就出土的弹簧式耳环、卷曲呈圆圈状的动物纹饰等大量与欧亚草原地带相近的文化因素。可见这一时期，欧亚草原地带的文化交流互动是十分频繁的。

俄罗斯图瓦共和国北境西萨彦岭支脉土兰诺—乌尤克盆地，阿尔赞墓中出土较多金、铜器武器及装饰品等，其中M2为国王与王后合葬墓，出土大量金饰品，金冠、项圈、大量衣物上的小金珠、金片、鹿簪、耳环、坠饰及大量的精良武器，包括青铜鹤嘴锄、箭镞、金柄铁剑等。男、女墓主人均随葬一件黄金项饰，女主人项饰形制呈璜形，两端存有穿孔且连接有金链，表面装饰有精美的花纹与其他出土的几乎呈素面的装饰风格相比，无疑是等级及地位极高的体现（图五，3）。而男主人的则为项圈，装饰有十分精细的鹿、野猪、骆驼、雪豹、狼等动物图案，与鄂尔多斯市阿鲁柴登、瓦

---

① 内蒙古自治区文物考古研究所、乌兰察布市博物馆、化德县文物管理所：《德县陈武沟鲜卑墓地发掘简报》，《草原文物》2014年第1期。

② A. Д. 策比克塔洛夫著，孙危译：《蒙古与外贝加尔地区的石板墓文化》，商务印书馆，2019年，第235页。

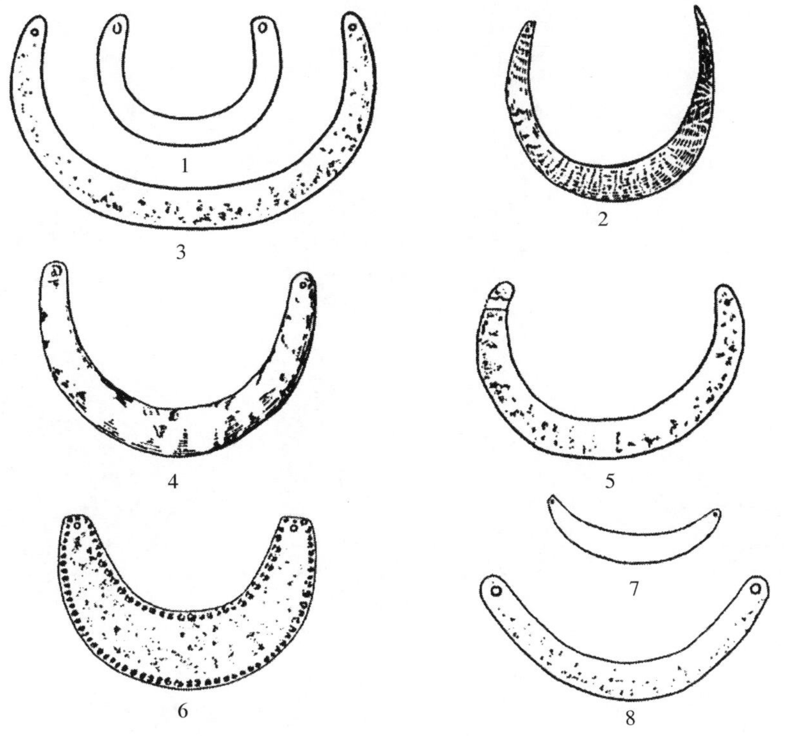

图四 欧亚草原地带春秋战国时期璜形项饰
（引自乌恩《北方草原考古学文化比较研究》图一三〇）
1. 外贝加尔奥罗维扬纳雅墓地 2、4. 阿尔泰贝斯特良斯科那村 3. 伊尔库茨克州 5. 萨雷格—布伦
6. 泊勒塔科夫 7. 图瓦奎鲁格—赫姆墓地5号冢 8. 图瓦赫姆奇克—波姆Ⅳ墓地1号冢

尔吐沟等墓葬出土的动物纹银项圈具有相近之处，年代大体处于公元前7世纪左右。

乌克兰出土一件璜形项饰，本国学者称之为“斯基泰金项圈”，此件项饰时代约为公元前4世纪，希腊工艺风格明显、造型精美绝伦，整体呈宽扁的璜形，分成三条花纹带，装饰有透雕纹饰，两端末装饰狮头，狮口附环，狮颈饰花纹带，连一段金丝编制的短链子，用合页将两末端接到项圈本体上。装饰有格里芬以及大量反映游牧生活的挤奶、制羊皮图案（图五，2）。而受此影响的希腊早期铁器时代发现的金项饰，基本形制仍然为璜形项饰，但装饰则为希腊化风格的两个带冠的侧面相对人物（图五，6）。

以上这些项饰，除了国王墓及乌克兰出土的这2件外，其代表身份地位极高的。而大量发现的素面或仅装饰有线、点纹的身份地位较高，但也仅限于一个普通墓地中地位最高者或者较为大型的墓地这种的身份地位较高的墓主人，与长城沿线地带发现的情况相同。如在玉皇庙墓地、马家塬墓地这种等级较高的墓地之中，出土数量就相对较多，而在新店子、小双古城等墓地中仅发现1件。

而俄罗斯学者对外贝尔加地区发现的项饰进行了统计，发现该类型璜形项饰的下部均有尖弧形凸起或长方形凸起，与中国北魏时期墓葬出土的璜形项饰形制相近。而

图五　其他地点不同时期出土各式璜形金项饰

1. 德国早期青铜时文化　2. 乌克兰出土斯基泰文化　3. 阿尔赞国王谷2号墓出土
4. 英国多塞特塔兰特山谷　5. 爱尔兰早期青铜时代　6. 希腊克利特岛铁器时代

内蒙古自治区文物考古研究近几年来在蒙古国温都尔乌兰乌拉①、蒙古国后杭爱省乌贵诺尔苏木和日门塔拉城址②发现的墓葬中出土有2件青铜璜形项饰，形制与内蒙古境内出土的鲜卑时期金质璜形项饰相近，即饰体中部较宽且下端存有梯形凸出，两端端头并存铜片、骨珠饰等与璜形饰相互组合而成的项饰（图三，5、6）。柔然与鲜卑的亲缘关系较近，这种现象比较容易理解。

除此之外，在英国、德国等地都有类似璜形项饰的线索。如德国早期青铜时代文化发现的素面黄金璜形项饰（图五，1）。英国多塞特塔兰特山谷发现的金质璜形项饰，较薄，边缘存弦纹装饰，年代介于距今4500～2500年之间（图五，4），大致相当于中国的新石器时代晚期至东周时期，其时间下限与中国长城沿线大量出现璜形项饰的年代相当。就其形制而言，与西北地区较早的卡约文化相近，材料表明，类似月牙形的璜形项饰数量巨大，其中以爱尔兰地区为核心（图五，5），鲜见于威尔士、康沃尔。这一地区材料较少，且时代与文化属性尚不能确认，目前未能详细划分。这些距离发现璜形项饰集中的欧亚大陆草原东部地区较远，但因随着游牧人群长期迁徙，成

① 内蒙古自治区考古学会、内蒙古自治区文物考古研究所：《内蒙古2016文物考古年报》（总第十三期），内部资料，2016年。

② 内蒙古自治区文物考古研究所、蒙古国游牧文化研究国际学院：《2014年蒙古国后杭爱省乌贵诺尔苏木和日门塔拉城址IA-M1发掘简报》，《草原文物》2015年第2期。

为欧亚草原游牧文化的影响地带。

五、相关问题探讨

整体而言璜形项饰虽然出土的数量不多且缺乏空间、时间和考古学文化的连续性，传播路径亦不甚清晰。但不难看出其与中国北方长城沿线不同地域、不同民族间的文化交流之密切，这种文化因素的传播性与影响性可能涉及更为广阔的区域与文化所属人群。就此，分如下几个部分加以讨论。

1. 璜形项饰的时代及分布范围

考古资料表明，璜形项饰主要分布于长城沿线地带，最早见于西北地区的齐家文化墓葬之中。而晋陕高原李家崖文化，除了陕北、晋西北地区发现较为集中外，最南界发现于陕西渭南地的一座清理的商代墓葬①。这一时期所发现的璜形项饰皆为黄金制品，且已经具下端无凸起和有凸起两种形制之分。新疆地区发现的属于切木切克文化的石雕人像上类似璜形项饰的装饰奠定其在国内位于西界的地点，至卡约文化时期在青海地区渐有零星发现，但型式略有不同。东周时期于长城沿线地带多有发现，但较为集中的则见于玉皇庙文化和马家塬西戎墓地，形制大体一致，各自略有差异。这一时期材质也更为丰富，除了黄金质地外，也有银和青铜材质的。从国内璜形项饰的出土地点来看，主要集中在与农耕文明相对峙的长城沿线地带或偏北地区，并通过长城沿线地带的不同通道进行着人类迁徙与文化交流，甚至影响到了欧亚大陆草原地带以西的德国、英国等地。至鲜卑—北魏时期，璜形项饰也大致集中在山西大同及内蒙古的草原地带以鲜卑民族为主，蒙古国发现的柔然墓葬显然是受到鲜卑文化的影响下产生的。其整个分布还是以长城沿线地带为南界的广阔的游牧文化人群。

2. 璜形项饰的源流

值得注意的是甘肃临潭磨沟齐家文化墓地出土青铜璜形项饰，目前无疑是最早的。而晋陕高原的下端有长方形凸起的金质璜形项饰在商末的李家崖文化之后不见，从青铜时代晚期至早期铁器时代则大量发现的无凸起的璜形项饰。至北魏鲜卑墓葬、柔然墓葬发现的下端呈长方形凸起的璜形项饰，基本也是素面或装饰有简单的凸线纹。现在无直接证据证明，李家崖文化这支目前最早发现的璜形项饰的人群与后来发现璜形项饰的人群之间的关系，但其同属于北方地区，不同于农耕文化下的装饰风格是无疑的。虽然跨越时间较长，但形制却无太大变化，除了不同地域存在些许差异。

---

① 笔者见于渭南博物馆之中，为渭南市化州区文管会收藏。

乔梁先生曾在《中国北方弓形金属项饰》[①]一文中所刊发的东外贝加尔地区布尔霍伊文化（约为公元1千年）出土的项饰，其形制大体与晋陕高原商代末期出土的璜形项饰极为相似，只是这一区域出土的项饰两端不见弯曲，项饰正中下方的凸出除有方形外还有尖弧形，这两支地域与时间存有明显差异的考古学文化之间的相似性所反映出的更深层次的问题，也为探讨璜形项饰的源头提供了新的线索。其源于李家崖文化至少在目前的考古发现来看，只能先做此种推测了。

而锡盟伊和淖尔M3的璜形项饰却与以上所发现的差异较为明显，除了下端呈尖弧形凸起不同于其他北魏时期所见同类器，但与外贝加尔的尖弧形相近。然不同于两者的是表面装饰有缠枝花草纹，下端存有花形坠饰且表面镶嵌有各色宝石的做法则完全不同于这一时期的同类器物。这一现象我们有必要了解鲜卑民族建立北魏政权时期的历史大背景，因统治者的各种原因，北魏皇帝在国内大肆宣扬佛教，并影响到之后的东魏、西魏及北齐、北周及隋唐时期，佛教在这一历史背景下发展迅猛。在大同、洛阳、山东青州等地区广建石窟寺，这一时期菩萨造像中菩萨所佩戴的项圈装饰，造型多样且华丽。除了简单的璜形项饰下端呈尖弧形外，还镶嵌珠宝、雕刻花纹及各种吊坠装饰，有无纹、也有装饰有缠枝花草纹的（图六）。假设北魏早期墓葬中出土的璜形项饰延续了长城沿线北方民族的装饰特点并与蒙古、俄罗斯等欧亚大陆草原腹地考古学文化密切相关，那么伊和淖尔M3出土璜形项饰上装饰的缠枝花草纹及下端的花形坠饰及镶嵌宝石的做法则明显是模仿佛教造像中的菩萨项圈装饰手法。

至此之后，在呼和浩特的一座外族商人墓葬中发现一件项饰，外形与北魏墓葬所见下方具有长方形凸起的相同，但表面装饰有鸟喙兽身类似格列芬和兽面纹图案（图七）。时代根据共出金币确定为隋唐时期[②]。但在目前所发现的隋唐时期壁画、陶俑等材料来

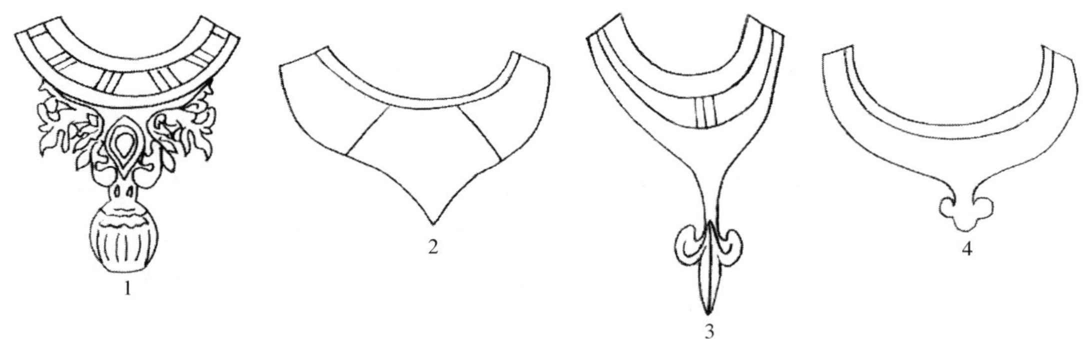

图六　北魏、东、西魏时期佛教造像上的项圈

1. 山东青州　2. 河北邺城　3. 甘肃麦积山　4. 河北曲阳

---

① 乔梁：《中国北方的弓形金属项饰》，《新果集——庆祝林沄先生七十华诞论文集》，科学出版社，2009年。

② 盖山林、陆思贤：《呼和浩特市附近出土的外国金银币》，《考古》1975年第3期。

图七　土默特左旗隋唐时代金项饰

看，并未发现有佩戴璜形项饰的现象。在这一时期，金属璜形项饰仍然是欧亚草原地带游牧民族的所崇尚的饰品。

3. 璜形项饰所映射出的社会意义

鉴于春秋战国时期璜形项饰出土数量较多且分布范围较广，具有社会分析的典型意义，故以此为例进行相关分析。

统计可知，内蒙古中南部地区新店子墓地、小双古城墓地均仅见一件青铜质璜形项饰且墓葬等级较高；燕山南麓军都山墓地、玉皇庙墓地出土的金质璜形项饰均出自大、中型高等级墓葬；甘肃马家塬等西戎文化墓地出土的金、银质璜形项饰多见于中型以上墓葬。由此可见，璜形项饰应属于身份地位较高或氏族首领的专属佩戴品，与其他贵金属随葬品组合存在较为明显的等级差异。此类“奢侈品”出现在长城沿线北方少数民族林立时期，鲜卑文化和柔然文化的墓葬之中，若不是对某些饰品拥有共同的审美趋向的话，这些不同地区的人群难道会有族属上的传承。这些还需要从文化因素、族属、民族学、民俗学等多角度来慢慢解开其中所隐藏的信息。

敦煌莫高窟北朝时期装饰图案色彩研究

高　阳

（北京林业大学艺术设计学院　北京　100083）

一、引　　言

敦煌石窟艺术的发展经历了十个朝代，包括十六国、北魏、西魏、北周、隋、唐、五代、宋、西夏、元。研究敦煌壁画艺术，往往按照早期（北朝）、中期（隋唐）、晚期（五代、宋、西夏、元）的历史分期界定和区分壁画的艺术风格和特色。敦煌装饰图案是敦煌壁画的组成部分，局部图案的色彩与石窟壁画整体的色彩协调一致，密不可分。因此，研究敦煌图案色彩也可以按照历史分期进行断代研究，从而更好地把握敦煌装饰图案色彩运用的传承、发展、演变规律。

在整理和研究各个时期的敦煌装饰图案的过程中，可以清晰地看到历代敦煌装饰图案艺术风格的演变。历代敦煌图案风格的不同也清晰地反映在色彩方面，不同时期的敦煌图案具有不同的色彩特点。常沙娜先生在《丝绸之路与敦煌色彩》一文中总结了敦煌色彩在各个历史时期的色谱："北魏——以土红为基调，间以石青、石绿、土黄三个主色穿插运用；并用熟褐（近乎暖黑）作为最深的色调衬托出石青、石绿、土黄的亮色；还以挺拔有力的白线作为统一色调和画面的处理手法，形成浑厚热烈的色彩效果。西魏——以浅土黄，浅色为地色，间以石青石绿、熟褐为主，并用赭石线描，作为统一的画面的手法，形成明亮、活泼、沉着而又潇洒的色调。隋——以浅土红为主，石青为主调，间用朱砂、石绿、土黄对比相映；还用特有的白联珠纹或熟褐的联珠纹加上流畅的白色勾线作为统一色调的效果；同时还启用金箔贴金，达到精美富丽的特殊效果。唐——以石青（三青）、石绿（三绿）、中黄为主色，间用朱砂、赭等深、中、浅叠晕效果，还用金、银箔，并以白线和黑线勾描，显得更为精致厚重，衬托出金碧辉煌、富丽相应的效果。宋——以石绿、黑为主色调，间用浅土红、灰青色，还以赭石线作为统一画面的手法，显出寒色调和重复的效果。"[①]在这段简明而又准确的总结中，提到了北朝时期敦煌图案色彩的基本特征：用色单纯而又效果丰富，对比强烈而又和谐统一，色彩鲜明醒目，质朴浑厚。

---

① 常沙娜：《丝绸之路与敦煌色彩》，高璐、崔岩编：《常沙娜文集》，山东美术出版社，2011年，第15、16页。

在把握了北朝时期敦煌图案色彩基本特征的基础上，需要进一步针对图案色彩做出系统的分析与总结，因此，本文从色彩学角度，在莫高窟北朝洞窟的藻井、龛楣、边饰、背光等重要图案类别中，选取具有典型性或独特性的装饰图案例子作为分析对象，分析研究用色种类；图案整体色调特征；图案色彩与图案造型之间的关系；图案色彩在洞窟中的装饰作用等。通过有针对性地将某一时代的优秀图案色彩作为研究对象，进行深入具体的分析学习，才能掌握古代艺术家在色彩运用上的有效方法，并结合现代生活与审美的需要，将这些方法应用于现代设计的各个领域，更好地为美化现代生活服务。

二、敦煌莫高窟北凉时期装饰图案色彩分析

1. 北凉时期石窟整体色彩特征

敦煌莫高窟确定为北凉时期的洞窟为268窟、272窟、275窟。这三个洞窟是敦煌现存最早开凿的洞窟。从洞窟形制来看，三窟各不相同。268窟的形制是禅窟，平面为纵向长方形，西壁龛中塑交脚佛像。南北两侧各开两个小窟，窟中无佛像，是僧人用来坐禅修行之用。268窟的窟顶为浮塑的斗四套叠平基结构。272窟平面为方形，正面开龛，内塑倚坐佛。272窟顶部类似覆斗顶，但四披面积很小，窟顶中心为向上凹进的浮塑斗四套叠藻井。275窟平面为纵向长方形，正面没有开龛，依壁塑交脚大佛一身，窟顶为盝形顶。从壁画的内容来看，绘制了说法图、胁侍菩萨、供养菩萨、弟子、伎乐飞天、千佛、本生故事、供养人等。从装饰图案来看，包括了平基、藻井、佛龛、背光、华盖等装饰图案内容。

北凉三窟在形制和规模上较之后世的石窟显得比较简单，尚未形成明确的规范。壁画的构图、形象刻画以及描绘手法也呈现简略粗犷的面貌。因此，在色彩整体布局运用上，也有随意性和拙朴单纯的特点。北凉三窟的主色调都以土红调子为主。顶部和四壁占较大面积的色彩均为土红色，形成色调统一，浑然一体的色彩效果。与土红主调形成对比的是穿插各处的石绿色，形成简洁而又鲜明的色相对比关系。其他颜色运用了白色、黑褐色、土黄色、赭石色。用色种类较少，各种色彩穿插安排较为均匀，形成色彩明暗关系、面积关系上的视觉平衡效果。

2. 北凉藻井装饰图案色彩分析

北凉272窟藻井是莫高窟现存最早的藻井图案，代表着这一时期的藻井图案特点，保存也相对完整。藻井为浮塑与彩绘结合，斗四套叠构成形式。第一层方形井心内部为石绿色。方井中央为圆盘式大莲花，花瓣造型已经漫漶不清，色彩犹存，中央为褐色圆形，外面一圈白色，最外面一圈黑褐色，呈三层同心圆形状。方井四角各有一个黑色近

似椭圆的造型，仔细分辨可看出是莲蕾纹样。第二层套叠的斜方形与第一层方井交错形成四个三角形夹角，每个三角形又分为两层，第一层小三角形中为左右对称的忍冬叶片纹样，施以深褐色。小三角形边缘以石绿色框住。第二层大三角形中绘角隅适形的火焰纹，色彩为较明亮的土黄色。最外层套叠的方形与第二层斜方形交错形成四个更大的三角形夹角。这四角各绘一身飞天。四角的底色为白色，飞天轮廓的暗黑色与肌肤的暖灰色、披帛的黑色与底色形成较为强烈的明度对比，使得飞天造型轮廓鲜明地突出在整幅藻井图案之中。斗四套叠的边框部分均为土红色，上绘首尾相接一正一反的二方连续忍冬纹，忍冬纹的色彩为石绿和黑褐色交错间隔，形成色彩的反复变化节奏（图一、图二）。

图一　北凉272窟藻井实景图

图二　北凉272窟藻井线描临摹图

由上述272窟藻井图案色彩分布可以看出，北凉藻井图案用色种类较少，主要颜色为土红、石绿、土黄、黑褐、白、灰。一方面，较少的色彩种类使得色彩关系单纯明快。另一方面，这几种色彩的明度反差较大，色相对比关系较强，在视觉上形成鲜明醒目的效果。色彩的布局也起到了突出图案主体内容的作用，强烈的黑白明暗对比被安排在中央莲花和四角飞天的形象上，而且以大块面积的黑白对比出现，使得这两部分造型最为突出。土红和石绿这两种对比色则被分割为小面积，减弱强对比色相带来的不和谐感。每一种颜色的使用都互相呼应，注意其面积、位置之间的关系和关联性，在整个藻井图案中呈均匀平衡的分布关系，这使得简单的图案色彩运用也具有了丰富的层次和统一协调的整体效果。

3. 北凉龛柱装饰图案色彩分析

北凉275窟的南北两壁各开两个具有中原汉式建筑特点的阙形龛，为汉阙的样式，龛楣塑为楼阁式屋顶，并画出斗拱。龛柱绘作砖石柱子的样式。阙形龛两侧的方形空间，被分割成若干长条方形，上面装饰有较为细密的几何纹样，这是模仿真实用于建筑的花砖形态和纹样的几何图案装饰。花砖出现于先秦，流行于秦汉，表面用模印、彩绘或雕刻等工艺做成各式纹样，主要用于装饰宫殿、寺庙或墓室。考古发现大量秦汉至魏晋南北朝的几何纹画像砖实物，砖面图案以方格、菱形为基本骨架，骨格中填充米字纹、重环纹、云雷纹、回字纹、圆圈纹、圆点纹、也有的在几何纹中夹杂小花纹、柿蒂纹、卷云纹等。

275窟出现的龛柱装饰图案底色有石绿地、深褐地、土红地（图三），间隔平涂不同色彩的单色，在方形内部描绘出排列整齐的几何纹样，常见的有鳞纹、圆点纹、十字纹、小方格纹、斜方格纹、单线菱形纹、复线菱形纹、点线菱形纹等。方格纹是以垂线与横线直角交叉，组成网状方格，以单色或两色在格内相间填色；斜方格纹是以平行斜线作直角交叉，组成斜方格，相间填色；单线菱形纹是以平行斜线三十度角交叉，构成菱形网格，用两到三种颜色交错填色。虽然这些通过彩绘表现的几何图案非常简洁，色彩也是有限的几种，穿插使用，互相映衬，依靠有序的排列和色彩的间隔变化呈现出丰富多彩的效果和富于节奏的韵律感。模仿几何纹花砖的龛柱图案结构严谨、排列规整、层次清晰，装饰效果非常突出，是北凉时期图案色彩运用的独特案例。

图三　北凉275窟阙形龛两侧模仿几何纹花砖图案

4. 北凉天宫平台栏墙装饰图案色彩分析

早期石窟中位于石窟四壁与顶部藻井相连接处多绘制天宫楼阁平台图案，也被称为“天宫平台栏墙纹”。在石窟整体装饰中，这类图案主要起到分界作用，同时也衔接了壁面转折处，起到视觉上过渡的作用。伎乐人手持各种乐器，站立在楼阁上的拱券门中演奏。楼阁下面是一层具有凹凸感的带状几何边饰。外层还经常衬有一圈长方形或三角形连续的几何纹边饰。在以平面装饰为主要手法的壁画中，出现立体效果的几何图案是很特殊的现象。这种凹凸几何图案并非真正采用焦点透视，而是巧妙地运用深浅色彩的衬托和共用面的造型，使观赏者产生视觉上的错觉，感觉到立体的效果，是图案设计中独具匠心的手法。据学者考证，“天宫平台栏墙纹”其源远在印度，敦煌石窟是直接模仿新疆克孜尔石窟壁画的样式绘制的，为了使栏墙适应当地人视觉的习惯，敦煌画工依据自己熟悉的物象，把具有立体透空感的西域栏墙，改绘为条砖、方砖叠砌的平面栏墙①。因此这种图案从整体上看仍是模仿建筑中的花砖与条砖，花纹细节同样类似汉魏时期墓室出土的花砖纹样。

北凉275窟中首次出现了天宫平台栏墙图案，虽然配色和纹样都比较简单，但已经充分体现出运用色彩明暗交错的手法，形成视觉错觉，从而产生具有立体感的奇妙效果。依照素描法则，立方体或长方体有了明暗面，就会使整个体积变得立体，并具有空间感，而哪面明哪面暗则取决于光线的来源方向。然而，凹凸平台边饰并未按照真实的明暗关系来安排色彩，颜色丰富多变，用赭石、黑、石绿、白、土黄等颜色相间涂色，相应侧面也是由这些颜色填充，只是同一个立体块上的正面和侧面不仅色相上穿插使用，同时在明度上也明暗交错，有些正面暗，侧面亮，下一个就可能正面亮，侧面暗，从而产生立体感。这一色彩的巧妙运用既有装饰感，又有视觉趣味感。这种运用独到的色彩手法而创造出的天宫平台栏墙图案在北朝至隋代一直流行并不断成熟丰富（图四）。

图四　北凉275窟天宫平台栏墙图案

① 关友惠：《敦煌石窟全集·13·图案卷》（上），商务印书馆（香港）有限公司，2003年，第115页。

三、敦煌莫高窟北魏时期装饰图案色彩分析

1. 北魏时期石窟整体色彩特征

敦煌莫高窟北魏时期的洞窟共计12个。与北凉时期相比，北魏时期的洞窟形制、壁画与彩塑的格局与样式、绘画风格与表现技法都更加成熟。“北魏石窟已大致形成了一定的艺术体系，不论是石窟建筑还是彩塑、壁画都可以看出其系统性。”①

从洞窟形制来看，北魏时期大多洞窟是中心塔柱式窟。中心柱窟分为前室后室两部分，平面呈纵长方形，中央靠后部立方柱上接窟顶，四面开龛造像。前室窟顶为人字披顶，后室窟顶为平顶。在石窟中，窟龛中的佛像是视觉的中心，是僧侣信徒礼拜观瞻的对象。因此在石窟的立面上，窟龛以外装饰的色彩要保持一种和谐统一的整体色调，以衬托窟龛中的佛像，使佛像的艺术效果突出。作为中心柱窟来说，整体空间较小，因此四壁和窟顶基本都统一在土红的暖色调之中，较为突出的色彩冷暖变化反映在龛楣背光的石青石绿冷色与塑像暖色基调的对比中。四壁描绘的千佛和具有情节性的本生故事，窟顶描绘的平棊式装饰图案，都以土红色作为主要色彩，整窟的色调非常统一，色彩的明度、色相、冷暖是在窟中各个部位是按比较平均的量穿插安排的，没有很大的反差。

从壁画内容和分布格局来看，北魏壁画形成了固定的规律。以说法图为中心，佛像、菩萨、飞天人物众多，但都按一定的规范进行构图布局。石窟上部表现天宫伎乐的场景，中部为佛说法图以及本生故事画、因缘故事画、佛传故事画。下部表现护法的药叉。由于壁画内容丰富，规模变大，画面的色彩也随之丰富起来。总体来说，北魏时期洞窟还是以暖色调为主，在统一的土红调子里用对比色做点缀。除了石绿色以外，北魏时期的壁画上还出现了石青色。在绘制手法上，北魏壁画不像北凉壁画那样只是简单地运用大色块平涂，而是开始采用层次较多的退晕着色法，特别是从石绿到石青的多层退晕，丰富了色彩的表现细节。许多造型运用白色勾勒细线加以强调，也使得画面形象更加细腻具体。

从装饰图案内容来看，北魏时期的装饰图案也更为丰富多样。包括佛像的身光、头光图案，佛龛的龛楣图案，前室窟顶的人字披图案，后室窟顶的平棊图案等。这一时期图案的用色更加多样，色彩布局和表现手法更为巧妙。

2. 北魏人字披装饰图案色彩分析

人字形屋顶是中国传统木构建筑常见的屋顶形式，在敦煌早期石窟顶部出现了对

---

① 赵声良：《敦煌石窟美术史·十六国北朝》（上卷），高等教育出版社，2014年，第137页。

传统木构建筑的人字披顶结构的模仿，这是洞窟形制上民族化的一种体现。为适应人字披顶这种特殊窟顶结构的装饰需要，人字披图案这一独特的类别相应产生。

北魏石窟的人字披顶构造完全模仿木构建筑，由浮塑或绘制的脊枋、檐枋、椽子和椽间望板构成，满绘图案。由于附丽于仿建筑的结构，人字披图案具有独特的构图方式、装饰效果和视觉美感。图案多由波状藤蔓、莲花、忍冬叶的反覆组合，以及供养菩萨和飞天组成。造型简洁，运笔粗放潇洒，在色彩运用上采用与石窟整体色调统一的土红勾线、以土黄、石青、石绿、深赭、白等色为主调。椽子以土红作地色，而占大面积的椽间望板则以浅米白色为地，在色彩明度上较为明亮，使不同结构的两部分窟顶有了更加明显的空间划分，这是古代工匠通过装饰色彩的运用达到一定装饰功能性的优秀范例。人物形象的安排位于人字披两端，其中供养菩萨位于底端，而飞天则位于顶端与脊枋相接处。人物均为上身半裸下身系裙。施色采用来自西域的凹凸晕染手法表现体积感。手法豪放浑朴，具有北魏时期特有的艺术风格。北魏晚期到西魏，人字披图案风格发生了一定的变化。莲花、忍冬的造型变得繁复，线条更加纤秀流畅，施色上开始使用晕染增加层次。色彩上除石绿外，增加了石青色，冷色运用比重加大，使得整体色调由浑朴转向清雅。人物形象更具中原特点，面相体态清瘦，正符合魏晋时中国崇尚“秀骨清像”的特点，人物服饰由半裸转为着“褒衣博带”，发式为单髻或双髻。人物的着色亦由西域风格的凹凸画法转为中原汉式的柔和细腻的晕染法。这些改变记录和反映了敦煌石窟艺术民族化的进程。

3. 北魏平棊装饰图案色彩分析

平棊是中国传统木构建筑中屋内顶棚构造的一种。在木构建筑中，平棊由木板和支条构成，外形上看呈棋盘方格状，故名平棊。北凉268窟窟顶已出现浮塑的斗四套叠平棊结构，但图案造型和用色非常简略。北魏时期的中心塔柱窟后室顶部均装饰平棊图案，已不再是浮塑，而是在平面上描绘出平棊的所有结构。北魏平棊图案在构图组织上与北凉时期相类似，也是三层斗四套叠结构。中央方井绘圆形大莲花，岔角绘火焰纹、飞天或侧面形态的莲花莲蕾等。色彩仍是以土红为主色，石绿、石青、白、黑、土黄、赭石为点缀色。不同的是，平棊外围以几何纹和忍冬纹的长条边饰包围，并连接若干个平棊成为一个整体。这些边饰因图形的细密而形成了更为丰富的色彩布局关系，使色彩的运用更有细节变化。如北魏第435窟顶平棊四周，实体方格纹与菱形纹以石青色、土黄色、白色相间平涂色彩，均匀分布，对比清晰鲜明；菱形骨格水滴纹和点线菱形纹呈四方连续网状排列，前者为深褐色菱形骨架内饰石绿色水滴形状，后者以土红色为底，以白色圆点斜向交叉成菱形网状，交叉点上涂以黑色，菱格内涂以青绿色圆点，看似强烈的红绿对比，因降低了整体明度、纯度，以及控制为合理的面积比例而变得和谐统一。方形和菱形这两种几何单元重复循环排列，规整中体现节奏，使平棊图案更加生动活泼（图五）。

图五 北魏435窟平棊图案

4. 北魏龛楣装饰图案色彩分析

在北魏的中心塔柱式窟中，佛龛开凿在塔柱四面，开凿一大圆券龛，塔左右面和背面开凿上下双层龛，其中上层为阙形龛，外形模仿中国古代阙形建筑；下层为圆券龛，与正面龛形一样。此外，洞窟的后部左右壁也各凿有一排并列的小圆券龛。洞窟前部左右壁各凿一阙形龛，位于人字披顶下。圆券龛龛口上沿为圆弧拱形，这一结构为龛楣装饰提供了空间，其外形及上面的装饰图案使佛龛整体造型统一而又富于变化，对龛内供奉的佛像起到烘托作用，使佛像显得更加尊贵、庄严。

北魏时期龛楣装饰的主题纹样为忍冬纹、莲花纹、伎乐飞天人物纹的组合。忍冬、莲花、人物纹的组合一般采用中心向两边对称的形式。龛楣中央为一正面伸展两臂的飞天人物，半身从莲花中化生而出。两边为波状忍冬藤蔓，枝叶穿插自由灵活，极其巧妙地适合了装饰空间。龛梁图案多为以不同色彩交替划分的斜方格，其上点缀细小的白色圆圈、圆点串联成的鱼鳞状几何纹样，也有少量散点小花纹样。龛楣最外围的火焰纹样边饰所占比例较小，从形态上更类似于一组连续的忍冬叶纹。此时的图案绘制手法主要为平涂勾线法和晕染勾线法，线条的运用已非常流畅自如，晕染过渡自然，点的运用也精巧细致。色彩上北魏时期以土红、土黄、石绿、石青、深赭、白等颜色为主。以土红色线在浅色地子上勾出主题形象，用石青、石绿、赭、白晕染着色，形成了色彩冷暖、明暗的鲜明对比，效果热烈而淳朴。局部以白色小点和细线点缀，粗放中又见细腻。外圈的火焰纹一般以土黄色绘在石青底色上，并用土红色勾线，使得色彩对比非常强烈，突出了火焰熊熊燃烧的感觉（图六）。

5. 北魏背光装饰图案色彩分析

北魏佛像的背光图案层次非常繁杂，身光为舟形，头光为圆形，可画到五六层之多。背光图案以火焰纹作为主要装饰，“北朝佛背光上的火焰纹样可归纳为单头火焰纹、三头火焰纹、多头火焰纹、单头套连火焰纹、三头套连火焰纹、忍冬形火焰纹、

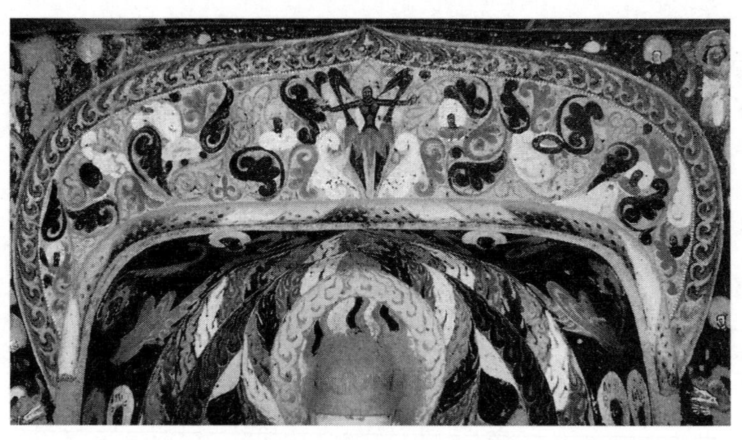

图六　北魏251窟龛楣图案

齿条形火焰纹、波状火焰纹。一般来说，早期简洁，中期变得华丽，晚期又趋向简化”[①]。火焰纹常与化生、化佛、化菩萨的形象共同出现，反映的是佛经中“举身光中，五道众生，一切色相皆于中现”的教义内容。

图七　北魏257窟背光图案

北魏的背光火焰纹层次丰富，尤擅长使用流畅的细线条勾勒描绘出火焰的动势，如火苗、如流云、如浪花，充满动感。色彩用土红、青蓝、棕黑、石绿几种颜色相间重复，产生了图案的节奏与韵律变化。火焰纹边缘用流畅纤细的白色线条加以勾勒，更丰富了图案的细节，显得精美绝伦。北魏257窟中心柱正面龛中主尊佛像的背光，整体色调并非暖色，而是用石青、石绿、黑、白为主要色彩，打破了现实生活中火焰一般为红、黄色的固有色概念限制，而是更注重图案的色彩装饰效果。冷色调的背光图案与上方龛楣和主尊佛像的暖色形成对比，更好地突出了佛像作为视觉中心的整体效果（图七）。

四、敦煌莫高窟西魏时期装饰图案色彩分析

1. 西魏时期石窟整体色彩特征

莫高窟开凿于西魏时期的洞窟并不很多，具有明确石窟纪年的是285窟，其北壁说法图中有西魏大统四年（538年）、大统五年（539年）的发愿文题记。以这一明确且

① 关友惠：《敦煌石窟全集 · 13 · 图案卷》（上），第93页。

典型的洞窟风格为判断标准，可确定为西魏时期的洞窟还包括246窟、247窟、248窟、249窟、286窟、288窟、432窟。从石窟形制来看，西魏时期主要有中心柱窟和覆斗顶窟两种类型。中心柱窟是沿袭北魏时期的形制，而覆斗顶窟则是这一时期出现的新的洞窟结构，并且自西魏开始逐渐定型，成为后来隋唐时期敦煌石窟形制的主流。覆斗顶窟的结构是平面方形，正面开主佛像龛，窟顶平面由四面斜坡组成，斜坡向上聚拢，至窟顶中心收成一正方形并向上凹进，中心方形称为藻井，四面斜坡称为四披。这样的造型酷似一个倒扣过来的“斗”，故此称为覆斗顶窟。西魏最典型、内容最丰富、艺术水准最高的285窟、249窟均为覆斗顶窟。

洞窟形制的变化对窟内装饰色彩的布局和搭配产生重大的影响。覆斗顶窟的形制取消了窟内中心的立柱，不分前室与后室，变成一个整体的相对宽阔敞亮的视觉空间。作为石窟内容重点的主佛像与佛龛，移到了正对窟门的一整面墙壁上。窟中四壁立面是一个装饰整体，而四坡式的窟顶，则形成窟中另一装饰整体。二者的面积基本相当，视觉上都引人注目。这样的空间，在色彩布局上就更需要整体不可杂乱无章。为处理好整体色彩，西魏覆斗顶洞窟立面为土红暖色调，明度较暗，色彩较纯；而顶部四披为浅淡的白底，多用石青石绿描绘形象，明度较高的冷色调；顶部中心的藻井则又是以土红暖色调为主，与下部立面形成呼应。这样的色彩大布局是适应石窟形制变化而产生的，使石窟内部色彩空间整饬而视觉上舒适，并突出了装饰主体，达到很好的装饰效果。

从壁画内容上来看，敦煌西魏时期壁画内容一部分是沿袭了北凉北魏的千佛、本生、因缘、佛传故事以及说法图等。较为突出的新内容是出现了大量汉民族传统文化、神话传说中的形象。如伏羲、女娲、东王公、西王母、风、雨、雷、电之神、朱雀、玄武、开明神兽、飞廉、羽人、乌获、千秋鸟等。这些中国本土的神灵形象出现在佛教石窟壁画中，是中国传统文化与佛教思想的结合。西魏石窟壁画的色彩也结合新的壁画主题和意境而产生了与前代不同的变化。浅淡的主色调有向上浮升、轻盈、空灵的感觉。青蓝色有象征着天宇的含义，神仙神兽的羽翼、飞天的披巾、山川树石、还有夹杂在形象间表现云气飘渺和飞腾速度的似风又似云的笔触，都大量采用石青、石绿、钴蓝等冷色，强化升天、天界这一含义。与青蓝冷色搭配的，有少量深棕黑色、冷灰色，在这一内容里出现的少量暖色，如人物或动物的肌体，造型勾勒的定型线等，也不是特别醇厚强烈的土红色，而是采用黄赭色，不破坏整体的浅淡清冷调子，视觉上非常和谐。

西魏时期的装饰图案重要类别仍包括藻井、人字披、龛楣、背光等，在图案题材上，出现了大量自由生动，富于生活气息和自然风味的动物图案、树木花草图案，是这一时期的特色，图案的用色也更加多样细腻，强调平面装饰感和秩序性。有的图案浓墨重彩，精细刻画入微，色相色阶细腻丰富，有的图案则疏简豪放，只淡淡施彩甚至不加颜色只有线条。这使得画面色彩有轻重对比，松紧兼宜。整体上和谐一致，浑然一体，局部变化多端而又妙趣横生。用色技法上色彩平涂与渲染兼用。平涂的色彩变得较为轻薄，并不是死板均匀地涂色，增加了色彩的表现力和生动性。渲染的方法也有叠加渲染、用水晕开的渲染、自由运笔的点染等。这就使得色彩变化丰富而灵动不拘，增加了许多耐看的细节。

2. 西魏藻井装饰图案色彩分析

西魏时期藻井图案的样式处于一个过渡时期，从模仿斗四套叠的木构藻井，过渡到模仿“斗帐”式的藻井。北京大学马世长先生在《中国佛教石窟的类型和形制特征———以龟兹和敦煌为中心》一文中提到：“平面方形覆斗顶的佛殿窟，可以说是中国本土化了的一种窟形。其空间式样，意在模仿世俗社会生活中流行的帷帐。……因此，我们似乎也可以将方形、覆斗顶窟称为帐形窟。……敦煌唐代后期出现的（录皿）顶大龛，敦煌文献中即称为‘帐’，龛口称为‘帐门’，可见古人即视此类龛为帷帐。”①

西魏249窟和285窟是最典型的两个覆斗顶洞窟，249窟藻井为斗四套叠式，与北魏中心柱窟后室顶部平棊的样式几乎完全一样，色彩上也是以土红为主，但与土红形成对比的色彩是石青色，井心莲花外，四角莲花旁的忍冬叶子，都用了鲜明醒目，纯度较高的石青色。石绿色的色彩点缀依然存在，但面积比重较小，只出现在边饰的边沿以及边饰图案中较小的忍冬叶上。285窟的窟顶也为覆斗顶，藻井主体结构沿用斗四套叠式，但藻井最外围增加了两层三角形的垂幔纹样，三角垂幔的施色为石青、棕黑、米白、米黄、暖灰色交错反复排列，三角形尖端绘土黄色垂珠，每两个三角形之间绘土红色飘带。藻井的四角各绘一条长流苏向四披垂下，流苏上装饰着兽面、玉佩、羽葆等。因为外围垂幔的增加，使西魏藻井的色彩布局关系更加丰富，垂幔色彩形成了一个新的色彩层次，使井心色彩的浓重与四披色彩的浅淡之间有了视觉上的衔接和过渡。从西魏开始，藻井结构的变化和随之带来的色彩层次的丰富，为隋唐时期藻井完全脱离模仿建筑样式，转化为模仿帷帐织物效果做了铺垫，也为藻井色彩运用的进一步丰富与成熟打下了基础。

3. 西魏龛楣装饰图案色彩分析

西魏时期，龛楣的外形和图案装饰也随之产生了一定的变化。覆斗顶式的洞窟无中心塔柱，佛龛开凿在石窟正面和左右两壁，龛上端有龛楣装饰。龛口较北魏时期增

---

① 马世长：《中国佛教石窟的类型和形制特征———以龟兹和敦煌为中心》，《敦煌研究》2006年第6期，第49、50页。

大，龛楣装饰面积也随之增加，装饰图案的造型和色彩表现手法因而更加丰富。如西魏249窟和285窟正壁主佛佛龛上龛楣图案，均以造型复杂的忍冬叶纹、波状盘茎莲花和莲花中化生出的伎乐人物为题材，继承了北魏时的基本图案结构。但无论是花叶的穿插还是人物的动态，都表现得更为准确细腻。特别是285窟正壁龛楣中，以多层次的晕染手法表现莲花忍冬，忍冬叶纹不像北魏风格那样肥大，造型变得较为纤巧，动态更为飘逸，成为莲花的陪衬，突出了莲花的造型。其间穿插着从莲花中化生出的十余个伎乐人物，各自演奏不同的乐器。人物的五官、发式、服饰、神情、姿态都刻画得非常细致。图案造型严谨，线条流畅，造型完美，色调雅致，可谓装饰图案的佳作。禽鸟纹与忍冬纹的组合是西魏时龛楣图案的崭新题材，在西魏285窟东西两壁并排的佛龛龛楣图案中，表现了姿态生动的鸽子、孔雀、鹦鹉、鸵鸟的形象。这组龛楣外形上纵向比例增大，主体装饰图案为左右对称式缠枝忍冬纹，枝蔓上栖息的禽鸟两两相对，造型简练概括，极富装饰性但又不失准确，姿态优美生动，神情顾盼生姿，栩栩如生。对称的两边在造型、动态方面基本相同又略有差别，统一中富于变化。图案以土红、土黄、石青、石绿、深赭作同色系多层次晕染，并以土红色勾线，局部点缀细小的白色圆点。表现技法细腻中不失洒脱，色调清新爽朗。

4. 西魏树木装饰图案色彩分析

敦煌西魏壁画中出现了大量富于装饰性的树木的描绘，作为佛教故事画、经变画的衬景，起到分割、补充画面和连贯情节的功能，其表现手法简练概括，具有很强的程式化美感，因而亦可称之为树木图案。“列植之状，则若伸臂布指。”[①]画树的枝干如人展开的手臂，画叶子如张开的手指。平面图案式的叶形有规律有秩序地整齐排列，疏密、大小、线条与块面形成有节奏而又鲜明的对比，形式感极强。画面构图尽量淡化树与树之间的前后远近空间感，采用“平视体”构图，将众多树木沿水平线一字展开，平行排列，树的枝叶间尽量减少相互间的掩盖与重叠。整体来看，这些树木穿插于建筑、山水之间，距离的安排具有均匀散布的间隔规律，体量和形态上也注意彼此呼应，呈现出统一中又有变化的秩序美。

在树木图案的色彩处理上同样体现了平面化、秩序化、丰富化的装饰特征。用一种统一颜色表现树冠的整体色彩，或是用少量几套色穿插使用，设色多采用平涂勾描的技法。如西魏285窟的一幅树木图案，整体造型十分简洁，在设色的方法和层次上却力求丰富。第一个层次是用浅淡的米黄色彩晕染出树冠的外形，并不勾勒出外轮廓线条。第二个层次是在树冠外形中密集排列灰绿色圆点，形似繁茂的树叶。第三个层次是在树叶间以散点式构图参差均匀地安排明亮的白色小花纹，每朵小花由三个呈

① （唐）张彦远：《历代名画记》卷一，人民美术出版社，1964年，第16页。

“品”字形排列的白色小圆点组成。图案既简约整体，又因具有耐看的细节而不显单调（图八）。

图八　敦煌西魏285窟树木图案

五、敦煌莫高窟北周时期装饰图案色彩分析

1. 北周时期石窟整体色彩特征

敦煌莫高窟北朝时期，北周开凿的洞窟保存下来的最多，共计14个。这一时期，中原汉地风格与西域风格进一步融合，逐步形成统一并具有中国民族特色的风格。

从洞窟形制来看，北周时期仍然中心柱窟与覆斗顶窟并存。中心柱窟的形式在北周是重要的洞窟形制，并出现了像428窟那样规模较大的中心柱窟。覆斗顶窟反而相对规模较小。这说明，“尽管经过西魏时代来自中原的新艺术的冲击，但到北周时，似乎表现出对早些时代石窟艺术的怀旧精神，这种怀旧的精神同样也渗透在壁画艺术中”①。

北周时期装饰图案的类型、内容、风格及色彩特点，也受这种“怀旧”精神的影响，不同于西魏时期的清雅细腻，而是更接近于北魏时期的简洁奔放。平棊、人字披、天宫平台栏墙、龛楣、背光图案仍然是北周时期主要的装饰图案类型。图案的组织结构和内容主题很多延续了前代。在表现手法上趋于平面化大色块施色，不像西魏时期强调晕染和过渡层次。从色相上来看，敦煌北周装饰图案所采用的土红、土黄、石青、石绿、褐、黑、白这几套主要颜色与前代没有什么大的区别，但色彩的构成比

① 赵声良：《敦煌石窟美术史·十六国北朝》（上卷），第330页。

例却发生了变化。土红、土黄这些暖色的运用与石青、石绿冷色的运用在比例上渐趋均等，冷色在整体用色比例上增加，因此北周壁画的色相对比显得更加强烈，整体色彩效果更为斑斓华丽。为了使强对比的色彩在视觉上不至于太过生硬，北周装饰图案中还新增了一种较石绿色明度暗些，纯度低些的绿色，以及比石青色彩含蓄的一种灰蓝色。这两种颜色起到了对比之中又有调和因素的作用，在后来的隋代装饰图案中，这两种色彩的比例进一步增加，成为隋代图案的典型用色。

2. 北周平棊、人字披、藻井装饰图案色彩分析

北周时期平棊的色彩有意识地减弱了色彩对比，趋于统一色调。以土红为主色，描绘斗四套叠结构的线条用白色，忍冬纹样的装饰也是用一黑一白交错穿插。只有方井中心和四角飞天的服饰局部用石青色。色彩在大块面布局之上，也强调线形，忍冬纹枝蔓的白色细线。中央方井底色上细密的黑色漩涡线，两个平棊单元之间，用劲健的白描式墨线勾勒出的双虎纹样，都使得整体统一，简约明快的色彩中，又增加了许多丰富的细节（图九）。

图九　敦煌北周428窟平棊图案

北周时期人字披图案的内容依然是以莲花和忍冬为主题。由于中心柱窟规模面积较大，人字坡顶椽间纵向距离也较长，忍冬莲花纹被设计成三层排列，叶片修长飘逸，呈向上舒展升腾的动态。椽子的土红色框架与枝叶的石青、石绿色形成色相的鲜明对比。浅淡的底色与部分黑褐色的叶片又形成了明朗清晰的明度关系。色彩的明暗和冷暖布局，在整个人字披顶部均匀分布，形成了对比虽强但视觉稳定平衡的整体色彩效果（图一〇）。

北周时期覆斗顶窟的藻井图案在内容、结构、色彩运用等方面，在沿袭继承前代的基础之上，又有了许多不同于前代的特色。以北周296窟窟顶藻井为例，中心仍是斗

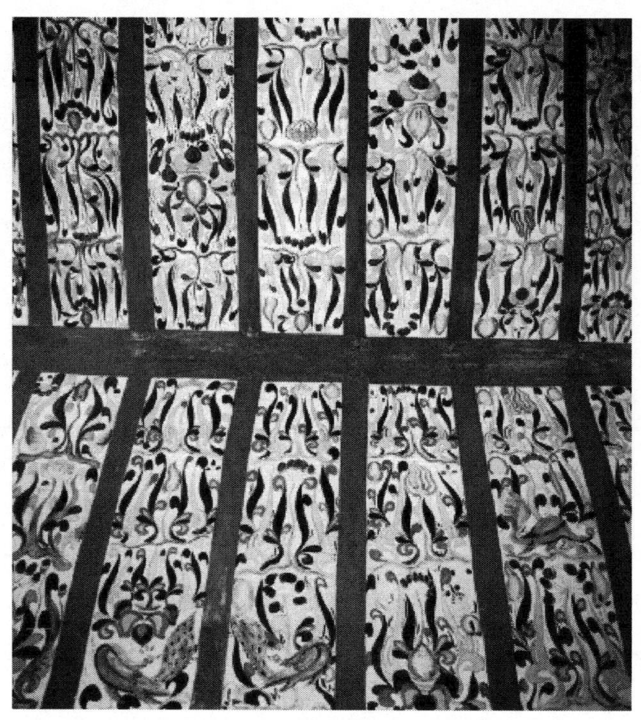

图一〇　敦煌北周428窟人字披图案

四套叠结构的莲花飞天井心，色彩上把描绘有四个飞天的岔角绘作石青底色，飞天的衣裙和披帛绘鲜明的土红色，红与蓝的对比特别强烈夺目。这种配色关系是前代藻井没有出现过的。莲花飞天方井的外围，描绘了一圈千佛边饰，千佛形象简约，高度图案化，以黑色、石青、石绿、土红，比例平均的色块交错反复使用，与井心色彩形成呼应。千佛边饰之外是波状忍冬纹样边饰，大色调以土红为主。再外层是一圈由半圆形鳞状组成的边饰，一黑一土红色交错排列，形成明度上的跳跃感，最外围是石青底子石绿边缘的三角形垂幔以及深色帷帐收束，用冷色与中心的暖色形成整体对比和衬托。更特别的是，藻井外围延续到四披上又描绘了类似于人字披图案中的忍冬莲花，形成一道边饰，更有一圈与藻井内部千佛边饰同样的千佛图案与之遥相呼应，显得独具匠心。这一藻井图案的内容和层次比前代都丰富了很多，具有藻井图案演变中承前启后的过渡性作用（图一一）。

3. 北周背光、龛楣、天宫栏墙装饰图案色彩分析

北周时期的背光图案与前代一样，是以火焰纹为主题。火焰纹的层次更为丰富，造型更突出动感。在背光中，火焰纹往往与忍冬纹组合出现，还经常将千佛形象也描绘于背光之中。龛楣图案主体形象为忍冬莲花和化生童子，造型丰富而又姿态生动。在色彩上不同于前代的特点是，无论是背光还是龛楣图案，其运用的土红色都比以前纯度更高，色相更偏暖，与石青石绿的对比更加强烈，色彩冷暖面积更趋于相等。另

图一一　敦煌北周296窟藻井图案

外，一种前代没有的深绿色加入到图案配色系统之中，使得整体色彩更加丰富多变。北周之后的隋代，土红的颜色逐渐倾向曙红，绿色也从单一的一种石绿色发展出深绿、浅绿等多种明度和冷暖的绿色，形成了一种新的配色关系和色彩风格。在北周的装饰图案色彩中，已经可以看到这种演变初见端倪（图一二）。

北周时期的天宫平台栏墙纹用色简单，底色为平涂色块，凸出体正面表面涂色相邻之间各不相同，多用黑、石绿、米白、浅赭、土红作为底色，并且表面绘制的纹样同样颜色各异，凹进面亦是如此，没有出现涂色的循环规律性。但由于其都是在同样的立方体造型下，即使表面涂色和纹样涂色以及造型有着微妙差异，每个单元纹样也

图一二　敦煌北周296窟龛楣图案

还是统一在整体之中的。这一时期天宫平台栏墙纹的立方体表面，在平涂的底色上往往用线形描绘出螺旋卷涡花纹，色彩的线与面结合丰富了色彩和图案的表现力。这一手法在后来的隋代应用更为广泛和成熟（图一三）。

图一三　敦煌北周299窟天宫平台栏墙图案

六、结　论

纵观敦煌美术史，北朝时期的敦煌艺术呈现出它独特的艺术风格和文化面貌。色彩是形成艺术风格的重要组成部分，色彩也是反映时代文化的一个重要角度。因此，本文对敦煌北朝时期装饰色彩的研究，有助于更具体深入地了解敦煌艺术和敦煌色彩的发展轨迹，有助于理解敦煌色彩的艺术魅力，把握不同历史时期敦煌装饰色彩的重要特征。

通过本文上述研究，我们可以得出结论，敦煌图案所呈现出的色彩演变与历史、文化、审美背景的变化有关。而不同色彩效果的产生，则主要是通过改变色彩配置的比例、冷暖、明度、纯度、面积等实现的，最重要的是占主体地位的主色调带给人们的感受。敦煌图案的色彩效果虽然丰富，但运用的套色并不庞杂，主要是暖色系的土红、土黄、中黄、赭石、熟褐、朱砂；冷色系的石青、石绿、灰青；无彩色系的白、黑、金等。通过主色调冷暖的把握，形成整体色彩氛围，与主色调构成对比的其他颜色使用的多少、面积的大小，分布与形态等则决定了图案画面的繁简程度。

由敦煌图案色彩的研究可见，中国传统装饰色彩中，包含着色彩科学的规律。对传统装饰色彩的借鉴学习与对现代色彩设计理论的深入研究并不矛盾。对敦煌历代装饰图案的色彩进行专题研究具有重要的理论意义与实践意义。现代色彩学理论研究要从中国传统文化艺术中充分汲取精华，总结其中包含的艺术创作规律，需要色彩学研究者和设计师有针对性地将某一时代的优秀图案色彩作为研究对象，进行深入具体的分析学习，从而掌握古代艺术家在色彩运用上的有效方法，并结合现代生活与审美的需要，将这些方法应用于现代设计的各个领域，达到古为今用，实现将其应用于现代设计文化的目的。

《5—6世纪北方六镇豪强酋帅社会地位演变研究》评介*

熊　伟

（九江学院文学与传媒学院　九江　332005）

薛海波先生大作《5—6世纪北方六镇豪强酋帅社会地位演变研究》，是他本人在同名博士论文的基础上，倾注十年心力反复修改而成的。正所谓“十年磨一剑”，这部力作经过长时间不断地打磨，日益显现其结构谨严，思辨精审，而其对北朝后期政治史诸多问题的阐释，更有着自己独到的见解，是一部难得一见的佳作。当一部好作品呈现在读者面前，通过文本阅读，实现读者与文本、读者与作者之间思想的碰撞，形成彼此之间的对话与交流，本身是一件赏心悦目的事情。因此，本人不揣固陋，根据自身阅读所得，简要评介这部优秀的作品，以就教于方家。

一、问题意识与研究对象

首先，让我们回归这部书写作的起点。我们知道，任何学术作品，都是以需解决的问题作为起点的，都是围绕着各种问题来展开讨论的。就问题本身而言，存在多种不同的类型：既可以是研究内容、结构、形式等方面的，也可以是研究范式一类的。本书创作的问题意识，依笔者看来，与5～6世纪北朝后期政治史研究的范式性问题有重要的关联。本书最初的问题，是在和该领域范式的主要缔造者——陈寅恪先生展开“时空”对话后产生出来的；书中所形成的概念体系，亦是以陈先生所立概念体系作为主要参照的。关于此，可以从书中频繁出现的对陈先生观点的解读引为佐证。

长期以来，陈寅恪先生的《隋唐制度渊源略论稿》都是北朝隋唐史学研究领域的典范之作。在这部杰出作品中，陈先生坚持胡汉种族与文化二题关系的论述，提出了许多重要的概念和观点，如其中的“关陇集团”“关中本位”“鲜卑化”“西胡化”等。这些概念大多是北朝隋唐史研究中绕不开的重要议题，由此构建出该领域研究的一个基本盘面，后来学者的研究往往如“丸之走盘”，无论“丸”在“盘”中如何的

---

* 基金项目：江西省社会科学“十三五”规划项目“府兵制政治运作与隋唐国家制度演化研究”（17LS01）。

横斜曲直，却始终运行于整个盘面之中。但是，由陈先生提出的各种概念又并非不能讨论，许多概念在运用上是以某种断语或结果的方式出场的，内涵所指博大深广，然先生却并未对此进行详细地解释与说明。正因为如此，后来的学者遵循该盘面规则，在从事具体研究时往往会产生一定的困扰。有鉴于此，本书的研究更似另辟蹊径，将后来学者因困扰而产生的各类问题组合在一起，又重新审视了整个盘面，其中不乏对陈先生原初概念内容的更新与突破，整体上可视作为一次重要的破盘行动，在最后更构造出一个新的历史图景。

对作者而言，要如何破除最初的基本盘面呢？这便需要回到起点，回到陈先生所论隋唐制度渊源的原初，也即是回到5～6世纪北魏末期政局变动的历史进程中。北魏末年，北边六镇暴动，打破了由北魏孝文帝构建的以全面汉化为目标的门阀主义国家理念。其中，鲜卑化的六镇地方势力对北朝末期政局变动产生了巨大影响，它加速了北魏国家政权的灭亡，也使北方社会的历史发展与孝文帝改革所选择的汉化方向形成了诸多差异。因此，了解北魏末期国家政治生态，关注六镇地域社会秩序及地方势力的发展，历来为国内外学者所重视。本书研究的重心正在六镇地方势力社会地位的演变，作者在探讨其演变趋势时，更将其放在北朝后期政治史演进的宏大“画幅”当中，这对我们认识5～6世纪北朝政治史的发展和该时期社会阶层的变动都有启发意义。

在前人研究成果的基础上，作者提出六镇社会秩序是一种带有很大军管性的强制从属关系所形成的秩序，主要由在军镇内拥有强力、部落组织及依附民的地方势力所控制。这些六镇地方势力，在书中被界定为六镇“豪强酋帅”，它也是本书主要的研究对象。作者指出，以“豪强酋帅”两词合称指代主导六镇秩序的地方势力，“主要基于以下两点：一用‘豪强’来涵盖六镇地方势力具有武力（强力）、一定政治地位、控制地方社会秩序的普遍特征；二用‘酋帅’来突出了六镇地方势力中胡族部落酋长占相当比重，其群体社会组织为胡族部落或部落化，拥有部落组织和依附部众的地域特点”[①]。作者并没有将六镇“豪强酋帅”看作“铁板”一块，它具有两个不同侧面的共性特征，就好像一个硬币的“一体两面”，从中可见其概念层次的丰富性和包容性，拓展了我们对六镇地域社会群体的认知视野。然其后行文中更将“豪强酋帅”简化为“豪帅”一词，书中未作交待，虽不影响整体理解，但作者可追加说明或稍作留意。为行文统一，下文亦采用“豪强酋帅”的简化词“豪帅”，以说明六镇地方势力社会身份角色的特殊性。

---

① 薛海波：《5—6世纪北边六镇豪强酋帅社会地位演变研究》绪论《研究对象的界定》，中华书局，2020年，第5页。

二、研究理路与思想脉络

全书共分五章，根据北朝后期政治史发展顺序安排篇章结构，以六镇豪帅地位升降为纵轴线，将北边六镇豪帅群体的社会地位、政治身份变动划分为北魏后期的地方豪帅，北魏末年六镇暴动后拥有较大军政权力和地位的武官、将领，东魏北齐、西魏北周最高执政者和勋贵阶层三个重要演变阶段；又以各个时期焦点问题为横轴线，集中探讨了北魏末年六镇暴动、河北暴动、尔朱荣军事集团、西魏北周关陇集团、东魏北齐胡汉冲突等中心议题。通过横纵轴线的相互交织，呈现出5～6世纪各个时期北边六镇豪帅社会地位的不同特征及其历史演变的轨迹。下文将简要梳理各章研究理路，从上述中心议题的研究与讨论出发，略窥该书研究的思想脉络。

（一）社会势力的生存斗争：对六镇暴动性质的认识

第一章，介绍北魏后期六镇豪帅的社会地位，主要围绕暴动前六镇地域社会情态及六镇暴动性质问题展开。六镇豪帅登上历史舞台是以六镇暴动作为开端的。六镇暴动具有怎样的性质？学界长期认同陈寅恪先生的看法。万绳楠先生总结陈先生观点认为："但魏兰根等所说军卒中的强宗子弟、国之肺腑、高门子弟、良家酋附在孝文帝迁都洛阳后，被当作弃儿，社会地位低，变成低下阶级府户，却是最重要的原因。这种人在六镇军卒中最占势力。六镇之叛，就基本性质来说，是对孝文帝汉化政策的一大反动。"[①]由此可见，陈先生强调地位变化与文化冲突，认为六镇暴动是六镇地方势力经历社会地位骤降后爆发出来的，具有反北魏孝文帝汉化政策的性质。然而，这部书则更倾向于现实的考量，认为政治地位的衰落在豪帅家族定居六镇时就已经发生了；徙居六镇后，豪帅家族无法通过任官授爵提高政治地位，可见其政治地位并没有出现所谓骤降的过程。在六镇地域内部，豪帅家族拥有中低级的职官、爵位，有自己的胡族部族作为依托，其社会地位相比普通镇民仍然较高。笔者以为，上述两种观点从文化和现实不同角度考察六镇地方势力社会地位问题，皆有可取之处，但在处理"政治地位"和"社会地位"两词时都比较模糊，常常互换使用，实则二者仍有进一步区分的必要。

那么，在作者看来，北边六镇豪帅社会地位既然没有出现骤降，那六镇又如何出现暴动的呢？本书乃将目光转向了六镇豪帅内部的矛盾冲突。六镇豪帅特征的"一体两面"被划分为良家豪帅和胡族部落豪帅两个主要的社会群体，双方都处在军镇体制和六镇特有的部落化、鲜卑化的社会环境中。其中，"良家豪帅既是军镇体制强化的受害者，也是北魏国家在六镇强化军镇体制的主要执行者，而众多没有地位权力的高车、匈

① 万绳楠整理：《陈寅恪魏晋南北朝史讲演录》，贵州人民出版社，2011年，第236页。

奴等胡族部落豪帅则是军镇体制强化的承受者，两类豪帅之间矛盾由此迅速激化，成为导致六镇暴动的重要原因"[①]。因此，在现实的社会情态中，六镇暴动更可以看作胡族部落豪帅为追求生存而进行的抗暴斗争，"六镇暴动的性质，主要是由在军镇内部没有地位的匈奴、高车等胡族部落豪帅领导，以高车部落兵为主体，为生存反抗军镇压迫的抗暴斗争"[②]。由此可知，本书作者更强调六镇豪帅内部——良家豪帅与胡族部落豪帅之间由内部矛盾冲突引发的暴动，与传统学者强调镇将（北魏国家派遣至六镇，所谓军镇"外来者"）与镇民（包括军镇地方势力及普通镇民）之间的矛盾冲突导致的暴动，在具体表述上存有差异，而军镇与外部势力的斗争也因此转化为军镇内部的斗争。

学者常希望找出历史事件背后必然原因或本质规律，但事件最初的触发或事出偶然，并没有太复杂的含义，也没有想象中的"高深莫测"。在作者看来，六镇暴动的性质，本身是一场维护六镇生存权利的抗暴斗争。该论断发人深省，也改变了我们对这一历史事件的看法。然而，作者在其后述及六镇暴动的失败时，又将其表述为"处于军镇下层的胡族部落豪帅无法承担组织六镇部落镇兵与北魏国家对抗的重任，更无法形成一股能对北朝后期政局产生影响的军政势力"[③]。如此看来，其政治意义又重新厚重了起来，出现了一个胡族部落豪帅单独反抗北魏国家的局面，良家豪帅则成为维护北魏国家的中坚力量。那么，六镇暴动，究竟是胡族部落豪帅与良家豪帅之间的对抗，还是胡族部落豪帅与北魏国家之间的对抗？其中或许还暗含着一个谁代表"北魏国家"的问题——是六镇地域内的良家豪帅，是作为六镇"外来者"的镇将，抑或是二者都具有代表性资格呢？作者并未深究。然而，要在六镇豪帅与整个北魏国家之间"牵线搭桥"，笔者以为，仍需要考察六镇豪帅群体（作为整体）与北边军镇体制之间的军事斗争，再从军镇体制与北魏国家关系入手，探讨六镇豪帅与北魏国家关系。作者对此也做出过相应的努力，但并没有明确的表露出来。

（二）社会势力的联合及其向军政势力的转变

——河北暴动与尔朱荣集团中的六镇豪帅

第二章，述及北魏六镇暴动后六镇豪帅社会地位的提升，主要围绕六镇豪帅社会

---

① 薛海波：《5—6世纪北边六镇豪强酋帅社会地位演变研究》第一章《北魏后期六镇豪帅的社会地位》第一节《北魏军镇体制与六镇豪帅的社会地位》六"六镇地域特性、军镇体制与六镇豪帅的关系"，第76页。

② 薛海波：《5—6世纪北边六镇豪强酋帅社会地位演变研究》结论《对六镇豪帅与北朝后期政治史的认识》，第464页。

③ 薛海波：《5—6世纪北边六镇豪强酋帅社会地位演变研究》结论《对六镇豪帅与北朝后期政治史的认识》，第464页。

势力的分合及角色性质转变展开。为争夺六镇地域有限的资源，良家豪帅与胡族部落豪帅之间的矛盾冲突最终引发了六镇暴动。尽管都是六镇豪帅，然良家豪帅与胡族部落豪帅之间存在着矛盾对立关系。但在作者看来，这种对立在生存现实面前很快被打破。暴动被镇压后，六镇残破，北魏国家将六镇良家豪帅、降附的胡族部落豪帅及六镇降户迁往河北就食。六镇豪帅及普通镇民，与河北大族围绕资源和生存环境的矛盾迅速激化。六镇良家豪帅迁徙河北后，出于现实的考量，最终只能与胡族部落豪帅联合。由此可见，良家豪帅与胡族部落豪帅在共同的生存需求下自然地消解了最初的矛盾对立，两股社会势力实现了联合，六镇豪帅首次以群体共进退的角色出现在历史的舞台上。

实现联合的六镇豪帅拥有强大的地方武力，辗转于杜洛周、鲜于修礼、葛荣领导的河北暴动，以叛军的身份走在北魏国家的对立面。而当其进入尔朱荣军事集团后，由于该集团是以胡族军事集团掌握着北魏朝政，六镇豪帅武力借此“实现了由叛军向具有北魏国家将帅身分的转变，也使六镇豪帅能够借助尔朱荣军事集团的政治活动，参与乃至影响北魏政局，成为主导北朝后期政局的军政势力”[①]。正是在尔朱荣集团中，六镇豪帅武力实现了从社会势力向军政势力转变。关于这次重要的转变，除了自身拥有强大的军事实力外，作者还特别强调了政治理念的问题。六镇豪帅在尔朱荣南下洛阳，发动河阴之变，讨平各地反叛势力的过程中，成为尔朱荣军事集团的军事支柱，而且也从以求生存为目的的边地豪帅势力，转变为具有“伐叛匡主”政治理念的军政势力。

在尔朱荣集团内部，尔朱荣为维护自身权力地位，利用武川豪帅压制怀朔及其他诸镇豪帅。在尔朱荣的分化政策下，武川、怀朔豪帅之间的政治矛盾迅速激化，然而，两镇豪帅在政治理念上却具有一致性：都主张“伐叛匡主”，维护北魏政权的统治；都认为要有号召北方士族门阀等各派势力支持的政治理念，以便处理好进入中原汉地后的胡汉关系。对六镇豪帅而言，“如处理不好政权与北魏的承继关系，构建不好政权的正当性、协调不好与胡汉士族门阀势力的关系，继续采用落后的胡族部族权力分配体制，就根本无法在孝文帝改革后的中原内地扎根和存在下去”[②]。六镇豪帅虽自尔朱荣集团中成长为政治角色，却因为政治理念的不同，出现了有别于尔朱荣集团的政治利益取向。又因为尔朱荣的分化政策，使六镇豪帅在角色上再次分化。本次分化不再是社会势力的分化，而是两个军政势力的分化，最终产生出东西魏对峙的政治

① 薛海波：《5—6世纪北边六镇豪强酋帅社会地位演变研究》第二章《北魏六镇暴动后六镇豪帅社会地位的提升》第二节《六镇豪帅群体地位的提升与尔朱荣军事集团的关系》，第130页。

② 薛海波：《5—6世纪北边六镇豪强酋帅社会地位演变研究》第二章《北魏六镇暴动后六镇豪帅社会地位的提升》第二节《六镇豪帅群体地位的提升与尔朱荣军事集团的关系》五“尔朱荣军事集团对六镇豪帅群体的政治影响”，第158页。

局面；亦使六镇豪帅从尔朱荣军事集团中的中下层将领，迅速转变为东魏北齐、西魏北周的最高执政者和勋贵阶层。

从六镇时期到尔朱荣集团时期，六镇豪帅长期以社会势力的角色存在着。这种社会势力是一种怎样的组织形式呢？根据作者看法，六镇社会秩序虽是一种强制性的主从秩序，但六镇镇民并非完全处在国家强制力量安排的人身支配关系中，在地方上仍然存在具有独立取向的社会力量。六镇豪强酋帅作为一种社会势力，结成了某种“共同体”的组织形式。

前人研究在“共同体”的概念上有诸多表述，因此，作者对其内涵表述着墨不多；然而，书中大量运用了“共同体”词汇，如利益共同体、乡里共同体、豪帅共同体、婚姻共同体等。在不同的场合，“共同体”表述的内容会有所差异，包含的群体范围也会有所变化。如“乡里”可看作这一“共同体”组织形式的起点，它是指“六镇豪帅在势力影响范围内，所领部落及依附他的势单镇民组成的利益共同体”①。这个利益共同体可视作以单个豪帅为领袖的乡里共同体。通常六镇豪帅与其统率的部落成员及依附镇民之间的乡里关系牢固，不会因频繁的迁徙和战乱而解体。“单个豪帅所率领的乡里共同体，无法应对愈发残酷的战事和迁徙。在军镇体制影响下，同一军镇豪帅根据同乡关系，很快组成以有势力威望的豪帅为核心，其他豪帅听从其调遣的豪帅共同体。”②豪帅共同体可看作乡里共同体的集合形式。在豪帅共同体之外，又有婚姻共同体的概念。婚姻共同体“是孝文帝迁都后，大多数六镇良家豪帅通过在本镇的相互联姻，结成的以某些‘首望’豪帅家族为核心，通过婚姻、血缘、亲缘关系连接，具有共同政治经济利益的共同体”③。相比乡里共同体概念，作者更愿意将六镇社会秩序看作是由婚姻共同体所主导，如认为“这种在六镇普遍存在的婚姻共同体，是六镇良家豪帅主导当地社会秩序的重要凭借”④。

---

① 薛海波：《5—6世纪北边六镇豪强酋帅社会地位演变研究》第一章《北魏后期六镇豪帅的社会地位》第一节《北魏军镇体制与六镇豪帅的社会地位》五“军镇改州与六镇豪帅的乡里关系”，第73页。

② 薛海波：《5—6世纪北边六镇豪强酋帅社会地位演变研究》第一章《北魏后期六镇豪帅的社会地位》第一节《北魏军镇体制与六镇豪帅的社会地位》五“军镇改州与六镇豪帅的乡里关系”，第73页。

③ 薛海波：《5—6世纪北边六镇豪强酋帅社会地位演变研究》第一章《北魏后期六镇豪帅的社会地位》第三节《北魏六镇良家豪帅的婚姻关系与社会地位》三“孝文帝迁都后六镇良家豪帅的婚姻关系及其社会地位”，第111页。

④ 薛海波：《5—6世纪北边六镇豪强酋帅社会地位演变研究》第一章《北魏后期六镇豪帅的社会地位》第三节《北魏六镇良家豪帅的婚姻关系与社会地位》三“孝文帝迁都后六镇良家豪帅的婚姻关系及其社会地位”，第111页。

（三）军政势力的勋贵化：松散的西魏北周关陇集团

第三章，对西魏北周武川豪帅勋贵地位的考察，围绕关陇集团的构造和武川勋贵地位的形成展开，主要包括如下三方面内容：

1. “共同体”概念向“集团”概念的转变

“共同体”可用来表示社会力量的聚合状态。作者在书中看重婚姻共同体，是因为这一概念更能说明六镇豪帅与其他地域豪帅如何组合的问题，是一个更为宽泛的共同体概念。更重要的是，婚姻共同体因其本身的宽泛，与乡里共同体相比并不牢固，可用来说明乡里关系的松散性。至西魏北周、东魏北齐政权建立后，关注点便放在六镇豪帅乡里根基的失去，以及军政势力如何转化为勋贵阶层的问题上。如书中所论六镇豪帅进入中原后，虽实现了社会地位的跃升，但他们属于中原内地的外来势力，没有乡里根基，各家族的勋贵地位和政治权益完全系于其群体所建的国家政权。

如果说“共同体”是有关社会组织的概念名词，那么，“集团”便是政治组织的概念名词，它是社会势力转变为军政势力后组合化的结果。关于“集团”概念，书中集中评介了陈寅恪先生的“关陇集团”概念。早在《隋唐制度渊源略论稿》中，陈先生便提出“故宇文苟欲抗衡高氏及萧梁，除整军务农、力图富强等充实物质之政策外，必应别有精神上独立有自成一系统之文化政策，其作用既能文饰辅助其物质即整军务农政策之进行，更可以维系其关陇辖境以内之胡汉诸族之人心，使其融合成为一家，以关陇地域为本位之坚强团体”[①]。按照陈先生的认识，宇文泰推行以府兵为主的关中物质本位政策和以行周礼建六官的精神本位政策，将来自不同地区、不同出身和政治立场的各派势力整合为关陇集团。关陇集团是以关中地域为本位，融冶胡汉为一体的牢固的政治集团。然而，对这一牢固的政治集团的说法，本书并不认同。作者认为“虽然各家族通过宇文泰家族的中介，可以建立或密或疏的姻亲关系，但他们彼此的政治联系并不紧密，无法通过姻亲形成紧密的政治集团”[②]。由姻亲关系结成的是一个松散的关陇政治集团，关陇集团内部各群体政治立场不同，有着各自的自利取向，“西魏北周的关陇集团是权力斗争、各派地位权势剧烈变动的政治集团”[③]。

---

① 陈寅恪：《隋唐制度渊源略论稿》三《职官》，生活·读书·新知三联书店，2001年，第101页

② 薛海波：《5—6世纪北边六镇豪强酋帅社会地位演变研究》，结论《对六镇豪帅与北朝后期政治史的认识》，第470页。

③ 薛海波：《5—6世纪北边六镇豪强酋帅社会地位演变研究》，结论《对六镇豪帅与北朝后期政治史的认识》，第465页。

2. 关于武川豪帅在关陇集团中的政治地位

在作者看来，西魏建立初期，武川豪帅是关陇集团中重要的军政势力，能够凭借战功享有较高政治地位，但没有派系和军事实力的依托。宇文泰作为关陇集团的实际缔造者，在家族和个人威望上要明显高于武川豪帅。作者认为陈寅恪先生所说赵贵等武川豪帅以“等夷”取得柱国地位、府兵领兵权的观点缺少依据。所谓“等夷”只是赵贵等人与宇文泰在六镇社会中形成的同等辈分和六镇起兵以来的深厚资历，他们并没有取得与宇文泰平起平坐的资格，武川豪帅与宇文泰是统帅与将领的上下级关系。宇文泰与武川豪帅在取得政治权益方面并不一致，如再将宇文泰视为武川勋贵群体中的一员，则与西魏已经变化的政治形势不符。宇文泰为防止武川豪帅借统军之权形成派系难以控制，对其频繁调动、使其互不统属。

3. 关于西魏府兵性质及武川豪帅的勋贵化

武川豪帅大多拥有府兵军将的身份，那么，府兵从何而来？作者认为府兵是从乡兵发展出来的。西魏早期，武川豪帅可看作一个特殊的乡兵集团。然而，武川豪帅作为关陇地域“外来者”，既然没有乡里根基，又如何被看作是一个乡兵集团呢？作者并未言明。大统八年，宇文泰“仿周典，置六军”，将关陇等地土豪及所率乡里武装整编到由其直接指挥的中央军中。大统八年至十四年，通过四次整军，“宇文泰所辖府兵结构发生了质变，军中主力由起兵之初赵贵等十二将统率的鲜卑骑兵，变成了关陇土豪所率的乡兵”①。这里既提到“府兵结构”，那是否意味着大统八年至十四年之间，已经确立府兵制了呢？恐非如此，因为作者在解释府兵军资粮帐“六家共备”时说：“大统十六年府兵形成之时，宇文泰和西魏国家已建立了均田、赋役、屯田、武器制造、粮食调拨等一系列制度，具备解决府兵大部分军资的能力，使府兵完全处于宇文泰和西魏国家的控制之下。”②则作者仍坚持传统以大统十六年作为府兵制确立之期，这一年建立起国家供应军资的完备制度；但作者或主张大统八年，以初次整军为契机，府兵系统已开始最初运作。原因是国家吸纳关陇等地土豪及由其统领的乡里武装（乡兵），在作者看来是府兵系统的主要功能，而发挥这一功能自大统八年时已经开始了。府兵就其性质而言是国家军队，是地方武力国家化的产物。又，大统十五年

---

① 薛海波：《5—6世纪北边六镇豪强酋帅社会地位演变研究》第三章《西魏北周武川豪帅的勋贵地位》第三节《武川勋贵在西魏北周中央官僚体系中的地位和变化》“大统十四年前后的中央官制改革与武川勋贵在中央官僚体系中的地位”，第233页。

② 薛海波：《5—6世纪北边六镇豪强酋帅社会地位演变研究》第三章《西魏北周武川豪帅的勋贵地位》第二节《武川勋贵在西魏北周府兵体系中的地位及变化》“从府兵控制权、军资供应、赐胡姓看赵贵等武川柱国的实际权力”，第206—207页。

至恭帝三年，宇文泰复姓、赐胡姓的活动与府兵相关，其主要目的和作用，并非为实现所谓鲜卑化来保障武川豪帅的政治力量，而是要通过拟血缘的同宗关系，保证宇文氏从上至下控制府兵。

进入关中地域后，武川豪帅已失去乡里根基，在与东魏的数次大战尤其是邙山战役后更失去了军事力量的支持。没有了派系和武力的支持，武川豪帅要维护其群体在关陇地域的政治利益和地位，只能依附于宇文泰及西魏北周政权。武川豪帅之所以能取得关陇集团上层的位置，是出于宇文泰对西魏官僚秩序的设计："为使各群体将领不致因军阶、政治地位的变动而相互争斗，稳定军队内部的等级秩序，使军阶有序晋升，宇文泰只能推崇军功、资历。"①关陇土豪后一步兴起，相比早期已有着卓越军功，资历深厚的武川勋贵，只能屈居关陇集团中下层的位置。可见关陇集团内部存在着军政实力与政治地位的不平衡性。也正因如此，武川豪帅渐由军政势力转化为武川勋贵，成为依附于西魏北周政权的军功寄生阶层。

（四）军政势力的勋贵化：东魏北齐胡汉冲突问题

第四章，对东魏北齐怀朔豪帅社会地位的考察，主要围绕学界主张的胡汉冲突论展开。"陈寅恪先生提出鲜卑人或鲜卑化汉人执政、胡汉冲突，成为学界认识东魏北齐的基本出发点。"②由此引发胡汉冲突论的观点。本书则认为，东魏北齐国家的权力结构、统治集团的各派关系、政权性质等重要问题，并不能简单地用胡汉冲突论来解释。

怀朔豪帅同样是中原内地的外来者，没有乡里根基，但与武川豪帅较早失去军事实力不同，怀朔豪帅仍长期拥有军事实力。他们是高欢消灭尔朱氏、南下驱逐孝武帝、平定因逐君而引发的四方叛乱等众多战事依靠的军事力量，由此成为东魏北齐国家统治集团的勋贵和武力支柱。怀朔豪帅是高欢统军作战主要依靠的势力，高欢与怀朔豪帅是共建东魏政权的政治合作者。之后，由怀朔豪帅发展而来的怀朔勋贵，仍然能够分享掌握东魏北齐国家的一大部分军政实权，维持在政治统治集团中仅次于高氏宗亲的政治地位。而河北大族（汉人群体）由于首领的身亡、军事政治实力的迅速下降，逐渐成为附于北齐政权的文官群体，并不具备与执政者、高氏宗亲、武川勋贵一较长短的军政实力。因此，从整体力量对比看，胡汉冲突无从谈起。

东魏北齐统治集团的政争，主要集中在执政者与怀朔勋贵及高氏宗亲之间。"高欢、北齐诸帝为维护执政地位，对怀朔勋贵及高氏宗亲的利用、限制、打压成为东魏

① 薛海波：《5—6世纪北边六镇豪强酋帅社会地位演变研究》结论《对六镇豪帅与北朝后期政治史的认识》，第467页。

② 薛海波：《5—6世纪北边六镇豪强酋帅社会地位演变研究》第四章《东魏北齐怀朔豪帅的勋贵地位》第三节《怀朔勋贵的官爵与东魏北齐国家权力结构》，第339页。

北齐统治集团政治斗争的实质。”[①]长期部落生活中形成的平等、共享等观念和意识，仍是怀朔勋贵处理军政事务的思维方式和出发点，这使其群体与要集中军权、强化皇权、实现嫡长子继承制、实现向士族官僚化国家转型的高欢及北齐诸帝的权力矛盾几乎无法调和。由此，学界通行的“胡汉冲突论”，在作者看来，并不适合作为认识东魏北齐政治史的逻辑起点。

作者认为，在东魏北齐的政治联姻中，也并无难以调和的胡汉冲突。怀朔勋贵并不是高欢、高澄及北齐皇室首要通婚对象，相反却是具有门第和较高汉文化修养的胡汉士族和河北大族。高欢家族与怀朔勋贵联姻，其目的不是为保持鲜卑化，而是拉拢具有军政实力的怀朔勋贵以巩固皇权。怀朔勋贵很注重与同在军中、政界有权势的家族联姻，具有这一条件的往往是其群体自身，这使怀朔勋贵根本没有实现士族化、汉化的条件，也没有与汉族士族门阀联姻的需要，从而使其群体鲜卑化仍十分浓厚。在作者看来，鲜卑化不是要达成的目标，不是要刻意地造成胡汉冲突，而是一个自然形成的结果，是怀朔勋贵满足政治利益的需要，因此，怀朔勋贵在婚姻关系上的鲜卑化与胡汉冲突无关。

（五）勋贵家族的消亡：北齐灭亡和杨坚代周建隋

第五章，关于六镇豪帅子弟地位的变化与北朝末年政局变动，主要涉及怀朔勋贵、武川勋贵消亡问题。西魏北周、东魏北齐政权中，武川豪帅、怀朔豪帅由军政势力发展为勋贵阶层，其政治地位隆盛，然经历北齐灭亡和杨坚代周建隋两个重大历史事件，勋贵家族先后走向消亡。

北齐灭亡，意味着怀朔勋贵家族的消亡。北齐灭亡之际，怀朔勋贵子弟已蜕变为既无军事才能，又无行政能力，凭借父辈的功勋，就可轻易获得显赫政治权势的军功寄生阶层。作者认为，北齐灭亡，并非胡汉冲突的结果，而是由于怀朔勋贵不实现汉化、士族化，致其政权统治集团内部无法维持稳定，皇帝与将帅宗王之间围绕执政权的争夺激化乃至相互残杀，导致了政权的崩溃。北齐灭亡后，众多怀朔勋贵子弟既无统军作战能力，又无官僚系统所需的行政能力和文化素养。怀朔勋贵子弟又失去了令北周顾忌的武力基础。北齐灭亡，对怀朔勋贵家族而言，意味着彻底退出后来的政治舞台。

杨坚代周建隋，意味着武川勋贵家族的消融。“杨坚代周建隋，并不是武川勋贵子弟在周隋之际的关陇集团处于主导地位的反映，反而是关陇集团内部处于中下层的关陇土豪、关东胡汉士族乃至南来士族势力上升，原来居于执政地位的宇文氏，包

① 薛海波：《5—6世纪北边六镇豪强酋帅社会地位演变研究》第四章《东魏北齐怀朔豪帅的勋贵地位》第三节《怀朔勋贵的官爵与东魏北齐国家权力结构》七“从权力结构看东魏北齐统治集团政治斗争的实质”，第380、381页。

括尉迟迥在内的武川、代北军功勋贵群体丧失执政地位和军政权力、地位的结构性巨变。”[①]除李渊等少数武川勋贵家族能在周隋易代时凭借姻亲等社会关系维持家族地位外，大多数武川勋贵家族融入乃至消失在隋唐关陇集团重整的大势之中。

综合上述，本书的研究理路和思想脉络是完整清晰的。在作者看来，六镇暴动可视作六镇地域两大豪帅势力（良家豪帅和胡族部落豪帅）之间的生存斗争。两大豪帅势力在后来的河北暴动中走向联合，在参加尔朱荣集团时完成从社会势力向军政势力的转变，却因此走向武川豪帅与怀朔豪帅两大军政势力的分化。在西魏北周、东魏北齐政权中，武川豪帅、怀朔豪帅成为各自政权早期重要的军政势力，其后都经历了勋贵化过程，成为依附于政权的军功寄生阶层。在北齐灭亡和杨坚代周建隋中，怀朔勋贵和武川勋贵先后走向了消亡。

三、材料运用及叙述方式

前辈学者在北朝后期政治史研究领域有着丰厚的积累，加之新出材料的缺乏，本书可开拓的空间有限，因此，要探讨六镇地方势力社会地位演变的整体脉络，既要掌握前人的研究思想，又要阐发自身的学术见解，这需要下很大的工夫。

相比新材料的发现，作者更加注重对传统材料的运用。“正史保留了六镇豪帅及其家族在北魏前期、北魏孝文帝汉化改革后、北魏末年、东魏北齐、西魏北周，几乎所有时段的职官、爵位、婚姻、经济、自身素养、政治活动、社会生活、种族文化等诸方面史料。”[②]依靠正史材料，六镇豪帅也能成为作者从整体上考察北朝社会发展趋势的社会群体。同时，六镇豪帅也是受北朝政治社会影响最为剧烈的社会群体，这使作者能够在动态中把握北朝社会中胡族社会群体的胡化和汉化过程。然而，这些正史材料的记载分散且支离破碎，这就需要作者有拾掇并组织零碎材料的能力，需要有对关键材料的深入挖掘和对史实的整体把握。本书在正史材料之外，又辅之以墓志铭等史料，不仅有各种定性分析，还使用了大量表格，采用数量统计和制度史的研究方法，使分析过程具有科学性。同时，作者具有多元观察问题的宏观视野，以问题为中心，有明确的问题意识，注重将材料运用和问题阐释进行结合，一定程度上打破了材料缺少的限制。

当某一领域的研究范式被确立起来，后来的学者往往依据已成型的范式来分析具体的问题，却忽略了任何问题都有其特定的历史背景条件。尽管这样的研究已经很深入了，但似乎有“倒果为因”之嫌。而本书作者的叙述方式更像是“由因入果”，不

① 薛海波：《5—6世纪北边六镇豪强酋帅社会地位演变研究》结论《对六镇豪帅与北朝后期政治史的认识》，第474页。

② 薛海波：《5—6世纪北边六镇豪强酋帅社会地位演变研究》绪论《研究价值》，第6、7页。

是直接根据事先已知的特征信息来分析原因，而是注重对现实历史状况的考察，通过对当时政治社会环境的趋势变化来分析六镇豪帅社会地位演化的自然过程。而在现实的考量中，作者又注重对社会群体、政治群体内外的区分，并未将一个社会群体、政治群体的活动固定化、模式化或凝固化，或者以某些共性特征取代它的个性特征，作者对六镇豪帅内部群体的划分，六镇豪帅与其他群体的划分、六镇豪帅从社会群体向政治群体的转变、武川豪帅在西魏北周政权及怀朔豪帅在东魏北齐政权中的地位以及对各自政权的不同作用等都做了细致入微的考辨，都具有重要的研究价值。

总之，这是一部很有见地的作品，本书在前人研究成果的基础上，开拓了学者研究的视野，为我们理解六镇豪帅社会地位演变过程创造了新的研究思路和框架，推进了我们对北朝后期历史发展以及政治社会大环境变动的整体认识，提出了很好的问题，引起更多地思考，有力地推动了北朝后期政治史领域研究向纵深化方向发展。

2019中国大同·北魏文化高峰论坛会议综述

张月琴　马志强

（山西大同大学北魏历史文化研究所　大同　037009）

2019年8月18日，由中国魏晋南北朝史学会指导，政协大同市委员会、山西大同大学主办，政协大同市委员会办公室、山西大同大学云冈文化研究中心、云冈石窟研究院、大同市法学会、大同市图书馆承办的“2019中国大同·北魏文化高峰论坛”在山西大同云冈石窟研究院开幕。

开幕式由政协大同市委员会主席部向华主持，大同市委常委、常务副市长薛明耀、山西大同大学副校长翟大彤教授分别致辞表示欢迎与会嘉宾。中国魏晋南北朝史学会会长楼劲教授从学术的角度分析论述了北朝研究的百年历史，指出实地勘察与案头研究相结合，将北魏历史文化的研究推向多元化的学术研究视阈。出席本次论坛的专家学者还有中国社科院历史研究所戴卫红博士、韩国传统文化大学崔珍烈教授、山西省考古研究所张庆捷研究员、北京师范大学严耀中教授、南开大学历史学院夏炎教授、湖南大学岳麓书院历史系陶新华教授以及各高校、文博单位的专家学者和晋冀蒙政协的相关领导。

本次论坛的主题为“北魏文化的深远影响及其现实意义”，继续就北魏文化的挖掘和开发进行深入研究，共收到论文70余篇。中国丝绸博物馆馆长赵丰教授、南开大学历史学院王安泰博士，湖南大学岳麓书院陶新华教授、大同大学法学院杨兴香教授、大同大学云冈文化研究中心邓星亮博士作了大会主题报告。本次高峰论坛除了大会主题报告以外设“北魏历史文化、北魏法制研究、北魏服饰与装饰纹样研究”三个分论坛，老中青学者齐聚一堂展开了热烈的讨论。

一、北魏历史文化

1. 政治制度

北魏时期的政治制度研究仍然是学术界关注的热点。楼劲在《北魏天兴定历及相关问题》中指出天兴元年修订颁行之历，是与北魏开国建制其他举措相配套的重要组成部分。权玉峰在《北魏平城地区行政官员研究——以州长官为例》中对恒州刺史（司隶校尉）进行分析指出，平城地方长官地位在迁都后逐渐下降，多为皇帝心腹之人，这显示出北魏平城地区行政长官具有较高的政治地位。陶新华、谢莹莹在《刘洁之叛与北魏谶纬政策之转折》中对真君五年诏令和刘洁谋反事件的关系进行了分析，指出这道禁谶诏令是北魏对谶纬术数的第一次官方表态，不仅表达了皇帝的个人态度，还具有法律效力，为以后北魏政府的谶纬术数政策奠定了基调。孙小梅、姚国群、姚玮《拓跋鲜卑政权铨选制度小考——以太武帝拓跋焘诏书为例》以太武帝拓跋焘诏书为例，对拓跋鲜卑政权的铨选制度进行探究。张勇耀在《崔浩的平城功绩及其"国史之狱"原因探析》中以平城为视角，梳理崔浩的平城功绩，并结合前人研究，分析其"国史之狱"始末及其原因。

王安泰《十六国时期诸燕的天下秩序——以封国分布为中心》指出诸燕经常将诸侯分封于疆域以外，以象征天下皆为自身所有。然而诸燕在设置刺史时，采取了与封国不同的策略，多依照自身现有疆域而定，至多是维持前燕原有的范围。且此一原则并非诸燕独有，汉赵、前后秦等国也采取了类似的模式，这是否代表十六国时期所谓的疆域与天下是两种不同的政治空间，未来仍有进一步探索的余地。

2. 墓志壁画

在北朝至隋唐时期，碑志是传统文献和考古发掘资料之外最为重要的史料来源。冯立君《北朝隋唐辽东古族碑志的研究》指出东北亚区域政治关系的研究，因东北民族碑志的深入研讨而得以充实，从中原、草原之外的第三方视角对于东部欧亚诸族联动关系研究补苴罅隙。不过，北朝至隋唐时期东北古族民族关系相关碑志的系统汇纂远未引起学界重视，付之阙如。刘勇《大同北朝艺术博物馆馆藏墓志疏证二题》考察的墓志主人来自中古史上的著名北方胡族赫连氏、独孤氏。墓志记述详细的家族源流和墓主人生履历表述，为厘清纷繁复杂的北方民族迁徙、重组、融合过程提供了具体而丰富的实证个案，结合文献互证，有助于更为深刻而全面的认识民族大融合下的中古历史趋势。严耀中《关于北朝碑铭里的俗人维那》一文表明北朝佛教在僧界内外之间，在官府制度和佛教内务之间的关系并不十分清晰。这除了和宗教传播在前期必定会有着种种不完全，及与当时在政治体制上的差异也是原因之一。"维那"即为行政属下的僧官所专用，加之律宗的兴起，所谓的俗人维那方才在中国佛教中销声匿迹。

邓星亮、尹刚、侯晓刚《大同市新出土北魏墓葬壁画》在分析2019年4月大同新出土的墓葬壁画内容的基础上，根据墓葬位置、墓葬形制、壁画人物服饰和壁画所见名物，判断该壁画墓为北魏平城时期文成帝太安至和平年间（455～465年）的产物，进而分析了墓葬壁画的历史、艺术、社会和文化价值。贾小军《新见墓葬壁画中的汉唐河西社会史》通过对河西走廊新见汉唐墓葬壁画及其所反映的社会历史信息作了初步的考察。徐畅《再论汉晋时代游徼的性质与部署——以出土简牍资料为中心》指出按县境方位派出游徼的做法，应非东汉长沙地方的特例，而应是两汉时代游徼的一般设置原则。冯晓鹏《河西入魏程氏家学研究》对程氏家族学术文化及其在北魏的活动进行研究，有助于深入了解北魏文化制度之源。

3. 经济制度

北魏拓跋鲜卑族发源于大兴安岭，通过数百年的南下迁徙，在中国北方第一个建立少数民族的政权。在这个过程中北魏拓跋鲜卑族的经济文化都发生巨大的变化。王万盈《北魏财政与政府治理论析》中指出北魏政府治理与财政管理关系从学术意义上讲，其绩效应该是从低到高的一个嬗进过程，在这一过程中出现的一个不容忽视的问题就是随着北魏财政体制的渐趋合理与行政管理机构的逐渐完善，政府治理的成本（如官员俸禄）却呈现出不断上升趋势，政府治理的成本无法得到有效控制，财政支出迅猛增加，最终导致整个社会机构资源配置失衡，从而导致北魏在政府治理过程中弊端丛生，北魏走向覆灭只成为一个时间问题。王勇《再论北魏均田令中的桑田——基于农学视角的考察》通过研究表明作为农田形态的桑田最迟在秦代已经出现。《齐民要术》的记载反映出桑粮间作是北朝桑树栽培中较为常见的做法。北魏均田令的规定在事实上造成了桑田与露田、麻田土地权利有别，可能正是在均田令实施过程中，桑田逐渐失去了其作为桑粮间作农田的最初涵义。王建敏《论北魏经济文化类型的转变》一文认为拓跋鲜卑通过民族迁徙摆脱自然环境桎梏，又受到社会环境的影响，使得其经济文化类型由狩猎经济文化类型—游牧经济文化类型—农耕经济类型不断更替和转型，对北魏拓跋鲜卑民族发展过程产生了深刻的影响。

4. 女性与宗教

从部落制时代到北魏，鲜卑妇女社会地位是学者们关注的重点。苗霖霖《鲜卑妇女社会地位考察》研究认为在早期鲜卑部落社会中，由于存在“母强子立”的权力传承模式，造成整个鲜卑社会中女性有着极高的社会地位。北魏建立后，为了防止母权干政而制定了“子贵母死”制度，这一制度不仅限制了外戚势力的发展、压制其干政行为，对整个鲜卑社会的女权过度滋长也起到了一定的抑制作用。孝文帝汉化改革后，随着鲜卑女性汉化的深入，她们逐渐开始依附男性，进而造成整个社会女性地位的直接下降。

冯太后汉化改革始学术界一直以来关注的焦点之一，对此，专家学者们从不同视角提出了一些有价值的观点。A. G. 温莱著，师焕英、张庆捷翻译的《文明太后与方山永固陵》，是1925年10月由美国弗瑞尔美术馆和中国国立历史博物馆组成的联合考察队对北魏方山永固陵遗址进行了现场调查及简单的测量，对照《水经注》及《北史》中相关描述对陵园的建筑基址和布局进行了初步考证，于1946年9月发表了该调查报告。成为北魏永固陵研究的早期重要参考资料。

赵敏、李小瑞《北魏冯太后汉化改革的多维视角探究》一文基于冯太后汉化改革研究学术史，分析了冯太后汉化改革的独特性和特点，并基于多学科多视角指出家族政治与政改需求、母族传统与女主干政、族群认同与文化取向是冯后汉化改革的主要原因，旨在探究历史真相，深刻了解鲜卑族汉化改革的历史特点及规律性。

韩国学者崔珍烈《北魏胡太后与其时代》指出，胡太后是在“子贵母死”惯例下，没有被杀的唯一皇帝生母，她是汉族女性，却轻视儒家仪礼，享有收继婚，崇信祆教，接受鲜卑胡俗，就是汉文化和胡俗共存的北魏洛阳时代典型人物。她以皇帝自居，甚至是杀戮亲生儿子孝明帝的非情人物，具有政治能干，掌握了胡汉统治层，掌握权力十多年了，第一次临朝称制是北魏经济最高峰时期、比较和平时期。可是，第二次临朝称制时期，她引起了北魏的崩坏。

张忠堂《北魏平城时代佛教传播及其译经活动》指出平城时代北魏佛经，表现出明显的特征：一是朝廷扶持或者贵族供施；二是译者众多，涉经范围宽广；三是译家传承授徒，形成了义学派别。周健《南朝和北朝之间的佛教交流》一文认为南朝和北朝之间存在密切的佛教交流。僧人在南北政权之间移居和交游，佛经在南北之间流传，南北之间的政治和经济交往成为佛教交流的媒介，南北佛教表现出相同的发展趋势。刘伟《魏晋南北朝时期高句丽佛教的传播及思想考论》研究认为佛教文化是高句丽文化的重要组成部分，它的传入与发展推进了高句丽的文明进程。

5. 都城与交通

丝绸之路自西汉开通以来，一直是中西物质与文化交流的重要通道，北魏王朝定都平城后，继续保持了丝绸之路的畅通。宋志强《北魏平城时期丝绸之路及其影响》认为位于农牧过渡带、东西交汇处的北魏平城，是5世纪丝绸之路中心节点，惠及东西亚。陈利娟《丝绸之路上的北魏粟特商人》认为粟特商人因其优越的地理位置，成为丝绸之路上最重要、最活跃的角色，为中西方文化交流做出了不可磨灭的贡献。粟特人聚落分布在丝路沿线，北魏王朝对这些聚落加以控制，继续任用胡人首领，胡人首领开始成为政府官员。马志强、张玲《京畿范围定襄道帝后驻跸遗迹考察》指出定襄道，因为联系着盛乐、平城二京，是北魏平城时期帝后经常巡幸阴山地区的必经之路，又是北魏丝绸之路的重要路段，其地位和影响尤其重要。北魏平城时期的粟特商人和高僧多由此往来东西；定襄道京畿范围帝后驻跸遗迹主要有四处，分别是武州（周）山与石窟寺、武州县、中陵故城、善无县治和犲山宫。这些遗址多为汉魏叠压，且又为以后朝代所继承。

杨年生《〈水经注〉里的平城——〈水经·㶟水注〉如浑水流域新考》通过宏观、中观、微观不同层面时空维度的综合考析着重对如浑水流域所涉平城史地疑难如参合陂、北魏平城外城、东郭、祇洹舍、静轮天宫等进行全新注解。赵忠格《城南渠、宫城及其它——试析“穿城南渠通于城内”句》指出平城都市建设是北魏王朝的精心之作，是解读北魏上流社会精神世界的一把钥匙，是铺写在华夏大地上的又一个宏篇巨制，其影响遍及东亚诸国，重要意义不在武州山石窟佛寺（今云冈石窟）之下。王建斌《魏都平城营建与形制探析》从城市建设角度深入探讨了北魏都城平城建设所经历的三个时期：初创期、形成期与鼎盛期；从历史文献资料、前人研究成果与今人考古发掘三方面全面考证了北魏平城城市规划的形制与布局，并在学术界首次提出“北魏平城南北两城论”的全新观点。刘兵《并州西部的拓跋南界》指出并州西部的拓跋南界历后赵、前燕、西燕、后燕基本保持不变，始终是拓跋鲜卑在并州西部的南界所在，而此前将今管涔山明长城遗迹一线作为该区拓跋南界的观点恐需重新考虑。

6. 民族关系

民族融合和北魏与周边王朝的关系，是学者们关注的一个侧面。乔丽萍、郭晨阳《北魏民族融合中的“雁臣”现象初探》指出雁臣政策在一定时间内有效地促进了胡汉融合，巩固了北魏统治，但亦为北魏后期的动乱埋下了伏笔，极大地影响了北魏王朝的政治走向。孙炜冉《高句丽长寿王与北魏宗藩关系的建立过程及影响》表明长寿王与北魏宗藩关系的确立，确保了高句丽北“和”南“战”战略政策的成功，从而给高句丽对外发展产生极大的政治影响，继续推进了自广开土王以来的全盛局面，使高句丽在海东地区保持了长达一个多世纪的绝对战略优势。滕红岩《北朝对高句丽政权册封的计量分析——南北朝时期（420～581年）》通过考察现存古代文献相关记载，结合计量史学的一些研究方法，可以较为全面、系统梳理出这一时期北朝对高句丽政权所进行的册封活动历史面貌及其特色，也可借此蠡测南北朝时期中原王朝与高句丽政权关系的历史发展规律和本质属性，及中原王朝和高句丽政权对朝鲜半岛经略的历史发展规律和本质属性。高凯、王文杰《关于魏晋南北朝时期柔然汗国的研究综述》指出关于魏晋南北朝时期柔然汗国的研究成果层出不穷，但是学者对地理环境变化与柔然汗国社会、政治的影响，尤其是这一时期的气候变迁、人口因素对柔然汗国兴起和衰落所产生的直接影响，疏于关注。许孝堂、马志强、韩生存《拓跋帝陵祁皇墓守墓人探讨》对祁皇墓守墓人进行了全面调查考证，理清了祁皇墓守墓人的来源和迁徙路径，详细论述了厍姓守墓人的来龙去脉，以及鲜卑、乌桓两大部族在代地的共生关系。

7. 云冈石窟

张希《日本早期的云冈石窟研究》旨在通过整理研究日本学者早期的代表作品，阐明其对云冈学术研究的奠基作用，为“云冈学”的建立发展起到积极的作用。徐小淑、孟红森《21世纪以来日本对云冈石窟的考古学研究》梳理总结21世纪以来日本对云冈石窟的考古学研究研究成果，提炼其主要观点，结合我国的相关研究对照分析，整体上把握其研究脉络，为云冈研究提供参照。张月琴、尚升《媒介记忆视角下云冈石窟的景观变迁》指出云冈石窟作为世界文化遗产，其媒介形象随着媒介形态的不同而呈现出不同的状况。云冈石窟从“山堂水殿、烟寺相望”到“烂枯灰山”，史料文献、民国游记、民间传说和报纸中对云冈石窟景观的刻画，是云冈石窟在当时情形的真实反映，也是不同媒介对于云冈石窟的记录。康晓燕《云冈石窟早期佛像中渗透的宗教文化》通过对云冈石窟早期历史遗迹的研究，分析佛教造像中渗透的宗教文化及其作用下的社会现象，由此探索鲜卑族在北魏前期特殊的发展方式。关秀丽、郭琪瑶《云冈石窟佛本生故事图文关系阐释》结合佛经中的记载和云冈石窟佛本生故事图像遗存情况，用图文结合对比的方法考证云冈石窟佛本生故事：睒子本生、儒童本生、慕魄太子本生、萨埵本生。通过分析本生故事图像的题材内容和空间上的分布，进一步考证佛本生故事图像的特色及价值，旨在对云冈石窟中佛本生故事图像有更深层次的认识。王志芳、李海林《云冈石窟历史实迹调查与研究》从云冈石窟文字实迹与建筑实迹两个方面进行统计与研究，希望为石窟的进一步全面研究做出贡献。徐建国《云冈石窟“原真性”保护探讨》以云冈石窟为例，探寻其原真性形态，提出原真性保护策略，挖掘其所蕴含的人文价值，促进大同古城文化产业的发展。旅游翻译是一个城市的对外窗口，是软实力的体现，直接影响其对外形象和国际影响力。景美霞《云冈石窟官方网站英语翻译现状分析》以云冈石窟官网英译为个案，将旅游英译与大同的国际形象建构相结合，着重探讨了旅游英译的常见错误，并基于具体个案提出了相应的翻译策略。

二、北魏法制研究

荣玲鱼《身份法制度下北魏宗室贵族受教育权的定性分析》从身份法制度的角度分析北魏受教育者的资格，以及宗室贵族受教育权的定性问题，说明北魏宗室贵族受教育权是一种身份权。袁建录《从存留养亲制度看中国传统法律文化》通过研究发现北魏统治者吸取历代封建王朝立法和司法经验，荟萃以拓跋鲜卑为主的北方各少数民族风俗习惯之精华，兼收并蓄，广采博取，取精用宏，创建了具有鲜明特色的法律体系，继承、发扬和丰富了中国传统法律文化，在中国法制发展史上居于重要地位。杨兴香《论北魏法制建设与其入主中原的关系》从北魏法律制度的发展变化入手，通过对北魏法律制度发展变化的具体内容进行全面分析，总结出北魏法律制度演进的规律和原因，从而揭示北魏少数民族政权能进入中原并统治北方汉族地区长达149年之久，而且统治期间经济繁荣，各方面均取得巨大的成就的主要原因，得出北魏政权善于利用法制这一统治工具进行统治的结论。阎晓磊《论北魏时期“以孝入法”的体现及其当代价值》以北魏时期“以孝入法”的内容为视角，探讨了其对我国现代社会完善老年人权益保障方面的价值。邵晋栋、李慧芹《中华法系之鲤鱼跃龙门——北魏平城时代》指出北魏在中国法制史上承前启后、继往开来，为中华法系的形成作出了杰出贡献，成为中华法系“鲤鱼跃龙门”的关键。周子良、赵党党、陈琬珠《北魏对中华法系的贡献》指出鲜卑拓跋部的法制建设也对当前我们中国特色社会主义法律体系的建设具有非凡的意义。韩大伟《北魏监察制度的构建》从监察制度产生的历史背景、监察相关的立法、监察官员的管理、具体的监察类型等方面展开论述，以期对北魏监察制度的构建过程有一个完整的呈现。周子良、焦晓琳《北魏的立法思想及其立法实践》认为北魏的立法思想及其立法实践，大致可分为孝文帝改革前被动汉化与孝文帝改革后主动学习两个阶段。这个过程完成了北魏从习惯法到封建成文法、从兵刑不分到以礼入律、明法严刑的转变，为中华法系的形成做出了巨大贡献，也为我们当今的法治建设提供了有力借鉴。

三、北魏服饰与装饰纹样研究

变化万千而时代特色鲜明的装饰纹样，宛如北魏的审美密码，在服饰研究与设计的新时代视野下成为新的民族文化符号。鲜卑样式、大汉风韵、印度佛装、中亚风情荟萃北魏，尽显公元五世纪的国际范儿。宋丙玲《北魏平城的鲜卑帽》指出鲜卑族由髡发习俗转变成被发，进而流行鲜卑帽，这一转变过程与魏晋南北朝气候进入寒冷期关系密切。拓跋鲜卑迁都平城后，鲜卑帽还成为民族认同和政治建构的重要标识物。李甍《北朝笼冠小考》以考古发掘的墓室壁画、陶俑、石刻等为主要研究材料，结合文献记载，对北朝时期的笼冠展开研究，分析其形制、搭配以及使用的人群和场合等，并尝试在此基础上归纳其在北朝的发展演变。刘芳《试论北魏冠服制度的形成——以孝文帝时期为中心》重点对孝文帝时期形成的较为完备的祭服、朝服、公服形制进行梳理分析，阐述北魏服制典章的建立及其影响，认为北魏冠服制度的建立为北朝后期乃至隋唐服饰制度奠定了基石，进而揭示北魏独特的文化内涵和有容乃大的文化气派。商春芳《洛阳北魏元邵墓、杨机墓出土陶人物俑的文化学研究》通过1965年、2005年洛阳两座北魏时期高等级墓葬的陶人物俑的对比研究发现，其中既有鲜卑的民族风习，又有中原文化传统特点，体现了多种民族文化因素浸润相融的状况，这与北魏晚期中原地区的民族融合与中外文化交流的碰撞息息相关。党郁《北魏墓葬所见璜形项饰相关问题探讨》结合中国北方地区齐家文化、青铜时代至早期铁器时代长城沿线地带发现的诸多形制相近的金属项饰，对其进行了分类和形制的划分。并结合乌恩先生收集的蒙古、外贝加尔地区发现的项饰进行分类研究，对欧亚大陆草原地带商末、青铜时代晚期至早期铁器时代、北魏时期发现的璜形项饰的形制进行初步的类型学分析。提出北魏时期发现的项饰与商末时期发现的下端有长方形凸起的同类器相近，且与外贝加尔地区发现的形制则更为相近，并结合了佛教的装饰文化因素，形成了自己独特的文化面貌，且影响了后世的项饰装饰风格。武茗溦《北魏时期女性常服的多种文化影响研究》分析了北魏时期女性常服特点、演变规律和趋势以及演变背后的多种文化的影响。高阳《敦煌莫高窟北朝时期装饰图案色彩研究》以敦煌北朝时期装饰图案色彩作为研究对象，结合装饰图案几大重要类别中的典型作品案例，从装饰图案主要用色种类；图案整体色调特征；图案色彩与图案造型之间的关系等方面进行具体分析，对了解中国传统色彩历史与文化，对启发现代设计更好地借鉴运用传统色彩均具有一定的意义。郭永利《大同北魏时期墓葬所见纹样分析》以北魏墓葬所见的纹样为研究对象，通过细致确认，全面汇集壁画图像、葬具（棺板、石椁）、日常用品、陶俑等出土物上的图像纹样，对其进行了较为系统的分类，认为大同北魏墓葬所见的纹样，大体可以分为云气纹、忍冬纹、莲花纹、联珠纹、草叶纹、波浪纹等这几类。这些纹样使用在诸多随葬品和墓室壁画的相关图像中，其中以云气纹与波浪纹、忍冬纹与联珠纹两个大类纹样为最多见，代表了汉晋以来以及外来的文化传统。王晨《云冈石窟装饰》认为云冈装饰图案的本源是佛教文化的艺术，云冈石窟装饰图案大气凝重、图案丰富、结构繁简有序、线条优美且疏密有致，具有浓郁的装饰意蕴，凸显出北魏时期的图案特色和抒情写意的审美品质，为中西文化交流的产物。霍静《云冈石窟不同时期雕像服饰初探》通过研究云冈石窟不同时期服饰特征，可以了解古代社会文明发展的动态，窥见中国古代政治、经济、文化、军事、民俗、哲学、等诸多风云变迁。孙茜《汉魏时期中国耳饰浅论》通过对耳饰的缘起、种类、材料、款式、制作工艺、装饰纹样、流行风尚、承载的文化信息对汉魏时期的中国耳饰做一分析和考证。解读汉魏时期古人生活的质量、趣味以及其面对生活的态度。赵丰、王乐《北朝团窠动物纹绮与多综多蹑织造技术》以中国丝绸博物馆收藏的一组北朝时期的红色平纹地暗花丝织物为对象，分析了北朝团窠动物纹绮与多综多蹑织造技术。张春佳、赵声良《莫高窟北朝忍冬纹样的类型及源流》通过忍冬纹样式的不同类型不同时期的演变分析宗教文化与不同审美意识发展融合的历史性特征。姚潇鸫《安阳灵泉寺大住圣窟那罗延与迦毗罗神王组合图像的源流》认为北魏时期神王组合图像，是佛教文化与祆教文化相互融合的产物。安阳灵泉寺隋代大住圣窟窟门两侧的那罗延与迦毗罗神王像继承了北朝时期该类组合图像的基本特征，并有所发展。唐五代时期的那罗延与迦毗罗神王组合图像，其直接的源头就是隋代大住圣窟窟门两侧的神王像，图像的特征是神王分别站立于牛形与羊或鹿形动物之上。

本次论坛是继2018年“北魏文化论坛”之后的又一次学术盛事，论坛主旨明确，文章主题突出，质量上乘，内容详实，多有新见。但仍有不足，如经济研究与法律制度研究文章数量较少，略显单薄；本应大做文章的丝绸之路方面的论述更是寥寥；把控新出土资料的能力和视野不够，等等。我们相信，在中国魏晋南北朝史学会的科学指导下，政协大同市委员会、山西大同大学、云冈石窟研究院继续努力，通力合作，争取将“北魏文化高峰论坛”打造成全国性的、有世界影响的学术文化品牌。

《北朝研究》稿约

《北朝研究》作为断代史学术辑刊，专门登载十六国北朝时期的政治、经济、文化、民族、宗教、战争、人物、综述、书评等内容的学术文章，约定由科学出版社出版发行。欢迎国内外专家学者赐稿。

1．来稿字数不限，完整的文稿应包括题目、作者姓名、工作单位、邮政编码、正文；

2．注释应随文标注，一律使用自动生成格式，置于页脚，每页重新编号，序号格式为①②③……

3．注释标注格式要求完整规范；

4．投稿一经采用，即赠送作者样刊两册和相应的稿酬。

联系人：马志强

电话：13935233750

投稿邮箱：zqiangm@126.com

纸质稿请寄：山西大同大学《北朝研究》编辑部

（山西省大同市兴云街　邮政编码：037009）